중앙아시아학 입문

김 대 성 외

HU:iNE

책을 내면서

카자흐스탄, 우즈베키스탄, 키르기즈스탄, 타지키스탄, 투르크메니스탄 등 중앙아시아 5개국과 한국이 외교 관계를 수립한 지 어느 덧 20년이 된다. 중앙아시아 5개국은 1991년 독립 이후 사회주의 계획경제 체제에서 자본주의 자유경제 체제로 국가의 틀을 전환하면서 국제사회와의 소통을 위한 다양한 시도를 해왔다.

주지하는 바와 같이 중앙아시아 5개국은 지금 국제사회에서 커다란 주목을 받고 있다. 세계열강들은 이 지역이 가지는 지정학적 · 지경학적 중요성을 인식하고 우리보다 먼저 적극적으로 이곳에 진출했다. 특히 9·11테러 이후 미군의 중앙아시아 진출은 이 지역을 세계에서 가장 중요한 지정학적 중심지로 인식하도록 만들었다. 이 지역을 중심으로 전개되는 미국, 러시아, 중국, EU 등 열강들의 경쟁을 '신거대게임'(The New Great Game)이라고 부를 정도로 세계는 이곳을 주시하고 있다. 그리고 동시에 '석유 위에 떠 있는 바다'라고 평가받는 카스피 해를 중심으로 이 지역은 중동 다음으로 세계에 석유와 가스를 공급하는 지경학적 요충지로 인식되고 있다. 지금 세계가 어떻게 돌아가는지 알려면 중앙아시아를 보라는 말이 있을 만큼 이 지역이 가지는 중요성이 커졌다.

여기서 중요한 사실은 일찍이 중앙아시아로 진출하여 경쟁하고 있는 열강들은 이미 이 지역에 대한 정보와 연구를 상당한 수준으로 확보하고 있다는 것이다. 미국은 하버드, 인디애나, 존스 홉킨스 등과 같은 세계적인 대학에 중앙아시아와 관련된 학과와 연구소를 개설하여 이 지역 연구에 선도적인 역할을 수행하고 있다. 러시아는 전통적으로 이 지역을 식민 지배하였던 경험을 바탕으로 어느 국가보다도 중앙아시아 지역 사정에 능통하다. 그리고 중국은 한(漢)나라이래 중앙아시아를 지배하고자 했던 국가적 의지를 가지고 있었기 때문에 상당한 학문적 축적과 역량을 보유하고 있다. 널리 알려져 있는 것처럼 일본은 현재 중앙아시아의 최대 원조국이다.

그러나 이들 국가들과 달리 우리의 중앙아시아 연구는 상당히 열악한 실정에 놓여 있다. 현재 국내에는 한국외국어대학교와 부산외국어대학교의 단 두 곳에서만 학사과정의 중앙아시아 지역전문가를 배출하고 있으며, 중앙아시아에 관한 전문 연구소는 2007년에 개소한 본 중앙아시아연구소와 서울대학교 중앙유라시아연구소가 있다. 물론 독립국가연합(CIS) 연구의 차원에서 중앙아시아를 포함하는 러시아 관련 연구소들이 있지만 실질적으로 이들 연구소는 러시아 연구를 주로 수행하고 있다.

이제 국내의 중앙아시아 연구는 더 이상 유사 지역 연구가 아닌 독자적인 연구 지역으로 그리고 주변이 아닌 중심 지역으로 인식되어야 할 것이다.

이러한 사명감을 가지고 본 중앙아시아연구소는 국내의 중앙아시아 연구에 새로운 초석을 세우고 새로운 방향을 제시하고자 본서를 발간하게 되었다. 집필자들은 중앙아시아 각국을 수년간 왕래하며 현지의 사정과 언어에 능통하고 이를 바탕으로 연구와 집필을 꾸준히 해 오신 분들이다. 본서는 모두 14개 장으로 구성되어 있으며 각 장은 특별한 주제를 중심으로 서술되었다.

여러 필자가 참여하는 개별 주제의 공동작업을 수행하는 것은 늘 그렇듯이 쉬운 일이 아니다. 본 단행본이 기획되고 집필이 시작된 지 2년이 다 되었지만 미흡하고 아쉬운 점이 있는 것도 사실이다. 또한 각각의 글에 대해서는 집필자가 책임을 지는 것을 전제로 사명감과 책임감을 가지고 탈고를 하여 출간하게 되었다.

마지막으로 바쁜 시간에도 불구하고 중앙아시아 연구를 체계화하고 발전시키기 위하여 옥고를 보내주신 필진들에게 무한한 감사의 말씀을 드리며, 편집을 담당해 주신 한국외국어대학교 지식출판원 관계자들께도 고마움을 표한다.

2009년 9월

필자를 대표하여 김 대 성

차 례

제1장 중앙아시아의 지정학적 개념과 지리적 환경[1)]

김대성 · 손영훈

1. 중앙아시아의 지정학적 정의

중앙아시아는 아시아 대륙 중앙부를 지칭하는 명칭으로 명확한 지리적 위치에 관한 다양한 논의에도 불구하고 일반적으로 받아들여지고 있는 정의는 없다. 중앙아시아는 이처럼 그 지역적 범위를 정확하게 설정하기 어렵지만, 일부 중요한 특성을 공유하고 있다. 중앙아시아는 일반적으로 광활한 유라시아 대륙 유목민들의 삶의 장소이자 유럽과 아시아 간의 사람, 상품 및 문화의 교류의 중심지인 실크로드 지역으로 알려져 왔다.

'중앙아시아'라는 근대적인 지리적 개념은 1863년 독일의 지리학자 훔볼트(Alexander von Humboldt)에 의해 처음 소개되었다. 그는 중앙아시아라는 지역을 동서로 카스피 해에서 중국의 대흥안령 산맥에 이르는 지역, 그리고 남북으로는 알타이 산맥에서 히말라야 산맥에 이르는 광활한 지역으로 규정하면서 중앙아시아의 범위에 관한 고전적 지역 개념을 도입하였다. 그러나 중앙아시아의 지리적 경계는 현재까지 혼돈되어 오고 있으며 훔볼트의 최초 지역 개념에서 축소되어 온 경향이 있다. 19세기 말 리히트호펜(F. Von Richthofen)과 무쉬케토브(I.V. Mushketov)는 전체적으로 훔볼트의 지역 개념을 수용하였으나 아랄과 카스피 해 분지 등 서부 지역을 중앙아시아에서 배제하였다. 이후 오브루초프(V.A. Obruchev)는 중앙아시아의 지리적 범주 설정의 주요 기준을 수로에 의한 해양으로 출구가 없는 폐쇄된 분지체계로 간주하였다. 즉 중앙아

1) 이 글의 일정 부분은 김대성, 『중앙아시아 사회의 이해』(한국외국어대학교 출판부, 2009)에 소개된 바 있다.

시아는 해양으로부터 고립되어 있으며 주로 호수와 모래로 흘러 들어가는 내부적 배수망을 형성하고 있다고 보았으며 티베트 고원과 곤륜 산맥을 중앙아시아에서 제외시켰다. 그러나 오브루초프의 해양으로부터의 고립이라는 지리적 특성은 한편으로 내륙아시아(Inner Asia)란 용어의 사용을 조장하면서 중앙아시아의 지리적 범주에 관한 용어의 혼란을 야기하기도 하였다.

대부분의 서구 문헌들은 스탈린 통치 이전에 사용되었던 '투르키스탄'[2])으로 중앙아시아를 지칭해 왔다. 그러나 근대 이후 중앙아시아와 깊은 역사적 관계를 가지고 있는 러시아는 전통적으로 비슬라브인 거주지역이자 역사적으로 러시아에 통합되었던 지역을 지칭하는 좁은 의미의 스레드나야 아시아(Srednyaya Azia)와 역사적으로 러시아에 통합되지 않았던 지역까지 포괄하는 넓은 범위의 센트랄나야 아지야(Tsentral'naya Azia)로 중앙아시아를 구분하였다. 소련 해체 이후 러시아는 새롭게 규정되고 있는 '스레드나야 아지야'의 개념에 카자흐스탄을 포함시켜 그 지역 범위를 확대시켰다. 그러나 소련에 의해 정착된 소비에트 중앙아시아(Soviet Central Asia)라는 포괄적 개념에 포함된 위 개념들은 훔볼트가 정의한 넓은 의미의 전통적인 개념을 크게 축소시킨 좁은 의미의 중앙아시아를 의미한다고 볼 수 있다. 물론 영어나 한국어에서는 두 용어의 구분은 의미가 없으며 따라서 중앙아시아란 용어가 이러한 두 가지 러시아어 용어를 대체하면서 지역 개념에 대한 혼란이 가중되어 왔다. 한편, 독립 직후 5개 소비에트 중앙아시아 공화국 지도자들은 타쉬켄트에서 회담을 갖고 중앙아시아의 지역 범위에 구소련 시기의 4개 공화국뿐만 아니라 카자흐스탄도 포함되어야 한다고 천명하고, 5개 공화국을 중심으로 현재 중앙아시아 지역 개념을 정립했다.

중앙아시아 지역을 규정하는 또 하나의 방법은 민족(ethnicity)에 근거하여 투르크인, 이란인 또는 몽골인의 분포에 따라 지역을 구분하는 것이다. 민족의 분포에 의거하여 투르크인들이 집중 거주 지역을 중앙아시아로 규정하기도 한다. 투르크계가 주종을 이루고 있는 이 지역을 '투르키스탄(Turkistan)'이라고 칭한다. 이와 같은 지역 설정에 따르면 중국의 신강, 남시베리아의 투르크-무슬림 거주지, 아프가니스탄 북부 지역과 더불어 구소련의 5개 공화국이 중앙아시아의 범주에 포함될 수 있다. 한편, 위구르 민족들이 사는 중국의 신강위

---

2) 투르키스탄은 투르크인들의 땅이라는 의미로, 다양한 투르크 종족들이 집중적으로 거주하는 중앙아시아 지역을 일컫고 있다.

구르자치구는 동투르키스탄이라고 불렸다. 결국 전통적인 중앙아시아 지역 개념인 투르키스탄은 파미르 고원을 중심으로 동투르키스탄과 서투르키스탄으로 나눌 수 있다. 하지만 러시아인들은 전통적 용어인 투르키스탄을 사용하는 것을 정치적인 이유에서 꺼려왔으며, 투르크계 민족들이 이 용어를 사용하는 것을 민족주의 운동이라는 이유로 금지시켰다. 결국 광범위한 지역을 아우르는 투르키스탄 지역은 소련에 의해 축소된 중앙아시아의 개념 즉 소련의 아시아계 국가들의 영토권으로 대치되어 사용되었고 소련학계에서 정착된 좁은 의미의 중앙아시아가 널리 사용되기 시작했다.

앞서 간단히 소개된 '내륙아시아'라는 개념은 저명한 헝가리 알타이학 연구자 리케티(Liegeti)에 의해 헝가리 학계에서 정착된 용어이다. 리케티의 내륙아시아 개념은 훔볼트의 중앙아시아 개념과도 대동소이하며, 넓은 의미의 중앙아시아를 말하고 있다. 내륙아시아라는 개념은 후에 미국에서 왕성한 활동을 한 같은 헝가리계 학자인 사이노어(D. Sinor)에 의해 서구학계에 널리 알려져 통용되었다.

이 외에도 중앙유라시아라는 용여가 있다. 이 개념은 좀 더 넓은 의미로서 유라시아 대륙 중앙부를 포괄하는 지역을 지칭하며 일반적으로 동서로는 헝가리 등 동유럽과 우크라이나, 볼가 강 유역, 카프카즈에서 몽골, 만주지역까지 이르며, 남북으로는 히말라야 산맥 이북에서 시베리아 전역을 포함하는 광활한 아시아 내륙을 의미하는 말로 쓰이고 있다. 이 용어는 동유럽과 만주지역 그리고 시베리아 전역을 포함한다는 측면에서 내륙아시아 보다 더 넓은 의미이다.

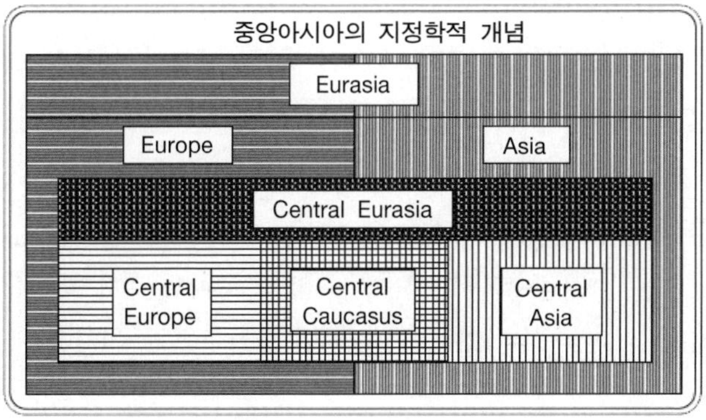

중앙아시아는 역사적으로 동서로는 유럽과 서아시아 및 동아시아를 연결하고 남북으로는 러시아와 남아시아를 잇는 육상 통로였다. 또한 중앙아시아는 러시아와 영국의 각축장이었고 러시아와 중국 사이에 위치해 있어서 이들 간의 투쟁의 장이었으며 결국 러시아가 승리하였다. 이로 인해 중앙아시아의 지리적 관점에도 러시아의 견해가 많이 반영된 것이 사실이다. 어쨌든 지리적 실체로서 중앙아시아의 경계 설정에 관한 다양한 관점이 존재한다고 결론지을 수 있다. 이를 바탕으로 정리된 '중앙아시아'라는 개념은 그 경계 설정에 따라 협의적 개념과 광의적 개념의 중앙아시아로 나뉠 수 있다. 즉 협의적 개념의 중앙아시아는 구소련으로부터 독립한 CIS 국가들이 위치한 지역을 가리키며, 광의적 개념의 중앙아시아는 터키에서부터 아제르바이잔, 투르크메니스탄 등의 구소련으로 독립한 국가들과 러시아 연방 내 타타르스탄 공화국, 추바쉬 공화국, 투바 공화국 등의 국가들을 포괄하고 몽골 고원과 신강위구르자치구 그리고 티베트자치구가 포함된 지역이다.

II. 중앙아시아의 자연환경

중앙아시아의 자연 환경은 사실상 사회 문화 연구에서 무시할 수 없는 중요한 요소이다. 기후는 온화하지 않으며 토양 또한 비옥하지 않고 게다가 각 지역 간의 교통은 자유롭지 못할 뿐더러 건조한 사막에 의해 상당히 제한되었다. 환경 결정론자들은 기후 및 대지의 건조한 환경이 중앙아시아의 문화사에서 결정적인 요소였다는 입장을 견지해 오고 있다. 이들의 주장에 의하면 중앙아시아 토착인들의 심리구조가 외적 요인인 지리, 자연환경에 영향을 받아 형성되었다고 한다. 중앙아시아에는 세계의 지붕이라는 파미르 고원과 천산 산맥이 위치해 있고 수자원이 부족한 사막과 스텝 지역이 산재해 있어서 인간이 자연환경을 극복하려는 의욕보다는 자연환경에 의해 압도될 수밖에 없는 지리적 조건이 있음을 고려해야 한다. 또한 중앙아시아는, 토지가 비옥하고 수목이 우거지게 자랄 수 있는 수력자원이 풍족한 지역과는 자연환경의 측면에서 큰 대조를 보인다.

따라서 중앙아시아의 문화를 바르게 이해하려면 강수량이 부족한 자연환경에 대한 이해가 수반되어야 한다. 연평균 강수량이 300mm 이하가 되는 스텝 또는 사막지대에서 생존하는 방식과 강수량이 연평균 1200mm 이상인 평야지대의 생존 방식은 커다란 차이를 보이게 된다. 물은 중앙아시아 토착민에게 생명이나 마찬가지이다. 물이 없으면 초지가 존재할 수 없고, 초지가 없으면 인간과 가축도 생명을 연장할 수 없다. 유목민에게 물은 곧 생명을 의미했고, 물을 확보하기 위해 희생을 각오해야 했다. 물을 확보하지 못하면 어차피 죽음이 기다리고 있으므로 물이 아니면 죽음이었다. 따라서 과거 유목민은 물을 확보할 수 있는 강력한 지도력을 원했으며 물을 신성하게 여기게 되었다. 그래서 스텝과 사막 지대의 사람들에게는 천국을 상상할 때, 물이 풍부하게 흐르며 또한 나무가 존재하는 곳을 연상한다. 중앙아시아나 서아시아에서 묘소 옆에 커다란 나무를 심는 것을 선호하는 이유가 여기에 있다. 이처럼 지리, 자연환경이 중앙아시아 토착민에게 수력(水力) 사회와는 전혀 다른 물의 상징성을 갖게 해주었다. 중앙아시아에도 이제는 관개시설이 발달하여 과거에 비해 물을 어느 정도 관리할 수 있게 됐다. 그럼에도 불구하고 중앙아시아 지역에 대해서는 지리-환경에 의미를 일정한 정도 이상 부여해야 지역민의 의식구조를 바르게 이해할 수 있을 것이다.

중앙아시아는 고대에 농업으로 대지에서 부를 생산하여 거대 문명권을 형성했듯이 오늘날과 같이 항상 건조한 지역은 아니었다. 그러나 중앙아시아에서 수자원의 점차적인 고갈은 고대 농업문명의 붕괴를 야기하였다. 결국 헌팅턴(Samuel Huntington)을 비롯한 환경 결정론자를 따르면 중앙아시아에서 수천년에 걸친 수자원의 공급 변화가 문명의 흥망성쇠를 결정한 주요 요인이었다는 것이다. 상당한 자료들은 중앙아시아가 현재보다 특정한 문화양식의 발전을 위한 더 우호적인 환경을 갖고 있었다는 사실을 보여주고 있다. 동일한 대륙성 기후였지만 상당히 온화하였고 강수량이 풍부했으며 다양한 초목들이 장기간 동안 생존할 수 있었다. 사막은 현재와 같이 극심하게 건조하지 않았고 식물이 전혀 자라지 않는 불모의 땅은 아니었다. 산악과 강 유역의 삼림과 덤불숲뿐만 아니라 경작 가능한 농지들이 광범위하게 분포되어 있었다.

따라서 우리는 중앙아시아에서 문화와 기후 즉 문화 변동과 기후 변화간의 일반적 관계를 목격할 수 있다. 우리는 또한 중앙아시아에서 인간의 문화적 행위가 자연 환경의 변화를 초래한 것을 목격할 수 있다. 중앙아시아에서 기원전 4~5천년 경 도입된 가축의 방목은 모래사막 지대의 확대를 억제하는 초목 지대를 급격히 감소시키는 결과를 야기하였다. 결과적으로 오늘날 중앙아시아는 매우 건조하고 기온의 변동이 극심한 전형적인 대륙성 기후를 나타내며 강한 모래바람과 먼지가 상시적 문제로 나타나는 지역으로 변모하였다.

이 처럼, 중앙아시아 사회를 올바르게 이해하기 위해서는 지리적 특성뿐만 아니라 인간 생활과 직접적으로 연관되는 일부 자연적 요소에도 관심을 집중할 필요가 있다. 중앙아시아의 전통문화는 산악 지대나 평원 지대를 막론하고 어느 정도 공통적 방법으로 극심한 건조 상황과 수자원의 결핍 문제를 극복하며 작물 재배와 가축 사육 및 교통과 통신의 문제를 해결해 왔기 때문이다.

〈중앙아시아 지역의 자연환경에 따른 구분〉

중앙아시아는 자연적으로 사막-스텝 지대, 사막 지대 및 산악 지대로 구분할 수 있다. 북쪽으로는 러시아, 남시베리아 및 몽골 스텝의 연장선인 카자흐스탄의 북부 스텝 지대가 위치해 있다. 스텝의 남부는 사막-스텝 또는 반사막 지대이다. 사막-스텝 지대의 남부는 남서쪽의 사막 지대와 남동쪽의 산악 지대로 구분된다.

스텝 지대

중앙아시아의 스텝 지대는 몽골에서 남시베리아와 북카자흐스탄을 지나, 볼가를 넘어 북카프카즈와 흑해의 북부 해안에 이르는 광활한 지역의 일부이다. 스텝 지대의 기후 변동은 극심하며 대륙성 기후를 보이고 있다.

스텝은 어느 정도 평탄하고 나무가 거의 없는 광활한 평원으로 지표수 또는 습지가 존재하지 않으며 흑토층에 풀들로 뒤덮여 있다. 초목 지대는 기본적으로 나래새 식물이 광범위하게 자라고 있으며 때때로 초목이 존재하지 않는 황무지도 나타난다. 카자흐스탄의 최북단에는 삼림 스텝인 이쉼(Ishim) 스텝이 있으며 남부의 스텝 지대보다 습한 지역이다. 최대 강수 시기는 늦은 봄과 초여름으로 비관개농업이 가능하다. 스텝은 농업에 필요한 최소 강수량의 한계 지대이다.

겨울 평균 기온은 -17도이고 기록으로 남아 있는 최저 기온은 -51도이다. 7월 평균은 21.8도이고 최고 온도는 40도에 육박한다. 일반적으로 건조하여 가축 사육 이외의 다른 생산 활동이 불가능한 지역을 스텝이라고 간주하기 쉬우나 그러한 용어의 사용은 상징적으로 목축과 스텝지대가 공동의 경계를 가진다는 관념에서 비롯되었다고 볼 수 있다. 사실 중앙아시아에서 목축은 스텝 지대를 넘어 남쪽으로는 스텝-사막으로, 북쪽으로는 삼림-스텝으로 확산된다. 오히려 스텝 지대는 목축과 농업이 경쟁하는 지역으로 알맞은 조건하에서는 농업이 지속될 수 있다.

스텝지대 북부의 토양은 비교적 비옥한 흑토이며 점차 반사막으로 바뀌는 남부에서는 약간 척박하다. 남부에서 토양은 밝은 밤색을 띠며 소비에트시대 처녀지 프로그램이 시행된 지대이다. 또한 카자흐스탄의 스텝에는 상당한 광물 자원들이 매장되어 있다. 지난 세기까지 중앙아시아의 스텝에서는 들소(auroch), 야생마(tarpan), 영양, 사슴 및 노루 등의 야생 동물들이 서식했으나 현재 멸종의 위기를 맞고 있다. 인간의 무차별한 사냥과 경작지의 확대로 야생마와 들소는 멸종되었고 사슴과 노루는 북쪽의 삼림으로, 영양은 남쪽의 사막-스텝으로 산개되었다.

반사막 또는 사막-스텝지대

스텝 지대의 남부에 위치한 반사막 또는 사막-스텝 지대는 카자흐스탄 중부를 넘어 북카스피 해 저지대를 지나 계속되다가 알타이 산맥에 이르는 지역이다. 사막-스텝 지대는 사막과 스텝 사이의 전환 지대이다. 초목분포가 스텝 지대와 연결되어 있으나 초목의 비분포 지역이 스텝보다 더 광범위하다. 스텝지대의 특성인 나래새 식물이 다북쑥속 식물과 같은 사막 식물과 뒤섞여 분포되어 있다. 많은 염수호와 염전들이 분포되어 있어 토양은 상당한 염분을 함유하고 있으며 토양의 색깔은 밤색을 띠고 있다. 최대 강수기는 5월과 6월로 비관개농업이 가능하나 매우 제한적이다.

반사막 또는 사막-스텝 지대의 대부분은 카자흐스탄에 위치해 있다. 스텝과 사막-스텝지대의 구분이 어렵고 용어의 혼란을 가중시켜 왔으나 중앙아시아에서 두 지대를 명확히 구분하는 것은 지리적으로나 경제적으로 매우 중요한 작업이다. 진정한 의미의 스텝이 북부 삼림과 중앙아시아 사막 사이의 전환 지대인 것처럼 사막-스텝은 한층 더 세분화된 분류이다. 사막-스텝 지대는 스텝의 남부에 위치해 있으며 북방 한계는 아스타나와 볼고그라드 근처의 볼가 지역을 잇는 선이다. 남방 한계는 중앙아시아 사막지대로서 거의 발하쉬 호의 북부에서 카스피 해 북부 해안선까지로 볼 수 있다.

스텝 지대는 식물이 지속적으로 분포되어 있는 광활한 공간이지만 사막-스텝은 식물의 분포가 없는 지역이 상당히 존재하며 식물이 산개되어 자라고 있다. 그럼에도 불구하고 남쪽의 사막 지대와 비교하면 식물로 덮여 있는 지역이 식물이 자라지 않는 지역보다 더 넓다고 할 수 있다. 더욱이 가용할 수 있는 수자원의 양이 비교적 많기 때문에 사막-스텝에서의 식물의 성장과 생존 시기는 사막과 비교하여 길다고 할 수 있다.

스텝 지대의 토양이 흑토에서 어두운 밤색인데 비해 사막-스텝의 토양은 밝은 빛을 띠지만 황폐하다. 사막-스텝에서는 스텝의 상징인 나래새 식물과 사막 식물인 다북쑥속 식물과 쑥 종류(polyn) 식물이 혼합되어 있다.

사막지대

사막 지대는 사막-스텝의 남부에 위치해 있다. 스텝과 사막-스텝이 동서에 걸쳐 어느 정도 가느다란 띠로 배열되어 있는 반면, 사막은 중앙아시아의 상당 부분을 형성하고 있는 거대한 지역으로 중남부 카자흐스탄을 넘어 투르크메니스탄과 우즈베키스탄까지 확대되어 있다. 일반적 용어로 사막은 비거주지이지만 생태학적인 관점으로 중앙아시아에서 이러한 정의는 적절하지 못하다. 중앙아시아에서 사막은 적절한 문화 발전과 인간의 기후 적응력을 높였다.

사막은 강수량이 적은 반면 증발량이 많은 지역으로 토양은 강수량이 많은 지역보다 더 비옥할 수 있으나 수자원의 결핍이 토양의 생산성을 감소시킨다. 수자원의 공급으로 풍부한 식물의 재배가 가능하며 사막 지대의 호수 및 강 유역에는 수풀이 존재한다. 사막지대의 전형적인 토양은 대자(sierozem) 또는 밝은 갈색에 가까운 잿빛을 띠고 있다. 식물의 성장은 계절에 따라 상당한 영향을 받으며 일부 버섯류가 자라는 봄 우기 동안의 며칠로 제한된다.

사막 지역은 중앙아시아의 핵심적 기후 및 토양을 나타내는데 가장 건조하고 해양과 습기를 함유한 바람으로부터 가장 멀리 떨어져있다. 사막에서는 가장 적은 초목, 강수량, 지표수 및 지하수 그리고 가장 높은 염도, 알칼리성 및 모래 토양이 발견되는 극단적 지역이다. 육로의 선택은 전적으로 수로, 호수 및 우물의 분포에 따라 결정되며 대부분의 수자원은 계절에 따라 변화가 심하다.

사막지대에서는 일반적으로 대륙성 기후를 유지하면서 계절의 변화가 빠르다. 봄과 가을이 짧아 늦가을은 춥고 겨울처럼 냉하며 늦봄은 여름과 같이 덥다. 사막지대는 태양이 있는 날과 일조량이 매우 높아 남부 우즈베키스탄의 수르한다리야(Surkhan-Darya) 오아시스의 경우 202일이 화창하고 37일이 흐린 날씨였다. 반대로 유럽은 1년 중 보통 180일 이상이 구름 낀 날씨이다. 강수량은 앞서 간략히 언급한 것처럼 매우 낮아 1년 중 비가 오는 날의 수는 40일 미만이다. 또한 전체 강우량의 절반이 봄에 내린다. 봄비의 절정은 남부에서는 3월경이고 북부에서는 5월경이다. 이 시기에 식물들이 잠시 번창하고 사막은 극히 단명적인 푸르름을 누린다.

산악지대

키르기즈스탄에서 타지키스탄에 이르는 중앙아시아의 산악지대는 중국과 아프가니스탄으로 뻗어 나가면서 남동쪽에 치우쳐 있는 파미르-천산산악지대를 이룬다. 이 산맥지대는 카스피 해 남동 해안을 따라 서부 지역에 일부 낮은 산맥들과도 연결되어 있다. 사막지대와 산악지대를 구분 짓는 지역을 산록(山麓)이라한다. 다시 말해, 산록은 사막에서 산악으로의 전환 지대이다. 가장 대표적인 산록지대는 천산-파미르 산맥에 있다. 타지키스탄과 키르기즈스탄 사이에 위치한 이 지역은 다량의 빙하가 형성된 곳으로 많은 수량을 보존하고 있다. 따라서 산맥에서 눈이 녹아 흐르는 물을 이용하여 보가라(Bogara)라고 불리는 비관개 농업이 산맥 비탈을 따라 발전했다.

중앙아시아의 산맥은 자신들의 물줄기를 사막으로 흘러 보내며 이 지역의 특색을 이루는 내부 배수체계 현상을(즉 오아시스를) 만든다. 아할(Akhal) 오아시스를 형성하는 코페트다그산(Kopet-Dag)을 따라 흐르는 물줄기는 천산-파미르 산맥에서 비롯된다. 테젠, 무르갑, 아무다리야, 시르다리야, 자라프샨, 타쉬켄트 오아시스와 페르가나 계곡의 물 그리고 세미레치예 지역의 다른 물줄기와 남부 타지키스탄의 물줄기 모두는 이 산맥에서 발원된 것이다. 강수량의 패턴과 산맥에서 흐르는 물(눈 녹은 물)의 패턴은 꽤 다양하다. 코페트다그산에서의 강수량이 절정인 시기는 5월과 9월 말이다. 평균 강수량은 365mm 정도이다. 천산 산맥에는 1월과 5월에 강수량이 절정에 이르고 8월에 가장 낮다. 많은 산맥들에서 강수량이 급격히 낮아지는 시기가 빈번하기 때문에 산맥 사막이 형성되기도 한다.

III. 중앙아시아 각국의 지형과 기후

1. 카자흐스탄

지형과 토양

카자흐스탄은 구소련 가운데 러시아를 제외하고 가장 커다란 면적을 차지하고, 국경이 서쪽으로는 카스피 해, 동쪽으로는 중국 국경과 알타이 산맥을 접하고 있으며 북으로는 서시베리아와 남으로는 천산 산맥과 맞닿아 있다. 대부분의 지형은 낮고 평탄한 스텝지대로 이루어져 있으며 서쪽에는 푸리카스피 저지와 투란 저지 등이 있으며 동쪽으로는 중국에 접한 국경 지역에 알타이와 중가리알라타우(알마티의 동남부에 위치함) 산맥이 있다. 카스피 해와 아랄 해 사이에 망기쉴락(Mangyslak) 반도가 있고 반도 북부의 해발 고도는 56m에 이르며 타 지역에 비해 높은 편이다. 망기쉴락 반도의 동부에 해발 340m의 우스티우르트(Ustiurt)사막이 위치하고 북동부에는 우랄 산맥과 해발 657m의 모구자르(Mogudzhar) 산맥이 놓여있다. 카자흐스탄의 중남부는 사막지대로 이루어져 있고 투란 저지대와 만난다. 투란 저지대는 아랄 지역, 투르가이(Turugay) 평원, 키질쿰(Kyzylkum), 무이운쿰(Muyunkum)과 발하쉬 지역을 포함한다. 투란 저지대의 남동쪽에 위치한 카라타우(Karatau) 산맥에 이르러서는 고도가 점차 높아지며, 해발 556m인 카라타우 산맥은 시르다리야와 추 강 유역을 분리시켜 주고 있다. 카자흐스탄과 서시베리아 남부 접경 지대에 소규모의 호수들이 산재해 있다. 카자흐스탄 동쪽 국경은 알타이 산맥의 남부와 인접해 있고 산맥의 정상은 벨루하(Byeluha)로 그 고도가 4,506m이며 산 정상은 사계절 만년설로 덮여 있다.

카자흐스탄은 남쪽으로 키르기즈스탄, 우즈베키스탄과 투르크메니스탄 등의 3개 중앙아시아 국가, 서쪽으로 카스피 해, 북쪽으로 러시아와 각각 접해 있다. 카자흐스탄은 동경 46-87도, 북위 40-56도에 위치하며 영토의 크기는 약 271만 ㎢로서 남한 영토의 약 27배이며, 동서의 길이는 2,500 km, 남북의 길이는 2,000 km에 이른다. 러시아와의 국경선은 약 5,000 km, 중국과의 국경선은 약 1,700 km에 달한다.

주요 강으로 이르티쉬, 우랄, 엠바, 시르다리야, 추, 아야구주(Ayaguz) 강 등이 있으며 이르티시 강이 유일하게 러시아로 흐르며 나머지는 카자흐스탄 내의 카스피 해, 아랄 해, 발하쉬 호 등으로 유입된다. 동쪽과 남동쪽에 위치한 강과 호수에 흘러 들어오는 물은 알타이와 중가리알라타우 산맥의 높은 산에서 공급된다. 소규모의 하천들은 사막과 스텝 지역으로 흘러가다가 자취를 감춘다. 천산 산맥과 파미르 고원에서 흘러 내려오는 여러 하천과 지하수는 관개 농업에 활용되고 있어서 이 지역 경제발전에 크게 기여하고 있다. 남동부 지역의 평야에는 빙하와 눈이 녹아 흐르는 다수의 하천이 있는 데, 이 하천들은 봄이 되면 녹아 흐르는 물로 범람하기도 한다. 동쪽의 발하쉬 호수와 동북쪽의 자이산 호수는 담수호이고 나머지 호수는 염호이다. 따라서 염호에서 소금을 공급받고 있다. 카스피 해는 가장 큰 호수로서 투르크메니스탄, 아제르바이잔, 러시아와 이란이 카스피 해 연안에 접해있다. 아랄 해는 카스피 해 다음으로 크고 카자흐스탄과 우즈베키스탄 사이에 있다.

토양의 질과 농작물 재배는 기후 조건에 따라 크게 차이가 난다. 카자흐스탄의 토양을 크게 셋으로 나누어 볼 수 있다. 첫째로 동남부의 시르다리야와 추 강의 인접 지역에서는 농업용수의 공급이 비교적 용이하므로 주요 작물을 경작할 수 있다. 특히, 시르다리야와 같은 큰 강 유역에서 관목과 산림 지대를 볼 수 있다. 산림 지대는 대체로 제한되어 있으나 알타이와 천산 산맥에는 소나무가 무성하다. 둘째로 중부는 사막성 스텝 지대이므로 지속적인 작물 재배가 불가능하고 거주 인구가 극소수에 불과하다. 셋째로 북부에는 밀과 옥수수와 같은 작물을 재배할 수 있는 농지가 개간된 바 있다. 이 지역은 소련의 흐루시초프 시절 개간지 개척 사업의 일환으로 1950년대에 일구어졌다.

기후

카자흐스탄의 기후를 전체적으로 나타내면 반(半)사막성 기후라고 할 수 있고 내륙에 위치한 정도와 해발 고도에 따라 기후가 변하지만 대체로 건조하고 전형적인 대륙성의 특징을 띤다. 여름과 겨울의 기온 차이는 매우 커서 여름의 최고 기온은 45℃이고, 겨울의 최저 기온은 -45℃를 기록한다. 7월의 평균 기온은 북부에서 20℃, 남부에서 29℃, 1월의 평균 기온은 북부에서 -20℃, 남부에서 -3℃로 나타난다. 여름은 보통 건조하지만 특히 남부에서는 무더운 날씨가 나타나며, 겨울에 북부와 중부는 추운 편에 속하고 남부는 중부에 비하여 기온이 올라가기도 하나 눈이 쌓여있는 날이 많다. 예를 들어, 알마티에서 7월 최고 평균 기온이 27℃, 1월 최저 평균 기온이 -13℃이다.

카자흐스탄의 연간 강수량은 지역에 따라 차이가 나지만 대체로 적은 편이다. 북부와 중부 지역의 강수량이 연간 200-300 mm 정도인 반면, 남동부 지역에서는 400-500 mm에 육박하고 남서부에서는 300 mm 미만이다. 예를 들면, 남동부에 위치한 알마티의 연간 강수량은 597 mm 이지만 남서부의 키질쿰 사막 북부에 위치한 크즐오르다의 연간 강수량은 125mm에 불과하다. 강수량을 계절별로 구분하자면 봄과 초여름에 가장 많다고 할 수 있다. 북부와 중부는 여름에, 남부는 봄에 비가 많이 내린다.

월별 강수량(mm)과 최고와 최저 기온(℃) 비교

지역별 \ 월별		1	2	3	4	5	6	7	8	9	10	11	12
강수량	알마티	33	23	56	102	94	66	36	30	25	51	48	33
	크즐오르다	10	10	13	13	15	5	5	8	8	10	13	15
	카라간다	12	13	17	21	28	42	44	33	24	24	16	14
최고 온도	알마티	-4	-2	4	13	20	24	27	27	22	13	4	-1
	크즐오르다	-8	-5	2	14	24	30	32	29	23	14	3	-3
최저 온도	알마티	-13	-12	-5	3	10	14	16	14	8	2	-4	-8
	크즐오르다	-14	-14	-7	-2	11	16	18	16	9	2	-4	-8

2. 우즈베키스탄

지형과 토양

우즈베키스탄은 동경 56°-73°, 북위 37°-46°사이에 놓여 있는 동시에 중앙아시아 지역의 중앙부에 위치하여 다른 중앙아시아 국가들과 모두 국경을 접하고 있다. 또한 여타 지역에 비해 풍부한 수자원과 다수의 오아시스가 존재하는 지리적 특성으로 인해 우즈베키스탄은 역사적으로 중앙아시아에서 교통의 중심지이자 역사, 문화, 정치적으로 중요한 도시들이 들어설 수 있는 이점을 가지고 있었다.

국토는 북서쪽에 위치한 아랄 해로부터 남동쪽의 아프가니스탄과의 국경(137㎞)까지 길게 뻗어있는 형태이며 북쪽으로는 키질쿰 사막에서 카자흐스탄과 국경(2,203㎞)을 이루고 남서쪽으로는 투르크메니스탄(1,621㎞)과 아무다리야 강을 경계로 국경을 길게 접하며, 동쪽으로는 키르기즈스탄(1,099㎞) 및 타지키스탄(1,621㎞)과 국경을 맞대고 있다.

국토의 총면적은 447,400 ㎢로 한반도의 약 2배 정도이다. 서부지역에서 중부지역에 걸쳐 국토의 4/5가 평지이며 중앙부는 키질쿰 사막으로 이루어져 있다. 서북부 지역은 내륙호인 아랄 해의 남해안이 위치하고 있고 사막 및 건조한 초원지대가 아랄 해 주변에 자리잡고 있다. 아랄 해는 한때 세계에서 네 번째로 큰 내륙호였으며 오랫동안 지역주민들에게 담수어장과 가축을 기를 수 있는 환경을 제공해 주었다. 그러나 최근에 아랄 해의 오염으로 인해 생태계의 파괴, 기후의 변화, 질병 발생 등의 많은 문제가 발생하고 있다. 남동부 지역은 해발 45m 이상의 구릉지와 산, 계곡 및 분지 등으로 이루어져 있다. 이 지역에는 천산, 기사르-알라이 산맥 등이 있으며 페르가나, 자라프샨, 시르다르야, 산자르-누라타우, 카쉬카다르야, 수르한다르야 분지 등이 이들 산맥에 둘러싸여 있다. 또한 이 지역에 아무다리야와 시르다르야 강의 지류인 제라프 샨 강이 흐르고 있어 관개용수가 풍부하다.

우즈베키스탄 남동부 국경지대의 알라이 산맥에서 아무다리야 강과 시르다르야 강이 시작되어 우즈베키스탄 내로 흘러들어와 사막 및 초원지대를 지나 아랄 해로 흘러 들어가고 있어 우즈베키스탄의 생명선의 역할을 감당하고 있다. 동부 지역의 페르가나 분지는 '장미의 골짜기', '흙 속의 진주'라고 불리는데 이는 구소련 전체면적의 1%에도 미치지 않는 이 지역에서 구소련 면화총생산량의 1/3을 생산하고 있으며 비단의 35%를 생산하기 때문이다. 우즈베키스탄 국민의 2/3 이상이 아무다리야 강과 자라프샨 강을 따라 형성된 오아시스에 거주하고 있으며 동부의 산악지대와 페르가나 분지도 비교적 인구밀도가 높다.

우즈베키스탄의 토양은 키질쿰 사막에 모래 토양이 넓게 분포되어 있다. 언덕과 야산에서는 체르노젬(흑토지대)이 많이 발견되는데, 해발 250-400m에서는 밝은 체르노젬, 해발 400-700m에서는 일반적인 체르노젬, 해발 700-1,200m에서는 어두운 체르노젬이 발견된다. 해발 1,200-2,800m 정도의 중간 규모 산에서는 황갈색 토양과 갈색 산림토가 주로 분포되어 있으며 해발 2,800m 이상의 고산지대에서는 연갈색 초원토양이 넓게 분포되어 있다. 이러한 자연생성토 중에서 목초 토양, 목초-습지 토양, 습지 토양과 같은 습성토양이 계곡과 평원에서 발견되며 체르노젬-목초 토양, 사막-목초 토양 등과 같은 준습성토양과 혼재해 있다.

기후

우즈베키스탄은 사막성 기후권에 속하기 때문에 국토의 대부분이 연중 매우 건조하다. 여름은 매우 뜨겁고 건조한 반면 겨울에는 비교적 습도가 높고 강설량이 많은 편이며 낮은 온화하지만 밤은 상당히 춥다.

수도 타쉬켄트는 우즈베키스탄 기후의 특성을 잘 보여준다. 지난 18연간 측정한 타쉬켄트의 월평균기온은 1월에 1℃, 7월에 28℃정도이며 여름에는 비가 거의 내리지 않고, 겨울에서 봄에 이르기까지 비교적 강수량이 많다. 또한 전형적인 대륙성 기후의 특성을 지니고 있어 7월 기온이 최고 41℃까지 오르기도 하고 1월에는 최저 -17℃까지 떨어지기도 한다.

타쉬켄트 월별 기온과 강수량

	1월	2월	3월	4월	5월	6월	7월	8월	9월	10월	11월	12월
평균기온	1	3	8	16	20	26	28	26	21	14	8	3
최고온도	21	25	30	35	38	42	42	41	37	35	29	25
최저온도	-17	-21	-7	-1	-1	7	10	3	0	-5	-8	-17
강수량	49	51	81	58	32	12	49	3	3	23	44	57

3. 타지키스탄

위치와 지형

타지키스탄은 동경 67°-75°, 북위 36°-41°사이의 중앙아시아 남동쪽 변경에 위치하여 중앙아시아, 서남아시아, 중국을 연결하고 있다. 그리고 북에서 서로 우즈베키스탄(950㎞), 북동으로 키르기즈스탄(590㎞), 동으로 중국의 신강위구르자치구(430㎞), 그리고 남으로는 아프가니스탄(1,030㎞)과 국경을 접하고 있다.

한편 타지키스탄의 주요 민족인 타지크족은 이란의 주요 민족과 같은 페르시아계 민족으로 이란으로부터 동북쪽으로 떨어져 존재하며 페르시아 민족 분포지도를 그려본다면 동단에 위치하고 있다. 타지키스탄 지역에서는 그와 접해 있는 다른 문화와 문명들 간의 교류가 빈번하게 일어났으며 타지키스탄은 강성해진 주위 문화와 문명의 지배를 받게 되었다. 이러한 문화와 문명들은 서쪽의 페르시아 문명과 이슬람 문명, 남쪽의 인도 문명과 불교문화, 그리고 동북쪽의 투르크 유목 문명, 슬라브 문명, 그리고 소비에트 공산주의 등이다.

국토의 총면적은 143,100㎢로 남한의 약 1.5배 정도이며 영토의 절반 이상이 '세계의 지붕'이라 불리는 파미르 산지로서 3,000m가 넘는 고지대로 형성되어 있다. 영토의 93%가 산악지대임에도 불구하고 삼림의 면적은 국토 면적의 5%이하로서 대부분의 산들이 벌거벗은 돌산으로 이뤄져 있으며 높은 산들은 만년설로 덮여 있다. 타지키스탄의 지형은 크게 세 가지로 구분할 수 있다. 먼저 타지키스탄의 북부는 키르기즈스탄과 우즈베키스탄까지 펼쳐지는 페르가나 분지로 형성되어 있다. 이 지역은 농업과 광산업이 발달되어 중앙아시아 유수의 비철금속 산지를 형성하고 있다. 이 지역의 주요 도시는 호잔드(레니나바드)로 타지방에서 생산되는 원료를 이용한 견직, 면직공업과 과일 통조림, 육류 가공업이 발달되어 있다. 그 외 주요 도시로서는 이스파라, 마흐로마 등이 있다.

남서부는 투란 저지대로서 사막과 스텝으로 이루어져 있으며 점차로 산악지대로 연결되어 급사면과 방목지, 모래땅으로 이루어져 있다. 사막 지대를 제외한 산악 지대는 목초지를 형성하고 있으며 토양은 스텝 토양이다. 주요산업은 면화, 과수, 포도재배이며 수도인 두샨베를 중심으로 농산물 가공업 및 직물기계의 생산이 발달되어 있다. 또한 이 지방에는 남부 타지키스탄 공업지대가 조성되어 있으며 주력공장은 투르순-자드 알루미늄 공장, 바흐쉬 질소비료공장, 야반 전기화학공장, 누렉 수력발전소 등이다.

동부 지역은 파미르 산지로 세계의 지붕이라 불리는 융기된 지형으로 이루어져 있으며 중앙아시아의 최고봉인 코뮤니스크봉(7,495m)을 비롯하여 레볼류치아 봉(6,974m)과 레닌 봉(7,134m)등의 높은 산들이 있다. 특히 레볼류치아 봉에서 출발하는 페드첸코 빙하는 전장 77km나 된다. 대부분 산악지대인 이 지역의 주민은 주로 수르호브 강 유역의 계곡을 따라 거주하고 있으며 경제는 낙후되어 있다. 주요산업은 목축업(양, 염소)이며 그 외에 곡물, 감자가 소량 재배되고 있으나 수력자원은 풍부하다. 이 지방의 중심도시는 가름이다. 이 산악지대 주변에는 카피르 간 강, 무르갑 강과 같은 큰 강이 영토를 가로질러 흐르며 대규모 수력발전에 이용되고 있다.

타지키스탄은 CIS국가들 중 두 번째로 수자원이 많은 국가이다. 높은 산들 정상에 있는 수많은 빙하는 수자원의 근원이 되는데 중앙아시아소재 빙하의 60%이상이 타지키스탄에 위치해 있다. 타지키스탄의 강들과 호수의 잠재 전력량이 6,400만kw를 훨씬 넘는다. 그러나 이 수자원 모두는 호수로 배출되거나 투란 저지대의 모래사막으로 흡수되어 사라진다. 큰 강으로는 북쪽에 시르다리야 강과 남쪽으로는 아프가니스탄과 접한 아무다리야 강이 있으며 국토 중앙부에는 자라프샨 강이 흐르고 있다.

타지키스탄은 또한 지역에 따라 지형과 기후의 차이가 크기 때문에 꽃의 종류만 5,000여 종이 넘는 등 식물의 종류가 매우 다양하며 콩과 소맥 등 많은 작물들의 산지이다.

기후

타지키스탄의 기후는 다양한 지형, 유라시아 대륙의 한 가운데 위치한 지리적 위치, 대류의 흐름, 일조량 등의 다양한 요인에 의해 결정되며 대체로 대륙성 기후의 성격을 가진다. 대륙성 기후는 봄과 가을이 짧고 계절의 변화가 빠르게 일어나며 하루의 기상변화가 심한 특성을 가지고 있다. 비교적 춥고 긴 겨울은 갑자기 비가 오는 봄으로 이어지고 이는 또한 건조한 여름으로 곧바로 연결된다. 여름에는 거의 비가 오지 않는다. 따뜻하고 건조한 가을은 갑자기 추운 겨울로 이어진다. 이후에 오랫동안 맑은 날씨가 계속된다.

연 강수량이 400～600mm로서 매우 건조하며 강수량의 대부분 겨울철에 오는 눈에 의한 것으로 연 강수량의 65%를 차지한다. 파미르 고산지대의 눈과 얼음은 중앙아시아의 대표적인 강인 시르다리야 강과 아무다리야 강의 원천이 된다.

1월 평균 기온은 최고 -4℃이고 최저 -20℃이며 여름 평균 기온은 최저 16℃이고 최고 20℃로서 겨울은 혹독하게 춥고 여름 또한 그리 덥지 않다. 그러나 동부 파미르 산지의 경우 기온의 연교차가 커서 겨울은 최저 -60℃, 여름은 최고 45℃에 이르고 있다. 남서부 지역은 타지키스탄의 대륙성 기후에도 불구하고 분명한 사계절이 있으며 온화하며 쾌적한 온도를 가지는 반면에 파미르 고산지대는 여름과 겨울 모두 건조하며 일교차 및 1월과 7월의 기온을 비교한 연교차가 심하다.

4. 투르크메니스탄

지형적 특징

투르크메니스탄은 카자흐스탄, 우즈베키스탄, 아프가니스탄 및 이란과 인접해 있는 국가이다. 이들 인접 국가와의 국경선은 매우 길어 투르크메니스탄은 군사 전략적 측면에서 취약할 수밖에 없다. 국경선은 남쪽으로 이란과 992km, 아프가니스탄과 744km, 북동쪽으로 우즈베키스탄과 1621km, 북쪽으로 카자흐스탄과 379km에 걸쳐 접해 있다. 또한 카스피 해와 접하고 있는 해안선은 1786km로 주변국과의 국경선보다 훨씬 더 길다. 투르크메니스탄의 면적은 488,100㎢로 한반도보다 2.2배 정도 크다. 동서 간 최장 거리는 1,100km이고, 남북간 최장 거리는 650km이다.

투르크메니스탄의 평균고도는 해발 100～220m이고, 투르크메니스탄의 동단에 있는 쿠기탕타우(Kugitantau) 산맥의 아이리바바(Ayrybaba) 산은 높이가 3,137m로 투르크메니스탄에서 가장 높은 지역이다. 투르크메니스탄 중북부의 카라쿰 사막 내에 위치하는 투란 저지대에서는 해발고도가 낮아지며, 가장 낮은 곳은 카라쿰 사막에 위치하며 해저 81m이다. 국가 영토의 80%가 투란 저지대 내에 위치하고, 이 지역은 남에서 북으로, 동에서 서로 경사져 있다. 부연하면, 남과 동쪽의 해발고도가 높다. 투르크메니스탄의 서남쪽에 위치한 코페트다그 산맥은 이란과의 국경을 따라 뻗어 있으며 해발 1,000m까지는 사막지형이고, 해발 1,000m에서 1,800m까지는 스텝이다. 코페트 산맥은 산기슭, 작은 언덕의 건조한 모래경사지, 산악 평원, 가파른 계곡지역 등으로 구성되어 있다. 아쉬가바트의 서남쪽에 위치한 샤흐샤흐산(Shahshah)은 고도가 2,912m로 가장 높은 지형에 속한다. 코페트다그 산맥 남동쪽에 파로파미스 산맥과 쿠기탕타우 산맥이 있다. 카라쿰 사막은 약 35만㎢로서 전체 영토의 약 75%를 차지하고 있다. 사막의 바람은 모래 산을 만들 정도로 위력이 강하며, 모래 산은 높이 2~20m, 길이는 4~5km에 이른다. 토양에서 모세관 현상에 의해 형성된 커다란 습지대의 소금평지는 침하지역에 산재되어 있으며, 카라쇼르(Kara shor) 습지대는 넓이 1,500㎢로 서북쪽에 위치하고 있다. 아무다리야 강 서쪽의 순둑리(Sundukly) 사막은 키질쿰 사막의 최남단에 위치하고 대부분은 우즈베키스탄에 속해 있다.

아무다리야 강은, 사막이 영토의 3/4 이상을 차지하는 투르크메니스탄에 물을 공급해 주는 절대적으로 중요한 자원이다. 아무다리야 강은 타지키스탄에서 발원하여 서북쪽으로 흐르지만, 제2차 세계대전 이후 건설된 카라쿰 수로를 통해 투르크메니스탄 동남부 지역에 물을 공급한다. 이 밖에도 무르갑 강이, 이란과 아프가니스탄 국경 지대의 산지에서 시작돼 투르크메니스탄으로 흐르며 오아시스를 형성하는 원천이라고 할 수 있다.

지하자원으로는 석유와 천연가스가 풍부하며 이 밖에도 유황, 망초석, 요드, 브롬 등이 있다. 투르크메니스탄은 러시아와 이란에 이어 세계 3대 가스매장량 보유국이다. 일조량이 풍부하여 중앙아시아 5개국 가운데 평균 기온이 가장 높다. 산맥에서 흐르는 하천은 거의 사막 속으로 사라지지만, 아무다리야 강은 아랄 해로 흘러간다.

투르크메니스탄의 대도시는 강에 인접한 오아시스나 카스피 해 연안에 위치한다. 수도는 아쉬가바트로서 식민지 경영을 목적으로 러시아에 의해 건설됐으며, 이곳에는 540,600명의 인구가 거주한다. 투르크메니스탄 동북부에 위치한 차르쥬(Charjew)는 아쉬가바트 다음으로 큰 도시이며, 우즈베키스탄과 아무다리야 강에 인접해 있다. 카스피 해 연안에 위치한 크라스노봇스크 항은 인구가 약 6만3천명인 투르크메니스탄에서 여섯 번째로 인구가 많은 도시이다.

기후

투르크메니스탄은 아열대 사막기후에 속하며 겨울은 대체로 온화하고 건조한 반면에 여름은 5월에서 9월까지로 길며 덥고 건조하다. 그러나 때때로 북부 지역에는 겨울에 춥고 습한 기온이 나타나기도 한다. 대부분의 강수는 1~5월에 내리지만 5월에 가장 많이 내리며 전국적으로 볼 때 미미한 정도다. 코페트다크 산맥 지역은 연평균 강수량이 300㎜ 정도이며, 북서 지역의 강수량은 80㎜에 불과하다. 이란국경과 근접한 아쉬가바트는 연평균 강수량이 225㎜ 정도이다. 연평균 기온은 아쉬가바트가 16.8℃로 최고이며, 북부의 중심도시로서 우즈베키스탄 국경선에 위치한 다쉬호부즈(Dashkhovuz)에서 -5.5℃이다.

투르크메니스탄은 국토의 약 80%가 사막으로 이루어져 물이 크게 부족하다. 주요 강은 남부와 동부의 둘레에 위치하고 있다. 가장 중요한 강은 아무다리야 강이고 그 길이가 2540km에 이르며 중앙아시아에서 가장 길다. 아무다리야 강은 우즈베키스탄과 타지키스탄의 남쪽 경계선을 형성하고 동북투르크메니스탄을 가로질러 서쪽으로 흘러 아랄 해로 유입된다. 관개수로 건설로 인한 아무다리야 강의 수량(水量) 감소는 아랄 해에 심각한 환경파괴 요인으로 작용하고 있다. 이외에 다른 주요 강들은 테젠 강(1,124 km), 무르갑 강(852km), 아트렉 강(660km) 등이 있다.

환경문제

소련 통치기에 야기된 환경 파괴는 투르크메니스탄 국민들의 보건에 악영향을 끼쳐 왔으며 현재 독립 투르크메니스탄 정부의 주관심사로 대두하였다. 이에 따라 환경보호, 동식물과 삼림의 보호와 행정을 전담하는 부서들이 신설됐으며, 독립국가연합의 다른 국가들과 같이 환경을 보호하려는 차원에서 환경보호법 위반자로부터 징수되는 벌금을 토대로 환경기금을 설치했다. 그러나 벌금은 일반적으로 너무 적어 환경기금을 마련하는 데는 크게 부족한 상황이다. 이러한 국내적인 활동의 활성화와 더불어 현재는 아랄 해 보존에 대한 국제적인 관심을 바탕으로 아랄 해 보호에 적극적으로 나서고 있으며, 아랄 해 환경문제의 당사자인 중앙아시아 주요 국가들과 서방의 주요 국가들도 아랄 해 보호기구와 같은 국제기구들을 설립하여 지구환경 보호의 차원에서 아랄 해의 고갈방지와 아랄 해 인근의 환경 개선을 위해 적극적인 노력과 지원을 아끼지 않고 있다.

·사막화 : 투르크메니스탄에서 사막화 과정과 아랄 해 오염으로 인해 생태계의 생물학적인 생산성은 최근 수십 년 사이에 30-50%까지 감소되었다. 카라쿰과 키질쿰의 사막화는, 아프리카의 사하라와 사헬 지역 사막화 규모를 능가하고 있다. 중앙아시아에는 매년 80~100만 헥타르 정도의 새로운 사막이 늘어나고 있다.

가장 치명적인 종류의 사막화는 늪지대의 소금평지를 형성하는 염전화 과정이다. 이러한 염전화를 야기하는 중요한 요인 가운데 하나로 무분별한 물의 사용을 효율적으로 규제할 수 있는 제도적 장치가 취약하여 발생하게 되는 비효율적인 물의 사용이다. 농업에 사용되는 농업용수의 활용도도 낮은 편이지만,

이보다 더 심각한 문제는 저수지와 수로에서의 누수이다. 카라쿰 수로는 아무다리야 강물의 일부를 내륙으로 공급하기 위해 만들어졌다. 남동쪽에서 남서쪽으로 관통하는 카라쿰 수로의 관개수의 절반은 누수되어 호수와 소금 늪지대를 만드는 원인을 제공하고 있다. 과도한 관개와 누수로 인하여 토양은 1차적으로 늪지로 변화되며, 늪지는 2차적으로 뜨거운 햇볕에 의해 건조된 뒤 소금기가 강한 점토 평지로 바뀐다. 1989년에 투르크메니스탄의 사막연구소는 그런 점토 평지가 백만 헥타르에 이른다고 발표한 바 있다.

또한 일 년 내내 계속되는 가축방목으로 인한 초지 소멸이 직접적인 원인이 되는 사막화는 중앙아시아 전반에 걸쳐 제기되고 있는 문제이기도 하다. 사막지대의 확산은 중앙아시아 환경문제에서 가장 심각한 사안이며, 카스피 해의 동부, 북부해변을 따라 투르크메니스탄과 카자흐스탄으로 확산되고 있다. 풍식(風蝕) 작용에 의한 사막화는 대체로 카라쿰 운하를 따라 형성된 정착 지역에서 일어나고 있다. 방풍림은 토양의 늪지화 내지 염전화 때문에 죽어가고 있다. 1950년대에 만들어진 하수처리 시설의 비효율적 관리와 화학제품의 남용도 사막화를 조장하는 또 다른 요인들이기도 하다.

아랄 해 : 투르크메니스탄은 아랄 해 고갈 원인의 제공 국가인 동시에 피해국으로서 커다란 고통에 직면해 있다. 농업용수의 확보를 위한 과도한 관개시설 때문에 아랄 해의 수위는 점차 낮아지고 있다. 1954년부터 건설되기 시작한 카라쿰 수로는 환경과 보건의 측면에서 심각한 악영향을 끼치고 있다. 카라쿰 수로는 아랄 해가 급속히 고갈되어 가고 있는 직접적인 요인이다. 1994년까지 대략 59,000㎢에 달하는 수역이 감소했으며, 전체 담수량의 65%에 달하는 이러한 고갈양은 직접적으로 면화 지대에 대한 절대적인 관개 수량의 증가 때문에 앞으로도 적절한 대책이 없는 한 아랄 해 수량은 더욱 감소할 것으로 전망된다. 이러한 근시안적인 농업 정책으로 인한 아랄 해의 고갈은 중앙아시아 주요국가에 심각한 영향을 주고 있다. 우즈베키스탄의 호레즘 주, 카자흐스탄의 크질오르다 주와 투르크메니스탄의 다쉬호부즈 주가 직접적인 영향을 받고 있다.

아랄 해의 고갈은 농업 생산성의 하락과 국민 건강 악화의 직접적인 원인이 되고 있다. 환경 개선을 위해 막대한 비용이 투입되었음에도 불구하고, 토양의 염전화와 화학화는 투르크메니스탄의 농업생산성을 크게 하락시키고 있다. 단기적인 농업 정책이 초래한 환경 파괴로 인해 발생한 식수 오염은 투르크메니스탄 국민들의 건강을 위협하는 주된 요인이기도 하다. 다쉬호부즈 지역은, 아랄 해의 고갈로 인해 사막화가 촉진되는 등의 생태학적인 피해를 입었고, 아랄 해의 물은 식수로 사용하기에 부적절한 수준으로 수질 오염이 심각한 상황이다. 이러한 환경으로 인해 지역 인구의 70%가 질병을 경험했고, 유아사망률도 높게 나타났다. 전문가들은, 만약 환경 개선을 위한 종합대책이 실시되지 않는다면, 이 지역 주민들이 머지않아 살던 곳을 떠나야 할 것으로 보고 있다. 따라서 현재는 아랄 해 문제를 해결하기 위한 국제기구들이 적극적인 활동을 벌이고 있으며, 지구 환경보호의 차원에서 아랄 해 보존에 대해 전 세계적인 관심이 증대하고 있는 상황이다.

비료 남용으로 인한 토양과 식수오염 : 투르크메니스탄에서 생산성이 가장 높은 목화지대인 아무다리야 강 중하류의 무르갑 오아시스에서는 헥타르 당 250kg의 비료가 사용된다. 이러한 비료의 사용량은 헥타르 당 권장 평균사용량 30kg의 8배가 넘는 수준이다. 화학비료의 남용으로 비료 사용량의 15~40%만이 목화재배에 사용되는 것으로 추정되고 있으며, 나머지는 모두 토양을 통해 지하수로 흡수되는 것으로 알려져 있다. 따라서 이로 인한 토양오염과 식수오염도 심각한 상황이다. 특히 목화재배에는 다른 농작물에 비해 훨씬 더 많은 살충제와 고엽제가 사용된다. 사람에게 치명적인 영향을 주는 이러한 화학제품들의 위험이 제대로 인지되지 않고 있는 상황이며, 예를 들어 목동들이 살충제(DDT)의 위험을 인식하지 못하고, 모기의 접근을 막기 위해 살충제와 물을 혼합해서 얼굴에 바른다는 사실 또한 이미 알려진 바 있다. 1980년대 후반에 이러한 비료의 남용을 줄이려는 시도들이 생겨나기 시작했지만 아직 가시적인 효과를 보기에는 상당한 시간이 소요될 것으로 예상되고 있다.

5. 키르기즈스탄

위치와 지형

키르기즈스탄은 중앙아시아 지역의 중앙에 위치한 내륙국가로서, 북쪽으로는 카자흐스탄, 동쪽으로는 중국 신강위구르자치구, 남서쪽으로는 타지키스탄,

서쪽으로는 우즈베키스탄과 국경을 접하고 있다. 총 면적은 198,500㎢로 한반도(220,000㎢)보다 약간 작은 크기로, 북위 39~43도에 위치하고 있다.

키르기즈스탄은 전체 국토의 80% 이상이 해발 2,000m 이상의 천산의 산악지역으로 이루어져 있어 '중앙아시아의 스위스'라고 불리며 빼어난 자연경관을 자랑하고 있다. 국토의 나머지는 계곡과 분지로 이루어져 있다. 천산의 북서쪽에 위치한 이식쿨 호수는 그 크기가 5,776㎢로 키르기즈스탄에서 가장 큰 호수이며 세계 최대의 산중 호수인 남미의 티티카카(Titicaca)에 이어 세계에서 두 번째로 큰 규모를 자랑한다. 투르크어로 '뜨거운 호수'라는 뜻의 이식쿨은 강물이 빠지는 데 없이 계속해서 증발이 이루어져 염분이 높아진데다가, 화산작용으로 인하여 1년 내내 얼지 않는 특성을 가지고 있다.

가장 높은 봉우리는 중국과 국경을 이루는 칵살투(Kakshal-Too) 지역에 위치하고 있다. 7,439m의 높이의 최고봉 젱기슈 초쿠수(Jengish Chokusu, Pik Pobedy)의 정상부는 항상 만년설이나 얼음으로 뒤덮여 있다. 겨울에 내리는 강설은 봄에 강 하류에 심각한 피해를 입히는 홍수를 초래하기도 하며, 산에서 흐르는 빗물은 수력발전에 이용되기도 한다. 키르기즈스탄은 수력발전을 이용하여 전력을 주변국에 수출하고 있다.

키르기즈스탄은 금 및 희귀한 토류 금속(土類金屬)을 포함하는 중요한 금속 광물들을 보유하고 있다. 국토의 대부분이 산악지대로 이루어져있어서, 국토의 8% 이하만이 경작지로 이용이 가능하며, 이것은 북부 저지대와 페르가나 계곡 주변에 집중되어 있다.

기후

키르기즈스탄의 기후는 지역에 따라 다양하게 나타나며, 대체로 뚜렷한 대륙성 기후의 성격을 가진다. 남서부에 위치한 페르가나 계곡의 경우에는 아열대성의 기후를 보이며, 따라서 잘랄아바드(Jalal-Abad)와 같은 페르가나 계곡 도시에서는 여름 낮 기온이 최고 40℃까지 오르는 등 극도로 뜨거운 날씨가 나타난다. 이에 반해, 북부 구릉지대는 온화한 기후를 보이며, 천산지역은 고도에 따라 건조한 대륙성 기후부터 극기후까지 다양하게 나타난다. 북부와 남서부 일부를 제외한 대부분의 지역에서는 겨울이 길고 추운 편이다. 키르기즈스탄은 다른 중앙아시아 국가들에 비해 강우량이 많은 편이며, 강풍이 특징이라고 할 수 있다.

키르기즈스탄의 수도는 북부에 위치한 비쉬케크로 약 900,000명(2005년 현재)이 거주하는 가장 큰 도시로 해발 744m의 고지에 위치하고 있다. 키르기즈스탄 제2의 도시는 우즈베키스탄과의 국경 근처의 페르가나 계곡에 위치한 오쉬이다. 주요 강으로는 서쪽방향으로 페르가나 계곡을 거쳐 우즈베키스탄으로 흐르는 카라다리야(Kara Darya)가 있다. 이 강은 우즈베키스탄의 국경을 가로질러 또 다른 주요 강인 나린과 만난다. 이 두 강의 합류는 아랄 해로 흐르는 시르다리야를 형성하게 된다. 그러나 이 강은 현재, 타지키스탄과 우즈베키스탄 및 남 카자흐스탄의 면화 경작지에 관개용수로 사용되기 위해 상류로 빠지기 때문에, 더 이상 아랄 해까지 이르지 못한다. 추 강 또한 키르기즈스탄을 관통하여 카자흐스탄으로 유입된다.

제2장 중앙아시아 전통사회의 생산양식과 사회변화

김상철

1. 중앙아시아의 유목-정주문명 관계

수천 년 인류역사에서 유라시아 초원의 중심에 있었던 중앙아시아는[1] 지구상에 존재하는 유목지대 가운데 중요한 의미를 지니는 곳이었다. 중앙아시아는 특정 시기에는 정치적인 요인들로 인해 순수유목이 우위를 점하기도 하였지만, 대부분의 시대에는 반(半)유목이 보편적이었다는 것이다. 흑해 북부의 킵차크 초원, 유라시아 대륙의 중심이라 할 수 있는 카자흐 초원은 몽골 정복으로 농경의 기반이 타격을 받았지만 농경이 사라지지는 않았다. 이들 지역에서는 유목민 중심의 사회구조에서 정착 또는 농경이 공존하는 형태로 공동체가 유지되었지만, 제정러시아에 의해 정복되고 편입된 18세기말부터 대부분의 유목민들에 대한 정주화 과정이 시작되었다. 이와 함께 소련시기에 이루어진 강제적인 정주화로 중앙아시아에서는 사실상의 순수유목민은 소수집단이 되었고, 순수유목민 집단은 소련체제 확립 초기에도 이미 망기스타우[2], 세미레치예[3], 카자흐스탄 중부의 스텝지대 일부에서만 존재하고 있었다.

오늘날의 중앙아시아 지역은 지리적으로 카자흐스탄 북부의 '처녀지'라 불리는 초원지대, 이 초원지대 아래의 반사막 또는 사막초원이라 불리는 스텝지

1) 본 글에서 의미하고 있는 중앙아시아의 지리적인 개념은 대략 현재의 중앙아시아 5개국인 카자흐스탄, 우즈베키스탄, 키르기즈스탄, 타지키스탄, 투르크메니스탄, 그리고 러시아와 중국의 국경 지역들 가운데 카자흐스탄과 국경을 접하고 있는 지역들로 한정하고 있다.
2) 카자흐스탄 남서부 카스피 해 지역 가운데 현재의 망기스타우 주 지역에 해당된다.
3) 현재의 카자흐스탄 남동부 발하쉬 호로 유입되는 7개의 강이 있는 지역으로 카자흐어로 '제티수(zhetysu)'로 불리는 지역이다.

대, 그리고 스텝지대 남부의 사막 및 산악지대로 구분되는데, 이는 유라시아 대륙 초원지대의 중심을 차지한다. 이 지역의 초원지대는 오늘날 유목적인 생활양식이 거의 사라졌지만, 과거 역사에서 이 지역은 기마 유목민이 지배하던 영역이었다. 그러나 유목민의 영역에는 늘 정주민과 공존하는 형태의 양상이 존재하고 있었다. 초원 세계의 역사는 유목민이 주축을 이루면서 정주민이 관여하는 형태로 전개되었다. 따라서 기마 유목민 집단의 탄생과 이로 인한 유목 국가의 발생, 그리고 유목 국가들이 정주 문명화하는 형태로 중앙아시아 전통 사회의 생산양식은 변화해 왔다.

유목민이 중심이었던 중앙아시아의 초원에서도 농경이 일부 이루어지기는 했지만, 하천이나 소호의 연안에서 이루어진 농경은 광대한 초원의 극히 일부분이었기에 하나의 생태적인 권역을 계절의 순환에 따라 공동 이용했다고 보기도 어렵고, 농경민들이 초원의 일부를 차지하고 있었다는 정도로 보는 것이 합리적이라 할 수 있다.[4] 역사적으로 중앙아시아에서는 유목민과 정주민이 서로 다른 생태 권역에 거주했고, 비교적 높은 유목민의 인구밀도가 통합을 촉진하기도 했었다. 유목민 공동체는 외부의 정주세계와 대립하기도 했고, 정착 지대였고 중앙아시아 실크로드 교역의 중심이었던 오아시스 도시들도 쉽사리 정복하기도 했다. 이러한 유목사회 외부를 대상으로 하는 유목사회 중심 정복활동은 유목사회의 결속을 필요로 했고, 때로는 유목사회내부의 분화를 촉진하기도 했다. 농경민과 도시민을 정복하기 위해 결속한 유목국가의 이후 상황은 정복의 성공 여부에 의해 좌우되었다.[5]

경제적인 관점에서 유목은 자급자족의 성격을 지니지 못하기 때문에 목축이 유목 상태로 이루어지는 상황에서는 농경-도시권 정주민들과의 접촉을 필요로 한다. 유목민들이 생산해내지 못하는 산물들을 경제 외적으로 획득하는 손쉬운 방법은 정주집단의 복속이었고, 정복은 이를 위한 가장 대표적인 방법이었

4) 페르시아계통 중심의 정주세계인 '이란'과 유목세계인 '투란'의 대비는 경제적인 성격의 차이뿐만 아니라 지역적인 구분을 의미하기도 했으며, 시간이 지남에 따라 이들 개념에 민족적인 의미가 추가됨에 따라 근본적인 차이는 더욱 분명해졌다.

5) 중앙아시아를 정복한 유목민인 몽골은 정복대상이었던 정주사회, 정주문명에 대해서 파괴와 보존이라는 양면적인 입장을 취했지만, 몽골 자체에게는 정주적인 생활방식의 선택이나 도시 거주가 금지되고 있었고, 이들 역시 제국의 운영을 위해 정착이 불가피했다. 칭기즈칸 정복이후 중앙아시아를 통치하였던 지배세력들은 수공업을 바탕으로 하는 경제영역을 건설하려 하였기에 때문에 불필요한 파괴를 피하였고, 이를 통해 피정복지의 농민과 도시민들에게 세금과 공납을 통해 경제체제 및 통치제도를 확립하였다.

다. 유목은 유목민 자신에게는 경제적인 일면성과 비자급자족체제를 의미했지만, 비유목사회에서는 이로 인해 직접적인 사회변동과 정치적 변화가 일어났다. 유목민은 상이한 경제체제를 가진 외부세계 또는 비유목사회가 없이 그들 자체만으로는 존재할 수 없었다. 특정한 유목사회는 외부세계의 존재뿐만 아니라 그 외부세계가 유목사회로부터의 충격까지 흡수할 수 있었기 때문에 존립할 수 있었고, 유목민은 유목민으로 존재할 수 있었다.

유목국가는 보통 상이한 계층 및 계급으로 나누어져 있는 기존의 국가나 정주지역, 또는 도시와 농촌의 주민들을 정복하면서 나타난 형태이다. 따라서 유목민이 건설한 국가들은 정주민뿐만 아니라 앞선 유목민들이 남긴 유산을 그대로 활용하는 경우가 다수였다. 유목국가가 정주국가를 복속하게 되면 유목사회 내부에서 변화가 시작되었고, 이는 유목민의 정주로 이어졌다. 유목귀족은 정치권력, 수공업, 교역의 중심도시 없이는 존재할 수 없었고, 이러한 도시를 형성되도록 역할을 하는 것 역시 유목 귀족이었다.

유목국가는 이후 정주지역과 정주국가로부터 분리되는 경우 유목사회 내에서 도시의 피폐, 농업과 수공업의 중요성 감소 등으로 사회 및 정치적인 구조가 원시적인 상태로 되돌아가 유목국가의 몰락과 해체로 이어지거나, 정주화로의 발전이 더욱 추진되어 궁극적으로는 정착민 사회구조가 완성되어 농경-도시사회로 변화하였다. 농경-도시사회로 변화하여 유목민, 농경민, 도시민이 하나의 정치사회적, 경제적인 체제에 속하게 되더라도 완전하게 하나의 집단으로 통합되는 경우는 드물었고, 정주사회와 유목사회내의 특정 계층, 계급에서만 나타나나는 현상이었다. 유목국가 또는 유목사회의 가장 중요한 구성원인 유목민은 다양한 의미로 사용되었는데, 경제적인 특징과 관계없이 이동생활을 하는 집단을 의미하거나, 농경과 무관하거나 생업의 보조적인 행위로 제한적인 농경에 종사하는 광역 이동 성격을 지닌 목축민을 의미했다.[6]

자연환경의 이용과 관련하여 유목은 크게 세 가지로 구분된다. 첫째는 유목민이 자신의 거주지역내에서 가장 독점적이고 지배적인 지위를 차지하여, 경계지역뿐만 아니라 인근지역까지 이용하는 경우인데, 중앙아시아의 초원, 사막, 반사막 등을 들 수 있으며, 이러한 지역에서는 유목이 가능한 곳과 관개농

6) 엄밀한 의미로는 정착생활을 영위하지 않는 수렵-채집인에 대해서는 유랑 또는 반유랑, 반정주 등으로 광역적인 이동 목축민은 유목으로 표현하는 것이 가장 적절한 구분이라 할 수 있을 것이다.

경이 가능한 오아시스 사이에 비교적 명확한 지리적, 생태적인 구획이 존재하기 때문이다.

둘째는 유목민이 농경활동이 행해지는 지역들에 의해 격리된 지역을 이용하는 경우이다. 유목민은 농경이 이루어지는 지역을 이용하지는 않지만 목축이 동시 통과하기 때문에 농경 집단과의 갈등이 생겨날 수 있고, 상이한 유목집단이 교차하거나 혼합경제를 유지하는 집단이 통과할 때 더 그러했다. 중앙아시아에서는 크라스노봇스크[7] 부근의 반사막지대를 여름에는 투르크멘인들이, 겨울에는 카자흐인들이 이용하였다. 유목민이 전면적 또는 일부분으로 농경민들과 동일한 지역을 공유하는 경우에는 지역의 일부가 유목민에 의해, 일부는 농경민에 의해 독점 이용되고, 때로는 계절에 따른 순환방식으로 양자가 교대로 동시에 이용하기도 했다. 이러한 공존과정은 보통 수확이 끝난 지역에서 유목민이 가축을 방목하는 형태를 가지고 있었는데, 유목민이 농경민에게 대가를 지불하거나 가축의 배설물로 거름을 제공하는 이러한 형태의 공존 양상이 중앙아시아에서는 보편적이지 않았다.

셋째는 유목민과 농경민이 동일한 생활권내에 공존하는 형태로, 이는 양 집단의 특성상 평화로운 공존의 유지가 쉽지 않은 형태이다. 19세기초 및 20세기초 중앙아시아 부하라 칸국 동부에서 정주민과 반(半)유목민의 생활권이 중복됨에 따라 개별적인 지역들의 이용권을 두고 경쟁하였다. 이러한 경쟁에서는 호혜를 바탕으로 하는 집단들 사이의 노동 분화가 존재하지 않고, 갈등과 경쟁의 대상 축출을 목표로 하는 투쟁 중심의 강제적인 공존이 대부분이었다. 유목민과 농민간의 균형적인 공생관계를 가정하고 있는 구조-기능주의적인 접근은 역사적인 사례에서는 존재하지 않는 이상적인 형태에 불과하다.

유목국가에서 나타나는 사회적 관계는 세 가지 요인에 의해 결정되는데, 이는 유목민 전체와 정복-복속된 정주민 또는 정주국가와의 관계, 유목귀족과 정주민-정주국가와의 관계, 유목귀족과 일반 유목민간의 관계이다. 정주국가가 계속 존재하는 경우 그 국가의 유목 국가에 대한 종속은 단지 종사-공납관계의 형태였으며, 유목민과 농경민-도시민은 일반적으로 두 개의 서로 다른 사회를 형성하고 있었다. 유목사회에서 유목귀족은 지배계급이 아니라 주도계층의 역할을 하는 경우가 많았다. 일반 유목민은 군사적-사회적으로 유목귀족의 중

7) 오늘날 투르크메니스탄령 카스피 해 항구도시인 투르크멘바쉬(Turkmenbashi)이다.

요 지지기반이었다. 유목민과 정주민이 하나의 국가로 통합되는 경우에는 유목귀족과 정주지배층이라는 지배계급이 존재하게 되었고, 특권 없는 정주민의 상황이 악화되었지만, 일반 유목민에게는 별반 변화가 나타나지 않았다. 유목민과 정주민이 공동체내에서 독자적인 하위집단을 형성하는 경우 두 하위집단 간에 존재하는 장벽을 허물어뜨리려는 경향이 사회적인 차원에서 시도되기도 했지만 완전히 실현되는 경우는 없었다.

이러한 공동체내 사회적인 제 관계를 결정하는 요건들은 지배계급과 기본적으로 종속적이고 착취 받는 계급인 농민들과의 관계, 지배계급간의 관계, 즉 신-구 지배계급 또는 정주-유목민 지배계급 간 관계, 지배계급과 일반 유목민과의 관계들이었다. 유목귀족이 일반 유목민과의 관계에서 지배계급이라기보다는 주도계층적인 성격이 강함으로 인해 가지는 공동체내에서의 지위의 모호함이 일반 유목민에게도 적용되는 경우가 많았다. 또 실제로 일반 유목민은 공동체내에서 기본적인 계급이 아니었을 뿐만 아니라, 하나의 계층이나 계급을 형성하는 경우도 드물었다.

정주민과 유목민으로 분화된 공동체 사회가 형성되는 경우 유목 하위사회에서의 사회적인 분화도 더 심화되었다. 이들 사회에서는 유목민이 왕조나 유목귀족과의 연관성, 또는 종족이나 부족적인 연계의 여부에 따라 부여받는 특권에 차이가 나타나게 되었다. 이들은 몇 개의 중간계층 또는 집단을 이루며 일부는 지배계급과 밀접한 반면 일부는 피지배민에 가까웠다. 이러한 공동체의 유목민들은 유목속성을 상실하는 경우가 많았다. 이러한 변화의 과정은 흔히 유목민이 정주화하거나 정치적으로 주도적인 하위사회의 위상을 차지하던 유목민이 사회경제-정치적으로 보다 발달된 정주국가 체제에서 사회적으로 낙후되고 민족적으로도 소수 집단으로 바뀌는 양상으로 나타났다.

이상적인 발달형태는 유목민과 농경민이 통합된 하나의 사회, 경제, 정치적인 체제를 형성하고, 경제적인 전문화에 상응하는 사회적인 분화를 하는 형태이다. 그러나 이러한 과정은 동시적으로 나타나기보다는 독립적으로 진행되는 경우가 대부분이었고, 실제 유목국가의 출현과 발전과정에서 보편적이지는 않았다. 또한 실제의 변화과정에서 지배적인 유목민이 목축의 전통을 자신들의 문화유산의 일부이자 사회적 구분의 기준으로 보존하려 하기는 했지만 결국 유목민 상태를 벗어나는 행태가 대부분이었다. 기술적인 면에서 보수적이어서 시대에 따른 변화가 잘 나타나기 힘든 전문화된 식량생산의 경제 형태에 기반을 둔 정착사회가 경제적으로 더 다양하고 기술적으로 진보된 비유목사회의 사회 및 정치적인 구조 변화에 더 광범위한 영향을 주었다.

따라서 유목경제가 가지는 경제적 불안정성과 비자급적인 특징을 유목민이 극복하기 위해서는 크게 두 가지 방법이 가능했다. 첫 번째는 정주화인데, 이는 유목사회의 기본구조 붕괴로 이어질 가능성이 높았다. 그러나 유목민이 주로 활동했던 영역에서 정주화의 실현은 환경적인 측면에서 실현되기에 한계가 있었다. 그래서 유목민의 정주화는 다른 지역으로의 자발적인 또는 강제적인 이주에 의해 이루어졌고, 농경이 대체활동으로 가능한 지역이나 농경이 유목보다 경제적으로 유리한 지역에서만 완전한 정주가 이루어졌다. 두 번째는 여러 가지 방식으로 인접한 농경사회로부터 필요한 물품을 획득하는 방식이다. 이는 농경사회가 유목경제의 안정을 보장해주는 역할을 하게 되며, 환경에 대한 유목경제의 적응은 완전하지 못하며, 유목세계의 외부세계에 유목민이 적응하는 과정이 요구되었다.

II. 중앙아시아의 변천과 유목

중앙아시아 사회 변화의 중심에 있었던 유목민 사회는 목축의 형태에 따라 몇 개 형태로 구분이 가능하다. 순수유목은 보조적인 성격의 농경에 전혀 의존하지 않는 형태이다. 반(半)유목은 대부분의 기간 초원을 주기적으로 이동하는 광역 유목으로 가장 보편적 형태이다. 반(半)정주목축은 목축을 부업으로 하는 정주경작자로 전체 경제의 균형에서 농경이 주된 역할을 하고 있기 때문에 유목과 구분된다. 19세기말 20세기초에 카자흐인들은 3개월 내지 3개월 반 정도 기간에만 이동을 하였는데, 가족 구성원 전부가 이동하지는 않고 일부는 한곳에 머물며 농경에 종사했다. 방목은 정착생활을 하는 주민 대다수가 농경에 종사하며 자신들의 가축을 연중 초원에서 사육하는 경유를 의미한다. 방목지는 거주지에서 상당히 떨어진 곳에 위치하기도 하며, 방목되는 가축을 관리하는 목자들이 방목을 하게 된다. 14세기 이후 중앙아시아로 이주한 우즈베크인들 역시 봄, 여름에는 양떼를 초원으로 몰고 나갔다가, 가을과 겨울이 되면 겨울 정착생활지인 키쉴락으로[8] 돌아와 근처에 울타리를 치고 양떼를 사육하였다.

중앙아시아의 유목생산 양식은 유목에 이용하는 수자원 형태에 따라 자연적인 수자원을 기초로 하는 형태와 우물 같은 인공적인 수자원을 바탕으로 하는 형태로 구분지어 볼 수 있다. 인공적인 수자원은 주로 목초의 생산이 충분치 않고 자연적인 수자원이 거의 없는 일부 스텝 지역 또는 사막과 산악지대 등에서 지배적이었다. 따라서 이들 유목형태에서 지속적인 수자원의 확보가 목초지 확보보다 더 중시되었으며, 유목 집단은 가축 사육에 필수적인 수자원과 목초를 따라 이동하였다. 따라서 가축의 구성도 활동적이며 인내력이 강한 가축이 중심이었고, 주로 북서, 중앙, 남카자흐스탄의 일부 지역, 우즈베키스탄 지역 등에서 이루어졌다. 자연적인 수자원인 강과 호수가 있는 지역, 비옥한 목초지가 있는 지역에서는 자연적인 수자원을 이용한 유목양식이 지배적이었다. 이런 지역에서는 유목민들이 동일한 지역에 장기간 체류할 수 있었는데, 이런 경우 겨울 유목지가 정해져 있어서 겨울 유목 후 봄 유목을 지나면서 여름 유목지로 이동하였고, 이후 여름 유목을 거쳐 가을 유목을 통해 다시 겨울 유목지로 돌아오는 순환 유목의 형태를 띠고 있었다. 이러한 유목이 중앙아시아 대부분의 지역에서 광범위하게 행해진 유목형태였다.

유목 공동체에서 행해지는 이동 목축은 유목민들의 생활방식이며, 경제 및 경제외적 요인들에 의해 결정되는 가축 사육 요건이었다. 이러한 방식의 목적은 가축에 적당한 초지와 물을 제공하는 것이었고, 이동은 1년 중 일정 시기에만 가능하였는데 이는 자연 및 기후환경, 이동 중 필요로 하는 초지 및 수자원 등의 요인들에 의해 결정되었다. 이러한 측면에서 중앙아시아가 속해있는 유라시아 초원지대는 유목에는 적합했지만, 당시의 유목은 생산성이 낮고 날씨에 의해 생산편차가 심하다는 특성을 가지고 있었다. 따라서 유목은 생산력을 안정되게 유지하고 발전시키는데 한계를 가질 수밖에 없고, 불완전한 경제 형태를 보충하기 위해 유목, 약탈, 수공업, 농경민과의 교역 등 다른 방법을 사용하여 생산성을 높여야 했다. 농경민과의 교역, 수공업의 활성화를 위해서는 마을 또는 교역 거점이라는 정주 사회의 시설들이 필요했고, 이는 유목국가가 하나의 국가로 존립하기 위해서 유목과 대립되는 정주화 추진이 요구됨을 의미했다.

8) 키쉴락(Kishlak)은 우즈베크어에서 농촌 마을을 의미한다.

이러한 측면에서 중앙아시아 전통사회 생산양식을 규명해보는 것은 스텝의 초지-유목민과 남부의 농업 오아시스 농경 정착민간의 관계를 어떻게 파악할 것인가에 달려있다. 유목민은 가축 사육에 필요한 물과 신선한 목초를 확보하기 위해 이동하는 집단으로 규정되는 경우에는 유목민들도 농경 활동을 하고 있으며, 정주민 이웃으로부터 필수적인 곡물을 의존하고 있다는 사실들을 간과하게 되는 경우가 대부분이었다. 동시에 농경에 종사하는 공동체들은 유목민들로부터 고기와 가축 부산물(의복을 위한 양털)들을 공급받는다는 점 역시 간과되는 부분이라 할 수 있다. 정주민과 유목민간의 실제관계는 대립이라기보다는 공생측면을 가지고 있었는데, 이는 즉 이들이 독립적으로 살면서도 생존을 위해서 상대방을 필요로 함을 의미했다. 그러나 이러한 관계에서도 긴장은 존재하고 있었다. 중앙아시아 역사에서 초지유목민들이 스텝을 벗어나서 정주민 이웃의 정착지를 차지하는 활동은 주기적으로 반복되었다.

유목민의 일상생활에서 일부 요소들은 이주 촉진요인으로 작용하였다. 유목사회내의 자연적인 인구증가와 풍부한 목초지에 대한 요구의 확대, 주기적으로 스텝 전체를 상당 기간 거주 불가능 상태로 만들어버리는 일기의 변화, 다른 민족들의 이주로 인해 초래되는 유목 위치 변동 등을 들 수 있다. 또한 전혀 예측이 불가능한 한파 또는 전염병은 유목민 집단의 부를 구성하는데 가장 중요하며, 삶의 토대가 되는 가축을 완전 몰살 시키는 경우도 있었다. 이러한 요인들로 인해 유목 부족들은 다른 유목민 집단을 희생시키고 자신들의 영역을 확장하거나, 혹은 정주민 사회를 습격하여 자신들의 생존에 필요한 것들을 강제로 차지하였다. 유목국가에서 정주 생산 활동에 종사하는 사람은 정주 농경사회 출신들이었다. 유목사회에는 전쟁 포로, 생활고로 인해 유목사회로 도망한 정주사회 빈곤층들이 다수 존재하고 있었다.

계절의 변화에 맞춰 가축과 함께 거처를 옮기는 유목의 특성에 따라 카자흐 유목민은 주로 남북으로 이동하였는데, 겨울에는 남쪽에서, 여름에는 북쪽에서 유목하였다. 봄, 여름에 북쪽으로 이동하는 것은 목초가 이 기간 동안 자라고, 여름 목초지에는 풀이 풍부하기 때문이었다. 가을 및 겨울에 남하하는 이유는 남쪽이 초지는 여름 목초지와 비교하여 풍부하지는 않지만 기후가 북쪽에 비해 온난하고 눈이 많이 쌓이지 않기 때문이었다. 카자흐 유목사회의 사회 경제적인 관계는 가축 소유, 초지와 수자원의 공유를 바탕으로 하고 있었다. 유목생활에서 가장 기본적인 생산수단인 가축은 개인 또는 가족의 사유재산이었는데, 이는 가축을 사육하는 것이 개별적으로 이루어질 수밖에 없는 유목생산양식의 특성에서 기인하며, 따라서 가축의 소유와 그 생산물의 사용은 개별화되었다.

목초지에 대한 소유권은 가축의 소유와 비교하면 복잡하였다. 목초지는 보편적으로 집단 소유의 형태를 취하고 있었는데, 이는 대부분의 유목사회에서 나타나는 특징이다. 비교적 단순한 형태의 집단소유에서는 목초지가 유목사회 전체에 속하는 것으로 간주되고, 실제로 그 공동체내부의 하위 집단들 간에는 획정된 경계가 존재하지 않는 형태가 있었고, 목초지가 이론적으로는 유목사회 전체의 재산이지만 실제로는 목초지의 소유권과 사용권이 여러 하위집단들 간에 분할되어 있는 형태가 존재했다.

교역과 농업이 활발했던 중앙아시아 남부지역, 러시아와 인접해 있었던 중앙아시아 북부 지역에서는 목초지 및 농지를 비롯한 토지의 사유화가 보편적으로 나타났다. 이동목축에 종사했던 대부분의 지역에서는 목초지에 대한 집단소유가 우세하였고, 이러한 목초지등 포함된 이른바 토지의 사유화는 중앙아시아의 제정러시아 편입과정에서 확산되었다. 목초지와 함께 유목에서 필수적인 수자원에 대한 소유권 역시 중요한 문제였다. 수자원 소유권은 유목사회 전반의 문제라기보다는 특정 공동체 내부의 하위집단에 국한되는 문제였다. 특정 공동체가 우물을 만든 경우, 이 우물에 대한 소유권은 특정 공동체에게 우선적인 이용권이 주어지는 정도로 한정되었고, 실제로 이동목축의 특성상 우물에 대한 배타적인 점유도 불가능했다. 따라서 다른 공동체도 별다른 대가 없이 우물을 이용하였다. 호수 및 강 등 자연 수자원에 대해서는 우선 점유의 권리가 인정되었고, 자연 수자원의 일정 부분을 차지한 공동체는 그 주위지역도 실질적으로 차지하는 것으로 받아들여졌다. 그러나 자연 수자원에 대한 독점적, 배타적 소유권은 인정되지 않았다.

III. 정착민 중심 사회에서 유목민 중심 통치구조로의 변천

1. 정착문명 중심 공존 공동체의 형성과 변천

중앙아시아의 구석기 시대 유적은 이 지역에 정착문명이 존재하고 있었고, 이러한 정착문명의 오아시스 농경은 기원전 6000~5000년 신석기 시대 이후 시작되었다는 것을 증명하고 있다.[9] 기원전 3000년 전후 시기에는 오늘날 투르크메니스탄과 우즈베키스탄 국경지대의 동남방인 메르브[10] 방향으로 정주지대가 확대되었다. 아무다리야[11] 중류로 합류하는 지류 지대의 계곡쪽인 우즈베키스탄과 타지키스탄 남부에서부터 아프가니스탄 국경지대로 확장된 정주 농경문화도 존재하고 있었다. 아무다리야 남쪽에는 북아프가니스탄의 발흐를 중심으로 했던 박트리아(Bactria)[12] 지역도 정주 지대였다. 아무다리야 하류 지역의 호레즘(Khwarezm) 지역, 아무다리야와 시르다리야 사이를 흐르는 자라프샨(Zarafshan) 강 유역의 소그디아나(Sogdiana) 그리고 시르다리야 상류의 페르가나(Fergana) 지역 역시 정주지대였다.

기원전 2000년을 기점으로 중앙아시아의 초기 농경문화는 쇠퇴하였고, 초원의 청동기 문화와 말 문화를 가진 집단의 남하가 시작되었다. 중앙아시아 서부 농경지대 토착문화 및 언어는 이 시점부터 유입된 인도-아리안계로 인해 언어와 인간 유전자형질 등에 변화가 나타났다. 기원전 2천년대말부터 농경문화지대는 도시형 부락으로 발전했고, 기원전 1천년대중반에는 호레즘과 소그디아나에도 토착민 지역공동체가 출현하였다. 이후 이들 토착민 집단의 뒤를 이어 페르시아계 집단이 번성했다. 기원전 6세기 중엽 자립한 이 집단은 고대 정주

---

9) 이란과 투르크메니스탄의 국경지대로 아쉬가바트 서북부 지역에서 보리와 밀의 흔적, 주거지의 흔적 등이 발견되었다.

10) 현재 메르브는 투르크메니스탄에 위치하고 있으며 오늘날에는 '마리'로 불린다.

11) 중앙아시아의 아랄 해로 흘러드는 강 가운데 키르기즈스탄과 타지키스탄이 위치하는 페르가나 지역에서 발원하여 타지키스탄, 투르크메니스탄, 우즈베키스탄을 거쳐 아랄 해로 합류하는 강이다. 다리야는 우즈베크어로 강이라는 의미이기에 아무다리야를 직역하면 아무 강으로 번역된다. 따라서 국내 중앙아시아 관련문헌에서 흔히 보이는 아무다리야 강 이라는 표현은 수정되어야할 표현 중에 하나이며, 역시 페르가나 지역에서 발원하여 카자흐스탄을 거쳐 아랄 해로 유입되는 시르다리야 역시 직역하면 시르 강으로 번역된다.

12) 박트리아는 이후 토하리스탄(Tokharistan)으로 불리었다.

농경문명 지대를 통괄한 아케메네스(Achaemenes)조였다. 시르다리야 중류까지 확대된 아케메네스조의 중앙아시아 서부 영역 각지에 나름 특색을 갖춘 오아시스 통일체가 존재했다. 기원전 331년 마케도니아의 알렉산더 대왕은 아케메네스조 페르시아를 정복하였다. 알렉산더는 아무다리야를 건너 사마르칸드와 부하라를 점령하고 소그디아나를 차지했지만, 시르다리야 북쪽은 유목민 스키타이가 존재하여 시르다리야를 넘어가지 못했다.

중앙아시아 서부에 대한 알렉산드르의 통치는 짧은 기간 동안 이루어졌고, 소그디아나의 저항도 계속되었는데, 이는 이 지역 오아시스 공동체들이 자립할 정도로 발전했음을 입증하는 증거이기도 하다. 알렉산더 사망 이후에도 중앙아시아 서부의 그리스계 정권은 200여 년간 지속되었으며, 교통의 요충지에 생산과 교역에 종사하는 그리스인들이 거주하는 알렉산드리아가 건설되었다. 이 가운데 박트리아는 기원전 2세기 대월지에 의해 정복되었다. 당시 박트리아는 100만이 넘는 사람들이 도시의 형태로 거주하며 이미 상업이 번성했다.

고대 중앙아시아의 교역에 있어서 중요한 역할을 했던 소그드인은 기원전 6-5세기부터 그 존재가 알려지고 있었다. 이들은 다양한 통치 지배자 집단 하에서도 독자사회를 형성하였고, 기원전 4세기에는 남쪽으로는 서북인도 방면, 서남쪽으로는 메르브, 동쪽으로는 중국 서부 돈황에 이르는 지역을 활동무대로 하는 국제상인 집단이었다. 이들은 중국, 서아시아, 인도, 중앙아시아, 북방초원의 물품이 초원을 통해 교류되도록 하는 역할을 했으며, 돈황을 비롯한 오아시스에 식민 부락을 건설하여 농사를 짓고 자신들이 사는 지역의 통치자에게 세금을 내기도 했다.

사산(Sasan)조 전성기에 주변 집단들은 사산조와 교역을 했다. 사산조 동방 호라산의 중심도시 메르브에는 소그드 상인 구역이 있어 이들이 사산조와의 교섭에서 주요 역할을 했다. 아랍세력은 642년 사산조 페르시아를 굴복시키고 사산조 영토 동부 방향으로 영역을 확대했다. 740년대 중반 페르가나를 포함한 마바란나흐르(Ma wa ra al-Nahr)[13] 지역은 아랍의 지배하에 들어가고, 747

13) 아랄 해로 유입되는 아무다리야 및 시르다리야 사이에 위치한 농경에 적합한 지대로 중앙아시아 문명의 중심이었고, 실크로드의 교역도시들이 이 지역 내에 위치하고 있었다. 아무다리야가 그리스 문헌에서 옥수스(Oxus)로 표기됨에 따라 이 지역은 트랜스옥시아나(Transoxiana)로 불리기도 했다.

년 메르브 점령, 751년 탈라스 전투에서 고구려 유민 고선지가 이끄는 당나라 군대의 패배로 유목민 지대에 대한 이슬람 제국의 우위가 확립되었다.

〈오늘날의 탈라스평원〉

821년 호라산에서 성립된 타히르(Tahir)조를 시작으로 중앙아시아에 페르시아계 지방왕조가 성립되었는데, 타히르조를 이어 형성된 왕조가 사만(Saman)조이다. 사만조는 819년에 사마르칸드, 페르가나, 샤쉬,[14] 헤라트를 지배하게 되었으며, 864년 사마르칸드, 875년에는 마바란나흐르 전체의 지배권을 가지면서 독립적인 지위를 확보했다. 이후 사만조는 탈라스 방면으로 진출하여 변방지대를 투르크계 유목민으로부터 방어하고 정착문명의 중심인 실크로드의 교역로를 확보하게 되었다.

북방초원지대는 서돌궐 멸망 후 투르크 유목 집단들의 지배하에 있었는데, 이들 가운데 일부는 오아시스와 초원 접경지대에서 도시와 밀접한 관계를 가지고 이슬람을 수용하기도 했다. 840년 몽골 고원에서 위구르가 붕괴된 후 돌궐 지배 씨족의 일원이었던 인물이 스스로 칸을 칭하고 탈라스에서부터 일리강[15] 계곡, 카슈가르에 이르는 지역에서 새로운 부족 연합체인 카라한조가 형성되었다. 카라한(Karakhan)조가 이슬람을 수용한 후에도 유목 중심 지배체제는 그대로 유지되었다. 정주지대로 이주한 카라한조는 아랍-페르시아 융합적

14) 오늘날의 타쉬켄트에 해당되며 중국 문헌에는 石國으로 불리었다.

15) 중국의 서북부 지역에서 발원하여, 중국과 카자흐스탄의 국경지대를 흘러 카자흐스탄 남동부를 지나 발하쉬호로 유입되는 강이다.

인 이슬람 문화를 수용함으로써 투르크-이슬람 문화를 형성하였다.

중앙아시아 오아시스 정주지대 가운데 투르크 유목집단 통치권이었던 동투르키스탄[16]의 오아시스는 비교적 규모가 작고, 원주민 인구도 오아시스 규모에 비례하여 많지 않았으며, 이주 유목 투르크족은 쉽게 오아시스 또는 주변의 정주민 사회에 융합되었다. 동투르키스탄과 달리 마바란나흐르, 페르가나, 호레즘 지역은 토착민 사회의 투르크화가 용이하지 않았다. 이 지역은 오아시스도 대규모로, 거주민의 수도 많았으며, 오아시스 사이에 유목을 할 수 있는 공간도 많았다.

2. 중앙아시아 유목민 공동체의 형성과 발전

중앙아시아 유목민 공동체는 유라시아 대륙을 지배했던 고대유목민 스키타이에서부터 시작되었는데, 코카서스 지방 북부에서부터 흑해 북쪽 연안을 활동영역으로 하고 있는 페르시아 계통의 집단이었다. 동쪽의 카자흐스탄에서부터 알타이 산맥 주변까지도 페르시아 계통의 집단이 활동하고 있었고, 몽골 고원에서 중국 북부에 이르는 지역은 투르크계 또는 몽골계 중심의 영역이었는데 이러한 초원지대 거주민들은 언어와 계통의 상이성에도 불구하고 유사한 기마유목문화를 가지고 있었다. 후기 스키타이 문화의 번성기인 기원전 4세기경 카스피 해 북방초원에는 새로운 유목민 세력이 형성되었다. 이는 사르마타이트(Sarmatai)인으로 우랄 남부에서 서방으로 그 세력을 확대하여 기원전 2세기에는 드네프르 강 유역에서 스키타이를 밀어냄에 따라 스키타이는 크림반도 남부와 도나우 강 부근으로 진출하였다. 기원후 1세기 후반부터 2세기에는 사르마트 동쪽에 '알란(Alan)'이라는 기마 유목민이 등장하여, 카프카즈 산맥 북부에서 흑해 북쪽 초원지대를 지배하여 2-4세기 후기 사르마타이 문화시대를 이끌었는데, 이들은 훈족의 침략을 거치며 카프카즈 산맥 지대를 중심으로 정착했다.

스키타이와 동시대라 할 수 있는 기원전 8~4세기에 중앙유라시아 동부초원지대에서도 스키타이와 동일한 문화 속성을 지닌 공동체가 번창했다. 기원전 3세기 후반 몽골 고원 동부부터 서부까지를 차지하고 있었던 동호, 흉노,

16) 대략 오늘날의 중국의 신강위구르 자치구 지역 및 카자흐스탄, 키르기즈스탄, 타지키스탄과 중국 국경선 양쪽 인접지역이 해당된다.

월지 가운데 흉노가 다른 두 집단을 정복하여 공동체를 형성하였고, 흉노의 뒤를 선비가 계승하여 몽골 고원을 지배했다. 북흉노가 서진하고, 내분으로 쇠퇴한 선비를 대체하는 고차와, 유연이라는 유목민 집단이 몽골 고원을 차지했다. 5세기말 유연은 내정이 문란해지고 여러 부족들이 이탈하였다. 같은 시기에 고차도 서진을 하여, 이후 천산 산맥 북방에서 자립하였다. 유연 역시 과거 유목국가와 마찬가지로 중국 북부를 수시로 침략하여 약탈을 자행했는데, 이들은 농경에 종사할 노동력을 확보하기 위해 많은 한족 농민들을 약탈하였다. 투르크계 유목민은 542년 고차 멸망 후에 세력권이 몽골 고원 북부에서부터 카스피 해 연안까지로 확대되었다. 이 무렵에 부상하기 시작한 집단이 철륵으로 표기되는 투르크계 유목민 집단 가운데 하나였던 돌궐이었다.

돌궐은 유연에 종속되어 있는 상황에서도 당시 중국 북부의 지배 세력 서위와 직접 교섭할 정도로 세력이 확대되었다. 소그드인과 접촉을 계기로 돌궐은 서진하였고, 이후 돌궐은 독립적인 유목국가로 발전하여, 6세기 중반에는 그 영역이 몽골 고원에서 카스피 해 북쪽 연안까지로 확대되어 있었다. 돌궐은 소그디아나의[17] 여러 도시에도 영향력을 미쳤고, 568년에는 소그드인을 돌궐의 사신 자격으로 카스피 해 북쪽과 흑해를 경유하여 비잔틴에 도달하게 함으로써 중앙아시아의 초원길이 외교와 교역의 통로로 이용되기 시작했다.

740년대에 돌궐의 통치를 받던 투르크계 부족이었던 위구르가 돌궐을 공격하였고, 745년 돌궐 멸망 후 유목사회의 새로운 통치 집단으로 부상하였다. 위구르는 과거 유목국가들에서는 나타나지 않았던, 도성 건설, 농경지, 상류층의 정착, 교역 중시정책의 채택, 지배기구의 변화 등 정주농경국가와 유사한 문명화를 추진하였다. 9세기 중반 위구르에서 내분이 발생하자 키르기즈는 위구르를 침략하여 멸망시켰다.[18] 위구르 멸망 후 대부분의 위구르인들은 중국 하서지방과 천산 산맥 남북 오아시스지대로 이주해 새로운 국가를 건설하였고 이는 정주문명 국가로의 변화를 의미했다.

10세기에 카라한조가 이슬람을 수용한 후 카쉬가르[19]로 진출하면서 천산위

---

17) 대략 오늘날의 중앙아시아 키르기즈스탄 및 타지키스탄, 우즈베키스탄 동북부의 페르가나 지역에 위치하고 있으며, 실크로드의 초기 교역을 담당한 대표적인 상인 집단인 소그드인들이 주로 거주했던 지역이다.

18) 유목국가는 멸망하는 경우 구성원들은 정복세력에 의해 흡수되거나 정복세력의 통치권이 미치지 않는 다른 초원으로 이주하는 것이 보편적이었다.

19) 오늘날 중국의 신강위구르자치구 남서부에 위치하는 도시로 동투르키스탄의 중심도시 가운

구르 왕국 영역은 축소되었다. 위구르 민족은 오아시스에 정착하면서 정주 공동체로 변화하여, 오아시스 도시와 농촌을 기반으로 하는 사회를 형성했다. 위구르인 집권층은 여전히 유목에 종사했지만, 왕국의 중심인 투르판 분지는 풍요로운 오아시스였다. 위구르인의 교역 활동은 중앙아시아, 초원지대, 티베트를 포함한 내륙뿐만 아니라 서아시아와 인도 및 해양까지 포함되었는데, 이는 위구르인의 문화-상업망이 광범위하게 연결되어 있음을 보여주는 증거들이다.

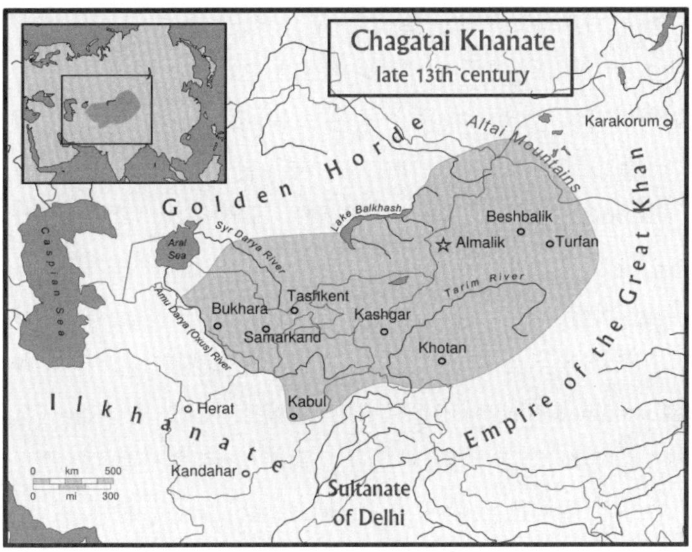

〈13세기말 차가타이 칸국〉

중앙아시아에서 유목민 위주로 유목민-정주민이 공존하는 형태는 몽골 정복과 함께 본격화되었다. 기존의 유목집단과는 상이한 새로운 유목집단이 서투르키스탄[20]으로 유입되었는데 대다수는 투르크계였다. 이들은 몽골 제국에서부터 티무르 제국을 거치면서 부족에 소속된 전사계층의 성격을 유지하며 정주 집단이 되었다. 이들은 페르시아적인 이슬람 문화에 동화되면서 정주화한 투르크계 유목민과 원주민의 융합이 본격화되었다. 1209년 위구르는 자발적으로 당시 부상하고 있는 몽골제국의 지배를 받아 들였고, 위구르 복속 후 몽골

데 하나이다.

20) 지리적으로 대략 오늘날의 중앙아시아 5개국에 해당되는 지역이다.

군대는 서진하였다. 1218년 이들은 오늘날 카자흐스탄 발하쉬호 동쪽의 제티수 지역을 침공하여 카라키타이(서요)를 무너뜨리고, 당시 가장 강한 무슬림 세력 호레즘 샤 알라 웃딘 무함마드(Ala al Din Muhammad)와 접하게 되었다. 칭기즈칸의 사신을 호레즘 샤가 학대한 것이 원인이 되어 칭기즈칸의 투르크-몽골 군대는 중앙아시아 정착지대를 정복하였고, 투르크-몽골 세력권은 중앙아시아 전역으로 확산되었다.

1227년 칭기스칸 사망 후 몽골제국은 4개의 울루스(Ulus)로 분할되었다. 조치 울루스는 후손에 의해 이후 킵차크 칸국 또는 금장칸국(錦帳汗國)[21]으로 알려졌다. 둘째 차가타이에게는 일리강 분지 중앙 초원지대가 분배되었는데, 차가타이의 통치 영역은 이후 마바란나흐르와 오늘날의 중국 신강까지 확대되었다. 몽골 통치기에 많은 부족들은 중앙아시아로 영구 이동하였는데 이 가운데 하나가 바를라스(Barlas)이다. 바를라스 부족은 투르크화 및 무슬림화 되어, 차가타이 칸국에서 지배적인 위치에 있었다. 바를라스 부족의 아미르 티무르는 14세기 중반 이후인 1370년에 이미 마바란나흐르에서 차가타이 칸국을 능가하는 권위를 확립하였고, 호레즘 정복에 이어 이란, 인도, 아나톨리아, 카프카즈, 그리고 조치 울루스 지역까지 그 영역을 확장하였다. 15세기말 이후에는 샤이바니(Muhammad Shaybani)칸이 이끄는 우즈베크의 중앙아시아 진입으로 우즈베크가 마바란나흐르와 페르가나의 유목에 좋은 초지를 차지함에 따라 이들 지역의 원주민 유목민 집단은 정주형태로 생산양식의 변화가 일어났다. 호레즘, 페르가나, 타쉬켄트는 사르트(Sart)라 일컬어지는 투르크어 사용 집단의 중심지가 되었고, 마바란나흐르는 타지크(Tajik) 또는 차가타이로 불리며 페르시아어를 주로 사용하는 집단이 중심이었다. 칭기즈칸 사후 중앙아시아 지역은 생산양식에 따라 구분이 가능할 정도로 분화되었는데 이는 마바란나흐르를 중심으로 오아시스의 풍요로운 경제력을 바탕으로 정권을 운영하려는 세력, 정주민을 수탈 대상으로 보는 유목세력이었다. 이러한 분화는 15세기 이후 중앙아시아의 공동체가 정주 중심인 우즈베크와 유목 중심인 카자흐로 분할되는 바탕이 되었다.

21) 카자흐어로 알틘오르다(Altyn Orda), 영어로는 Golden Horde로 표기되며, 중국쪽 기록에는 금장 한국(汗國)으로 표시되는 지역이다.

3. 정주화 유목공동체 지배세력의 교체

14세기초 정주화된 유목공동체의 중심이었던 차가타이 울루스는 1340년대에 정주화 되어가는 차가타이, 유목민의 특성을 유지하려는 모굴리스탄으로 분열되었고, 이러한 두 집단의 대립은 중앙아시아 통치체제의 분열로 이어졌다. 이러한 과정은 차가타이인이 지칭하는 집단의 의미가 변화하는 점에서 잘 알 수 있다. 13-14세기에 차가타이인은 차가타이의 후예들을 따르는 투르크-몽골 집단을 지칭했는데, 15세기에는 마바란나흐르와 동부 호라산지역에서 투르크어를 사용하는 사람들 가운데 유목 전통을 유지하고 있는 이들을 지칭했다. 이후 주치 울루스에 속했던 킵차크 초원에서 마바란나흐르로 남하한 샤이바이니조와 티무르가 전쟁을 벌이는 동안에 차가타이는 투르크인, 타지크인 여부나 정주민이나 비정주민에 상관없이 샤이바니 칸이 관할했던 킵차크 초원에서 이주해온 유목 우즈베크 집단에 속하지 않는 사람을 지칭하는 것으로 의미가 확대되었다.

14세기 중반 마바란나흐르와 모굴리스탄으로 분할 이후, 마바란나흐르에서는 1346년 아미르국 시대가 시작되었는데 이는 칸 권력 쇠퇴와 여러 유목 세력의 대두를 의미했다. 모굴리스탄에서는 지배적인 정치 세력 공백기에 칸의 지위를 확고히 굳힌 인물이 투글루크 티무르(Tughluq Temu)였다. 투글룩 티무르가 차가타이 울루스를 재통일하는 과정에서 부각된 인물이 바로 아미르 티무르였다. 1360년 투글루크 티무르가 마바란나흐르에 군대를 파견하여 아미르 티무르는 바를라스부의 지휘권을 가지게 되면서 모굴의 영향권 하에서 벗어나기 시작했다. 1370년 아미르 티무르가 발흐를 정복한 후 유목 세력의 지도자인 아미르, 지방 영주, 종교 지도자, 칭기스칸 후손 왕자들의 지지를 바탕으로 마바란나흐르의 지도자가 되었다. 아미르 티무르는 강한 군사력을 바탕으로 대제국을 건설하여, 마바란나흐르의 오아시스 지대에서 성장했지만 정주사회에 동화되지 않고 기마군단을 바탕으로 강력한 군사력을 형성하여 기마 유목민의 특성을 보존할 수 있었다. 티무르는 오아시스와 도시의 경제적인 중요성을 인정하여 도시의 번영을 위해 노력했다. 오아시스 정주 지역은 항상 유목정권의 경제적인 기반을 이루고 또한 그들의 수탈의 대상이었다. 특히 오아시스 도시 근교에서 성장한 티무르는 오아시스 정주지역의 중요성을 알고 있었기 때문에 교역의 중심지인 시장(바자르)을 건설하고 도로를 정비하여 상업을 진작시키는 노력을 했다. 이로 인해 상인들의 활동범위가 확대되고 통상이 활성화되었으며, 관개시설 정비로 농경도 확대되었다.

〈타쉬켄트의 아미르 티무르 동상〉

15세기 전반 조치 울루스 동부의 중심 부족으로 부상한 우즈베크는 조치의 다섯째 아들 샤이반(Shiban 또는 Shayban)의 후손 아불 하이르(Abul Khair) 칸이 이끌고 있었다. 원래부족의 활동영역인 킵차크 칸국을 떠나 남진한 우즈베크는 아미르 티무르가 통치하던 호레즘을 1430년부터 공략하여 우즈베크 유목민들의 초지에 대한 요구를 충족시켰고, 이로 인해 아불 하이르는 지도자의 기반을 공고히 했다. 1446년에는 킵차크 초원 동부지역을 통일하고, 시르다리야 중류의 오아시스 도시들을 점령하여 정치 및 군사 거점으로 삼고 경제기반을 공고히 했다. 시르다리야 중류는 몽골시대부터 북쪽의 조치 울루스와 남쪽의 차가타이 울루스 경계에 위치하는 교역 중심지대로 이를 중심으로 산재해 있는 오아시스 도시들은 유목민과 정주민의 교류지대였다. 이러한 확장의 과정에서 당시 우즈베크의 통치하에서 이 지역을 근거지로 했던 케레이(Kerei)와 자니벡(Janibeg)의 유목민 집단은 독립을 선언하고 모굴리스탄 변경으로 이주하여 카자흐부족의 기원이 되었다.

우즈베크 칸국에서 독립한 카자흐를 징벌하기 위한 전투에서 아불 하이르가 사망한 후 우즈베크 칸국은 분열되기 시작했다. 우즈베크의 통치 하에 있던 많은 유목민들은 모굴리스탄 변경을 근거지로 하고 있던 케레이와 자니벡의 휘하로 옮겨감에 따라 이들 공동체의 규모는 20만 명에 달하고 있었다. 이후 우즈베크가 마바란나흐르를 중심으로 자리잡게 되자 카자흐는 우즈베크가 떠난 킵차크 초원의 유목민을 흡수하여 자니벡의 아들인 카심(Qasym) 칸 시대에는 강력한 유목 국가로 성장했다. 이들은 시르다리야 중류와 세미레치예 지역의 오아시스 도시들을 통치하였고, 18세기 중반 제정러시아에 편입되기 시작되기까지 세미레치예 중심의 대쥬즈(Great Juz), 카자흐 초원 중부의 중쥬즈(middle Juz), 서부의 소쥬즈(Small Juz) 등으로 부족 연합체를 구성하고 있었다.

우즈베크 칸국은 지도자인 아불 하이르와 아들 샤 부다크(Shah Budak)가 카자흐 정벌에 나섰다가 사망하고 난 후 샤 부다크의 아들 무함마드 샤이바니(Muhammad Shaybani)가 칸이 되어 분열된 우즈베크 유목민 통합에 나섰다. 1500년 여름 부하라와 사마르칸드를 정복하여 그가 마바란나흐르를 지배하게 되어 샤이바니조가 형성되었다. 샤이바니, 퀴즈퀸지(Kuchkunji), 우베이둘라(Ubayd Allah)로 이어진 샤이바니왕조는 사마르칸드와 부하라를 마바란나흐르의 중심도시로 발전시켰는데. 1540년 우베이둘라 사후 강력한 군주의 부재로 분열된 샤이바니조를 계승한 압둘 라티프(Abd al-Latif)와 우베이둘라의 아들인 부하라의 압둘 아지즈(Abd al-Aziz)칸이 대립함에 따라 부하라와 사마르칸드는 대립관계에 있었다. 이후 1552년 바라크(Barak)칸이 자신의 영지 타쉬켄트를 기반으로 하여 사마르칸드를 점령하여 다시 통일이 이루어졌다. 바라크에 이어 집권한 압둘라 2세는 중앙집권화를 추진했다. 부하라를 중심으로 사마르칸드, 타쉬켄트를 통치한 그는 새로운 화폐를 주조하여 화폐를 통일시킴으로써 도시간의 상거래를 활성화시키고, 도시중심부에 상점가와 시장을 건설하는 등 상업시설을 확충했으며, 새로운 관개시설을 건설하여 농업생산 향상을 도모하는 등 경제력 강화에 앞장섰다.

유라시아 초원 유목민과 접하던 정주국가들은 유목민과의 교역을 흔히 경제적인 압력을 가하는 대외정책 수단으로 사용하였다. 중국에서는 유목민과의 교역이 통상 국가에 의해 직접 수행되거나 규제되었고, 이러한 교역이 이루어지는 과정에서 동일한 상황이 반복되었다. 유목민은 중국에 대한 복속을 인정하지 않으려 하면 중국은 교역을 중지 또는 제한하려 했고, 유목민은 무력을 사용하여 교역권을 획득하였다. 정주화된 유목민 집단인 우즈베크의 샤이바니칸도 사마르칸드, 부하라, 호레즘 상인들이 카자흐인들에게 일용품을 파는 것을 금지하였다. 투르키스탄의 주민과 카자흐 상인간의 거래도 금지되었고, 양쪽의 상인 및 주민들이 상호 방문하거나 여행하지 못하도록 하는 조치가 수차례 이루어졌다.

유목민 집단의 지배층은 정주국가화에 대해 부정적이지 않았는데, 이러한 과정은 정주국가 종주권에 대한 형식적인 인정, 그리고 보통 군사적인 의무의 수행을 포함하는 정도에 한정된 것이었음을 보여주는 경우도 적지 않다. 따라서 유목민의 지위는 기본적으로 유목민의 세력과 정주국가 세력 간의 단순한 관계, 유목민에 대한 정주국가의 정책에 의해 결정되었다. 이를 통해 유목민과 정주민간에는 교환과 교역의 기회가 증대되었고, 군사적인 봉사의 대가를 받기도 했다.

Ⅳ. 15세기 이후 유목 공동체 세력의 발전

1405년 티무르 사망 후 티무르 왕조는 초원지대를 벗어나 정착지대를 중심으로 공동체의 기반을 변화시켰다. 이러한 결과로 15세기 중앙아시아는 이슬람문명의 재건과 활성화로 티무르 왕조의 르네상스로 불리어 사마르칸드와 부하라는 모스크와 이슬람 신학교들이 번성했고, 이러한 기관들은 교육기관의 역할을 적극적으로 수행하고 있었다. 티무르 왕조의 중앙아시아 통치는 15세기말에 끝나게 되며, 투르크 유목민 집단인 우즈베크가 남진하여 마바란나흐르로 진입하자 중앙아시아에서 티무르 일가의 마지막 지배자였던 자히르 웃딘 무함마드 바부르(Zahiriddin Muhammad Bobur)는 사마르칸드 통치를 포기하고 중앙아시아를 떠났다. 이러한 정주문명을 지배하던 유목민 세력의 정착으로 인해 생겨난 초원의 공백은 향후 우즈베크로 불리게 되는 킵차크 초원 남부 알틴오르다 아불 하이르 칸이 주도하는 집단의 남진에 의해 채워졌다. 아불 하이르 칸은 마바란나흐르 방향으로 남진하여 중심지를 시르다리야 연안 시그낙에 건설하였다.

같은 시기에 우즈베크 부족은 티무르 왕조의 강력한 북방 세력으로 부상했고, 호레즘과 남쪽의 티무르 왕조 통치권역을 공격하기 시작했다. 이후 우즈베크는 아불 하이르의 손자 샤이바니칸이 세운 샤이바니조에 와서 중앙아시아의 중심세력이 되었다. 샤이바니의 통치권에 합류하기 위해 남하한 유목 부족들은 최상의 목지를 차지하여, 중앙아시아의 토착 반(半)유목민과 정주민까지 압박하였는데, 남하한 유목 부족들도 이후 정주민으로 바뀌거나 반(半)유목으로 전환하였다. 중앙아시아 정착민 사회를 지배한 유목민 티무르 왕조의 영역을 차지한 샤이바니 왕조는 1510년 샤이바니 칸 전사 후 쇠퇴하여 16세기말에 붕괴되고, 이를 대신하는 새로운 칭기즈칸 가문 왕조인 아스트라한(Astrakhan) 칸국[22]이 1599년 부하라에 수립되었다. 우즈베크 부족 구성원들은 그 시점에서도 마바란나흐르로 정착을 위해 이동하고 있었다. 우즈베크 부족 역시 중앙아시아 남부에서의 정착지를 확보하기 위해 스텝을 벗어났던 초원 유목민 집단들이었지만, 이들의 유입으로 상당수의 투르크계 집단들이 합류하였다. 이후 우즈베크 부족집단에는 북쪽의 노가이(Nogai) 부족, 혈연적으로 우즈베크에 가까운 다른 투르크 유목 집단들이 합류하였다.

우즈베크와 그의 후계 왕조 등 이른바 조치 울루스 계열로 중앙아시아에 이주한 공동체들은 정주 공동체로 점차 변화하고 있었고, 역사적으로 마바란나흐르를 중심으로 중앙아시아를 차지하고 있었던 차가타이 울루스 역시 정착집단과 유목 중심 공동체를 유지하려는 집단으로 분화되었다. 1340년대에 차가타이 울루스가 동서로 분열된 이후 투글룩 티무르는 울루스 동부의 칸으로 부상되었는데 이 지역은 모굴리스탄으로 불리었다. 15세기 중엽 모굴리스탄 칸국은 동서로 타쉬켄트와 투르키스탄[23]을 포함하는 시르다리야 우안에서부터 페르가나를 지나 천산 산맥 동부 북쪽 기슭까지, 남북으로는 북부의 이르티쉬강에서부터 남부의 호탄(和田)까지를 차지하고 있었고, 중심지는 유목민의 전통적인 근거지 가운데 하나였던 일리 강 계곡이었다. 15세기 후반 중앙아시아에 새로운 유목세력이 대두하며 모굴리스탄은 쇠퇴하였다. 타쉬켄트 방면은 킵차크 초원에서 남하한 우즈베크 집단의 지배에 들어가고, 이러한 우즈베크에서 이탈한 카자흐는 초원지대를 따라 모굴리스탄 서부 지역으로 이동하여 이르티쉬 강에 도달했고, 모굴리스탄의 유력 부족인 두글라트의 일부가 카자흐에 합류했다. 이러한 상황에서 모굴리스탄은 천산 남쪽의 오아시스 지대로

22) 잔(Jan)조 또는 토카 테무르(Toqa Temur) 왕조로 불리기도 한다.
23) 투르키스탄은 어원 측면에서는 투르크의 땅을 의미하는데 지리적으로는 대략 오늘날의 중앙아시아 5개국 가운데 카자흐스탄 중부와 북부 지역을 제외한 지역을 통칭하며, 도시명으로는 오늘날 카자흐스탄 남부의 도시인 투르키스탄을 의미하는데, 도시 투르키스탄의 예전 명칭은 '야시'이다.

중심지를 옮겨가고, 이슬람을 더 적극 수용했다.

이후 모굴리스탄 칸국은 원래 유목국가였기 때문이 구성요소인 유목부족을 좌우익으로 조직하고 있었는데, 이러한 체제는 16세기말까지 유지되었지만 그 이후 애매해졌다. 유목 부족인 모굴인들이 정주생활을 하게 되면서 부족 기능이 저하되었다. 이는 가축 무리 유지를 위해 부족 차원에서 요구되는 대규모 목초지를 새로이 옮겨간 천산 남쪽에서는 확보하기가 용이하지 않았고, 유목 규모의 감소는 자연스레 유목 집단이 가지고 있는 군사적인 기능의 약화를 초래했다. 따라서 유목민의 정주화 현상이 나타났고, 통치 지배층은 정주민 지역에 대한 통치와 약탈에 대해 유목집단의 지배 세력과는 다른 견해를 보이기 시작했다. 모굴리스탄 칸국은 군사력 약화를 보완하기 위해 새로운 유목집단을 받아들였는데, 사이드 칸 시기에 중가르의 압력으로 키르기즈가 알타이에서 남하하여 모굴리스탄의 일원이 되었지만, 1630년대말에는 지배층의 대부분을 키르기즈가 장악하는 등 모굴의 쇠퇴는 가속되었다.

우즈베크에서 분열하여 모굴리스탄 서부를 중심으로 세력을 키운 바락 칸의 두 아들인 자니벡과 케레이는 우즈베크의 아불 하이르 칸의 패배 이후 모굴리스탄 영역으로 이동하여 독립적인 유목민 공동체를 형성했다. 우즈베크와 카자흐간의 대립은 15세기말까지 지속되었는데, 카자흐 칸국의 첫 번째 칸은 자니벡이었다. 1480년 그의 사망 후에는 그를 이어 케레이의 아들인 부룬둑(Buryndyq)이 칸이 되었다. 당시 우즈베크는 마바란나흐르 정복에 집중함에 따라 카자흐는 칸국을 안정적으로 건설할 수 있었다.

부룬둑을 계승한 카심 칸은 칸국을 통일하고 중앙집중화하여, 통치영역은 데스치 킵차크(Desht-i Qipchaq)[24]의 동부 초원지대 일부, 시르다리야 계곡 및 추 강 계곡 전역으로 확대되었다. 카심 칸은 아랄 해로 합류하는 시르다리야 하류 지대 도시들에 대한 카자흐의 통치를 강화하여, 가축사육자들과 남부의 농업지대간의 교역을 장악함으로써 카자흐가 지배하는 영역에는 가시적인 경제 시스템이 만들어졌다. 또한 다른 투르크계 유목민들을 받아들여 카자흐 민족 공동체의 구성원은 확대됨에 따라 카자흐 민족 공동체가 정치적인 단위로 부상되었으며, 우즈베크와 분명하게 구분되기 시작했다. 마바란나흐르 영역으로 이주한 우즈베크는 샤이바니칸의 통치하에 있었지만, 시르다리야 인근에서

24) 킵차크 칸국 시기의 유목민 중심 활동 지역으로 대체로 오늘날의 러시아 남부, 시베리아 및 카자흐스탄 북부 및 중부에 해당된다.

남북으로 집중하여 공동체를 형성하고 있었던 카자흐는 샤이바니를 인정하지 않고, 이와 대립하는 공동체를 형성 발전시켰다. 카심 칸 이후로 우즈베크와 카자흐는 양립하는 공동체로 더 이상 동일한 집단으로 간주하지 않게 되었다.

15세기말부터 16세기말까지 카자흐 칸국과 카자흐 민족의 구성원이 거의 일치했던 시기였는데, 이 시기의 카자흐 민족은 그 이전에는 전혀 다른 속성을 지닌 것으로 간주되었던 투르크계와 몽골계 유목민들로 형성된 및 몽골계 부족들의 연합체였다. 이들은 새로운 유목민 집단이 합류함에 따라 새로이 확보되는 초지도 증가하게 되었다. 16세기 전반 카심 칸 사망 후 그가 통치했던 영역이 분열되어 단일민족 공동체가 세 개의 쥬즈로 나뉘어졌다.

16세기에 카자흐가 차지하고 있었던 영역은 지리적으로 여름 목초지와 겨울 목초지를 가진 세 개의 자연지역으로 구분된다. 첫 번째 지역은 세미레치예 지역으로 대쥬즈[25]가 추, 탈라스, 일리 강 인근을 따라 이동했던 지역으로, 여름 목초지는 알라타우 산맥에 있었는데, 이들 지역에는 기존에 존재하고 있었던 농업 오아시스 정착민들을 토대로 하는 자체 교역 네트워크가 형성되어 있었다. 두 번째는 중부카자흐스탄 지역으로 이 지역은 중쥬즈의 활동영역이었다. 중쥬즈는 시르다리야 하구에서 겨울을 나고 여름에는 사리수, 토볼, 이쉼 강이 흐르는 중부스텝지대로 이동했었는데, 중앙아시아의 도시들과는 시르다리야 수상운송을 통해 교역을 했다. 세 번째는 서카자흐스탄 지역으로 소쥬즈가 활동했던 영역인데, 소쥬즈는 겨울을 이르기즈 강과 투르가이 산맥 사이의 우랄 강[26] 하구에서 보내고, 우랄 강, 토볼 강 본류, 그리고 이르기즈 등의 세 지역에서 여름을 보냈다.

카자흐인들은 초지 유목민족으로 이들의 삶의 형태는 이주 및 가축사육 경제에 의해 정의된다. 여름 유목지와 겨울 유목지간의 년간 이동이 확립되어 있었다. 중심이 되는 유목지는 겨울 유목지로, 이곳에서 1년 가운데 4～5개월을 보냈다. 겨울 유목지는 목조 건물이 세워져 비바람을 피할 수 있는 시설들이 되어 있고, 물을 구하기도 쉬우며 목초지에 접근하기도 용이한 곳이었다. 눈이 녹고 새로운 풀이 자라기 시작하면 카자흐인들은 여름 목초지를 향해서 봄 이

25) 문헌에 따라 쥬즈 대신 호르드라는 표현이 사용되기도 한다.

26) 우랄 강은 러시아 우랄 남부에서 발원하여 러시아에서 카자흐스탄으로 유입되어 카스피 해로 합류하는 하천이다. 카자흐 명칭으로는 자이크(Jayiq) 강이며, 1775년 이전에는 야이크(Yaik) 강으로 불리었다.

동을 시작한다. 며칠간 이동하다가 물이 있는 곳에 일시적으로 머문다. 그리고 이러한 패턴은 이들이 여름 목초지로 선택된 지역에 도달할 때까지 반복되며, 대략 5～6월이면 여름 목초지에 도달하게 된다. 목초지에 도달하게 되면 아울은[27] 효과적으로 방목을 하기위해 더 작은 몇 개의 단위들로 나누어졌다. 카자흐인들은 여름 유목지에 8월이나 9월까지 머무른다. 여름 유목지내에서 이들은 풀이 모두 소모되거나 물이 고갈되면 여러 차례 유목지역을 이동하였다. 여름이 끝나면 나누어졌던 작은 단위들이 다시 아울로 합쳐지고 겨울 목초지로 출발하는 가을 이동을 시작한다. 년간 이동거리는 지역에 따라 다양했는데 카자흐스탄 남부 및 세미레치예는 200～300㎞ 정도를 이동한 반면 서부 및 중부 카자흐스탄의 경우에는 1000㎞까지 이동을 하기도 했고, 이들은 이동거리가 700㎞ 이하인 경우는 없었다. 이 시기에 고정된 이동 경로가 분명하지 않았지만, 100여 개 정도의 아울로 구성되는 개별 부족들은 각자에게 주어진 구역 내에서 이동했다.

카자흐 공동체 경제의 중심이었던 초지 유목은 전적으로 자연환경에 의존할 수밖에 없는 약점을 가지고 있었다. 카자흐인의 가축 구성은 각자의 상황에 의해 결정되었다.[28] 카자흐인이 직면했던 가장 큰 문제는 동물의 아사였는데, 겨울철이 가장 문제였다. 심각한 경우에는 가축들이 절반 정도까지 죽기도 했고, 물 부족도 역시 간과할 수 없는 문제였다. 카자흐인들은 이동 경로를 따라 우물을 파두었는데, 가뭄이 오면 이러한 우물들은 완전 고갈 되었다. 겨울 유목지와 여름 유목지의 우물들은 전체 가축들에게 물을 줄 수 있을 만큼 충분하지 않았고, 호수와 강물의 염분 성분이 높은 것도 문제였다. 이러한 문제점들에도 불구하고 카자흐인들은 유목스타일을 유지하는 목축민들이었다. 따라서 카자흐인들은 경작용 토지에 큰 의미를 부여하지 않았다. 이들은 자신들이 보유하고 있는 가축들을 부족이 공동 이용할 수 있는 초지에서 사육했다. 카자흐인들이 영역을 확장하는 동력은 바로 일시적인 점유로 인해 풀이 고갈되는 목초지의 확보였다. 부의 기준은 개인이 가지고 있는 땅이 아니라 가지고 있는 가축의 숫자였다. 카자흐인들의 시각에서 농부는 이들의 자연적인 적일 수밖에 없었다. 농업 정착은 이주를 방해할 뿐만 아니라, 잠재적인 목초지의 농지

---

27) 아울(Aul)은 카자흐 유목민 공동체를 구성하는 가장 기초가 되는 공동체 단위이다.

28) 예를 들자면 양은 대부분의 풀을 다 먹기 때문에 사육이 쉬웠던 반면 소는 양보다는 더 많은 양의 특정한 종류의 풀만 먹기 때문에 소떼를 대규모로 자유 방목하기는 힘들었다.

전환, 그리고 이로 인한 우물과 수자원에 대한 소유권이 요구되기 때문이다. 카자흐인에게 이러한 정착민들은 곡물이 필요할 때는 조달의 대상이기도 했고, 교역 측면에서는 이러한 정착민들이 사는 남부 카자흐스탄의 오아시스 정착지들은 물건 교환 및 교역을 위해 필수적인 장소들이었다. 남부 카자흐스탄에 위치한 이러한 도시들에 대해 상인들은 카자흐 통치하에 있는 이들 지역을 관통하는 카라반의 위험성을 알고 있었기 때문에 교역의 위축과 도시의 쇠퇴로 이어졌다.

16세기에 카자흐인들은 당시 우즈베크가 지배하고 있었던 시르다리야, 탈라스 및 자라프샨 강 계곡 지역으로의 확장에 치중하였지만, 카자흐인들이 지배하는 영토는 여전히 분명하게 확정되지는 않았다. 16세기말 카자흐인들은 투르키스탄, 타쉬켄트, 사마르칸드를 지배하였고, 부하라를 위협하기도 했다. 타우에켈 칸(Tauekel Khan)의 타쉬켄트를 점령한 직후인 1598년에 사망하고, 권좌는 예심 칸(Esim Khan)에게 이어졌다. 예심은 통치 초기에 시르다리야 지역에 대한 카자흐의 통치를 인정한 부하라 제후인 압둘라(Abd Allah) 2세와 평화협정을 맺었지만, 샤이바니 왕조의 뒤를 이어 부하라를 차지한 아스트라한조(잔조)의 첫 군주인 바키 무함마드(Baki Muhammad)는 샤이바니 왕조 시기에 이루어진 시르다리야 지역에 대한 카자흐인의 지배권을 인정하지 않았다.

카자흐인에 대한 더 큰 위협은 바로 동쪽에서 부상한 몽골계 유목민 중가르였는데, 이들은 17세기초 카자흐 칸국의 동부로 상당수가 이주하기 시작하였다. 이들은 주기적으로 도시 및 도시 주위에서 가축을 사육하는 카자흐 유목민들을 습격하였다. 스텝의 경제 상황은 급속도로 불안해졌다. 이로 인하여 카자흐스텝을 통과하는 카라반의 숫자도 급감하였다. 중가르는 1700년대 마지막 25년 간 중앙아시아를 지배한 세력이었다. 중가르는 남카자흐스탄에 대한 지배를 시도하였다. 1681년부터 1685년까지 중가르는 남부 카자흐스탄의 거의 대부분을 차지하고, 이른바 과거 실크로드라 불리었던 카라반 루트, 교역지대 전 지역을 차지하였다. 중가르는 1720년대초 탈라스 계곡을 점령하였는데, 이로 인해 카자흐인들은 겨울 유목지로의 이동을 준비하던 상태에서 대부분의 재산과 가축을 남겨두고 떠나야 했다.[29)]

29) 중가르의 침략으로 인해 카자흐 칸국의 경제가 완전히 피폐화된 상황을 대재앙기라 하며, 이를 카자흐어로 아크타반 슈비린디(Ақтабан шұбырынды)라 한다.

1723-1725년에 중가르인들은 야시(투르키스탄)에서 타쉬켄트에 이르는 시르다리야 지역을 차지하였고, 카자흐인은 자신들의 목초지를 떠나야 했다. 대쥬즈의 씨족과 부족들은 남부의 히바와 부하라 사이의 분쟁지대로 이주했다. 아불 하이르 칸(Abul Khayr Khan)이 이끄는 소쥬즈 구성원들은 서쪽 및 서북쪽의 러시아 지배령을 향해 강을 따라 이동하였다. 중가르는 영역을 계속 확대하여 1728년에는 텡기즈 호 주변 지역을 차지하였고, 이는 남쪽에 위치한 침켄트에 대한 직접적인 위협이었다. 이후로는 발하쉬 호 일대, 카자흐스탄 중부의 소쥬즈와 중쥬즈 영역도 중가르에 의해 정복되었다. 이러한 중가르의 위협으로부터 스텝외부 지역에서 카자흐인들을 지원할 수 있는 집단은 제정러시아가 당시로서는 유일했다. 당시 러시아를 통치하고 있었던 표트르 대제는 1716년에서 1718년 사이에 있었던 카자흐의 지원요청을 거절하였는데, 표트르의 뒤를 이은 안나 이바노브나 여제는 1730년 아불 하이르칸의 지원요청을 허락하고 대표단을 스텝으로 파견하여, 1731년 아불 하이르가 러시아 황실에 충성을 서약하게 되면서 소쥬즈는 러시아의 통치를 받아들이게 되는데, 이후 이러한 러시아의 통치는 유목민 카자흐를 정착시키기 위한 형태로 변화하였다.

V. 제정러시아의 진출과 정착사회로의 변화

정착한 유목민과 정주민 집단의 공동체인 우즈베크, 순수 유목민 집단의 중심이었던 카자흐로 분화된 중앙아시아 사회의 변화는 16세기부터 시작되어 18세기부터 본격화된 제정러시아의 중앙아시아 진출에 의해 일어났다. 이는 정주와 유목이 공존하던 중앙아시아 사회가 정주화된 사회 중심으로 재편되어 근대를 맞이하는 계기가 되었다. 16세기 후반 볼가 강을 따라 남하한 러시아는 1556년 아스트라한을 점령하면서 중앙아시아와 직접 거래에 나섰고, 시베리아 쪽도 진출함에 따라 역시 중앙아시아와의 상거래에 나섰다. 중앙아시아에서도 샤이바니조가 무갈조와 정식 사절을 교환하는 등 긴밀한 관계를 유지했다. 사마르칸드는 상업 중심지로 활성화되어 있었고, 샤이바니조 압둘라 2세 시대에 부하라의 도시건설 활성화와 상업시설의 확충은 도시의 번창을 입증하는 근거이다. 그러나 사회 전반에 있어서 유목민 군사집단이 가지고 있던 군사적 우월의 상실은 유목문화와 정주문화 간의 관계에서 정주문화가 우위를 점하게 되는 계기가 되었고, 이는 제정러시아의 중앙아시아 진출에 의해 중앙아시아 사회 변동의 돌이킬 수 없는 추세가 되었다. 러시아가 예카테리나 2세 시기에 중앙아시아에 본격 진출하면서 러시아의 대중앙아시아 무역은 확대되었고, 이는 주로 타타르 상인들에 의해 이루어졌다. 이들은 중앙아시아의 민족들의 언어 및 문화적인 인접성을 바탕으로 러시아 상인이 진출하기 힘든 카자흐 초원과 투르키스탄에 상권을 확대하였다. 이들은 중앙아시아에서 양모, 피혁, 면사를 수입하고, 직물, 금화, 금속 제품을 중앙아시아에 보급하여 러시아와 중앙아시아의 긴밀한 상업망 구축에 기여하였다. 러시아와의 관계가 긴밀해지면서 카자흐 초원사회에는 이슬람화의 진전과 상업활동의 확대가 이루어졌다. 상업활동은 타타르인이나 투르키스탄의 정주민이었던 사르트에 의해 주로 이루어졌는데, 이로 인해 카자흐 유목민들이 정주민들에 대해 가지고 있었던 전통적인 우월감이 붕괴되기 시작했다.

〈오늘날의 부하라 시장 전경〉

카자흐를 중심으로 하는 유목경제는 18세기의 아크타반 슈비린디 이후 완전하게 회복되지 않았는데, 새로이 확보된 목초지도 카자흐인들이 보유하고 있는 가축 숫자가 급격히 감소했음에도 불구하고 여전히 부족한 상황이었다. 18세기와 19세기초에는 토지와 관련하여 카자흐 커뮤니티 자체, 그리고 카자흐인과 러시아인 사이 등 모두에서 토지와 관련한 상시적인 갈등이 있었다. 1820년대와 1830년대에 일부 카자흐인들은 가축 사료를 목적으로 곡물경작을 시작했었다. 반면 다른 카자흐인들은 가축을 다 잃어버린 후 생계차원의 농경으로 전환하였다. 1867년부터 1870년 사이에 제한적인 토지정책이 도입됨에 따라 카자흐 공동체의 전통적인 생산양식 변화는 더 급격하게 나타났다. 1890년대에 유목민이 사용하던 목초지를 러시아 행정당국이 몰수하여 농경지로 전환시키는 작업이 확산됨에 따라 전통적인 생산양식의 유지는 더욱 어려워졌다. 1890년대 이후 러시아와 우크라이나 농민이 본격적으로 초원에서 거주하기 시작하여 초원의 산업구조와 민족구성에 변화가 나타나기 시작했고, 제1차 세계대전 발발 이전 10년 동안 거의 3백만에 달하는 유럽계 민족들이 카자흐 영토내로 정착함에 따라 상황은 더욱 급변했다. 따라서 과거 오아시스 도시를 대상으로 나타났던 유목민이 정주민의 영역을 침해하던 양상이 반대로 초원에서 정주민이 유목민의 영역을 심각히 위협하는 양상으로 변화하였고, 전통적인 카자흐 유목경제도 변화가 불가피했다.

카자흐인 공동체내에서는 농부 집단 자체가 소수였고, 지역적으로 편중되어 있었다. 또한 러시아 당국은 카자흐인들이 정착하고, 가축을 기를 수 있도록 하는 것을 목표로 하는 토지 정책을 우선시하고 있었는데, 이는 러시아 당국이 유목민 상태의 공동체들을 효과적으로 통치하기가 용이하지 않기 때문에, 카자흐인의 중심 생산양식을 농업을 중심으로 변화시키는 것은 유목민의 정착을 통한 스텝의 평화 확립 이라는 측면에서도 그러했다. 이러한 입장은 19세기말에 구체화되기 시작했는데 이는 바로 스텝이 러시아 농민들의 요구들을 만족시킬 수 있을 정도의 풍부한 토지 원천으로 간주되었기 때문이다. 러시아의 입장 변화 이전에도 이미 농업은 스텝의 경제적인 원동력이 되었는데, 특히 우랄과 이르티쉬 강을 따라 러시아 요새선에 인접해서 살았던 카자흐인들에게는 더욱 그러했다. 목초지에 사육하는 가축의 감소는 불가피했고, 자유방목을 보완할 수 있는 대체 곡물 없이 대규모 가축의 유지는 불가능했다. 19세기 중반에는 카자흐인의 소 사육이 확대되었다. 소는 염소, 양 또는 말보다 더 많은 양의 사료가 필요했고, 많은 카자흐인들은 소 사육에 사용될 사료를 확보하기 위해 농업을 시작했다.

카자흐인 가운데 일부는 오렌부르그 남쪽의 강변지대에서부터 러시아인 정착지를 따라 농업을 하였고, 1830년대말에 오렌부르그 관할 지역에 약 6,700여 카자흐 농업 가구들이 있었던 것으로 기록되어 있다. 카자흐인 공동체에서 농업은 1850년대에 시르다리야를 따라 급속히 확산되어, 1860년대에는 약 1만 가구의 카자흐인이 유목대신 정착을 선택하였다. 농지 규모는 평균 2-3ha 정도였으며, 일반적으로 관개시설이 없는 땅들이었다. 1870년 이전 농업은 내(內)부케이 호르드(Bukey Horde)[30] 및 남서카자흐스탄에서 모두 별다른 성과가 없었는데 이는 카자흐인들이 농사를 짓는 땅의 대부분은 토양의 염성분이 높았고 물이 부족했기 때문이었다.

자발적으로 농업을 시작한 카자흐인들은 겨울에 가축을 축사에서 사육할 수 있게 되었으며, 특히 북부에서 이들은 무역상과 상인들을 대상으로 가축을 판매하는 방식으로 스텝에서 급격히 확장되는 러시아의 교역을 활용하였고, 이러한 카자흐인들에게는 삶의 방식 변화가 시작되었다. 이들은 전통적으로 카자흐인들이 목축에서 선호했던 가축인 염소와 양 대신 판매와 거래에 유리한 가축과 소를 사육하여 신흥 부유층으로 성장하였다. 북부지역 카자흐인들의 대부분은 겨울철 영구정착지를 건설하였는데, 유목공동체의 대부분은 유목이 시작되면 여름 목초지로 이동하고, 겨울 정착지에는 노인들과 정착지 관리를 위한 소수의 젊은 인력들이 남아있었다. 카자흐인들은 토지에 대한 개인이나 부족단위의 소유권을 여전히 인정하지 않는 상황에서 시장 중심 생산양식의 확대는 카자흐경제의 근본적인 변화를 초래한 요인이 되었는데, 1850년대에 가속화되었으며, 러시아의 중앙아시아에 대한 경제적인 활동도 확대되고 있었다.

대부분의 카자흐인들에게는 19세기 전반기의 경제적인 변화에 대한 긍정적인 수용이 수월하지 않았다. 러시아 국경요새선의 확대는 카자흐 유목민의 유목 경로와 목초지를 잠식하였다. 수천 명의 유럽계 이주민들이 카자흐인의 유목 구역으로 이주하였고, 이들이 유목에 필요한 초지들에 정착하여 경계를 세

30) 카자흐 소쥬즈 영역의 가장 서쪽 지역으로 제정러시아가 18세기말 소쥬즈의 구성원 가운데 누르 알리의 아들인 술탄 부케이가 이끄는 집단이 카스피 해와 볼가 강 및 우랄 강 사이의 초원지대에 살도록 허용함에 따라 부케이 호르드로 불리게 되었는데, 이는 내호르드(Inner Horde) 또는 내지대(Inner Side)로 불리기도 했다.

움에 따라 카자흐인들의 유목은 불가능해졌다. 또한 일부 카자흐인들이 영구적인 정착을 함에 따라 전통적인 방식의 유목은 더욱 유지가 어려워졌다. 제정러시아는 유목의 필요성을 거의 느끼고 있지 않았고, 새로이 러시아령이 된 토지의 합리적이고 경제적인 이용에만 관심이 있었다. 러시아 당국은 러시아의 통치를 받게 된 카자흐인들이 유목적인 생활양식을 어떻게 보존할 수 있는 지에 대해서는 전혀 관심을 가지지 않았고, 이들은 유목은 카자흐인들이 극복해야할 경제적 단계 가운데 하나에 불과하다고 보았다. 충분한 목초지의 필요성은 부정된 채, 카자흐인들의 대부분은 반유목반정주 생활양식에 적용해야 했고, 따라서 전통적인 이주 형태의 유목에 대한 제한, 농경의 도입의 형태로 경제 양식이 바뀜을 의미했다. 토지정착 정책은 따라서 카자흐인의 전통적인 유목 포기를 가속화시킨 요소 가운데 하나였다.

카자흐인 공동체에서 농업은 20세기 첫 10년 간 급격히 발전하였다. 카자흐인 농업이 특히 발달된 지역은 옴스크, 코스타나이, 악츄빈스크 및 우랄 지역이었는데, 이곳에서는 90% 이상의 카자흐인 가구들이 제한적이나마 농경에 종사하고 있었다. 이 지역 농부들은 대부분 가축 사료용으로 곡물을 재배하였고, 약 25%만이 식량용 곡물생산에 관여하고 있었다. 유럽계 정착민의 농업양식을 수용한 이들 카자흐인들은 농업을 긍정적으로 수용하였고, 잉여 농산품 시장도 만들어지게 되었다. 지역적으로도 북부카자흐스탄은 시장접근이 용이했다. 이로 인해 스텝북부 카자흐인의 경제상황은 다양해졌다. 소 사육이 경제적으로 성과를 거두기 위해서는 판매를 위한 가축 사육의 규모를 시장 상황에 따라 적절히 조절해야 했는데, 이에 성공한 카자흐인은 가축 사육 규모의 확대로 이윤도 확대되어 갔다. 이러한 대규모 가축 사육 카자흐인 집단들은 카자흐인 공동체내에서 가축을 가지고 있지도 않고 농경도 시작할 수 있는 여력이 부족한 빈곤층들에게는 생계유지를 위한 일자리를 제공하고 있었다. 러시아 행정당국은 정착 희망 카자흐인들의 1/3 정도만을 수용할 수 있었다. 따라서 대부분의 카자흐인들은 농경과 목축을 병행했다.

카자흐스탄 남부에 해당되는 세미레치예와 시르다리야에 거주하고 있는 카자흐인들의 경제상황은 평균적으로 북부나 중부지역보다 개선되어 있었다. 이들 지역에는 시장을 확대하고 부를 축적할 수 있는 카자흐인들의 숫자 자체도 얼마 되지 않았지만, 빈곤층이 되는 경우도 얼마 되지 않았다. 러시아는 중앙아시아초원의 농업 잠재력에 관심을 가져, 1865년에 관개가능 토지 확보계획이 수립되었다. 이 계획에 따라 관개 가능 농업용 토지 확대를 위해 1870년대부터 카잘린스크[31]와 페롭스크[32] 지역에서만 3,000km 정도의 관개수로들이 굴착되었다. 1900년대가 지나면서 60만ha 이상의 관개 토지들이 확보될 수 있었다. 새로 확보된 관개 토지들은 정착민이거나 정착하려는 카자흐인과 러시아인에게 분배되었다. 이러한 결과로 러시아 혁명시점에 투르키스탄의 카자흐인 가운데 10%는 관개농업에 종사하여, 대부분은 수확한 곡물을 시장에 판매하였다.

18세기 말과 19세기 초에 투르키스탄의 카자흐인 경제는 두 가지로 구분되었다. 한 쪽은 세미레치예와 시르다리야 북부지역에 살거나 이 지역으로 이주한 부족들로 스텝 지역 경제에 통합되어 있었다. 이들은 유목민들이지만 19세기 중반 생계수단으로 곡물을 재배하기 시작했고, 가축 사육은 거의 하지 않았다. 19세기 중반 이후 제정러시아 행정구역으로 카자흐가 완전히 합병된 이후 카자흐인 대부분은 유목에서 반농반목의 형태로 바뀌었다. 이들이 일부 곡물은 가축 사육을 위해 재배했고, 목초지로 가축을 몰고 나가는 유목도 계속되었지만, 그 기간은 4～5개월에 그쳤다.

두 번째 방식은 아울리에 아타(Aulie-Ata)[33]와 침켄트 지역 대쥬즈 부족들에서 나타났다. 이들은 19세기 중반 코칸드(Khokand) 칸국에 속했고, 북부 카자흐인보다 농업경제에 의존하는 비율이 높았는데 제정러시아의 정복이후 투르키스탄 총독부령으로 통합되었다. 카자흐 술탄들 대부분 자신들이 속해있었던 칸으로부터 땅을 받았고, 술탄의 직접적인 통치 대상이었던 일반 카자흐인들은 농부가 되었다. 카자흐인들은 농경 규모에서 러시아인 한 가구가 평균 10ha를 가지고 있었던 것보다는 많은 15ha 정도를 경작하였다. 이곳에서는 가축사육이 특별한 부가 되지도 않았고 유럽계 정착민들의 생활방식을 따라할 정도의 여유가 있지도 않았다. 카자흐 농부들은 많은 땅이나 가축을 보유하고 있지도 않았지만 다른 지역의 카자흐인 농부와 비교하여 상대적으로 부유한 집단이었는데, 이는 이들이 자급자족할 수 있었으며, 지역 경제권과 결부된 생산 및 경제활동에 종사하고 있었기 때문이었다.

19세기 초 투르키스탄은 전통적인 정착민 중심 사회로 개별 우즈베크 부족

31) 카자흐스탄령 아랄 해 북부연안에 인접한 도시로 카자흐어로는 카잘리(Kazaly)이다.
32) 카자흐스탄 남서부에 위치한 도시로 현재의 크즐오르다(Qyzylorda)이다.
33) 오늘날 카자흐스탄 남부의 타라즈 인근 지역을 의미한다.

이 권력을 장악한 부하라, 히바, 코칸드의 세 칸국 중심이었다. 이러한 체제는 자라프샨 강, 아무다리야, 시르다리야 등의 수자원을 바탕으로 하는 풍부한 농업생산, 러시아, 카자흐 초원, 인도, 동투르키스탄을 연결하는 국제교역망을 기반으로 성립되었다. 18세기말부터는 페르가나와 호레즘을 중심으로 관개 수로가 건설되거나 복구되어 농업생산이 확대되었다. 또한 이 시기 우즈베크 부족의 정주화도 급격히 진행되었으며, 아울러 국제 상업의 발전으로 코칸드, 나망간, 침켄트 등의 신흥 도시들이 급속하게 성장했다. 이러한 세 칸국은 산업적인 측면에서는 상인과 수공업자 세력의 지지를 통해 국가체제를 중앙 집권적으로 재편할 수 있었다. 러시아는 이러한 투르키스탄 지역 식민화를 통해 면화 생산을 확대하고 이를 중앙러시아의 공업지대와 연계시키려 했다. 따라서 투르키스탄과 러시아 내지, 코카서스를 연결하는 중앙아시아 철도의 건설은 물류 확보 차원에서 중요했다. 이러한 경제개발은 투르키스탄의 경제적인 통합, 부하라-유대인을 비롯한 현지 부르주아 계급의 성장을 촉진시켰지만, 면화재배의 무차별적인 확대는 식량 자급을 위협하는 요인으로 부각되었다. 경제개발이 확대되어 중앙러시아나 코카서스 출신의 러시아인이나 아르메니아인 기업가, 상인, 기술자, 노동자들이 투르키스탄으로 유입되어, 도시를 중심으로 기존 전통 도시 인근에 건설된 러시아식 뉴타운에 거주하였다.

〈이찬칼라에서 본 히바 모습〉

소련체제 중앙아시아에서는 봉건적인 사회와 낙후된 경제를 변화시키기 위한 노력의 일환으로 1920년대 후반 중앙아시아 남부 농업지대에서 토지 및 수리 개혁이 실시되었다. 와크프를 포함한 지주와 부농층의 토지나 수리권, 생산수단에 대한 국유화를 실시하고, 이로 인해 확보된 토지를 빈농에게 분배하였다. 또한 전면적인 집단화를 실시하여 자립적인 개별경영은 거의 공식적으로 사라지게 되었다. 농업체계는 콜호즈와 소프호즈 중심으로 집단화되었으며, 백색황금이라 불리는 면화의 단작체계가 확립되었고, 소련 경제에서 면화 원료 공급지로 중요한 역할을 수행하게 되었다. 농업혁명은 농촌사회의 빈부격차를 해소했지만 지역단위 부족주의의 타파로는 이어지지 못했고, 오히려 콜호즈 내부에 남아있는 경우가 대부분이었다. 소련시기 중앙아시아의 농업 집단화는 중앙아시아에서 유목 중심 생산양식을 소련체제 초기까지도 어느 정도 유지하고 있었던 카자흐 민족의 유목 중심 생활양식을 변화시키는 계기가 되었다. 1930년대 초 강제 추진된 유목민 정주화와 목축의 집단화는 카자흐 유목민의 저항, 집단화 추진 방식에 있어서의 혼란, 심각한 기근 사태를 야기하였고, 이로 인해 당시 카자흐스탄 카자흐인의 42%에 해당되는 175만 명이 목숨을 잃기도 했다. 제2차 세계대전 후에는 카자흐스탄 북부에 대한 처녀지 개발계획으로 명명된 농지개간, 공업화를 촉진하기 위한 슬라브계 집단의 대량 유입으로 특히 카자흐스탄에서 인구구조의 변화와 함께 밀 재배지대가 확대되었다.

참고문헌

고마츠 히사오 / 이평래 역, 「중앙유라시아의 역사」, 소나무, 2005.

하자노프 / 김호동 역, 「유목사회의 구조 : 역사인류학적 접근」, 지식산업사, 1990.

Allworth, Edward A. *The Modern Uzbeks : from the fourteenth century to the present : a cultural history,* Hoover Institution Press, 1990.

Olcott, Martha Brill. *The Kazakhs*. Hoover Institution Press, 1986.

Sunderland, Willard. *Taming the Wild Field : colonization and empire on the russian steppe,* Cornell University Press, 2006.

제3장 중앙아시아 역사1)

이평래

1. 중앙아시아 역사 이해의 전제 조건

중앙아시아사만큼 복잡하고 정해진 틀에 맞추어 쓰기 어려운 역사도 없을 것이다. 그 이유는 무엇보다도 중앙아시아가 지역적으로 광대하고, 그 안에 다양한 언어를 쓰는 수많은 민족과 나라를 포괄하고 있기 때문이다. 그래서인지 지금까지 출간된 중앙아시아사 개설서는 우리가 흔히 볼 수 있는 여타 지역의 역사서와 다른 체계를 갖추고 있을 뿐 아니라 저자마다 서술의 범위와 내용에서 많은 차이를 보이고 있다. 가장 큰 고민거리는 서술범위에 관한 문제다. 이는 일차적으로 중앙아시아의 범위가 일정치 않다는데 그 원인이 있다. 축자적으로 중앙아시아는 '아시아의 중심부'를 뜻하는 말로 그 범위가 매우 애매하다. 여기에는 아시아의 각 권역을 정확히 확정하기가 어렵다는 근본적인 문제가 있다. 이와 더불어 역사적으로 북방초원의 유목국가와 그 남쪽 정주 국가의 세력 관계에 따라 중앙아시아의 범위가 늘어나거나 좁아진 것도 그 범위를 확정짓기 어렵게 만드는데 한 몫을 했다. 따라서 중앙아시아 역사를 쓸 경우 맨 먼저 중앙아시아의 개략적인 범위를 정한 다음, 거기에 맞추어 서술범위를 설정할 필요가 있다.

현재 신문 · 잡지나 TV를 비롯한 언론매체에서 사용하고 있는 중앙아시아는 대부분 옛 소련령 중앙아시아, 즉 카자흐스탄, 우즈베키스탄, 키르기즈스탄, 투르크메니스탄, 타지키스탄의 이른바 중앙아시아 5개국을 가리킨다. 이것이

1) 이 글은 고마츠 히사오 외, 『중앙유라시아의 역사』, 소나무, 2005에 크게 의존했음을 밝혀 둔다.

가장 좁은 의미의 중앙아시아다. 반면에 인문학자들은 중앙아시아의 범위를 동서로 중국의 대흥안령 산맥에서 헝가리 평원까지, 남북으로 시베리아 바이칼 호 남부에서 고비사막에 이르는 지역으로 설정한다. 여기에는 옛 소련령 중앙아시아와 중국의 신강위구르자치구, 몽골, 티베트, 카프카즈, 흑해 북방, 서아시아 동부와 서북 인도까지 포함된다. 이는 가장 넓은 의미의 중앙아시아로 일부학자들은 내륙아시아 또는 중앙유라시아라고 한다. 그런가 하면 옛 소련령 중앙아시아와 중국령 중앙아시아, 즉 동투르키스탄과 서투르키스탄으로 그 범위를 한정하는 학자들도 있다. 마치 위의 두 범위를 절충한 것 같은 느낌이 드는데 사실 이것이 고전적 의미의 중앙아시아이자 그동안 역사학자들이 가장 많은 써왔던 중앙아시아의 범위다.

필자는 이 중에서 세 번째 것을 따르기로 하고, 서술범위도 동서투르키스탄에 중점을 두려고 한다. 필자가 서술범위를 이렇게 설정한 것은 다음 두 가지 이유 때문이다. 먼저 광의의 중앙아시아 가운데 몽골과 티베트는 언어와 민족, 그리고 종교적으로 다른 지역과 차이가 있다. 즉 이들 두 곳을 뺀 나머지 지역은 대부분 투르크계 언어를 사용하는 투르크계 민족의 거주지이자 종교적으로 이슬람을 신봉하는 투르크-이슬람 세계다. 반면에 몽골과 티베트는 민족과 언어가 다르고, 티베트 불교를 믿는 티베트 불교 세계다. 두 번째 이유는 이 글의 제한된 지면 때문이다. 중앙아시아사를 단행본으로 출간한다고 해도 서술범위가 일정치 않은데, 좁은 지면에 티베트 불교 세계를 포함시키는 것은 아무래도 무리가 따를 수밖에 없다.

물론 중앙아시아사는 동과 서로 나누어 서술하기 어려운 측면이 있다. 이럴 경우 오히려 중앙아시아사를 체계적으로 이해하는데 방해가 되기도 한다. 특히 몽골 초원에서 성립된 역대 유목국가들은 중앙아시아 동서세계에 두루 영향을 미쳤기 때문에 이를 동부와 서부로 나누어 기술한다는 것은 사실상 불가능에 가깝다. 또한 특정 시기부터 몽골과 티베트가 종교적으로 다른 길을 갔다고 하지만, 이들 두 나라를 포함한 중앙아시아 전역은 17세기 이후 청조와 러시아라는 이민족 지배를 받고, 20세기에 들어와 소련과 중국의 일원이 되어 공산혁명과 그 체제를 강요받았다는 점에서 공통점을 갖고 있다. 따라서 고중세와 근현대를 막론하고 중앙아시아사는 동과 서를 하나의 일관된 체계 하에 서술할 필요가 있다. 필자 역시 이 점을 고려하여 동서투르키스탄을 서술의 중심에 두되 가능한 범위에서 몽골 초원의 역사도 함께 다루려고 한다.

II. 중앙아시아의 두 세계

중앙아시아는 자연환경에 따라 북쪽의 초원과 남쪽의 사막 그리고 파미르를 중심으로 하는 산악지대로 나눌 수 있는데 모든 곳이 건조하다는 공통점을 갖고 있다. 이를 테면 사막지대인 신강 남부의 연평균 강수량은 40～50mm, 반사막지대인 우즈베키스탄은 60～150mm정도다. 북부 초원의 경우 몽골 초원이 220mm, 카자흐 초원이 250-300mm 정도로 사막지대보다 강수량이 많은 편이지만, 고온다습한 지역과는 비교가 안 될 정도로 건조하다.

사람들은 이처럼 건조한 초원과 사막과 산악이 겹겹이 펼쳐진 열악한 자연환경을 극복하고 먼 옛날부터 이곳에 삶의 터전을 마련하고 인류역사에 커다란 발자취를 남겼다. 북방초원과 산악지대에서 목축을 하면서 살아온 유목민과 사막의 오아시스에서 농사나 상업으로 삶을 이어온 정주민이 그 주인공이다. 중앙아시아사는 바로 이들 초원의 유목민과 오아시스 정주민의 역사다. 중앙아시아의 두 축인 유목민과 정주민은 생계방식을 달리하면서도 지리적 인접성 때문에 남북관계를 형성해 끊임없이 접촉하고, 그 과정에서 정치 · 경제 · 군사 · 문화적으로 공생관계를 유지해 왔다. 예컨대 유목민의 군사력은 오아시스 정주민의 무역활동(대상무역)의 보호자 역할을 하고, 유목민은 그들의 상업상 이권의 일부를 통행세 또는 보호세 명목으로 거둬들이고, 이들을 통해 문화적 욕구를 충족시켰다. 이렇게 수천 년을 살아오는 과정에서 초원과 사막을 아우르는 '중앙아시아'라는 독자적인 세계가 형성되었다.

유목민은 말 그대로 유목으로 삶을 영위했던 사람을 가리킨다. 유목은 계절의 변화와 물과 풀의 형편에 따라 주기적으로 거처를 옮기는 목축의 한 형태다. 유목의 기원에 대해서는 여러 가지 설이 제출되어 있다. 일부학자들은 수렵에서 유목이 발생했다고 주장한다. 그들에 따르면 수렵민들이 무리를 지어 이동하는 초식동물을 따라 다니는 과정에서 동물과 인간의 공생이 시작되었다고 한다. 즉 인간이 능동적으로 동물을 가축화한 것이 아니라, 처음에는 사냥동물을 따라다니면서 이동생활을 하다가 그 무리를 통제하는 유목목축을 하게 되었다는 것이다. 이는 유목이 목축의 최고(最古) 형태라는 설인데 지금은 거의 지지를 받지 못하고 있다. 현재 목축(양과 염소의 가축화는 기원전 7600~6600)의 발생에 대해서는 서아시아의 비옥한 초승달 지대(초기 신석기시대)에서 농경민에 의해 시작되었다는 설이 정설로 되어 있다. 이렇게 하여 발생한 농경-목축 복합경제가 중앙아시아(흑해 북방)로 전해지고, 그 후 기후가 변화고 건조화가 진행되면서, 청동기시대 말기(기원전 1000년 전후)부터 북방 초원에서는 그곳의 자연환경에 맞춰 목축을 주체로 하는 유목이 시작된 것으로 보고 있다.

그런데 여기서 한 가지 주목해야 할 점은 유목의 발생이 말의 가축화와 그것을 탈것으로 이용한 것과 밀접한 관련이 있다는 사실이다. 말이 언제부터 가축화 되었는가에 대해서는 지금도 논란이 계속되고 있다. 우크라이나의 데레이프카 유적에서 많은 말뼈와 함께 재갈멈치가 발견되었는데, 일부 학자들은 이를 근거로 기원전 4000년경 말이 가축화되고, 이때부터 말이 탈 것으로 이용된 것으로 보고 있다. 그러나 이 설을 받아들인다고 해도 이때 기마(騎馬) 관행이 곧바로 보편화되었다고 하기는 어렵다. 널리 알려진 것처럼 말은 양이나 염소 또는 소보다 후대에 가축화되었다. 사람들이 말 젖으로 마유주를 만들고 그 고기를 식용으로 이용했을 것이지만, 고기와 젖의 활용 측면에서 말은 다른 가축에 비해 결코 우월하지 않았다. 말의 우수성은 끌 것과 탈 것으로 이용할 수 있다는 점이다. 특히 탈 것으로서 말의 기능은 착유(窄乳) 및 거세 기술과 함께 목축을 행하는데 매우 중요한 의미를 갖고 있다. 말을 타면 걷는 사람에 비해 다른 가축을 10배 이상 관리하는 것이 가능하고, 발이 빠른 대형가축을 사육할 수도 있다. 따라서 말을 탈 것으로 이용하면서부터 보다 많은 가축을 보다 넓은 지역에서 사육하는 목축, 즉 유목이 가능해졌다고 할 수 있다.

이는 곧 말이 가축화된 이후 탈 것으로 이용되고, 그러한 기마의 관행이 널리 퍼진 일련의 과정 속에서 유목목축이 발생했음을 말해준다. 이렇게 보면 유목과 유목민의 탄생은 농경과 일반 목축의 단계를 거쳐 발생한 좀 더 발달된 형태의 생업이자 그 주체라고 할 수 있다. 몽골 초원에서 시작해 천산 북부를 지나 아랄 해와 카스피 해와 흑해 북방에 이르는 유라시아 초원과 파미르를 중심으로 하는 산악지대가 유목민의 고향이다. 스키타이, 흉노(匈奴), 훈족, 선비(鮮卑), 유연(柔然), 돌궐(突厥), 위구르(回鶻), 몽골 등 이란계, 투르크계, 몽골계 유목민 집단이 바로 이곳을 무대로 활동했다. 지난 2000여 년의 역사가 말해주듯이 초원지대에 일단 강력한 유목국가가 성립되면 그 힘은 언제나 주변으로 퍼져나갔고, 그 과정에서 유목민은 인류역사에 굵고 깊은 자국을 남겼다.

예를 들면 흑해 북방의 스키타이인들은 유라시아 전역에 동물양식이라는 뚜렷한 예술적 흔적을 남겼고, 확정된 설은 아니지만 흉노의 서진(西進)이 게르만족의 이동을 촉발시켜 서양 세계의 재편을 몰고 왔다는 것도 널리 알려진 사실이다. 또한 9세기 중엽 위구르 유목국가의 멸망과 더불어 개시된 위구르인들의 서천(西遷)은 투르키스탄(투르크인의 땅)의 형성으로 이어져 지금까지 계속되는 중앙아시아 투르크 시대의 서막을 열었다. 그 후 13세기에는 몽골인들이 흥기해 주변의 문명세계를 유린하고 세계사의 물줄기를 바꿔놓았다. 학자들은 몽골 제국의 출현 이전과 이후의 세계사를 전혀 다른 방향에서 이해하고 있다. 그만큼 이 시기를 지나면서 세계사가 질적인 변화를 경험했다는 뜻이다.

무엇이 유목국가를 대외원정으로 내몰았는가 하는 문제에 대해서는 개별 유목국가의 경우가 다르고, 또 학자들마다 의견이 달라 한 마디로 규정하기는 어렵다. 그러나 많은 학자들은 유목경제의 취약성을 가장 중요한 원인으로 꼽고 있다. 이를 테면 농업이나 수공업 생산품의 부족을 보충하기 위한 유목민의 생존투쟁, 재화의 축적에 한계가 있기 마련인 유목사회에서 거대한 유목국가를 유지하는데 필요한 재원을 확보하기 위해 대외원정이 수행되었다는 것이다.[2)]

물론 이 견해도 하나의 생각일 뿐 이것으로 대외원정의 모든 것을 설명할 수 없다는 것은 재론할 필요가 없을 것이다. 그러나 한 가지 분명한 사실은 18세기 이전까지 정착국가와 유목국가의 대립 구도 속에서 유목민이 늘 우월한 지위에 있었고, 그 우월성은 그들의 강력한 군사력에 의해 뒷받침되었다는 점이다. 사실 서양인들에 의해 신식무기가 발명되기 전까지는 기마와 궁술에 뛰어난 유목민들이 세계사 흐름에 결정적 영향을 미쳤다고 해도 지나친 말은 아니다.

초원 남부, 즉 몽골의 고비사막과 신강위구르자치구, 우즈베키스탄, 투르크메니스탄을 비롯한 동서투르키스탄에는 타클라마칸, 키질쿰, 카라쿰을 위시한 광대한 사막이 펼쳐져 있다. 이러한 척박한 사막에서 천수(泉水)나 파미르, 천산, 곤륜(崑崙) 등 주변의 높은 산맥에서 만년설이 녹아내린 물을 모아 농사를 짓고, 이를 토대로 인간이 살 수 있도록 조성한 공간(촌락과 도시)을 오아시스라고 한다. 이런 점에서 오아시스는 인간의 인위적인 노력에 의해 만들어진 인공적인 거주공간이라 할 수 있다. 그 크기는 조그마한 천수에 의존하고 있는 소규모(인구 수백 혹은 수천)에서 카레즈[3]와 같이 복잡한 관개시설을 갖춘 대규모에 이르기까지 각양각색이다.

오아시스 정주민의 생업은 기본적으로 농업이다. 따라서 그들은 우리와 똑같은 정주민이고, 이런 점에서 사막 북쪽의 유목민과 큰 차이가 있다. 그러나 강수량이 적은 사막에서 인간이 인위적으로 물을 모으는 데 한계가 있고, 그 때문에 오아시스 농경에는 근원적으로 인구와 생산의 균형이 깨질 가능성이 상존하고 있다. 오아시스 주민들은 이를 타개하기 위해 수공업이나 상업을 비롯한 다른 생산 활동에 종사하고 부족한 물자를 조달하기 위해 인근 오아시스와 교역했다. 그 과정에서 뜨거운 사막을 오가며 상업에 종사하는 전문 상인집단이 출현하고, 그들이 점점 상거래의 이익에 젖게 됨에 따라 교역을 위한

---

2) 이 과정에서 유목군주와 오아시스 상인집단의 공생관계가 형성되었다. 즉 유목군주는 주변의 농경국가를 압박해 수탈이나 공납을 받기도 하지만, 정기적인 교역을 통해 물자를 구득하고, 이를 다시 오아시스 상인에게 의탁해 중개교역을 하여 이윤을 챙겼다. 흉노 이후 몽골 고원에 성립된 유목국가 군주들이 동서교역로 확보에 주력하고, 소그드 · 위구르 · 무슬림 상인들이 이들에게 적극 협조했던 것도 이 때문이다. 역사상 등장한 중앙아시아 유목국가는 이렇게 그들의 강력한 군사력과 오아시스의 경제력이 그 바탕이 되었다.

3) 카레즈란 중세 이란어로 '파서 물을 통하게 하는 시설'이라는 뜻으로 아랍어로 '카나트,' 중국에서는 감아정(坎兒井)이라 한다. 중앙아시아 오아시스지대에서 만년설이 녹아 흘러내린 물이 사막으로 흡수되는 것을 방지하고 이를 효과적으로 모으기 위한 수리시설인데, 산록 근처에서 20-30m 간격으로 구덩이를 파고 이를 약간 경사진 지하터널로 연결하여 수원지의 물을 오아시스 근처까지 끌어온다.

새로운 거점도시 건설의 필요성이 증대되었다. 신강의 타림 분지 남북과 시르다리야, 아무다리야, 자라프샨을 비롯한 큰 강 유역에 형성된 오아시스는 모두 이렇게 하여 생겨났다. 인구가 증가하면서 오아시스는 곧 성벽을 갖춘 성곽도시나 주변지역을 포괄하는 도시국가로 발전했다. 이곳에서는 일찍부터 도시문명이 꽃피고, 예로부터 오아시스와 오아시스를 연결하는 육상교통로가 발달했다. 헤라트와 발흐, 사마르칸드와 부하라, 투르판이나 돈황은 모두 이렇게 생긴 거점도시인데, 실크로드는 이들 오아시스 도시들이 동서로 연결된 국제통상로를 말한다.

실크로드를 통한 물자의 이동은 문화와 사람의 이동을 수반하고, 그래서 물자의 중개를 담당한 오아시스 주민은 늘 동과 서의 신문화에 접할 수 있었다. 그들은 중국인에 앞서 서방의 종교를 수용하고, 서아시아인에 앞서 중국의 제지기술을 체득했다. 선진문화의 수용은 새로운 문화 창조로 이어졌으며, 특히 중개무역을 통해 축적된 경제력은 동서양의 선진문화를 통합한 신문화 창조의 밑거름이 되었다. 간다라 불교미술은 그 대표적인 사례다. 널리 알려진 것처럼 간다라 양식은 인도 불교와 그리스 예술이 만나 이루어진 것으로 파미르 고원을 거쳐 동아시아 각지로 전해졌다.

오아시스 주민은 또한 동서 두 세계에서 흡수한 이질문화나 자신이 창조한 혼합문화를 주변세계로 전파하는 역할도 담당했다. 사마르칸드와 부하라에 본거지를 두고 활동한 소그드인들도 이런 부류 사람들이다. 이들은 이미 4~5세기경부터 유라시아 육상교통로를 이용해 각지에 거류지를 만들고 동서무역을 독점했다. 어려서 글을 깨우치면서 장사를 배웠다는 소그드인들은 당(唐)나라에서 호상(胡商)이라 불리면서 진귀한 외국상품을 팔거나 고리대금업으로 재산을 모았다. 이들은 몽골, 중국, 서아시아에 이르기까지 이익이 남는 곳이면 어디든 달려갔는데, 그 과정에서 문화중개자 역할을 했다. 예컨대 9세기 후반에 만들어진 위구르 문자는 소그드 문자를 모델로 한 것이고, 13세기 몽골인들은 위구르 문자를 차용해 자신의 문자로 사용했다. 조로아스터교나 마니교, 네스토리우스파 기독교를 비롯한 서아시아에서 기원한 종교 역시 이들의 손을 거쳐 초원에 전해졌다.

III. 고대 유목국가와 오아시스국가

1. 고대 유목국가

중앙아시아 북부 초원지대에서는 기원전 10세기를 전후하여 이동목축을 영위하는 기마유목민이 탄생했다. 사계절 이동생활을 하는 유목민들은 거친 자연환경 외에도 항상 외적이나 야수의 습격 등 위험에 노출되어 있었다. 그 때문에 유목민은 개별 가호(家戶) 단독으로 생활하는 경우는 매우 드물고, 대개 3~4가호(1가호는 보통 5~6인)나 4~5가호가 무리를 이루어 생활했다. 이 집단이 일상생활을 함께 하는 가장 작은 규모의 유목공동체다. 이러한 이동단위가 10여 개 어우러져 하나의 거대한 집단을 이루었는데, 이들은 보통 공동조상에서 갈라져 나온 사람들로 구성되었기 때문에 씨족이라고 부를 수 있다. 유목민들의 모든 활동은 기본적으로 이 씨족의 범위에서 이루어 졌다. 따라서 씨족은 유목민들의 생활을 규정하는 기초단위라고 할 수 있다.

이러한 씨족이 어떤 목표를 달성하기 위해 특정 씨족을 중심으로 씨족연합체(부족)를 이루고, 이 씨족연합체가 다시 특정 부족을 중심으로 부족연합체라는 정치조직을 형성하는데, 이것이 우리가 알고 있는 유목국가다. 따라서 외형적으로 유목국가는 농경사회의 정착국가와 아무런 차이가 없다. 그러나 유목국가의 내부구조를 들여다보면 둘 사이에 현격한 차이가 있음을 발견할 수 있다. 일례로 유목민들은 국가 성립 후에도 국가의 지배를 받기보다는 이전처럼 독립적인 씨족이나 부족단위로 생활했다. 거칠게 말하면 그들의 지배자는 유목군주인 칸이 아니고 여전히 씨족장이나 부족장이었다. 물론 최고군주는 자신의 심복, 즉 관리를 파견해 이들을 통제하려고 했을 것이지만, 유목사회의 특성상 군사의 징발이나 세금징수 등 특정 사안에 한정되고 군주권의 행사도 매우 제한적이었다. 따라서 유목국가는 보통 군주가 속한 집단(씨족이나 부족)을 중핵으로 그 아래에 여러 집단이 느슨하게 연대하고 있는 부족연맹체에 가까웠다. 이런 점에서 유목국가는 권력 분산형 국가라 할 수 있다. 그러다 보니 권력구조 또한 상대적으로 취약할 수밖에 없었다. 역사상 수많은 유목국가들이 한 영웅의 출현을 계기로 거대한 제국을 이루고 있다가 한순간에 멸망해 버린 것도 이 때문이다.

이렇게 하여 성립된 최초로 이름이 알려진 유목민 집단 또는 유목국가는 흑해 북방에서 위세를 떨친 스키타이다. 스키타이 시대(기원전 7-3세기) 몽골 고원에서 흑해 북방에 이르는 유라시아 초원지대에는 대형 쿠르간(고분)이 조영되었다. 이는 곧 이 시기를 전후해 그곳에 거대한 권력을 가진 정치세력이 형성되었음을 말해준다. 고분은 이를 테면 그 권력의 상징물이라 할 수 있다. 우리는 이들 고분의 구조나 크기와 형태 그리고 부장품을 통해 그 시대 사회구조나 종교 관념을 이해할 수 있다. 이와 관련하여 주목되는 것이 스키타이 고분에서 출토된 각종 예술품이다. 특히 그들이 창안한 예술양식(동물 투쟁문양)은 시베리아와 내몽골과 한반도 북부지역에까지 전해져 고대 예술사에 깊은 영향을 미쳤다.

기원전 4세기 유라시아 서부 초원(카스피 해 북방-흑해 북방)에는 스키타이를 대신해 사르마타이라는 유목민 집단이 출현했다. 학자들은 스키타이 시대 흑해 북방에 있었던 사우로마타이와 동방에서 도래한 유목민이 섞여 사르마타이 집단이 형성된 것으로 보고 있다. 이보다 약간 늦은 시기인 기원전 3세기 유라시아 동부 초원(몽골 고원)에서는 흉노가 두각을 나타냈다. 흉노는 기원전 209년 오늘날 내몽골 오르도스 지방을 중심으로 발흥해 동호(東胡)와 대월지(大月氏)를 비롯한 주변의 여러 집단을 격파하고 만리장성 북방에 역사상 처음으로 통일국가를 수립했다. 그 후 그들은 파미르 동쪽의 오아시스(타림 분지)를 지배하에 넣어 동서교역을 장악하고, 중원의 한(漢)과 대치하는 강력한 유목국가로 성장했다.

한편 흉노가 흥기할 무렵 오늘날 중국 서부 감숙성(甘肅省) 하서회랑(河西回廊) 일대에는 대월지라는 유목민들이 동서교역으로 번영을 누렸다. 그들은 기원전 2세기 흉노에게 그 군주가 살해된 후 하서지방을 떠나 소그디아나로 이주했다가, 다시 아무다리야 중류의 토하리스탄(우즈베키스탄 남부와 아프간 북부)으로 진출하여 박트리아 왕국[4]을 정복했다고 전해진다. 물론 이것은 하나의 가설일 뿐 대월지는 지금도 수수께끼의 유목민으로 남아 있다. 그래서 일부 학자들은 대월지의 원거주지를 아무다리야 유역으로 보고, 그중 일부가 기

4) 기원전 250년경부터 기원전 145년경까지 박트리아에 있었던 그리스계 왕조. 알렉산더 원정 후 이곳은 셀레우코스조의 지배하에 있다가, 기원전 250년경 박트리아 태수 디오도토스가 독립하고 박트라(현재의 발흐)를 수도로 하는 박트리아 왕국을 세웠다. 이는 전형적인 그리스 식민국으로 그리스어와 그리스 문자가 사용되었으며, 기원전 145경 대월지의 침략을 받고 멸망했다.

원전 4-3세기경 중국 서부로 진출해 동서교역에 종사하다가, 기원전 2세기 흉노에게 쫓겨 본거지로 돌아왔다고 주장한다.

흉노가 남북으로 분열되어(기원 후 48) 쇠퇴한 후 2세기 무렵 몽골 고원 동부지역에서 진출한 선비가 초원의 패자가 되었다. 그러나 그들은 흉노에 비해 세력이 약하고, 그 힘이 중앙아시아에까지 미치지도 못했다. 선비는 3세기 전반 초원의 지배권을 상실하고, 여러 집단으로 분열된 후 4세기에 중국 북부로 거주지를 옮겨 이른바 5호 16국 시대를 열었다. 중국 북부에 북위(北魏, 386-534)를 세운 집단이 선비 계통의 하나인 타브가치, 즉 탁발(拓拔) 선비다. 이 무렵 유라시아 서부 초원에서는 350년경 흉노의 일파로 추정되는 훈족이 나타나 카스피 해 북방에서 흑해 북방에 걸쳐 살고 있던 알란족을 병합하고 큰 세력을 형성했다. 그 후 그들은 게르만 계통의 고트족을 압박해 유럽에서 민족대이동 시대를 촉발시켰다.

5세기에 들어와 몽골 초원에서는 유연이라는 유목민 집단이 흥기해 한 때 중앙아시아에까지 그 세력을 떨쳤지만, 중국 북부를 통일한 선비의 견제 때문에 큰 발전을 이룩하지 못했다. 유연은 6세기 중반 자신의 지배하에 있었던 돌궐에게 격파당해 멸망했다. 일부 학자들은 6세기 후반 유럽에 모습을 나타내고 7세기 전반 비잔틴 제국의 수도 콘스탄티노플을 포위한 아바르를 몽골 초원에서 이주한 유연으로 보고 있다. 그들은 유럽에 등자(鐙子)와 부싯돌을 전해준 것으로 유명하다. 특히 등자의 전파는 그 후 유럽 세계에서 중무장 기사의 전투력 강화에 크게 기여했다. 이 무렵 유연 지배 하의 몽골 초원에는 투르크계인 고차(高車)라는 유목민 집단이 활동했다. 고차는 고차정령(高車丁零), 즉 높은 바퀴의 수레를 사용하는 정령의 약칭으로 적력(狄歷) 또는 칙륵(勅勒)이라고도 불린다. 이들은 5세기말 서쪽으로 이동해 큰 세력을 이루지만, 중앙아시아 서부의 에프탈[5]과 유연의 협공을 받고 451년에 멸망했다.

6세기 중반(552)에 들어와 알타이 산지로부터 몽골 고원에 진출한 돌궐이 투르크계 유목민들을 통합하고 유연을 대신하여 초원의 패자가 되었다. 돌궐은 흉노 이후 등장한 가장 강력한 유목국가로 약 200년 동안 내몽골의 대흥안

5) 5세기 중반부터 1세기 정도 아무다리야 중류의 토하리스탄을 중심으로 중앙아시아 서부를 지배한 국가. 이들의 구성원은 단일하지 않고 투르크계와 이란계, 유목민과 정주민, 기타 여러 집단이 섞여 있었다. 6세기 초 전성기에는 동쪽으로 신강의 호탄을 장악하고, 서쪽으로 사산조(226~651)의 내분에 개입하고, 남쪽으로 간다라에서 이란 북부까지 제압했다. 557-561년 돌궐과 사산조의 협공으로 멸망했다.

령에서 카스피 해 북방에 이르는 중앙아시아 동서세계에 걸쳐 큰 세력을 떨쳤다. 특히 돌궐의 서방 진출은 그 후 중앙아시아에서 투르크계 유목민들의 활동이 본격화되는 계기가 되었다. 돌궐은 583년 동서로 분열되었는데, 동돌궐은 몽골 초원에 본거지를 두고, 서돌궐은 천산 계곡 등 중앙아시아 서부 초원에 본거지를 두었다. 돌궐은 또한 유목민으로서 처음으로 문자를 사용했다. 그들은 돌궐 문자로 알려진 문자를 사용해 군주나 공신의 업적을 기록한 많은 비문(碑文)을 조영했다. 현재 돌궐 비문은 오르혼 강 유역을 비롯한 몽골 초원 여러 곳에 남아 있다. 8세기 중반(744) 몽골 초원에서는 돌궐을 격파하고 투르크계인 위구르인들이 제국을 건설했다. 그들의 지배는 약 100년 동안 이어졌다. 위구르 제국은 9세기 중반(840)에 들어와 자연재해와 내분이 겹치면서 예니세이 강 유역에 살고 있던 키르기즈의 침략을 받고 멸망했다. 특이한 것은 위구르 제국이 무너진 후 위구르인들은 몽골 초원을 떠나 중앙아시아 오아시스로 이주하고, 그곳에 정착했다는 점이다.

한편 7세기 중반 경 카프카스 북방에서는 투르크계인 하자르가, 볼가 강 중류 유역과 도나우 강 하류 유역에서는 역시 투르크계인 불가르가 각각 국가를 건설했다. 학자들은 이들이 모두 언어적으로 투르크계이고 동방에서 이주해 온 유목민으로 보고 있다. 한 가지 특이한 점은 동부 초원의 위구르와 서부 초원의 하자르 및 불가르가 모두 정착 도성(都城)을 건설하고 경전을 갖춘 종교를 신봉했다는 점이다. 예컨대 위구르인들은 몽골 초원 중부에 카라발가순을, 하자르인들은 볼가 강 하구에 이틸을, 볼가르인들을 프리스카를 건설했다. 또한 위구르인들은 마니교, 볼가르인들은 기독교, 하자르인들은 유대교, 기독교, 이슬람교를 신봉했다. 이는 위에서 언급한 스키타이 시대 쿠르간이나 동물양식의 전파와 같이 유라시아 북방 초원세계의 문화적 일체성 또는 문화교류의 상황을 보여주는 좋은 사례라고 할 수 있다.

2. 고대 오아시스국가

초원과 달리 남쪽 오아시스지대에는 광역에 걸쳐 지배체제를 구축한 강력한 통일국가가 수립되지 못했다. 그래서 오아시스지대는 항상 정치 · 군사적으로 열세를 면치 못했고, 바로 이런 이유로 끊임없이 유목국가와 중국이나 이란 및 기타 외부세력의 침략을 받고 그들의 지배를 받았다. 그러나 이 말이 곧 오아시스지대에 국가가 존재하지 않았다는 것을 의미하지는 않는다. 광역을 지배하는 통일국가는 없었지만 이곳에도 역사서에 분명히 국가로 기록된 정치연맹체가 존재했다. 중앙아시아 오아시스지대에는 기원전 10~7세기경 대규모 관개망을 갖춘 성곽도시가 출현했다. 이들 성곽도시는 대부분 사막에 가로막혀 고립 · 분산적으로 존재했다. 그래서 한대 중국 사람들은 이를 하나의 국가로 보고 서역 36국 또는 55국이라고 했다. 그 후 시간이 가면서 하나의 오아시스를 중심으로 몇 개의 오아시스가 연합해 광역을 아우르는 도시연맹체가 형성되었는데, 이것이 초기 오아시스 국가다.

예컨대 기원전 6세기 중반 경 시르다리야 남쪽의 오아시스지대는 아케메네스조(기원전 550-330)에 정복되어 그 지배를 받았는데, 이때 이미 이 일대에는 박트리아, 수구다(소그드), 우와라즈미(호레즘), 마르기아나(메르브)를 비롯한 여러 국가가 존재했다. 또한 기원전 4세기 후반 알렉산더가 중앙아시아를 침공했을 때 이곳에는 여전히 박트리아, 소그드, 호레즘 등 국가가 있었고, 그중에서 소그드 주민들은 알렉산더의 5만 대군에 대항해 3년 동안 저항했다고 전해질 정도로 세력이 강대했다. 한편 타림 분지 남북 오아시스 도시들도 위진남북조(魏晉南北朝, 3-7세기)라는 혼란의 시기에 한인들의 간섭이 약화되면서 전에 없었던 발전을 이룩하고, 특정 오아시스를 중심으로 광역에 걸친 정치연합체를 건설했다. 타림 분지 서남부에는 불교를 신봉하는 호탄, 즉 우전(于闐)이, 그 동쪽 타림 분지 동남쪽에는 선선(鄯善)(옛 누란 왕국)이, 천산 남쪽에서는 쿠차(龜玆)와 고창(高昌) 왕국이 번영을 누렸다.

또한 이 시기 오아시스지대에는 몽골 초원의 강력한 유목국가에 미치지는 못하지만, 상기한 도시연맹체를 능가하는 꽤 넓은 지역에 지배력을 미친 통일국가도 출현했다. 그 대표적인 사례가 기원 후 1-3세기에 걸쳐 번영을 누린 쿠샨조다. 이 왕조는 1세기 중반 아무다리야 중류의 토하리스탄 지방에 건설되었던 오아시스 국가다. 이 국가의 개창자로 알려진 쿠샨, 즉 중국 사료의 귀상(貴霜)이 기원전 2세기 흉노에 쫓겨 중국 서부 하서지방에서 토하리스탄으로 이주한 이란계 유목민 대월지인지, 아니면 그 대월지에게 정복당한 현지 토착민이었는지에 대해서는 아직도 논란이 분분하다. 그러나 쿠샨조가 정복자인 기마유목민(대월지)의 군사력과 피정복민인 토하리스탄 정주민의 경제력에 의해 지탱되었던 것은 확실하다. 쿠샨조는 2세기 전반 카니쉬카 시대에 전성기를 맞이했다. 그의 치세기에 쿠샨조의 영역은 북으로 시르다리야에 이르고, 남으로 간다라와 데칸 고원 서부까지 확장되었으며, 동북으로 신강 서부의 카쉬가르와 호탄에까지 미쳤다. 그 후 쿠샨 왕들은 그의 즉위년을 기준으로 연대를 헤아릴 정도로 그는 쿠샨조를 다시 창건한 사람이나 마찬가지였다.

3. 실크로드와 동서 문화교류

실크로드라는 말을 처음 사용한 사람은 독일의 지리학자 리히트호펜(F. Richthofen)이다. 그는 1877~1912년에 간행된 『중국(*China*)』(전5권) 제1권에서 고대 중국과 서투르키스탄 및 인도 사이의 무역로를 '비단의 길들'(Die Seidenstrasse)이라 명명했다. 그 길을 통해 중국의 비단이 서방으로 전해졌다는 의미인데, 리히트호펜은 처음 이 말을 중앙아시아의 교역로를 가리키는 한정적인 뜻으로 사용했다. 그 후 이 길이 가리키는 범위가 확대되어 현재는 유라시아 대륙을 잇는 동서교역로를 총칭하는 말로 쓰이고 있다. 따라서 실크로드라고 하면 사막을 관통하는 사막길(오아시스 루트), 그 북방의 초원을 통과하는 초원길(스텝 루트), 남해(南海)를 통과하는 바닷길(마린루트)을 총칭하는 말이다. 여기서는 오아시스 루트의 성립과 전개에 대해서만 간략히 언급하겠다.

파미르 고원 이서의 오아시스 루트는 기원전 9~7세기 경 서아시아를 통일하고 대제국을 건설한 아시리아에 의해 기본적인 도로망이 갖춰지고, 그 후 기원전 6세기경에는 아케메네스조가 서아시아에서 이집트와 서북 인도를 거쳐 서투르키스탄까지 세력을 미치면서 여기에 국제교역로가 정비되었다. 반면에 파미르 동쪽의 오아시스 루트는 기원전 2세기에 들어와 공식문헌에 등장한다. 즉 장건(張騫)의 서역사행(西域使行, 기원전 139~126)으로 중앙아시아에 대한 상세한 정보가 알려지게 되면서 무제(武帝)의 대(對)흉노 작전이 가속화되는데, 그 후 한은 하서회랑에서 흉노를 몰아내고 이곳에 하서사군(河西四郡)을 설치하여 서역경영의 교두보를 마련했다. 이렇게 하여 장안(長安)에서 타림 분지와 파미르를 거쳐 인도와 서아시아에 이르는 교통로가 연결되었다.

오아시스 루트의 기능이 절정에 달한 때는 당(唐)나라 시대다. 당의 국제성도 실은 이러한 실크로드 교역에 힘입은 바가 컸다. 그러나 대체로 8~9세기를 기점으로 항해술과 조선술이 발달하고 이슬람의 대외팽창이 확대되면서 서아시아-인도양-중국에 이르는 바닷길이 활성화되었다. 반면에 육상 교통로는 서하(西夏, 1038-1227)와 티베트 등 이민족의 지배하에 들어가면서 그 기능이 쇠퇴하기 시작했다. 그 후 15~16세기에 해상무역이 본격화됨에 따라 오아시스 루트는 동서교역로로서 주요한 지위를 바닷길에 넘겨주었다.

오아시스 루트가 다시 세인(世人)의 주목을 받는 것은 19세기 말~20세기 초기에 와서다. 그 무렵 영, 독, 러, 불, 일본 학자들은 지리 및 지질조사를 목적으로 중앙아시아 각지를 탐험하게 되는데, 이 과정에서 고대 실크로드의 영화를 말해주는 각종 유물과 유적이 대량으로 발견되었다. 모래 속에 묻힌 누란 왕국, 돈황 문서를 비롯해 현재 우리가 알고 있는 실크로드에 관한 거의 모든 지식은 이때 발견되었거나 그 단초가 마련된 자료들이다. 혜초의 『왕오천축국전(往五天竺國傳)』도 이 무렵 프랑스의 펠리오(P. Pelliot)에 의해 돈황 제17굴에서 발견되었고, 국립중앙박물관에 소장되어 있는 중앙아시아 출토 벽화와 유물도 일제(日帝) 시대 오오따니 고우즈이(大谷光瑞)가 키질 석굴에서 절취해 온 것이다.

실크로드를 통한 교역의 확대는 필연적으로 동서 문화교류로 이어졌다. 기원전 5세기 인도에서 발생한 불교가 인도-파미르-서역을 잇는 통상로를 따라 동아시아에 전해졌고, 이슬람교 역시 해상 실크로드 및 서아시아와 동서투르키스탄으로 연결되는 중앙아시아 교역로를 따라 동으로 전해졌으며, 조로아스터교 · 마니교 · 네스토리우스파 기독교도 이 길을 따라 동아시아로 전해졌다. 또한 한과 당나라 시대에 걸쳐 서방에서 기원한 각종 환술(幻術)이나 포도, 참깨, 오이, 누에콩, 마늘, 완두콩, 당근, 석류, 호두 등 각종 작물이 들어왔으며, 당대 장안에는 복식, 음식, 무용과 음악 등 여러 방면에서 이른바 호풍(胡風)이 유행했고, 심지어 화장법이나 미인의 기준도 바뀌었다고 한다.

실크로드 교류는 한반도에까지 깊은 문화적 영향을 미쳤다. 그러한 문화교류의 흔적은 스텝, 오아시스, 마린 루트 거의 모든 영역에서 확인된다. 알타이 지역의 쿠르간과 신라의 적석목곽분(積石木槨墳)의 관련성은 이미 오래 전에 제기된 문제이고, 그 고분에서 출토된 금관이나 장식보검(裝飾寶劍)은 흑해 북방 초원이나 중앙아시아에서 유사한 출토 사례가 확인되며, 사마르칸드 아프라시압 궁전벽화의 고구려 사신이나 돈황 벽화의 고대 한국인, 그리고 지중해 연안의 로만글라스(유리 컵)와 사산조(226-651년) 기원의 커트 글라스(유리 컵)는 서아시아 및 중앙아시아 지역과의 문화교류를 말해주는 대표적인 자료다.

Ⅳ. 중앙아시아의 투르크화와 이슬람화

현재 중앙아시아는 동부와 서부를 막론하고 이슬람을 신봉하는 투르크계 민족이 다수를 점하는 투르크-이슬람 세계다. 그러나 이곳이 처음부터 이랬던 것은 아니고 특정 시기부터 언어와 종족적으로 투르크화 되고 종교적으로 이슬람화한 결과다. 이는 그 이전 초원과 오아시스 거주민들의 언어와 종족 및 종교를 통하여 확인된다. 먼저 고대 초원지대 거주민들 중 아리아 계통인 스키타이(=사카), 사르마타이, 대월지를 뺀 나머지는 모두 알타이 계통이다. 그리고 알타이계 유목민 중 몽골계인지 투르크계인지 그 출자가 확실치 않은 흉노, 선비, 유연을 뺀 나머지는 투르크계라는데 대해서는 이론이 없다. 다만 유라시아 서부 초원의 불가르와 하자르는 언어적으로 투르크계이지만 종족적으로는 분명치 않다. 반면에 위에서 언급한 고대 오아시스 거주민들은 중앙아시아 동부와 서부를 막론하고 주로 아리아계 사람들이었다. 신앙적으로도 중앙아시아 거주민들은 샤머니즘, 불교, 조로아스터교를 비롯한 토착신앙과 인도나 서아시아에서 전해진 종교를 신봉했다.

1. 투르크화

투르크화는 투르크계 유목민들이 중앙아시아로 진출한 후 현지 거주민들이 그들의 고유 언어를 대신해 투르크어를 사용하게 된 역사적 현상을 말한다. 이는 특정 시대에 갑자기 일어난 것이 아니고 장기간에 걸쳐 서서히 진행되었다. 그 결과 중앙아시아는 '투르키스탄'이라는 지역명칭을 갖게 되었다. 중앙아시아의 투르크화는 초원지대와 오아시스지대가 각각 다르게 진행되었다. 따라서 두 지역의 투르크화를 별개로 다룰 필요가 있다. 그러나 오아시스지대가 역사적으로 더 중요한 의미를 갖고 있고, 초원지대의 경우 그 과정이 분명치 않은 점들이 많기 때문에 여기서는 오아시스지대를 중심으로 살펴보도록 하겠다.

오아시스지대의 투르크화는 840년 위구르 유목국가 멸망을 계기로 본격화되었다. 앞서 언급했듯이 위구르 제국이 멸망한 뒤 대다수 구성원들은 몽골 초원 남쪽과 서남쪽으로 이주했다. 일부는 중국 서부 감숙 지방으로, 다른 일부는 천산 동부의 베쉬발리크(당나라의 북정도호부가 있던 곳)와 투르판 분지로,

또 다른 일부는 천산 서부의 추 강과 탈라스 강 쪽으로 이주했다. 이 중 두 번째와 세 번째 집단에 의해 오아시스의 투르크화가 본격화되었다.

천산 동부로 이주한 집단은 850년대에 베쉬발리크를 점령하고, 860년대에 그 남쪽 투르판 분지를 지배했다. 이들은 투르판을 중심으로 세력을 확대하여 타림 분지 주변의 오아시스 도시를 지배하고, 한 때 파미르에까지 영향력을 행사하면서 천산위구르왕국을 건설했다. 위구르인들은 12세기에 거란(契丹)의 일파가 세운 카라 키타이[6]의 지배를 받고, 13세기에 몽골 제국에 자진 귀부하지만, 1280년대까지 왕조의 명맥을 유지하고 타림 분지 동부의 투르크화에 결정적 기여를 했다. 즉 이곳에 거주하던 토착민들, 예컨대 인도-유럽어계 주민들과 한인들은 위구르인들의 언어인 투르크어를 수용하고, 그들의 지배 하에서 성립된 위구르 사회에 동화되었다. 이 점은 왕국 각지에서 발견된 위구르 문자로 쓰인 문서자료를 통해 확인된다. 위구르인들은 몽골 초원에 있을 때 돌궐 문자를 써서 자신의 언어를 표기했지만, 이주 후부터 위구르 문자라는 새로운 문자를 만들어 사용했다. 이는 과거 위구르 유목제국 시기부터 그들의 문화에 큰 영향을 미친 소그드인들의 문자를 개량한 것으로 왕국이 멸망하는 13세기 말까지 타림 분지 일대에서 널리 사용되었다.

한편 천산 서부로 이주한 위구르인들은 탈라스에서 일리 계곡과 카쉬가르에 이르는 광대한 영역을 지배하고 카라한조를 세웠다. 카라한조 구성원의 출자에 대해서는 아직 분명하게 밝혀져 있지 않다. 이 왕조가 위구르 유목국가가 멸망한 9세기 중반 이후에 세워지고, 지배집단 역시 투르크계 유목민인 것은 분명하지만, 그 주체가 위구르인지, 아니면 그들의 지배를 받았던 카를루크인지, 또는 돌궐의 지배 씨족인 아사나씨 계보와 관련이 있는 사람들인지는 확실치 않다. 그러나 한 가지 분명한 것은 카라한조 시기에 타림 분지 서부와 파미르 이서 오아시스지대의 투르크화가 더욱 빠르게 진행되었다는 점이다. 카라한조는 9세기 말기에 타림 분지 서부의 카쉬가르를 점령하여 이슬람을 수용하고, 11세기 초엽에는 호탄 그리고 동 세기 중엽에는 쿠차에 이르기까지 지배력을 미쳤다. 이때 카라한조에게 정복당한 오아시스 선주민들이 새로운 지배

6) 거란 멸망 후 왕족인 야율대석(耶律大石)이 거란의 부흥을 제창하고 1132년 추 강 상류의 발라사군을 중심으로 세운 국가로 서요(西遼)라고 한다. 3대 80여 년에 걸쳐 동서투르키스탄을 지배하는 강대한 세력으로 군림했지만, 1210년 호레즘 샤조에게 서투르키스탄을 빼앗기고, 1211-1212년 칭기즈칸에게 쫓겨 몽골 고원에서 온 투르크계 나이만족 왕자 쿠출룩에게 국권을 강탈당했다.

자의 언어와 종교를 수용하면서 급속하게 투르크화 되었다. 카라한조는 또한 10세기 말기에 파미르 서쪽으로 진출하여 999년 부하라를 점령하고 이란계 이슬람 왕조인 사만조(873~999)를 멸망시켰다.

카라한조는 처음부터 돌궐 제국처럼 동부와 서부를 다스리는 두 명의 군주가 존재하는 분권적 성격이 강한 국가였다. 그리하여 11세기 중반에는 파미르를 경계로 동서로 분열되어 셀주크 투르크, 카라 키타이, 호레즘 샤조의 지배를 차례로 받다가 12세기 초기에 멸망했다.

카라한조의 파미르 이서 지역 지배는 투르크계 유목민들이 이곳으로 진출할 수 있는 길을 열었다. 그 대표적인 사례가 시르다리야 북방에 살던 셀주크 투르크의 이주를 들 수 있다. 그들은 10세기 중반경 오구즈(중앙아시아 서부 초원을 원거주로 하는 투르크계 유목민) 연합체에서 분화하여 시르다리야 부근에서 유목하다 사만조 붕괴와 함께 부하라 부근으로 옮겨왔다. 그중 일부는 그곳에 머물지 않고 서쪽으로 이주하여 1055년 바그다드에 입성한 뒤 서아시아 일대에서 세력을 떨쳤다. 이어 11~13세기 호레즘 샤조 시기에는 그 군주의 부름을 받고 킵차크 유목민들이 대거 남하했다. 이 모두는 이 일대의 투르크화에 큰 기여를 했다. 이는 13세기 초기 중앙아시아를 정복한 몽골인들의 투르크화를 통해 확인된다. 몽골인들은 이주 후 1세기도 안 되어 자신의 언어를 잃어버렸는데, 이는 곧 몽골인들 주변에 그들을 투르크화시킬 만큼 많은 투르크인들이 거주하고 있었음을 말해준다.

전체적으로 볼 때 중앙아시아 동부 오아시스지대의 투르크화는 서부에 비해 훨씬 신속하고 철저하게 진행되었다. 그 결과 11세기 후반에는 이 일대 거주민들이 투르크어로 대화할 정도였다고 한다. 이 지역은 서부와 달리 오아시스 규모가 작고 인구가 적을 뿐 아니라 천산의 율두스 계곡을 빼면 주변에 초원이 거의 없다. 따라서 이곳으로 이주한 투르크계 유목민들은 일찍부터 오아시스와 그 주변에 정착하여 토착민들과 혼거하고, 그 과정에서 현지민들은 새로운 지배자의 언어와 종교를 동시에 수용했다고 할 수 있다. 반면에 서부의 경우 오아시스 규모가 크고, 거주민의 인구가 많고, 오아시스 주변에 유목할 수 있는 공간도 많다. 따라서 이곳으로 유입된 유목민들은 주로 오아시스 주변부에 거주했다. 그 결과 이주민과 토착민의 접촉이 상대적으로 드물었고, 현지민들은 이주자의 언어를 수용할 기회가 그만큼 적었다고 볼 수 있다.

그 결과 이 일대의 투르크화는 완만하게 진행되었고, 그런 만큼 토착민들은 자신의 전통을 잘 보존하게 되었다. 이는 지금도 중앙아시아 일부 지역에 이란어 계통의 타지크어를 쓰는 사람들이 살고 있고 타지키스탄이라는 그들의 나라까지 존재하는 것으로도 확인된다. 이런 점에서 파미르 서부 오아시스지대의 투르크화는 현재까지도 완성되지 않았다고 할 수 있다.

2. 이슬람화

이슬람화도 투르크화와 비슷한 맥락에서 설명할 수 있다. 즉 이슬람이 중앙아시아에 진출함으로써 현지민들이 자신의 전통종교 대신 이슬람을 신봉하게 된 역사적 현상을 말한다. 이슬람은 먼저 오아시스 거주민들에게 수용되고, 이어 그들이 초원의 유목민에게 그것을 전해주었다. 따라서 이 역시 오랜 역사과정에서 서서히 진행되었다고 할 수 있다. 이슬람화는 단지 중앙아시아 거주민들의 종교가 바뀌었음을 뜻하지 않는다. 이슬람은 신도들의 신앙생활은 물론이고 사회생활까지 규제하는 실천종교다. 따라서 이슬람화한 결과 중앙아시아 일대에서는 결혼, 재판, 재산상속 등 사회생활 전반에 걸쳐 큰 변화가 일어났다.

파미르 이서 오아시스지대의 이슬람화는 아랍군의 침공과 함께 시작되었다. 아랍군은 7세기 중엽에 소그디아나까지 진출했기 때문에 형식논리로 따지면 이때부터 이슬람이 전파되었다고 할 수 있다. 그러나 이를 곧바로 이슬람화로 보기는 어렵다. 아랍 침략을 받기 전 중앙아시아에는 실로 다양한 종교가 존재했다. 호라산 지역에서는 조로아스터교가 우세했지만, 네스토리우스파와 야곱파 기독교, 소수이기는 하지만 유대교 신봉자들도 있었다. 또한 박트리아왕국 영역에는 불교사원과 함께 마니교와 기독교 신도들도 활동했으며, 마바란나흐르[7] 거주민들은 조로아스터교를 신봉했다.

아랍 정복자들은 피정복민을 개종시키는 일에 그렇게 적극적이지 않았다. 따라서 정복 초기 현지 거주민들은 전래의 종교를 그대로 신봉했다. 그래서 농촌 거주민들은 아랍군에 의해 정복되고 수 세기 후에야 이슬람을 수용했다고 전해진다. 반면에 도시 거주민들의 개종은 강제적으로 매우 신속하게 진행되었다. 예컨대 8세기 초 호라산 총독으로 아랍군의 중앙아시아 원정을 지휘한 쿠타이바(669/70～715)는 특정지역 거주민의 반 정도를 아랍인으로 채우도록

7) 큰 강(아무다리야) 건너편의 땅을 뜻하는 말로 아무다리야와 시르다리야 사이의 지역을 지칭한다. 그리스인들은 이곳을 옥서스 강(아무다리야) 건너편, 즉 트란스옥시아나라고 불렀다.

하고, 모스크를 건설하고, 예배 참석자에게 장려금을 주는 등 다양한 방법으로 현지민 개종에 노력을 기울였다고 한다. 물론 그의 노력이 어느 정도 성공을 거두었는가에 대해서는 알려진 것이 없다. 다만 그가 현지민의 이슬람화에 열의를 갖고 있었고, 그의 원정이 실제로 중앙아시아의 이슬람화에 큰 영향을 미친 것은 분명하다.

그 후 아랍군은 751년 탈라스 전투에서 고선지(高仙芝, ?~755)가 이끄는 당나라 군대에 승리하고 마바란나흐르에 대한 지배를 확고히 함에 따라 이곳의 이슬람화가 본격화되었다. 여기에 부하라에 도읍을 둔 이란-이슬람 왕조인 사만조의 등장은 이 일대의 이슬람화에 결정적 기여를 했다. 사실 이 시기에 파미르 이서 오아시스 지대에서 조로아스터교나 불교를 비롯한 전대의 종교가 서서히 사라졌다. 또한 이때에 소그드어나 호레즘어 등 그때까지 사용된 언어를 대신해 아랍어 어휘를 수용하고 아랍 문자를 사용한 새로운 이란어(근세 이란어)가 탄생했다. 사만조 궁정에서는 이 언어에 의한 활발한 문예활동이 전개되면서 이란-이슬람 문화가 꽃피었다. 이와 함께 이 일대에서는 9~11세기에 걸쳐 수학, 하디스(전승)학, 천문학, 철학, 의학을 비롯해 거의 모든 학문분야에서 두각을 나타낸 대학자들이 배출되었다.

사만조는 투르크계 유목민들의 이슬람화에도 크게 공헌했다. 이들은 투르크계 유목민들을 불러들여 국가의 군사적 기반으로 삼았을 뿐 아니라 초원과의 경계지대에 노예시장을 개설해 투르크계 노예를 이슬람 세계로 유입시켰다. 사만조가 중앙아시아를 중심으로 이란 동부의 호라산까지 세력을 미치는 강력한 국가로 발전할 수 있었던 것은 굴람(노예 군인)이라는 투르크계 유목민의 군사력과 오아시스 정주민의 경제력을 효과적으로 결합시킨 덕분이었다. 사만조 군주들은 이러한 강력한 국력을 바탕으로 북방의 이교도에 대해 지하드(성전)를 감행하고 그곳에 모스크를 건설했다. 이와 더불어 사만조의 왕족, 학자, 무슬림 상인, 수피(이슬람 신비주의자)들도 초원 깊숙이 들어가 이슬람으로의 개종을 촉진했다. 반면에 유목민들은 정주문명의 상품과 새로운 종교의 매력에 이끌려 이슬람으로 개종하기 시작했으며, 이러한 추세는 신속하게 변방으로 확대되었다.

이처럼 투르크계 유목민들의 이슬람화는 동시다발적으로 이루어졌다. 그러나 그 추세를 결정지은 것은 카라한조의 개종이었다. 이슬람 수용은 초대 군주의 손자 사투크 부그라칸(재위 ?~955) 때 이루어졌다. 그는 즉위하기 이전 카쉬가르를 방문한 사만조 왕족 나스르 빈 만수르의 영향으로 이슬람을 수용했다고 전해진다. 즉위 후 그는 카라한조를 투르크-이슬람 국가로 바꾸고 카쉬가르를 중심으로 카라한조 영내의 이슬람화에 기여했다. 그의 손자 세대에는 파미르 서부로 진출하여 999년 사만조를 멸망시켰다. 물론 위에서 언급한 셀주크를 비롯한 투르크계 유목민의 중앙아시아 진출도 그들의 이슬람화로 이어졌다. 그 후 적어도 14세기 전반에는 천산 북방의 유목민(모굴인)들도 이슬람을 수용했는데, 그 후 이들이 투르판 지역으로 진출함에 따라 이 일대도 16세기 초기에 이슬람화가 이루어졌다.

3. 투르크-이슬람 문화의 발전

이슬람 전파 이전 중앙아시아 오아시스에는 인도 기원의 불교문화, 서아시아 기원의 이란 문화, 그리스 문화를 위시한 다양한 문화가 꽃피웠다. 이들은 실크로드를 통해 중앙아시아에 전해지고 그곳에서 새로운 발전을 이룩했다. 그러나 7~8세기경부터 이곳에 이슬람이 전해지면서 토착문화는 점점 자취를 감추고 이슬람 문화가 그 자리를 대신했다. 그 선구는 사만조 치하에서 성립된 이란-이슬람 문화이고, 이를 바탕으로 11세기 카라한조 시기에는 투르크-이슬람 문화가 탄생했다. 이란-이슬람 문화가 중앙아시아에서 탄생한 근세 이란어를 기반으로 전개된 것처럼 투르크-이슬람 문화 역시 그 바탕에는 투르크어가 있었다.

이슬람 문화는 원래 이슬람교와 아랍어를 축으로 해서 형성된 문화다. 그리하여 이슬람을 수용한 비(非)아랍 민족도 초기에는 신성한 언어인 아랍어로 문화생활을 했다. 그러나 시간이 가면서 이슬람을 수용한 이민족들은 아랍어뿐 아니고 자신의 언어를 사용해 문화 활동을 하기 시작했다. 사만조 때 성립된 이란-이슬람 문화가 대표적인 사례다. 이는 아랍 문자를 차용하고 아랍어 어휘를 수용한 새로운 이란어의 기반 위에서 이루어졌다. 이와 똑같이 카라한조 시기 투르크인들은 아랍 문자를 빌려 자신의 언어를 표기하고 이를 통해 문화 활동을 전개했다.

그 문화가 이룩한 최초의 기념비적 작품은 1069년(혹은 1070년) 발라사군 출신의 유수프 하스 하집이 저술하고, 카쉬가르 지배자인 타브가치 부그라칸에게 봉정된 『쿠타드구 빌릭(*Qutadgu bilig*)』이다. 6500개가 넘는 대구(對句)

로 이루어진 이 장대한 작품은 군주가 취해야 할 자세를 설교한 교훈서다. 이 책은 투르크어를 아랍 문자로 표기했다는 점에서, 그리고 서술방식이 페르시아 운문체에서 사용되는 마스나비(이언대구) 형식을 따르고 있다는 점에서 이란-이슬람 문화의 강한 영향을 받았다고 할 수 있다. 이 책이 완성된 후 얼마 지나지 않은 1077년(또는 1083년) 카라한조 문화를 대표하는 또 하나의 작품인 『디완 루가트 아트 투르크(*Diwan lughat at Türk*)』라는 투르크-아랍어 사전이 바그다드의 칼리프 알 무크타디에게 헌정되었다. 이 책의 저자 마흐무드 알 카쉬가리는 카라한조 출신으로 중앙아시아 각지를 유랑한 뒤, 셀주크조(1038~1308)가 권력을 수립한 직후 바그다드에 가서 이 책을 저술했다. 저자는 해박한 아랍어 문법이론을 적용해 투르크어 단어를 음운적으로 분석하고, 단어의 각 항목에 아랍어로 설명을 붙여놓았다. 이는 곧 저자가 아랍어와 아랍어 문법에 정통했다는 것을 말해주는 것으로, 당시 중앙아시아 거주민들이 이슬람 문화의 수용에 얼마나 충실했는가를 보여주는 좋은 사례라고 할 수 있다.

이처럼 투르크어는 중앙아시아에서 이란어에 버금가는 문화언어 지위를 차지하고 있었는데, 그 과정을 보면 12~13세기 호레즘에서 일정하게 발전한 뒤 티무르 제국 시기에 들어와 본격화되었다. 그 후 티무르 제국 시기에 차가타이-투르크어라는 더욱 새로워진 투르크어가 탄생하고, 투르크인들은 이 언어를 사용하여 독특한 투르크-이슬람 문화를 이어갔다.

V. 몽골 제국의 성립과 세계사적 의의

1. 몽골 제국의 형성과 전개

1206년 칭기즈칸(1162~1227)은 몽골 고원을 통일하고 에케 몽골 울루스(대몽골국)의 대칸으로 즉위했다. 후대학자들은 이를 몽골 제국이라 부른다. 칭기즈칸은 내부정비를 마치고 곧바로 대외원정에 착수했다. 1207년에는 큰아들 조치를 시켜 몽골 북방의 삼림민(森林民)을 토벌케 하고, 1209년에는 탕구트족이 세운 고비사막 남부 서하를 공격했다. 이처럼 인근지역을 평정한 다음 그는 전군을 동원해 1211년 봄 금(金)나라 원정에 나섰다. 그리고 1215년 금의 수도 중도(中都)를 함락시키고 황하 이북의 땅을 차지했다.

이어 칭기즈칸은 서방원정에 나섰다. 1218년 호레즘에 파견한 사절단이 시르다리야 중류의 오트라르에서 살해되고 상품이 몰수되는 사건이 발생했다. 칭기즈칸은 이를 빌미로 1219년 가을 15만 군대를 이끌고 출전했다. 그해 말 오트라르에 도착한 몽골군은 군대를 4개로 나누어 공격을 시작했다. 칭기즈칸의 장남 조치 휘하의 우익군은 시르다리야 하류의 잔드를 공격하고, 좌익군은 강 상류의 호젠트로 진군했다. 칭기즈는 2남 차가타이와 3남 오고타이에게 오트라르 공략을 맡기고, 자신과 막내 톨로이는 중군(中軍)을 이끌고 키질 쿰 사막을 횡단하여 부하라로 진군했다. 호레즘 샤조 군주 무함마드(재위 1200~1220)는 사마르칸드를 버리고 호라산으로 도망갔다. 칭기즈는 제베와 수베데이에게 2만 명의 군대를 주어 그를 추격케 했는데, 무함마드는 이란 각지를 떠돌다 그해 12월 카스피 해의 작은 섬에서 병사했다. 몽골군 본대는 무함마드의 후계자 잘랄 웃딘(재위 1220~1231)을 쫓아 아무다리야를 건너 아프가니스탄으로 들어갔지만, 험난한 산악지형 때문에 뚜렷한 전과를 올리지 못하고 철수했다. 정복지로 돌아온 몽골군은 1225년 봄 몽골 초원으로 귀환했다.

1226년 칭기즈칸은 다시 서하정벌에 나섰다. 명목은 호레즘 원정 시 협력을 거부한데 대한 응징이었다. 그는 서하 수도 흥경(興慶)의 함락을 눈앞에 두고 1227년 음력 8월 15일 오늘날 영하회족자치구(寧夏回族自治區) 청수현(淸水縣) 육반산(六盤山) 남쪽 청수하에서 파란만장한 생을 마감했다.

칭기즈칸이 사망하고 2년이 지난 1229년 3남 오고타이(재위 1229~1241)가 대칸에 즉위했다. 그는 즉위 후 곧바로 금나라 원정에 착수해 1233년 1월 금의 수도 개봉(開封)을 함락시켰다. 오고타이는 이어 1235년 몽골 중앙부에 수도 카라코룸을 건설하고 행정기구를 정비한 다음 다시 대규모 원정에 착수했다. 이번에도 동서 두 방면에 대한 원정이 이루어졌다. 하나는 오고타이의 3남 쿠추가 총사령관이 되어 수행한 남송(南宋) 원정이었다. 그러나 이 원정은 개전 초기(1236년 3월) 쿠추의 급사(急死)로 실패로 끝났다.

서방 원정군 총사령관에는 칭기즈칸의 장남인 조치의 2남 바투가 임명되었다. 조치 가문의 영지로 예정되어 있던 킵차크 초원(현재 카자흐 초원-남러시아 초원)을 평정하는 것이 주목적이었다. 1235년 몽골 초원을 떠난 원정군은 이듬해 아무런 저항도 받지 않고 킵차크 초원의 투르크계 유목민 집단을 모두 흡수했다. 이어 볼가 강 중류 유역의 불가르를 함락시키고, 이듬해 1237년에는 루시(러시아)의 제후국을 정복했다. 그리고 볼가 강 하류 유역에서 카프카스 방면으로 군대를 되돌려 아스족(고대 알란족, 현대의 오세트인)을 평정한 다음, 1240년에는 키예프를 함락시키고, 한 부대는 폴란드로 진격해 1241년 4월 리그니츠에서 폴란드-독일 연합기사단을 격파했다. 한편 바투 휘하의 본대는 헝가리로 진격해 같은 해 4월 11일 사요 강변에서 헝가리군을 격파했다. 몽골군은 그 여세를 몰아 비엔나 교외까지 진격해 들어갔다.

그러나 이 무렵(1242년 3월) 원정군 사령관 바투의 장막에 오고타이의 사망 소식과 함께 원정군의 귀환명령이 하달되었다. 이 소식을 접한 몽골 여러 왕가의 군대는 차례로 동방으로 회군했다. 이때 바투는 몽골 본토로 가지 않고, 자기의 본영(本營)인 볼가 강 하류 유역으로 돌아와 원정과정에서 얻은 광대한 영역을 자기의 영지로 만들었다. 이렇게 하여 역사적인 조치 울루스(속칭 킵차크 칸국)가 성립되었다.

오고타이가 사망하고 5년이 지난 뒤 1246년 그의 아들 구유크(재위 1246~1248)가 대칸에 즉위하지만, 그는 즉위한지 불과 2년 만에 사망했다. 그로부터 3년 뒤인 1251년 칭기즈칸의 막내인 톨로이의 장남 뭉케(재위 1251~1259)가 대칸에 즉위했다. 뭉케는 동생 쿠빌라이에게 남송 정벌을 비롯한 동방경략을 맡기고, 그 아래 동생인 훌레구(재위 1256~1265)에게 이란 방면의 통치를 위임했다. 쿠빌라이는 오고타이 시대에 단행된 남송 원정의 실패를 교훈 삼아 정면공격에 의한 단기전을 피하는 책략을 구사했다. 대칸 뭉케는 이러한 쿠빌라이의 전략을 달갑게 여기지 않고 스스로 출전을 결의했다. 이때 이름이 알려지지 않은 전염병이 뭉케의 군영을 급습했다. 그리고 1259년 8월 뭉케는 진중(陣中)에서 급사했다.

1260년 봄 쿠빌라이(원 세조, 재위 1260~1294)는 내몽골 상도(上都)에서 쿠릴타이(부족장 회의)를 개최하고 대칸에 즉위했다. 수도 카라코룸에 남아 있었던 막내 동생 아리크 부케도 이듬해 쿠릴타이를 개최하고 대칸에 즉위했다. 그 결과 제국에 두 명의 대칸이 존립하는 심각한 사태가 발생했다. 새로운 대칸 자리를 둘러싼 싸움은 군사력과 보급과 외교력에서 열세에 있었던 아리크 부케의 투항(1264년 7월)으로 종결되었다. 실력으로 제위를 장악한 쿠빌라이는 수도를 카라코룸에서 자기의 본거지 상도로 옮기고, 1266년에는 현재의 북경 땅에 제국의 새로운 수도 대도(大都) 건설을 명했다. 이어 그는 1271년에 국호를 대원(大元) 울루스로 개칭했다. 이렇게 하여 원(元)나라(1271~1368)가 성립되었다.

한편 서방 원정에 나선 훌레구 군대는 1253년 가을 몽골을 출발해 중앙아시아를 거쳐 1258년 2월 내분에 휩싸인 바그다드를 손쉽게 접수했다. 이어 그는 1260년 시리아에 진출해 알렙포와 다마스커스를 함락시킨 뒤 이집트로 진격할 채비를 하고 있었다. 바로 이때 대칸 뭉케의 사망 소식이 전해졌다. 훌레구는 선봉부대인 키트 부카에게 뒷일을 맡기고 남은 군단을 거느리고 귀환 길에 올랐다. 그러나 그는 타브리즈 부근에서 형 쿠빌라이가 대칸에 즉위했다는 소식을 듣고, 귀환을 단념한 채 이란·이라크에 새로운 정권을 수립했다. 이렇게 하여 역사적인 훌레구 울루스(속칭 일 칸국)가 성립되었다.

반면에 중앙아시아 상황은 꽤나 복잡하게 전개되었다. 칭기즈칸이 중앙아시아에서 철수한 후 통치를 위임받은 관리들의 노력으로 중앙아시아 오아시스지대는 빠른 속도로 복구되었다. 이곳은 원래 천산 서부의 일리 계곡에 본영을 둔 차가타이 가문의 영지로 되어 있었지만, 대칸 오고타이는 무슬림 상인 마흐무드 얄라와치와 그의 아들 마스우드 벡을 총독으로 임명하고 중앙아시아 경영에 관여했다. 쿠빌라이가 동생 아리크 부케에게 승리할 수 있었던 것도 중앙아시아를 관할하던 차가타이 가문의 알구(재위 1260~1266)가 쿠빌라이를 지지했기 때문이다. 당시 아리크 부케는 보급물자를 주로 중앙아시아에 의존하고 있었다. 그러나 쿠빌라이의 지지자인 알구가 사망하고, 그를 계승한 바라크(재위 1266~1271)가 오고타이 가문 및 조치 가문과 연대해 쿠빌라이에게 반기를 들면서 중앙아시아 상황은 더욱 복잡해졌다. 이틈을 이용해 오고타이의 손자 카이두(재위 1269~1301)가 중앙아시아의 지배권을 장악했다. 그는 알구가 사망한 후 차가타이 가문의 수령 노릇을 하고 있던 바라크를 살해하고, 그로 인해 혼란에 빠진 차가타이 가문의 유목민과 아리크 부케의 아들을 자기 진영으로 끌어들였다. 카이두는 알타이 산맥에서 마바란나흐르에 이르는 광대한 지역의 지배권을 장악하고 쿠빌라이와 대치하게 되었다.

쿠빌라이가 죽은 후 테무르(원 성종, 재위 1294~1307)가 대원 울루스의 대칸에 즉위했다. 그 후 1300년부터 이듬해에 걸쳐 몽골 서부와 알타이 일대에서 중앙아시아의 맹주 카이두와 대원 울루스 군대가 충돌했다. 수차의 회전 후 카이두는 패주하고 그때 입은 상처로 그는 사망했다. 이때 차가타이 가문의 수령 두아(재위 1283~1306)와 카이두의 아들 차파르가 성종 테무르에게 신종을 맹세했다. 이 화합은 훌레구 가문과 조치 가문으로부터도 환영을 받아 1305년을 전후하여 40년 동안 계속된 중앙아시아 분쟁이 종식되었다. 두와는 대원 울루스 군대와 협력하여 오고타이 가문의 전존세력을 하나씩 격파해나갔다. 그 후 중앙아시아에는 두와를 중심으로 하는 차가타이 가문의 단독 지배권이 확립되었다. 이렇게 하여 이른바 차가타이 울루스(속칭 차가타이 칸국)가 성립되었다.

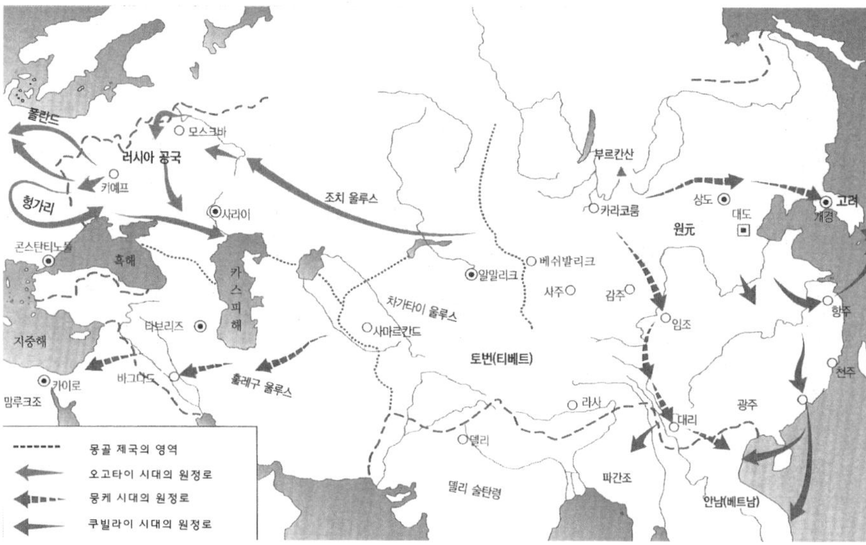

2. 몽골 제국의 세계사적 의의

이처럼 동아시아에서 서아시아에 이르는 유라시아 대륙 중앙에는 대원 울루스를 중심으로 차가타이 울루스, 조치 울루스, 훌레구 울루스 등 동족(同族) 울루스로 구성된 일종의 연방이 형성되었다. 이 역사적 사건은 제국의 크기만큼 세계사 진개에 심대한 영향을 미쳤다. 그 일을 주도한 몽골인 자신과 그들의 지배를 받은 중국과 러시아를 비롯한 주변민족은 물론, 이를 지켜보았던 서구인들도 새로운 시대가 도래했음을 직감했다. 그런 이유로 몽골 제국 출현 당시부터 수많은 사람들이 수많은 언어로 자신이 처한 입장에 따라 몽골인들이 이룩한 과업에 대하여 평가를 해왔고, 이 작업은 지금도 계속되고 있다. 그러나 몽골 제국을 어떻게 평가하든 제국의 역사적 역할과 관련하여 한 가지 사실만은 분명하다. 몽골 제국의 출현으로 유라시아 대륙이 하나로 통합되고, 그 안에 포함된 여러 민족의 역사도 이전과 전혀 다른 방향으로 전개되었다는 점이다. 말하자면 유라시아 세계는 몽골이라는 거대한 용광로에서 재조정된 후 새로운 길을 모색했다고 할 수 있다. 이런 점에서 몽골 제국의 흥망은 세계사를 가르는 분기점이라고 할 수 있다.

몽골인들이 역사의 전면에 나서기 전 동양과 서구세계는 별개로 움직여 왔다. 그리스와 로마 제국, 한과 당 제국, 페르시아 제국, 이들은 세계제국이라는 명성과 달리 각 지역의 맹주에 불과했다. 물론 유럽에서, 서아시아에서, 동아시아에서 이들이 이룩한 업적은 결코 적지 않다. 그럼에도 이란인, 그리스인, 로마인, 중국인들이 상정한 세계는 지역적으로 제한된, 그리고 자기 주변의 극히 편협한 세계였다. 이러한 지역적 가름을 걷어낸 주역이 바로 몽골인들이었다. 몽골인들은 확실히 지역의 맹주가 아닌 세계를 경영한 장본이었다. 이는 몽골 제국에서 편찬된 역사서를 비교해 보면 쉽게 알 수 있다. 14세기 초기 이란의 훌레구 울루스에서 『집사(*Jâmi' at-tavârîkh*)』라는 방대한 역사책이 집필되었다. 이 책은 제국을 통치한 역대군주의 과업뿐 아니라 그들의 지배 아래 있었던 중국, 아랍, 투르크, 심지어 인도와 유럽 및 유태인의 역사까지 망라한 세계인의 역사였다. 인류는 그 때까지 이처럼 방대한 역사서를 접해보지 못했다. 저 유명한 사마천의 『사기』도 헤로도토스의 『역사』도 기껏해야 자기 주변 이민족의 역사를 다루는 정도였다. 『집사』를 세계 최초의 세계사라고 하는 것도 이런 이유 때문이다.

인류초유의 세계사를 펴낸 몽골 정권 아래서 하나가 된 유라시아 대륙, 그 안에서 그 후 세계사의 흐름을 바꿀만한 씨앗이 싹트고 있었다. 무엇보다도 제국 각지를 연결하는 역참(驛站)이 정비되고 교통로의 안전이 확보되면서 동서간에 인적 · 물적 교류가 확대되었다. 언제부터 시작되었는지도 모르는 실크로드는 이제 몽골이라는 든든한 후원자를 만나 더욱 활발하게 작동하고, 중원을 지배한 몽골인들은 송(宋)나라 시대의 수공업적 해상무역을 대기업 수준으로 끌러 올려 바닷길까지 활짝 열었다. 특히 쿠빌라이는 남방 개척과 해상 무역로 개척에 매진해 유라시아 대륙을 잇는 바닷길을 교역망으로 연결했다. 그 결과 천주(泉州)를 비롯한 중국 동남부 항구도시와 서아시아 여러 항구를 잇는 해상루트가 활성화되어 동아시아와 서아시아를 연결한 아시아의 순환교통로가 완성되었다.

이 교역로를 따라 몽골 시대의 유명한 장사꾼 위구르 상인과 무슬림 상인들이 대규모 상업 활동을 전개했다. 또한 몽골 제국을 축으로 하는 상업망은 훌레구 울루스와 우호관계를 유지하고 있었던 제노바와 베네치아를 비롯한 이탈리아 상인과 비잔틴 상인의 참여로 지중해 세계까지 확대되었다. 사실 14세기 말부터 시작되는 이탈리아 르네상스는 몽골인에 의해 조직된 세계규모의 경제 발전이 그 배경이 되었다. 특히 14세기 초기가 되면 몽골 제국 내 각종 분쟁이 종결되고, 이슬람을 수용한 훌레구 울루스가 그동안 적대적이었던 이집트의 맘루크조(1250~1517)에 대해 유화정책을 취하면서 동서교류에 더욱 유리한 환경이 조성되었다. 그리하여 유라시아 대륙과 북아프리카를 포함하는 대규모 경제권이 작동하기 시작하고, 사람과 물건, 문화와 정보, 종교와 사상이 활발하게 교류되었다.

소년 시절에 아버지를 따라 동방으로 간 마르코폴로(1254~1324), 프랑스 왕 루이 9세와 로마 교황 인노켄티우스 4세의 명으로 몽골을 방문한 수도사 루브루크(방문 시기 1253~1254)와 플라노 카르피니(방문 시기 1245~1247), 인도를 거쳐 중국을 다녀오고, 다시 스페인과 북아프리카를 여행하고『이븐바투타 여행기』를 남긴 모로코 태생의 무슬림 이븐 바투타(1304~1368)는 모두 몽골인이 개척해 놓은 교역로를 따라 동방을 여행한 사람들이다. 이 과정에서 동양의 사정이 서양에 전해지고, 서방의 정보가 동방세계에 알려지게 되었다. 『성경』 다음으로 많이 팔렸다는 마르코 폴로의『동방견문록』이 서양인이 쓴 최초의 본격적인 동방에 관한 소개서였다는 사실이 말해주듯이 두 세계 사람들은 몽골 제국 이전에 상대방을 거의 모르고 있었다.

이렇듯 몽골인들은 새로운 세계사의 초석을 놓았다. 그리고 그들이 뿌린 변화의 씨앗은 몽골 시대에 이어지는 15세기부터 꽃피기 시작했다. 15세기, 이는 서구인의 시대가 시작되는 시기이자 흔히 바다의 시대라고 일컬어지는 시기다. 잘 알려진 것처럼 서양 사람들에 의해 촉발된 바다의 시대는 중앙아시아 위상에 결정적인 타격을 주었다. 증기기관을 장착한 선박의 수송능력은 낙타에 화물을 싣고 사막을 오가던 상행위를 거의 원시적인 것으로 만들어버렸다. 따라서 신대륙 발견으로 상징되는 항해시대의 개막은 서구의 우위를 알리는 신호탄이었으며, 동서교역의 패턴을 일변시킨 역사적 사건이었다. 과장하면 세계는 그 후 대륙국가 번영의 시대에서 해상국가 패권의 시대로 이행했다고 할 수 있다.

그렇다면 서구세계가 해상으로 진출하게 된 원인은 무엇이고, 또한 그들이 그렇게 할 수 있었던 원동력은 무엇이었을까? 이 문제는 20세기 초기까지 지속된 유라시아 대륙 동서의 두 대국, 즉 청(淸)나라와 오스만 제국(또는 러시아)이 왜 서구와 같이 발전하지 못했는가 하는 이유와도 관련이 있다. 첫 번째 문제는 몽골 제국과 그 계승국가들이 해체되기 시작하는 14세기 중반~15세기 중엽에 일어난 서아시아와 중앙아시아의 극심한 혼란 때문에 서구인들이 새로운 무역로 개척의 필요성을 절감하고 바다로 나섰다고 설명할 수 있다. 그러나 두 번째 과제는 대답이 그렇게 간단하지 않다. 일부 학자들은 이 문제를 몽골 지배의 유무(有無)와 몽골 세계 제국의 출현으로 설명한다. 즉 정말 우연히 몽골의 지배를 받지 않은 서유럽과 그 지배를 받은 유라시아의 대륙국가(러시아, 청조, 오스만 제국)의 역사적 경험의 차이, 그리고 서구인이 바다로 진출해 통상무역에 성공할 수 있었던 근본 원인 또한 유라시아 전역을 통상권으로 일체화시킨 몽골 제국의 유산을 고스란히 상속한 결과로 설명하고 있다. 이런 점에서 몽골 제국의 출현은 유럽의 근대를 여는 단서를 마련했다고 할 수 있다.

3. 몽골 제국의 해체

세계사에 큰 족적을 남긴 몽골 제국도 14세기 중엽 대원 울루스의 몰락을 계기로 서서히 해체의 길을 걷기 시작했다. 먼저 종주국인 대원 울루스에서는 쿠빌라이를 계승한 손자 테무르가 죽은 뒤 후계자를 둘러싼 권력투쟁이 이어지고, 급기야 킵차크 초원 출신자로 편성된 친위군단이 실권을 장악했다. 나아가 장기에 걸친 궁정의 낭비와 방탕한 재정운용으로 국고는 거의 소진되어 버렸다. 또한 연이은 자연재해와 역병으로 농민반란이 빈발하고 각지에서는 무장 세력이 할거했다. 이런 혼란 속에서 농민출신 주원장(朱元璋, 재위 1368~1398)이 1368년 남경에서 즉위하고 명(明)나라를 창건했다. 자연재해와 내분에 시달리던 대원의 토곤 테무르(원 순제, 재위 1332~1370)는 결국 수도 대도를 떠나 몽골 초원으로 퇴각했다.

킵차크 초원의 조치 울루스는 14세기 전반 우즈베크칸(재위 1313~1341) 시기에 전성기를 맞이하고 수도 사라이는 교역과 수공업 중심지로 번영했다. 그러나 그의 손자인 베르디 벡(재위 1357~1359)이 죽은 후 창업자 바투 가문의 적통이 끊기면서 조치 울루스는 그 후 20년 동안 25명 이상이 칸 위에 오르는 대혼란에 휩싸였다. 이러던 중 이어 언급할 티무르의 지원을 받아 조치 울루스 동부의 지배권을 장악한 토카 테무르(조치의 13남)의 7대 손 톡타미쉬(재위 1378~1395)가 사라이에 진출해 울루스 전체를 통합하는데 성공했다. 그러나 14세기 말 톡타미쉬가 두 차례에 걸친 티무르의 침략을 받고 몰락하면서 조치 울루스에는 통일정권이 출현하지 못하고 분열을 길을 가게 된다. 한편 훌레구 울루스는 개혁군주 가잔(재위 1295~1304)과 그의 동생 울제이투(재위 1304~1316) 시기에 일시 중흥을 맞지만, 1335년 울제이투의 아들 아부 사이드(재위 1316~1335)가 사망하고 훌레구의 적통이 끊기면서 각지에서 지방정권이 자립했다. 이어 언급하듯이 차가타이 울루스도 1340년대에 파미르를 중심으로 양분되었다.

VI. 티무르 제국의 흥망

14세기 초(1306) 하나로 통합되었던 차가타이 울루스는 케벡(재위 1318~1326)의 집권 시기에 안정기를 맞이했다. 케백은 이전에 갈등관계에 있었던 대원 울루스 및 훌레구 울루스와의 대립을 해소하기 위해서도 노력했다. 그는 무슬림은 아니었지만 오아시스 정주지대의 경제적 중요성을 잘 이해하고 무질서한 수탈을 억제하여 이슬람 사회를 발전시키는데 힘을 쏟았다. 케벡은 형 에센 부카(재위 1310~1318)로부터 물려받은 카쉬카다리아 강변에 카르시(궁전)를 조영하고 이슬람 세계의 화폐제도를 모방해 '케베키'라는 화폐를 주조하기도 했는데, 이는 신뢰성이 높아 오랫동안 중앙아시아의 기준화폐로 통용되었다.

케백의 뒤를 이은 그의 동생 타르마시린(재위 1326~1334)은 형처럼 카쉬카다리아 강변에서 살았다. 그는 경건한 무슬림으로 투르크어를 사용했다고 전해진다. 그러나 그의 정책은 차가타이 울루스의 본거지인 천산 서부의 북방(세미레치예)에 거주하던 보수적인 아미르(일종의 군인 귀족)들의 반발을 불러와 결국 그들에 의해 살해되고 말았다. 이와 같이 마바란나흐르를 중심으로 오아시스의 풍요로운 경제력을 바탕으로 정권을 운영하려고 한 세력과 세미레치예를 중심으로 전통적인 관습과 법에 의거해 유목정권을 유지하려고 한 세력의 대립이 심화되었다. 전자는 자신을 차가타이라 칭하면서 정주민을 수탈대상으로 보는 후자를 자타(도적)라고 불렀다. 반면 후자는 자신을 모굴이라 칭하면서 투르크화-이슬람화한 전자를 카라우나스(혼혈아)라고 멸시했다. 1340년대가 되면 양자의 반목으로 차가타이 울루스는 동부와 서부로 분열되었다.

이 중 서방의 마바란나흐르에서는 차가타이 아미르라는 유력부족 지배자들이 차가타이 후손들을 대신하여 실권을 장악했다. 티무르(1336～1405)도 이러한 차가타이 아미르 중 한 사람이었다. 그는 13세기 초기 차가타이에게 분봉되어 몽골에서 중앙아시아로 이주한 몽골 귀족의 후손이었다. 이주 후 5세대를 거치면서 티무르는 언어적으로 완전히 투르크화하고 이슬람을 수용했지만, 용감무쌍한 몽골 유목민의 기질은 그대로 간직하고 있었다. "그의 정신은 강인하며 육체도 강건하고 용감하여 두려움을 모르고 마치 바위와 같다"고 평가한 동시대 기록자의 말대로 티무르는 용감한 군사 지도자였다. 그는 사마르칸드 남쪽에 있는 케쉬 근교의 작은 마을에서 태어났다. 그의 아버지는 칭기즈칸 시대부터 전통을 자랑하던 바를라스 부족의 명문에 속했지만, 티무르가 태어날 무렵에는 유력자로서 지위를 상실하고 약간의 무리를 거느린 미미한 존재에 불과했다.

티무르는 과거의 부족원리에 얽매이지 않은 새로운 가신단을 조직하고, 유력한 차가타이 아미르들을 자기편으로 끌어들여 아미르들의 항쟁을 제압한 다음, 1370년 사마르칸드에서 자신의 정권을 수립했다. 또한 그는 계속된 아미르들의 반란에 대해 그들을 처형하기도 하고, 정권의 주요 직책에 임명하기도 하고, 그들 휘하 부족을 강제로 해체하는 등 여러 가지 방법으로 그들의 권력을 억압했다. 티무르는 자신의 권위를 강화하기 위해 칭기즈칸의 후예를 꼭두각시 칸으로 추대하고 차가타이의 먼 후손인 사라이 물크 하눔을 아내로 맞이하여 칭기즈 가문의 귀레겐, 즉 사위의 지위를 얻었다. 티무르의 통치기간 중 여러 명의 꼭두각시 군주들이 임명되었데, 그들의 유일한 자격은 칭기즈 가문의 정통후예라는 점이었다. 티무르는 그들의 이름으로 자신의 행위에 정당성을 부여했다.

티무르는 1370년 마바란나흐르를 통일한 후 1405년 사망할 때까지 끊임없는 정복사업을 감행했다. 먼저 그는 1370년 정권을 수립한 후 호레즘과 모굴리스탄(모굴인의 땅) 등 주변지역을 평정했다. 이어 그는 1480년대부터 서아시아, 카프카스, 킵차크 초원, 서북인도를 원정하고, 1402년 앙카라 전투에서 오스만 제국을 격파함으로써 동서로 중국 서부 변경에서 소아시아까지, 남북으로 인도 북부에서 킵차크 초원에 이르는 광대한 영역을 아우르는 대제국을 건설했다. 몽골 제국의 부활을 노리고 있던 티무르의 마지막 목표는 대원 울루스를 북방으로 축출하고 중원을 지배한 명나라였다. 그는 1404년 11월 중국을 원정하기 위해 20만 대군을 이끌고 사마르칸드를 출발했다. 그러나 원정군이 키질쿰 사막을 횡단하여 오트라르에 이르렀을 즈음 티무르는 병을 얻어 1405년 2월 세상을 떠났다.

티무르는 단기간에 권력을 장악하고 거대한 제국을 건설했다. 이처럼 짧은 시간에 성공을 거둘 수 있었던 것은 무엇보다도 그가 강력한 군사력을 갖추고 있었기 때문이다. 그는 원래 마바란나흐르의 오아시스지대에서 성장했지만, 자신과 그의 군대는 정주사회에 동화되지 않고 도시인근의 정원이나 초원에 살면서 유목민의 생활양식을 고수하고 있었다. 따라서 그들은 기마를 이용한 강력한 군사력을 유지하고 있었고, 티무르는 기마전술에 뛰어난 유목군단을 지휘하여 전쟁을 승리로 이끌었다. 이런 점에서 티무르는 칭기즈칸과 유사하고 중앙아시아 유목민 전통의 우수한 계승자라고 할만하다. 그러나 티무르와 칭기즈칸 사이에는 시간적 격차만큼 커다란 차이도 있었다.

예컨대 티무르는 도시를 중심으로 하는 정주사회의 발전에 큰 관심을 표명하고 많은 건축 활동을 했던 반면, 칭기즈칸은 어디까지나 도시문명과 정주사회의 파괴자였다. 그에게 정주사회는 결코 보호 · 육성해야 할 대상이 아닌 수탈대상에 불과했던 것이다. 양자의 차이는 정주사회에 대한 두 사람의 인식의 차이에서 비롯되었다. 초원에서 태어나 성장한 칭기즈칸은 정주사회에 대한 인식이 부족할 수밖에 없었다. 그리고 이러한 인식의 부족으로 정주사회의 성격과 이용가치에 대해서도 충분한 이해를 갖기 어려웠다. 그러나 칭기즈칸의 후계자 세대에 들어오면 사정이 달라졌다. 그들은 정주지대에 진출하고 정주사회와 깊은 관계를 맺으면서 그것을 보호 · 육성하는 것이 유리하다는 것을 깨닫기 시작했다.

티무르의 생각도 그들과 마찬가지였다. 그는 도시에서 태어나지는 않았다. 그러나 그의 일족은 이미 수 세대 전부터 도시 근교에 생활하면서 도시의 경제적 중요성을 잘 알고 있었다. 그 때문에 그는 사마르칸드에 바자르(시장)를 건설하고 통상활동을 활성화하려고 노력했다. 그의 노력은 결실을 맺어 티무르 제국 영내의 여러 도시가 번영을 누렸다. 이는 상인을 위시한 정주민들에게도 유리한 상황을 조성했다. 이런 점에서 그들의 이익은 티무르의 이익과 일치하고 그들 스스로의 이익을 위해서 티무르의 활동을 경제적으로 지원했다. 이 과정에서 티무르의 정복활동이 점점 확대되고 지배지역도 넓어졌다. 지배영역의 확대는 곧 상인들의 통상범위의 확대와 활동의 활성화를 의미했다. 이와 같이 티무르는 칭기즈칸과 달리 도시주변 거주민으로서 정주사회의 중요성을 이해하고 그것이 갖는 힘을 충분히 이용했던 것이다.

티무르가 성공한 또 다른 요인은 명민한 두뇌와 뛰어난 정치 감각이었다. 그는 지배 초기에 부족조직에 기반한 전통적인 지배층을 억누르고 부족 배경이 없는 사람들을 발탁하여 자기에게 충성하는 군단을 만들어냈다. 정복전쟁은 그들에게 막대한 전리품을 약속했는데, 오직 티무르에게 충성하는 심복과 일족의 왕자들을 위해 새로운 영토와 직무를 창출했다. 티무르는 이처럼 확고하게 권력기반을 다진 후 이를 자기에게 집중시키는 동시에 권력분산을 막을 대책을 강구했다. 즉 그는 자기 아들이나 손자를 군단과 함께 정복지로 파견하면서 언제나 유력한 부하를 후견인으로 임명해 왕자들의 행동을 감시케 했다. 또한 그는 그들의 통치에 개입하고 지배영역을 교체하여 왕자들이 자기의 대항세력으로 성장하는 것을 원천적으로 차단했다. 물론 그는 심복들에 대해서도 경계를 늦추지 않았다. 그들의 지위와 직책은 자손들에게도 약속되고 사회적 우위 또한 보증되었다. 그러나 극소수 예외를 제외하고 그들에게 영토와 군대를 동시에 주지는 않았다. 국가의 주요 직책도 군대나 토지와 같이 권력기반이 될 수 있는 것은 수반되지 않았다.

티무르는 자신의 정권을 창출할 때부터 이슬람의 권위도 이용했다. 티무르 시대 그의 지배하에 있었던 주민은 대부분 무슬림이었다. 그 자신도 물론 무슬림이었지만, 결코 경건한 신도는 아니고 이슬람은 그에게 정치의 한 수단이었다. 그러면서도 그는 정복활동을 성전으로 자리 매김하는 한편, 이슬람 확대를 기치로 내걸고 자신의 행위를 정당화했다. 티무르 제국은 티무르 개인을 중심으로 하여 구성되어 있었다. 대부분 시간을 전장에서 보낸 티무르는 필요한 일이 생길 때마다 부하에게 맡겨 처리케 하고 엄밀한 행정체계를 구축하지 않았다. 티무르 사후 제국이 분열의 위기에 처하고, 각지에 분봉된 왕족들이 후계자 자리를 놓고 치열한 싸움을 벌이게 된 것도 이 때문이다. 분봉은 정복지를 일족의 공유재산으로 간주하는 몽골-투르크계 유목민의 전통에서 나왔다. 그리고 일족 중에서 가장 출중한 사람이 왕족과 유력자들의 지지를 받아 군주 자리에 앉는 것도 유목민의 전통이었다. 이 때문에 티무르가 죽자 각지의 왕족들이 일제히 군주가 되겠다고 나섰고, 그 과정에서 정치적인 분란이 발생했다.

티무르가 사망한 후 제위를 놓고 4년 동안이나 분쟁이 이어졌다. 이 분쟁은 티무르의 자식으로 헤라트에 본거를 두고 있던 샤 루흐(재위 1409～1447)가 마바란나흐르를 정복하면서 겨우 종식되었다. 샤 루흐는 장남 울룩 벡에게 마바란나흐르의 통치를 위임하고 자신은 헤라트로 돌아갔다. 그는 이슬람의 여러 학문에 관심을 기울이고 샤리아(이슬람법)를 준수하는 경건한 이슬람 군주였다. 또한 그는 대외적으로 명나라와 외교관계를 복원해 사절을 교환하고 상업과 농업을 진작시켰다. 그리고 문학과 예술을 보호한 결과 그의 궁정에서는 빛나는 문화발전이 이룩되었다. 한마디로 40년에 걸친 샤 루흐의 치세는 티무르 일족에 의한 지배기 전체를 통해 가장 안정된 시기였다. 이때 '티무르 제국의 르네상스'라 불릴 만큼 이란 문학과 예술이 황금기를 맞이했다. 특히 그가 수도로 삼았던 헤라트와 그의 아들 울룩 벡이 거주하던 사마르칸드는 이 르네상스의 가장 화려한 중심지였다.

샤 루흐를 계승한 울룩 벡(재위 1447～1449)은 즉위 2년 후 아들 압둘 라티프에게 살해당했다. 울룩 벡이 죽은 뒤 다시 티무르 일족의 내전이 시작되고, 이때 티무르의 3남 미란 샤의 손자인 아부 사이드(재위 1451～1469)가 두각을 나타냈다. 그는 뒤에서 언급할 우즈베크 유목민 집단의 수령 아불 하이르(재위 1428～1468)의 지원과 낙쉬바디아 교단의 지도자 호자 아흐라르(1404～1490)의 종교적 권위에 의지해 마바란나흐르를 장악했다. 그러나 1469년 아부 사이드가 티무르 제국의 옛 서방 영토의 탈환에 나섰다가 투르크멘의 아크 코윤루(白羊部) 군대에게 살해되면서 제국은 곧바로 분열되었다. 아부 사이드는 티무르 제국을 복원하려고 한 마지막 군주였다. 외부의 적보다 친족 내부의 끊임없는 도전에 기인한 그의 실패는 티무르의 업적에 확실한 종지부를 찍었다. 아부 사이드 사후 장남 아흐마드(재위 1469～1494?)가 그의 뒤를 계승했지만, 통치 영역은 오직 마바란나흐르에 한정되었다. 이 무렵 티무르의 2남 우마르 샤이흐의 증손자 술탄 후세인(재위 1470～1506)이 호라산에 헤라트 정권을 수립했다. 이로써 제국 통일의 꿈은 완전히 사라졌다. 그 후 사마르칸드 정권은 1500년 아불 하이르의 손자 무함마드 샤이바니(재위 1500～1510)가 이끄는 우즈베크 유목군단의 침략을 받고 붕괴되었다. 헤라트 정권 역시 1507년 우즈베크의 침략으로 멸망했다. 이로써 티무르 제국은 성립 후 137년 만에 공식적으로 막을 내렸다.

한편 티무르조 시기에는 풍부한 경제력과 교양인으로 칭송받는 역대 군주들의 보호 아래 이란 문화의 전통을 계승한 수준 높은 문화가 꽃피웠다. 특히 화려한 도시문화와 궁정문화는 이 시기 문화수준을 보여주는 대표적인 것이다. 역대 군주들은 자신의 위세와 이슬람 문화의 보호정책을 직접 민중에게 보여줄 수 있는 건축 사업에 몰두했다. 그리하여 그들은 화려한 모스크와 마드라사(이슬람 신학교), 성묘와 궁정이 딸린 정원, 공공 숙박시설과 공중목욕탕을 건설하는데 열을 올렸다. 예를 들면 티무르는 정복지에서 강제로 끌고 온 장인들을 사역시켜 수도 사마르칸드의 중앙 모스크(비비 하눔)를 비롯한 수많은 건축물을 축조했다. 특히 몽골 지배기에 높은 기술수준에 도달한 이란으로부터 건축뿐 아니라 예술과 학술분야의 많은 것들이 중앙아시아에 이식되었다. 우리는 지금도 샤 루흐와 술탄 후세인 시대 제국의 수도인 헤라트, 그리고 후술할 샤이바니조 수도인 부하라와 기타 도시에서 당시에 축조된 화려한 건물을 볼 수 있다. 티무르에 의해 정복지에서 사마르칸드에 이식되어 꽃핀 도시문화와 궁정문화는 술탄 후세인 시대 헤라트에서 절정기를 맞이했다.

티무르 제국의 궁정에는 또한 당대 일류의 예술가들이 모여 있었다. 특히 필사본의 삽화로서 발달하고 몽골 지배 시대 이란에서 새로운 발전을 이룩한 세밀화는 헤라트에서 높은 예술수준에 이르렀다. 세밀화가로는 후세인 시대의 화가 비흐자드(1450년경~1536/37)가 유명하다. 필사본 제작에 빠뜨릴 수 없는 서예도 발달했다. 학문분야에서 유명한 사람은 울룩 벡이다. 우수한 학자였던 그는 수학, 천문학, 의학을 비롯한 자연과학에 깊은 관심을 보이고, 사마르칸드 교외 동북쪽에 천문대를 건설해 천체를 관측하기도 했다. 이에 기초해 새로이 작성된 천문표는 아랍어와 오스만어로 번역되어 이슬람 세계에서 널리 이용되고 유럽에 전해져 라틴어로도 번역되었다.

그 당시 주요 학술어는 이란어였다. 물론 종교분야에서는 주로 아랍어가 사용되었다. 그러나 15세기 후반 이후 투르크어에 의한 문학 활동이 성행하여 군주나 왕자들 스스로 이란어뿐 아니라 차가타이-투르크어(티무르 제국 시기 중앙아시아에서 발달한 투르크 문어)를 사용해 시를 지었다. 또한 그들은 시인을 고용하고 기예를 겨루도록 했는데, 이러한 일련의 과정에서 차가타이-투르크어는 문학 언어로서 독립적인 지위를 얻었다. 그동안 일부 뛰어난 작품에도 불구하고 투르크어는 『코란』의 언어인 아랍어나 문예 언어인 이란어에 비하여 문어로서 중요한 위치를 차지하지 못했다. 이런 점에서 차가타이-투르크어 문학의 확립은 이 시대 문화 활동의 최대성과라 할 수 있다. 그 후 중앙아시아에서는 투르크어 작품이 증가하고 점점 문어의 투르크화가 진행되었다.

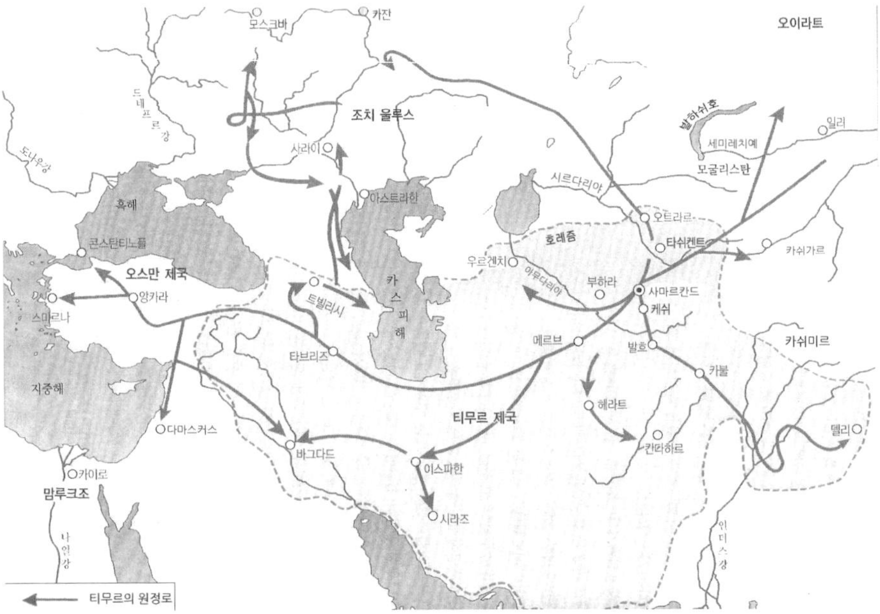

VII. 티무르 제국 이후의 중앙아시아

티무르 시대 어느 정도 통합성을 유지하고 있던 중앙아시아는 그의 사후 다시 혼란에 빠졌다. 그의 제국은 후계분쟁에 시달리다 멸망했으며, 조치 울루스에서도 각 집단 간의 세력다툼이 그치지 않았다. 또한 모굴인들은 이 쟁란의 와중에서 천산 서부 본거지를 떠나 타림 분지로 이주했다. 여기에 서몽골 중가르 제국의 주변지역으로의 팽창은 혼란한 중앙아시아 상황을 더욱 어지럽게 만들었다.

앞서 언급했듯이 14세기 전반 우즈베크칸 시기 번영을 누리던 조치 울루스는 동 세기 후반부터 제위계승 문제로 극심한 내분에 휩싸였다. 이 과정에서 조치의 5남 샤이반과 13남 토카 테무르 후손들에 의한 울루스의 재편작업이 이루어졌다. 먼저 토카 테무르의 후손 오로스(재위 ?~1377)가 울루스 서부에서 권력을 확립하고 일시적이나마 나라를 통일했다. 이어 톡타 테무르의 또 다른 후손 톡타미쉬가 오로스와 그의 후계자 테무르 멜릭(재위 1377～1378)를 차례로 타도하고 정권을 탈취했다. 그러나 톡타미쉬가 이전에 그의 정권수립에 도움을 준 티무르의 공격을 받고 몰락함으로써 킵차크 초원에는 더 이상 통일정권이 수립되지 못했다. 그 후 15세기에 들어와 톡타미쉬 가문과 테무르 멜릭 후손들 사이에 제위계승 분쟁이 재연되면서 조치 울루스는 몇 개의 소국(小國)으로 분열되었다. 즉 테무르 멜릭의 후손 카심은 볼가 강 하류에 아스트라한 칸국(1466～1556)을 세우고, 톡타미쉬의 일족인 울룩 무함마드는 볼가 강 중류에 카잔 칸국(1438～1552)을 건설했으며, 울룩 무함마드의 일족 하지 기레이는 크림 반도에 크림 칸국(15세기 전반～1783)을 세우고 자립했다.

한편 15세기 전반 조치 울루스 동부에서는 우즈베크 유목민들의 활동이 활발해졌다. 그들의 수령은 조치의 5남 샤이반의 후손 아불 하이르칸(1412～1468)이었다. 그는 1428년 서시베리아의 투라 강변에서 우즈베크 유목집단의 칸으로 즉위하고 중앙정권(조치 울루스)으로부터 독립을 선언했다. 그 후 아불 하이르는 샤이반 가문의 다른 경쟁자들을 물리치고 1446년 킵차크 초원 동부를 통일했다. 같은 해 아불 하이르는 시르다리아 중류의 여러 도시를 점령하고, 몇 년 후(1451)에는 아부 사이드의 요청을 받고 티무르 제국의 내분에 개입하는 등 전성기를 맞이했다. 그러나 그는 1468년 우즈베크 집단에서 이탈한 카자흐인들과의 싸움에서 패하고 사망했는데, 그의 죽음은 곧바로 우즈베크 유목민의 분열을 몰고 왔다. 그의 사후 흩어진 유목민을 다시 통합해 우즈베크의 부흥을 달성한 사람이 손자 무함마드 샤이바니(재위 1500～1510)였다. 그는 각지를 떠돌며 망명생활을 하다 티무르 일족의 내분을 틈타 시르다리아 중류 유역에 거점을 구축하고, 1496년 말～1497년 초기 우즈베크 유목민들을 다시 통합했다. 이어 그는 1500년 혼란에 빠진 티무르 제국의 수도 사마르칸드를 정복했다.

이렇게 하여 우즈베크 유목민들이 마바란나흐르를 지배하는 시대가 시작되었다. 그 후 샤이바니는 아무다리아 상류 유역의 쿤두즈와 페르가나 분지, 타쉬켄트(1503)와 호레즘(1505)을 차례로 점령했으며, 1507년에는 헤라트에 성립된 티무르 제국을 멸망시키고 지배영역을 호라산까지 확장했다. 그러나 그는 1508～1509년에 수행된 카자흐 원정과 아프가니스탄의 하자라족에 대한 공격에 실패하고, 왕족에 대한 분봉정책의 실패로 인해 그들의 지지를 잃어버렸다. 그 무렵 이란에서 흥기한 사파비조(1501～1736)의 샤 이스마일(재위 1501～1524)이 호라산으로 진군을 개시했는데, 샤이바니는 1510년 메르브 교외에서 벌어진 전투에서 살해되고 말았다.

이러한 혼란 속에서 티무르 제국의 왕족이자 장차 무갈 제국(1526～1858)의 제왕이 될 바부르(1483～1530)가 역사의 전면에 등장했다. 바부르는 티무르 제국의 페르가나령 군주 아들로 태어나 1494년 부친이 급사한 후 페르가나 군주 위(位)를 계승했다. 그는 1497년 혼란에 빠진 사마르칸드를 점령하고 티무르 제국의 군주 자리에 올랐지만 페르가나에서 일어난 반란 때문에 그곳을 버리고 본거지로 돌아갔다. 바로 이 무렵(1500) 우즈베크 유목집단의 수령 샤이바니가 사마르칸드를 정복하고 티무르 제국의 사마르칸드 정권을 무너뜨렸다. 바부르는 그해(1500) 늦가을 사마르칸드를 재점령하는데 성공했지만, 우즈베크 군단의 반격으로 그의 사마르칸드 지배는 겨우 3개월에 그쳤다. 그 후 1504년 우즈베크 유목민들이 자신의 본거지 페르가나까지 점령하자 바부르는 200여 명의 부하를 거느리고 아프가니스탄으로 가서 카불을 정복했다. 바부르는 1511년 샤이바니 사망 후 일어난 혼란 속에서 사파비조의 샤 이스마일의 도움을 받아 세 번째로 사마르칸드를 점령했다. 그러나 이듬해부터 시작된 우즈베크의 반격을 받은 바부르는 이 전쟁에서 패해 1514년 중앙아시아 지배를 포기하고 카불의 자기 왕국으로 돌아갔다. 그는 카불을 중심으로 소왕국을 유지하다 1519년부터 신천지를 찾아 인도 원정에 나섰다. 그 후 바부르는 1526년 파니파트에서 로디조(인도의 이슬람 왕조) 군대를 격파하고 델리와 아그라를 점령해 인도 땅에서 티무르 제국을 재건했다. 학자들은 이 왕조를 무갈 제국이라 부른다.

바부르는 세 차례에 걸쳐 사마르칸드에 입성해 제위에 오르고, 아프간의 카불을 정복했으며, 인도에서 무갈 제국을 창건한 뛰어난 무인이자 유능한 정치가였다. 이와 함께 그는 차가타이-투르크어뿐 아니라 이란어와 아랍어에도 능통하고, 문학 · 역사 · 지리를 좋아하고 자연을 사랑하는 문인이었다. 그래서 그는 끊임없는 전란 속에서도 6종의 저작을 남기고 아랍 문자를 개량한 이른바 바부르 문자를 만들기도 했다. 그는 차가타이-투르크어로 쓴 회상록 『바부르 나마(*Babur nama*)』의 저자로도 유명하다.

바부르가 아프간으로 돌아간 후 부하라와 사마르칸드를 비롯한 마바란나흐르 전역은 우즈베크인에게 돌아갔다. 그 후 샤이바니조는 압둘라 2세 재위

(1583～1598) 시기에 전성기를 맞이했다. 그는 1556년 백부를 칸에 즉위시키고, 그가 죽은 후에는 부친을 추대하여 실권을 장악하고, 각지에 영지를 갖고 있는 왕족을 힘으로 굴복시키는 등 착실하게 중앙집권화를 추진했다. 그가 즉위하는 것은 1583년인데, 그는 우선 새로운 화폐를 주조하고, 수도 건설에 진력하고, 관계시설을 건설하여 농업증산에 힘을 쏟았다. 이러한 정책에 힘입어 경제가 활성화되고 국가의 제정기반이 안정되었다. 1584년부터 압둘라는 아무다리야 상류 바다흐샨 점령을 시작으로 대외원정을 착수했다. 이어 그는 1588년 헤라트를 점령하고, 1593～1594년 호레즘을 정복하여 중앙아시아에서 아프가니스탄 북부, 그리고 이란 동북부에 이르는 광대한 영역을 지배하는 절정기를 맞이했다.

1598년 압둘라가 사망한 후 샤이바니조의 남계(男系)가 단절되었다. 이를 계기로 압둘라 2세의 조카(누이의 아들) 바키 무함마드(재위 1599～1605)가 즉위하고 잔조를 개창했다. 그는 조치의 13남 토카 테무르의 후손으로 아스트라한에서 온 망명자의 자손이었다. 따라서 잔조는 토착적인 군사기반을 갖고 있지 않았다. 18세기에 들어와 잔조의 실권은 유력 아미르의 수중으로 떨어지고, 1756년 우즈베크 집단의 망기트 부족 수령 무함마드 라힘(재위 1756～1758)에게 정권을 내주었다. 이렇게 하여 부하라를 중심으로 하는 망기트조가 개창되었다. 학자들은 망기트조와 전대의 잔조를 통칭하여 부하라 칸국(1599～1920)이라 한다.

한편 조치의 5남 샤이반의 후손인 일바르스(재위 1512～1517)는 1512년 샤이바니칸이 전사할 때 사파비조에게 빼앗긴 호레즘을 탈환하고 이곳에 새 왕조를 개창했다. 이 왕조는 한때 샤이바니조의 지배를 받았지만, 1644년 즉위한 아불가지(재위 1644～1663)는 잔조의 내분을 틈타 부하라를 일곱 차례나 원정할 정도로 공세로 전환했다. 그러나 18세에 들어와 왕가의 내분, 우즈베크와 투르크멘 부족들의 항쟁에다 부하라 칸국과 러시아의 개입이 겹치면서 칸의 권위가 심각한 타격을 받았다. 그 후 1804년에 콩그라트 부족의 알튀제르(재위 1804～1806)가 스스로 칸을 선언하고 콩그라트조를 개창했는데, 학자들은 콩그라트조와 전대 일바르스 정권을 통칭하여 히바 칸국(1512～1920)이라 한다.

바부르가 인도로 간 후 페르가나는 17세기 말까지 명목상 샤이바니조와 부하라 칸국의 지배하에 있었지만, 실제로는 각지에서 지방권력이 할거하여 통일정권이 수립되지 못했다. 그러나 18세기에 들어와 부하라 칸국이 사마르칸드도 통치하기 어려울 정도로 쇠락하면서 우즈베크 집단의 한 지파인 밍족이 독립정권을 수립했다. 밍족 수령 나르부타 비이(재위 1770~1798/99년)는 안정된 통치를 바탕으로 페르가나 지방을 통합하고 국가의 기틀을 공고히 했다. 또한 그의 아들 알림(재위 1798/99~1809/10)이 처음으로 칸을 칭했는데, 이를 흔히 코칸드 칸국(18세기 초~1876)이라 한다.

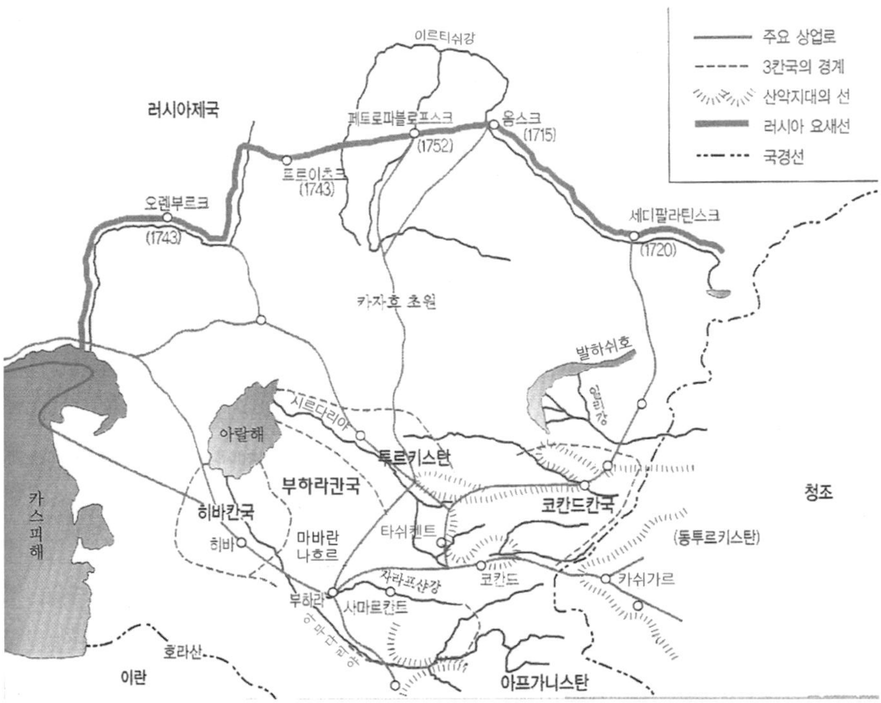

이와 같이 18세기 이후 마바란나흐르에는 우즈베크 유목민들이 세운 부하라 칸국, 히바 칸국, 코칸드 칸국이 정립했다. 삼국은 자라프샨, 아무다리야, 시르다리야의 풍부한 수자원에 의존한 농업생산과 러시아, 카자흐 초원, 인도, 신강을 연결하는 국제교역을 기반으로 번영했다. 특히 18세기 말기부터 페르가나 분지와 호레즘에서는 관개수로가 건설되거나 복구되어 농업생산이 크게 증진되었다. 또한 세 칸국은 도시상인과 수공업자의 지지를 받아 국가체제를 중앙집권적으로 재편했다. 다만 망기트, 쿵그라트, 밍 어느 부족도 이미 칭기즈칸의 혈통을 과시할 수 없었기 때문에 그들은 이슬람의 권위를 이용했다. 그러나 그들은 모두 국내에 할거한 우즈베크, 투르크멘, 키르기즈 유목민의 저항

을 근절시키지 못하고, 삼국의 항쟁은 이 지역의 정치 및 사회 안정을 끊임없이 무너뜨렸다. 러시아의 침공에 직면해서도 이 상황은 크게 변하지 않았다.

한편 현재의 카자흐스탄 영토에는 15~19세기에 이른바 카자흐 칸국이 존속했다. 앞서 언급했듯이 우즈베크 집단의 수령 아불 하이르는 1446년 킵차크 초원 동부를 통일하고 같은 해 시르다리야 중류 유역으로 진출했다. 이때 그곳에서 살고 있던 유목민들은 아불 하이르의 압박을 피해 케레이(기레이)와 자니 벡(두 사람은 조치의 13남 토카 테무르의 후손)을 따라 모굴리스탄 변경으로 이주했다. 이들은 카자흐-우즈베크 또는 카자흐라고 불리는데, 오늘날 카자흐인의 조상이다. 카자흐는 대체로 1470년경 추 강 유역에서 국가체제를 갖춘 정권을 수립했던 것으로 보인다. 그 후 우즈베크 집단이 사마르칸드를 점령하고 남쪽 오아시스로 이주한 후 카자흐는 서방 킵차크 초원으로 세력을 확대했다. 즉 이들은 14세기 말기부터 카자흐 초원 서부에서 우크라이나에 걸쳐 큰 집단을 형성하고 있던 투르크계 유목민 노가이와 세미레치예 지역의 모굴 유목민을 흡수하여 자니 벡의 아들 카심칸(재위 1511~1518) 시기에는 강력한 유목국가로 성장했다.

그 후 카자흐인들은 시르다리야 중류 유역과 세미레치예 지방의 여러 도시를 지배하에 넣고 중앙아시아 각지를 공격하여 주변세력을 두렵게 했다. 그러나 18세기에 들어와 카자흐 칸국은 정치적 통합을 상실하고, 서쪽에서부터 차례로 소쥬즈, 중쥬즈, 대쥬즈라는 3개의 부족연합체로 나뉘어졌다. 당시 카자흐의 최대위협은 서부 몽골에서 발흥한 중가르 제국의 거듭되는 침략과 약탈이었다. 특히 1723년 이후의 침략은 그들의 구비전승에 등장할 정도로 큰 타격을 주었다. 중가르의 침략은 두 가지 점에서 그 후 카자흐 역사에 중요한 영향을 미쳤다.

하나는 15세기 말기부터 형성되기 시작한 카자흐인으로서 일체성이 중가르와의 항쟁을 거치면서 더욱 명확하게 되었다는 점이다. 즉 이를 계기로 카자흐 칸국을 구성하는 유목민들은 자신이 속한 씨족 · 부족의식과는 별개로 큰 테두리에서 동족 집단으로서 정체성을 갖기 시작했다. 또 하나는 중가르라는 외세의 침략이 카자흐 지배자들을 동요시켜 결국 또 다른 외세를 불러들이게 되었다는 점이다. 즉 1730년 소쥬즈의 아불 하이르칸(재위 1716~1748)은 러시아에 사신을 보내 복속을 청원했는데, 이를 계기로 다른 쥬즈의 칸들도 그의 전례를 따라 러시아에 복속되었다. 이처럼 러시아와 카자흐의 공식관계는 외형적으로 일종의 신속관계로 시작되었다. 그러나 당시 카자흐인들은 이를 중가르의 공격으로부터 몸을 지키기 위한 외교적인 전략으로 생각했을 뿐, 양자의 관계를 지배와 피지배 관계로 이해하지는 않았다. 그 무렵 중쥬즈의 아불라이 칸을 시작(1757)으로 각 쥬즈의 수령들은 청조에 대해서도 신속을 맹세했는데, 이는 그 대상이 어떻든 외세에의 신속이 안보와 통상을 위한 외교적 책략에서 비롯되었음을 말해준다. 즉 당시 카자흐인들은 두 강대국 사이의 세력균형을 이용하여 자국의 안보와 독립을 지키려고 했던 것이다. 이는 러시아의 카자흐 침략이 본격화되는 1820년대까지 청과의 관계가 지속된 것으로도 확인된다.

앞서 언급했듯이 차가타이 울루스는 1340년대 파미르를 경계로 동서로 분열되었다. 이 무렵 차가타이 울루스 동부의 칸에 투글루크 티무르(1347/1348~1362/63)가 즉위했다. 학자들은 그가 재건한 차가타이 울루스를 흔히 모굴 울루스 또는 모굴 칸국이라 한다. 15세기 중엽 타쉬켄트와 투르키스탄까지 지배한 모굴 칸국은 15세기 후기에 들어와 중앙아시아에서 새로운 유목민들이 대두하면서 쇠퇴하기 시작했다. 즉 타쉬켄트 방면은 우즈베크 집단에게 빼앗기고, 우즈베크의 압박을 피해 동쪽으로 이주한 카자흐인들에게 본거지인 일리 계곡을 내주었으며, 칸국의 유력한 부족의 하나인 두글라트 부족의 일부 유목민들은 카자흐에 합류해버렸다. 이런 상황에서 모굴인들은 활동의 중심을 타림 분지 오아시스지대로 옮겨 동방으로의 진출을 꾀했다. 그러나 타림 분지로 이주한 후 칸국은 동서로 분열되고, 칸 가문의 왕자들이 여러 오아시스에서 분산 · 할거하면서 칸의 권력이 약화되고 '호자'라는 종교 귀족들이 칸의 권위를 능가하게 되었다. 그 후 모굴인들은 17세기 말기 중가르의 지배를 받다가 중가르 멸망 후 1759년 청조에 정복되었다. 모굴인들의 이주로 그때까지 불교문화를 간직하고 있던 투르판 지역이 16세기 초기에 이슬람화 되었다. 이로써 중앙아시아 오아시스지대의 이슬람화가 완성되었다.

한편 오이라트인(서몽골인)들은 17세기 중엽부터 현재의 천산 북방 중가르 분지를 중심으로 거대한 세력을 형성했다. 14세기 후반부터 중앙아시아 투르크계 유목민들은 이들을 칼마크라고 불렀다. 이는 투르크어 칼마크(잔류하다)에서 온 말로 몽골 제국 시기 중앙아시아로 이주한 유목민들이 몽골 초원에 남아 있던 오이라트인들을 이렇게 불렀던 데서 비롯되었다. 이 말이 러시아어로 들어가 칼미크가 되었는데, 현재 볼가 강 유역에 거주하는 칼미크는 1630

년대 이곳으로 이주한 오이라트의 일부다. 17세기 말 중가르 부장 갈단(1644～1697)이 오이라트를 통합하고 거대한 유목제국을 수립했는데, 학자들은 이를 중가르 제국이라 부른다. 곧이어 갈단은 주변지역에 대한 대대적인 원정을 수행했다. 즉 그는 동쪽으로 몽골 고원, 남쪽으로 타림 분지, 서쪽으로 마바란나흐르, 북쪽으로 남시베리아와 카자흐 초원을 잇달아 공격했다. 이때 카자흐인들이 보호를 요청해 러시아에 신속했다.

갈단 사후 그의 조카 체왕 랍탄(1664?～1727), 그리고 체왕 랍단의 아들 갈단 체링(재위 1727～1745)이 차례로 제위에 올라 대외원정을 이어갔다. 청조는 1755～1757년 갈단 체링 사후 혼란에 빠진 중가르 제국을 공격하여 중앙아시아에서 오이라트의 지배를 종식시켰다. 그 후 유라시아 초원에는 두 번 다시 거대한 유목국가가 출현하지 않았다. 중가르 제국을 최후의 유목국가라고 하는 이유도 이 때문이다. 중가르의 멸망은 또한 이 시기를 기점으로 중앙아시아 몽골-투르크계 유목민들이 주변의 강대국, 즉 러시아와 청의 지배하에 갔다는 점에서 유목세력의 쇠퇴를 상징하는 역사적 사건으로 평가받고 있다.

VIII. 청조와 러시아의 중앙아시아 지배

1. 청조의 신강 지배

16세기 후반 퉁구스어계의 건주여진(建州女眞)은 중국 동북지방에 누르하치(재위 1616～1626) 휘하에서 세력을 확대하고 1588년 만주인의 국가를 세웠다. 그들은 1616년 모든 여진족을 통합하여 후금(後金)이라 칭했다. 누르하치 후계자인 청 태종 홍타이지(재위 1626～1643)는 1632년 군사를 일으켜 원나라 제실(帝室)의 직계인 릭단칸(재위 1604～1634)을 격파하고 내몽골을 병합한 후, 1636년 국호를 대청(大淸)으로 개칭했다. 청군은 군사공세를 강화해 한반도를 자신의 세력 하에 넣고 중국본토로의 진격을 개시했다. 홍타이지는 1643년 사망하지만, 그를 계승한 순치제(順治帝, 재위 1643～1661)가 이듬해 북경으로 수도를 옮기고 중국 전역을 지배하에 넣었다.

순치제를 이은 강희제(康熙帝, 재위 1661～1722)는 국내의 불안요인을 제거한 다음 그 힘을 외부로 돌렸다. 그 무렵 러시아는 만주족 본거지인 중국 동북지방 진출을 노리고 있었는데, 강희제는 1689년 러시아와 네르친스크조약을 체결하고 그들의 동북 진출을 저지했다. 청조는 또한 이 시기를 전후하여 외몽골 문제에도 개입했다. 이때 중가르 제국의 갈단이 할하(외몽골)를 침공한 사건이 발생했는데, 강희제는 세 번에 걸친 친정 끝에 갈단을 패주시키고(1697), 몇 년 후(1691)에는 외몽골 왕공들의 자발적인 귀부형식을 빌려 이곳을 청의 영역으로 편입시켰다. 그는 또 갈단 사후 중가르의 군주가 된 체왕 랍탄의 티베트 침공을 계기로 1720년 티베트까지 평정했다. 강희제를 이은 옹정제(雍正帝, 재위 1722～1735)는 1727년 러시아와 캬흐타 조약을 체결하고 몽골을 둘러싼 국경을 확정했다. 옹정제 다음의 건륭제(乾隆帝, 1735～1795) 때 청의 영역이 완성되어 중원에서 중앙아시아 동북부에 이르는 거대한 제국이 출현했다. 그는 18세기 중엽(1755～1757) 당시 청조의 최대 대항세력이었던 중가르 제국을 멸망시키고, 그들의 지배하에 있었던 타림 분지 오아시스를 자국의 강역으로 편입시켰다.

청조는 정복지역을 새로운 강역이라는 뜻의 신강(新疆)이라 불렀다. 이는 곧 신강이 공식적으로 중원왕조의 영역에 편입되었음을 의미한다. 이렇게 하여 기원전 2세기 한 무제의 서역 진출 후 끊임없이 시도된 중국인들의 신강 지배가 완성되었다. 청의 신강 통치는 많은 점에서 중가르 제국의 지배방식을 답습했다. 즉 지배 중심지를 일리 강 계곡에 두고, 회부(回部)라 불리는 오아시스지대에는 소규모 군대만 주둔시킨 채 현지 유력자를 관리로 임명해 민정과 징세를 담당케 했다. 이런 점에서 청의 신강 통치방식은 군사적으로 우세한 천산 이북의 유목민들이 남쪽 오아시스를 관리하던 전통적인 방식을 계승했다고 할 수 있다.

청조의 이러한 통치방식은 19세기 후반에 들어와 근본적인 변화를 겪었다. 이 무렵 열강의 중국 침탈이 본격화면서 중화질서가 동요하고, 청의 변강 지배력은 현저하게 약화되었다. 그 결과 변방 각지에서 청조로부터 이탈 움직임이 일어나 건륭제 때 완성된 청의 이민족 지배체제가 흔들리기 시작했다. 신강 지역도 예외가 아니었다. 1864년 이곳에서도 무슬림들이 대대적인 반청 봉기를 일으키고 각지에 독자적인 정권을 세웠다. 이때 코칸드 출신 군인 야쿱 벡(?～1877)이 신강에 진출하고, 그 후 대대적인 정복활동을 전개하여 1871년까지 일리 계곡을 제외한 동투르키스탄 전역을 지배하는 이슬람 국가를 수립했다.

학자들은 이를 야쿱 벡 정권이라 한다.

야쿱 벡은 코칸드 칸국에서 온 군인과 관료집단을 중심으로 정권기반을 확립하는 한편, 내적으로 이슬람법을 관철시키고, 외적으로 오스만 제국과 영국 및 러시아와 우호관계를 맺는 등 국가체제를 확립해갔다. 이에 청조는 한족 관료 좌중당(左宗棠, 1812~1885)의 제안에 따라 대규모 원정군을 파견해 1877년 신강을 재정복했다. 이렇게 하여 1864년 무슬림 봉기로 시작되어 청의 지배체제를 타도하고 독자적인 이슬람 국가를 출현시킨 후 10여 년에 걸친 격동의 시대는 막을 내렸다. 신강을 수복한 청조는 1884년 이곳을 내지(內地)와 똑같이 성(省)으로 편입시키고, 중국의 영토의 일부로 만들기 위한 제반 조치를 취하기 시작했다. 우선 이전처럼 일리에 지배 중심지를 두고 현지 관리를 통한 지배방식을 바꾸어 중앙정부에 의한 직접지배를 지향했다. 이와 함께 내지로부터 한족의 이주를 촉진하고 현지인들에 대한 한어(漢語) 교육을 강제하는 등 중국화를 추진해 나갔다. 특히 후자는 현지 투르크계 거주민을 중국에 동화시키기 위한 조치였는데, 이에 대한 현지인들의 태도는 매우 부정적이었으며, 그 후 중화민국(1912~1949) 시기 무슬림 민족운동의 배경이 되었다.

1864년 무슬림 봉기와 야쿱 벡 정권의 성립은 신강 역사에 획을 그을만한 중요한 사건이었다. 먼저 야쿱 벡 정권의 성립은 18세기 후반 이후 신강을 통치해 온 청조 군대를 몰아내고 이곳에 진정한 이슬람 국가를 건설했다는 점에서 중요한 의미가 있다. 또한 야쿱 벡 정권의 통치 하에서 그동안 신강에서 막대한 영향력을 행사해왔던 전통적인 종교 귀족(호자)들이 몰락하고, 그 대신 신식교육을 받고 맹목적인 신앙에 대해 비판적인 지식인들이 나타났다. 이들은 서투르키스탄에서 활발하게 전개된 자디드 운동(개혁운동)의 영향을 받은 새로운 지식층으로 그 후 신강 무슬림 대중운동을 주도해나갔다.

2. 러시아의 중앙아시아 지배

모스크바 대공 이반 4세(재위 1533~1584)는 1552년 볼가 강 중류 유역의 카잔을 공략하고, 조치 울루스의 후예가 건설한 카잔 칸국을 멸망시켰다. 그로부터 4년 후인 1556년에는 역시 조치 울루스의 후예가 건설한 볼가 강 하류 유역의 아스트라한 칸국도 러시아 군대에게 항복했다. 카잔의 함락은 러시아나 투르크계 무슬림 모두에게 역사적 사건이었다. 즉 이를 계기로 러시아의 중앙아시아 정복이 시작되고, 그 후 약 3세기에 걸쳐 광대한 러시아령 중앙아시아가 완성되었기 때문이다. 옛 카잔 칸국의 타타르인들은 러시아 통치하에서 갖가지 차별과 억압을 받았다. 현지에 들어온 러시아인들에게 토지를 빼앗기고 러시아의 정책에 따라 많은 모스크가 파괴되었다. 이러한 억압정책은 당연히 타타르 무슬림들의 반감을 불러왔다. 스테판 라진이 지휘한 농민-코사크의 반란(1670~1671)과 푸가초프의 반란(1773~1775)에 타타르를 비롯한 많은 이민족들이 참가한 사실은 그 구체적인 사례다.

18세기 말 러시아의 이슬람 정책은 커다란 전기를 맞이했다. 에카테리나 2세(재위 1762~1796)는 반(反)이슬람 정책은 푸가초프 반란과 같은 소요를 확대시킬 뿐 아무런 실익이 없다고 판단했다. 그 대신 그녀는 유능한 타타르 상인을 활용해 러시아의 동방무역을 확대하는 한편, 타타르인을 통해 카자흐를 비롯한 동방의 '미개한' 유목민을 이슬람화 하고, 그들의 '문명화'를 추진하여 변경을 안정시키는 정책을 취했다.

앞서 언급했듯이 러시아는 18세기 초기부터 카자흐의 3개 쥬즈의 칸들과 외교관계를 맺고 그들에게 자국의 종주권을 승인시켰다. 그리고 19세기에 들어와서는 약화된 칸들의 권력을 대신하여 직접적인 지배정책을 추진해나갔다. 러시아는 이런 방식으로 19세기 후반까지 카자흐스탄과 카프카스 정복을 완료하고, 키질쿰 사막과 카스피 해 건너의 광대한 마바란나흐르 쪽으로 눈을 돌렸다. 투르키스탄은 인도를 거점으로 중앙아시아 진출을 노리고 있던 영국을 견제하기 위한 전략적 요충지였을 뿐 아니라 새로운 영토 획득은 크림 전쟁(1853~1856)의 패배로 상처받은 제국의 위신을 회복하는 것이기도 했다. 또한 이 지역은 경제적으로도 매우 중요했다. 즉 미국의 남북전쟁(1861~1865)으로 면화수입이 중단되면서 투르키스탄 면화의 중요성이 더욱 커진데다, 이곳은 인구가 조밀하여 발전단계에 있었던 러시아의 산업발전을 위한 유망한 시장으로 기대를 모았다.

1864년 러시아군은 코칸드 칸국을 공격하고 이듬해에는 중앙아시아 최대 상업도시 타쉬켄트를 점령했다. 코칸드 칸국은 오스만 제국과 영국에게 지원을 요청하지만 무위로 돌아갔다. 그 결과 코칸드 칸국은 러시아 침공에 이어 전개된 부하라군의 공격과 영내 키르기즈 유목민의 반란으로 멸망하고, 비옥한 페르가나 분지는 러시아령으로 편입되었다. 러시아군은 계속하여 부하라와 히바를 침략했다. 그들은 압도적인 군사력으로 사마르칸드(1868)와 히바(1873)

를 점령하고 두 나라를 보호국 형태로 제국에 편입시켰다. 그 후 쿠로포트킨 장군이 지휘하는 러시아 원정군은, 1881년 괴크테페 전투에서 완강하게 버티던 테케족(투르크멘의 한 씨족)의 저항을 분쇄한 다음, 1883-1884년에는 메르브 지방에 거주하던 투르크멘 부족들을 평정했다. 이러한 과정을 거쳐 광대한 러시아령 투르키스탄이 완성되었다.

러시아의 중앙아시아 통치는 총독부 · 주 · 군 단위에서 러시아계 군인과 행정관이, 향 · 촌 단위에서 현지인이 통치를 담당하는 지배체계를 갖추고 있었다. 초기에는 관습법이나 이슬람법이 그런 대로 존중되었다. 예컨대 투르키스탄 정주지대에서는 와크프(이슬람의 기진재산)도 인정되었다. 러시아인들은 치안과 징세에만 전념하고, 가능하면 무슬림 사회에 대한 간섭을 삼가는 정책을 폈다. 그러나 행정관이나 재판관에 대한 선출제 도입은 때때로 혼란과 부패를 낳았고, 관습법은 변질되어 갔으며, 러시아 관리들의 부정과 비효율적인 업무처리는 이 시기를 특징짓는 보편적인 현상이 되었다. 이와 함께 정주지역에서 일어난 면화 재배의 확대와 유목지역에서 전개된 러시아계 농민의 이주는 중앙아시아 사회에 큰 변화를 가져왔다. 특히 1890년대 이후 다수의 러시아계 이민자가 출현하면서부터 행정당국은 현지민 보호보다는 이민자의 이익을 우선시하는 정책을 추진했다. 러시아 당국은 이민자들이 현지민의 시민적 질서를 향상시키는데 도움이 된다고 주장했지만, 사실은 유목민이 이용하고 있던 토지가 이민자들에게 양도됨으로써 민족 간 긴장을 고조시키는 결과를 가져왔다.

그런데다 러시아 당국은 중앙아시아인들을 다른 비(非)슬라브계 민족과 마찬가지로 '이민족'으로 분류하고 갖가지 권리를 제한했다. 그러나 중앙아시아 사람들 입장에서 보면 러시아인들은 민족도 종교도 다른 단지 외래의 지배자에 불과했다. 이래저래 러시아의 중앙아시아 통치는 심각한 모순을 안고 있었고, 이러한 제반 요인이 겹치면서 현지인들의 저항이 시작되었다. 일찍이 카자흐 초원에서 전개된 케네사르 반란(카자흐의 통일을 목표로 내걸고 1837년부터 부자 2대에 40년 동안 계속됨)과 1898년 안디잔 봉기(둑치 이샨의 지휘 아래 이슬람 사회 정화와 이민자 구축을 목표로 내걸고 일으킨 봉기)는 그 대표적인 사례다. 러시아 통치가 가져온 모순에 대한 불만과 반감의 증대가 직접적인 원인이었다. 안디잔 봉기에서 보듯이 이러한 반란은 무슬림 사회의 정화를 제창하는 지하드 형태로 전개되었다.

물론 러시아 지배를 순순히 수용하거나, 아니면 그들과 대립하지 않고 러시아 통치하의 상황을 이용하려고 한 사람들도 존재했다. 후자에는 중앙아시아인의 지적·민족적 각성을 촉구하고 사회를 개혁하기 위해 먼저 러시아, 즉 유럽 문명을 수용하려고 한 지식인도 포함되어 있었다. 예컨대 카자흐에서는 카자흐 문화가 이슬람에 강하게 물드는 것을 걱정하고, 오히려 러시아 문명을 받아들여 사회발전을 도모하려는 민족운동 조류가 나타났다. 그들은 카자흐 문화의 독자성을 인정하면서도 전통적인 생활양식과 관습의 악폐를 비판하고 정주화의 길을 역설하는 한편, 러시아와 서구문명을 받아들여 카자흐인의 자립과 발전을 실현하려고 했다. 발리하노프(1835~1865)가 그 대표적인 사례인데, 그는 어린 시절부터 러시아식 교육을 받고 그 뒤 동양학 연구자로서 명성을 얻었다.

이와는 대조적으로 투르키스탄의 개혁운동은 이슬람 개혁운동의 연장선상에 있다고 보고, 중앙아시아를 이슬람 사회로 발전시키는 것을 목표로 내건 그룹이 있었다. 1880년대부터 전개된 교육개혁을 역설한 그룹이 그 대표적인 사례다. 그들은 무슬림을 문화적으로 부흥시킬 수 있는 요체는 교육개혁에 있다고 보고, 구어체 교육의 채용과 러시아어를 포함한 세속 교과목의 도입을 특징으로 하는 근대적 초등학교를 창립했다. '새로운 방식의 학교'라는 이 사립학교는 전통적인 마크타브(초등교육을 위한 학교)와 비교해 뚜렷한 교육효과를 발휘했다. 이는 20세기 초기에 타타르 부르주아 계급의 상업망을 통하여 중앙아시아 각지에 보급되었다. 여기에 찬동한 개혁주의자를 '자디드', 그들의 개혁운동을 '자디드 운동'이라 한다.

그러나 자디드의 개혁운동은 끊임없는 억압과 방해를 받았다. 먼저 러시아 당국 입장에서 보면 자디드의 활동은 제국의 통합과 안전을 위협하는 범이슬람주의나 범투르크주의에 불과했다. 그래서 이들은 '새로운 방식의 학교'를 개설하고 출판을 허가받는 것도 쉽지 않았다. 한편 보수적인 울라마(이슬람 학자)들은 교육개혁의 진전으로 지금까지 교육을 독점해 온 자신의 지위와 권위가 위협받을 것을 우려해 이를 이슬람법에서 일탈한 것으로 단정했다. 그러나 무슬림 보수파의 아성인 부하라에서도 '청년 부하라인'을 자칭하는 개혁파 조직이 형성된 데서 알 수 있듯이 자디드 운동은 1910년대에 크게 발전했다. 러시아 혁명 후 중앙아시아 정치와 문화방면에서 활동한 무슬림 활동가들은 대부분 여기에서 성장했다.

IX. 현대의 중앙아시아

1. 신강

20세기에 들어와 중국 각지에서 전개된 혁명운동은 신강에도 그 영향을 미쳤다. 청조의 마지막 황제 선통제(宣統帝, 재위 1908~1912)의 퇴위소식이 전해지면서 신강성 정부 수뇌부는 사실상 정권을 방기했다. 이때 우루무치 지구 지사(知事)로 재직하던 양증신(楊增新, ?~1928)은 혼란을 수습하여 성 정부의 실권을 장악하고, 행정수단을 발휘하여 신강을 독립적으로 지배했다. 그의 통치하에서 그동안 소외되었던 투르크계 무슬림들은 러시아령 중앙아시아에서 일어난 자디드 운동의 영향을 받아 근대식 교육보급을 촉구하는 개혁운동을 추진했다. 또한 이때 새로이 발흥한 위구르인 자본가와 근대 지식인을 주체로 하는 개혁운동이 신강의 근대화에서 중요한 역할을 했다.

양증신은 특유의 권모술수로 17년 동안 신강을 안정적으로 지배했다. 그러나 이는 신강을 외부와 격리시켜 청조 시대와 똑같은 통치를 시행한 결과 얻어진, 말하자면 폭압에 의한 안정이었다. 양증신의 보수적인 정책에 불만을 품은 일부 진보 인사들이 1928년 7월 7일 양을 암살하지만, 곧바로 그의 심복 김수인(金樹仁)이 권력을 장악하면서 이전의 학정이 계속되었다. 김수인의 폭정을 배경으로 과거 개혁운동에 종사했던 위구르인 지도자들이 각지에서 반란을 일으키고, 1933년 카쉬가르에서 '동투르키스탄이슬람공화국'을 설립했다. 이 공화국은 수립 후 수개월 만에 소멸되지만, 내부적으로 약간의 교육과 사회개혁을 포함한 엄격한 이슬람주의를 채택하고, 대외적으로 영국과 터키로부터 공식승인을 받으려고 했다.

그러나 반란 후 실권을 장악한 성세재(盛世才, 1864~1930)가 친소 정책을 폄에 따라 신강은 한 때 소련의 영향 하에 놓이게 되었다. 성은 투르크계 간부를 등용하고 민족어에 의한 학교교육을 추진하는 것을 비롯하여 진보적인 정책을 시행하지만, 이전의 독제체제는 오히려 강화되었다. 성이 1944년 9월 국민당 정부로부터 해임되어 중경(重慶)으로 돌아간 후, 일리에서 반란이 발발하고 그해 말 일리를 중심으로 다시 '동투르키스탄공화국'이 수립되었다. 이 역시 민족운동의 성과로 볼 수 있지만, 다른 한편으로 성세재 시기 신강에서 누리던 권익회복을 노리고 있던 소련의 원조가 큰 영향을 미쳤다. 그러나 중국 정부는 소련과 교섭해 이 공화국을 해체시키고 반란세력과 함께 1947년 7월 '신강성연합정부'를 수립했다. 그 후 국공(國共) 내전에서 중국공산당의 군사력이 중국 서부지역에 미치면서 신강은 새로이 성립된 중화인민공화국에 흡수되었다. 1949년 중화인민공화국이 수립된 후 소수민족 거주지에서는 이른바 '민족구역자치' 정책이 실시되었는데, 1955년 10월 이곳에도 신강위구르자치구(新疆維吾爾自治區)가 성립되어 현재에 이르고 있다.

신강은 다민족국가인 중국에서 반(反)정부투쟁이 격렬하게 전개된 티베트와 함께 민족문제가 가장 심각한 곳이다. 그 이유는 첫째 900만 명이 넘는 거대한 집단(위구르인)이 실천종교인 이슬람으로 단결되어 있고, 중국 내에서 자신의 문화와 전통을 가장 충실하게 보존하고 있어 중국에의 동화가 쉽지 않아 갈등요인이 상존하고 있기 때문이다. 또한 경제적 측면에서 동남부 연해지역과 신강을 비롯한 변방의 격차가 심할 뿐 아니라 1980년대 이후 신강은 내지에서 생산한 상품시장과 원료의 공급지로 전락하는 한편, 한족 자본의 경제적 지배력이 강화되면서 경제 외적인 문제, 즉 언어를 비롯한 여러 방면에서 동화 압력이 거세진 것도 그 한 이유다. 나아가 1990년대 옛 소련령 중앙아시아 각국의 독립과 민족주의 발흥, 그리고 이슬람주의 활성화도 어떤 식으로 든 신강에 영향을 미치고 있다.

이러한 상황 때문에 신강에서는 그동안 여러 가지 문제가 발생했다. 이에 대해 중국 정부는 이 지역에 대한 관리와 통제를 강화하는 한편, 경제개발을 적극 추진하여 소수민족의 불만을 줄이기 위해 노력하고 있다. 또한 중국은 국제관계에서도 2001년 '상하이협력기구'를 창설하는데 주도적인 역할을 수행했다. 여기에는 여러 가지 목적이 있었겠지만, 서쪽에서 밀려올지도 모르는 이슬람주의 영향을 차단하기 위한 것도 그중의 하나였다. 1990년 이후 신강에서 눈에 띄는 큰 사건이 발생하지 않은 것으로 보아 중국 정부의 정책은 외형상 성공하고 있다고 할 수 있다. 그러나 근래 신강에서는 고등교육 과정에서 한어를 전면적으로 사용하게 하는 것을 비롯하여 관리와 통제가 노골적으로 강화되고 있고, 막대한 매장량을 자랑하는 석유와 천연가스에 대한 마구잡이 개발이 진행되면서 위구르인들의 잠재적인 불만이 축적되고 있다. 따라서 지난 해 북경 올림픽을 전후하여 발생한 폭력사태와 최근 한인-위구르인의 충돌에서 보듯이 '신강 문제'는 여전히 '현재 문제'로 남아 있다고 할 수 있다.

2. 중앙아시아

러일전쟁의 패배와 1905년 혁명은 제국체제를 크게 동요시켰다. 이를 계기로 분출된 러시아 영내 무슬림들의 정치 및 사회적 욕구는 세 번에 걸친 무슬림대회로 이어지고, 카자흐 민족운동이나 자디드 운동도 더욱 활성화 되었다. 물론 1907년에 시작된 제정의 반동(反動)으로 무슬림 민족운동에 일정한 제동이 걸리기는 했지만, 신문이나 잡지 발행, 각종 정치결사 창립, 계몽운동을 비롯한 개혁주의자들의 활동은 더욱 다양하게 전개되었다.

1914년 8월 제1차 세계대전이 시작되고 러시아가 여기에 참전하자 전쟁은 중앙아시아 무슬림에게도 영향을 미쳤다. 투르키스탄에서는 무슬림들이 병역의무를 지는 대신 전시세를 부담하고, 기타 식료품과 가축을 징발 당하고 의연금을 납부했다. 이런 상황에서 1916년 6월 25일 니콜라이 2세(1868～1918)는 전시 노동력 부족을 보충하기 위해 중앙아시아 이민족, 즉 투르키스탄에서 성인 남자(19～43세) 25만과 카자흐 초원의 여러 주에서 14만 명을 전선후방의 노동에 동원한다는 칙령을 반포했다. 갑작스런 동원령에 혼란스러워하던 중앙아시아 각지의 주민들은 러시아 통치에 대한 불만을 배경으로 지방 행정기관을 공격하는 등 대규모 반란을 일으켰다. 그러나 조직력도 없고 무기도 부족한 반란은 1916년 말까지 차례로 격파되었다.

1917년에 들어와 2월혁명이 일어나 임시정부가 성립되고, 니콜라이 2세가 퇴위함으로써 로마노프조가 붕괴되고 투르키스탄 총독부도 기능이 정지되었다. 러시아 제국이 붕괴됨에 따라 다시 중앙아시아 지식인들의 정치활동이 활성화 되었다. 예컨대 타쉬켄트에서는 혁명 직후인 1917년 3월 자디드 지식인들이 '쉬로이 이슬라미야'(이슬람 평의회)를, 8월에 투르크연방주의자당을 결성하고, 오렌부르그에서도 그해 7～8월에 부케이하노프(1866?～1937)를 비롯한 신문『카자크(*Qazaq*)』주변에 모여 있던 지식인들이 주도하여 카자흐인들의 독자적인 정당 '알라쉬 오르다'를 만들었다. 또한 전제 군주제가 존재하던 부하라에서는 파이줄라 호자예프(1896～1938)를 비롯한 청년 부하라인들이 정치개혁을 요구하는 활동을 강화했다.

10월 혁명으로 레닌이 이끄는 볼셰비키가 정권을 장악하자 타쉬켄트 등 투르키스탄 여러 도시에서도 러시아인 노동자와 병사들의 주도로 소비에트정권이 수립되었다. 혁명 초기 중앙아시아 지식인들은 레닌이 발표한 러시아 제

(諸)민족의 권리선언 및 러시아와 동방의 모든 무슬림들을 향한 역사적인 호소에 큰 기대를 걸었다. 그러나 자치실현에 대한 꿈은 얼마 지나지 않아 좌절되었다. 그 당시 상황에서 러시아 혁명의 이념, 즉 프롤레타리아 독재는 러시아인의 독재를 의미했다. 또한 혁명 시기 중앙아시아에는 극히 일부 대도시를 제외하고 성숙한 프롤레타리아가 존재하지 않았으며, 민족혁명은 궁극적으로 프롤레타리아 혁명에 종속되어야 했기 때문에 무슬림들은 정권에서 배제될 수밖에 없었다.

이런 상황에서 물적 · 군사적 토대가 취약한 무슬림 자치운동이 살아남기는 불가능에 가까웠다. 1917년 12월 거주민들의 압도적 지지로 출범한 카자흐인 자치정부가 곧바로 좌초한 것은 그 단적인 사례다. 1917년 11월 코칸드에서 성립된 투르키스탄 자치정부 또한 반혁명 세력으로 규정되어 1918년 2월 18일 소비에트정권과 아르메니아인[8] 군대의 무력에 의해 괴멸되었다. 소비에트정권에서 보면 이 자치정부는 계급적 기반이 없는 부르주아 민족주의 정부에 지나지 않았다. 반면에 부하라와 히바의 상황은 이와는 약간 다르게 전개되었다. 이곳에서는 1920년 청년 부하라인들과 청년 히바인들이 소비에트 군대의 지원 아래 구체제를 무너뜨리고 인민혁명 형태로 소비에트정권을 성립시켰다. 청년 부하라인들과 청년 히바인들은 초기에 공화국의 지도를 담당하지만 소비에트정권의 압력으로 점점 자립성을 상실했다. 러시아 혁명의 커다란 소용돌이 속에서 중앙아시아 지식인들도 혁명파와 반혁명파로 나뉘어 내전을 경험했다. 어떤 이는 '바스마치'라는 무장투쟁에 투신하여 소비에트정권에 저항하고, 또 어떤 이는 소비에트 체제 내에서 교육과 문화운동을 전개하기도 하고, 그런가 하면 아예 정치활동을 중단하고 낙향하는 사람들도 있었다.

한편 1922년 소비에트연방이 성립되고, 주요한 바스마치 세력이 제압된 후인 1924년 소비에트 정부 주도 하에 중앙아시아의 '민족별 경계 획정' 작업이 이루어졌다. 이는 혁명 후에도 제정 때의 행정구분에 기초하고 있었던 각지의 소비에트공화국을 모두 해체하고, 중앙아시아 역사상 처음으로 1민족 1국가라는 국민국가를 수립하기 위한 획기적인 작업이었다. 그해 10월에 성립된 우즈베크와 투르크멘 두 소비에트사회주의공화국을 필두로 현재의 공화국 시스템

8) 제정러시아 시기 투르키스탄 식민지 개척 과정에서 많은 아르메니아인들이 중앙아시아로 이주했다. 당시 러시아 정부는 기독교도 인구 비율을 높인다는 차원에서 이들의 이주를 허용했다. 지금도 이들은 우즈베키스탄을 비롯한 중앙아시아 5개국에 분산 · 거주하고 있다.

의 원형이 이때 만들어졌다. 그런 만큼 1924～1925년 두 해에 걸쳐 행해진 '민족별 경계 획정'은 제2혁명이라고도 일컬어진다.

이렇게 하여 성립된 중앙아시아 여러 나라들은 중앙집권적인 연방체제에 전면적으로 통합되어 갔다. 이 과정에서 이슬람 문명은 진보적인 소비에트 문명으로의 발전을 저해하는 것으로 간주되어 1920년대 후반부터 소비에트정권의 정면공격을 받았다. 소비에트정권은 이슬람에 대한 탄압과 병행하여 경제와 사회부문에서 본격적인 사회주의 건설을 추진했다. 그 결과 면화를 위시한 농업생산이 현저하게 증대되고, 제2차 세계대전 이후에는 공업화도 눈에 띄게 진전되었다. 나아가 교육의 보급과 과학기술의 발전, 여성의 사회참여, 보건위생과 물질문화의 향상, 도시와 관개 및 도로망의 정비를 비롯한 소비에트 문명이 가져다준 선물은 결코 적지 않았다. 이와 함께 부패, 민족차별, 연방 내 지역 간 경제발전과 경제구조의 불균형, 아랄 해와 세미팔라틴스크로 상징되는 환경파괴 등 소비에트체제가 몰고 온 부정적인 요소도 이에 못지않았다. 그 결과 페레스트로이카 시기 연방체제의 구조적인 모순이 표면화되자 중앙아시아 국가들은 곧바로 연방으로부터 이탈과 함께 독립의 길을 선택했다. 소련으로부터 독립은 물론 중앙아시아 역사에서 획을 그을만한 역사적 사건이었다. 그러나 갑자기 찾아 온 독립은 중앙아시아 각국에 그에 버금가는 어려움을 가져다주었다.

첫째, 정도의 차이는 있지만 모든 나라에서 정치안정과 경제개발을 내세운 대통령이 권력을 독점하면서 민주화와 인권보호라는 측면에서 우려할만한 문제가 발생하고 있다. 둘째, 경제적으로 각국이 계획경제 체제에서 이탈하여 시장경제를 받아들임에 따라 자력갱생이라는 쉽지 않은 과제를 안고 있다. 특히 무리한 시장개방과 서구식 발전 모델에 따른 경제개발은 최근 세계 경제위기의 격랑에 휩쓸리면서 그 효용성에 의문이 제기되고 있다. 셋째 종교적으로 독립 초기와 달리 이슬람 근본주의 문제는 크게 우려할만한 상황은 아니지만, 소련 시기 이후 진행된 세속주의와 독립 후 부흥하는 이슬람주의를 어떻게 조화시킬 것인가 하는 문제는 향후 사회통합을 위해 매우 중요한 과제로 부각되고 있다. 넷째 국제관계에서는 9.11사태 이후 새로운 상황의 전개, 즉 미국의 중앙아시아 문제 개입과 러시아의 적극적인 중앙아시아 정책으로 역내 국제질서가 더욱 복잡해진 것도 향후 이 지역을 둘러싼 분쟁 가능성을 예고하고 있다. 다섯째 역내(域內) 협력과 관련하여 중앙아시아 5개국은 여러 가지 공통분모

(역사적 경험의 공유, 민족, 언어, 종교)를 갖고 있음에도 불구하고, 각국의 전략과 이해관계가 상충하고 석유나 천연가스 등 자원이 편중되어 있어서 전면적인 협력은 쉽지 않을 전망이다. 다만 같은 민족이 국경을 넘어 거주하고, 수자원이나 육상교통로를 공유하는 상황에서 중앙아시아 5개국은 공생을 위한 협력이 필수적이다. 예컨대 최근 공동으로 보호하고 활용해야 할 수자원의 자국 우선주의 이용은 이 지역의 정치안정과 생태계에 심각한 위험을 가져올 가능성이 있다.

참고문헌

하자노프 / 김호동 옮김, 『유목사회의 구조』, 지식산업사, 1989.

나가사기 가즈도시 / 이재성 옮김, 『실크로드의 역사와 문화』, 민족사, 1990.

長澤和俊 / 민병훈 옮김, 『동서문화의 교류』, 민족문화사, 1991.

르네 그루쎄 / 김호동 · 유원수 · 정재훈 옮김, 『유라시아 유목제국사』, 사계절, 1998.

김호동, 『근대 중앙아시아의 혁명과 좌절』, 사계절, 1999.

스기야마 마사아키 / 임대희 · 김장구 · 양영우 옮김, 『몽골 세계제국』, 신서원, 1999.

정수일, 『씰크로드학』, 창작과 비평사, 2001.

김호동, 『동방기독교와 문서문명』, 까치, 2002.

이주형, 『간다라 미술』, 사계절, 2003.

정재훈, 『위구르 유목제국사』, 문학과 지성사, 2005.

고마츠 히사오 외 / 이평래 옮김, 『중앙유라시아의 역사』, 소나무, 2005.

잭 웨더포드 / 정영목 옮김, 『칭기스 칸-잠든 유럽을 깨우다』, 사계절, 2005.

이와다 이사오 / 김숙경 옮김, 『흉노-지금은 사라진 고대 유목국가 이야기』, 아이필드, 2007.

오다니 니카오 / 민혜홍 옮김, 『대월지-중앙아시아의 수수께끼 민족을 찾아서』, 아이필드, 2008.

피터 홉커크 / 정영목 옮김, 『그레이트 게임-중앙아시아를 둘러싼 숨겨진 전쟁』,

사계절, 2008.
강현사 · 이평래 · 김장구 · 김성수, 『중국학자들의 소수민족 역사서술』, 동북아역사재단, 2008.
間野英二他,『内陸アジア史』, 東京:朝日新聞社, 1992.
間野英二 · 堀川徹, 『中央アジアの歴史 · 社會 · 文化』, 東京:放送大學教育振興會, 2004.
小松久男 · 梅村坦 · 宇山智彦 · 帶谷知可/堀川徹 編集,『中央ユ-アジアを知る辭典』, 東京:平凡社, 2005.
Svat Soucek, *A History of Inner Asia*, Cambridge University Press, 2000.

제4장 중앙아시아 종교

현승수

중앙아시아의 종교하면 먼저 이슬람을 떠올리는 독자들이 많을 것이다. 또 이슬람이라고 하면 검은 천으로 온 몸을 두른 여인들과 일부다처제, "눈에는 눈, 이에는 이" 식의 가혹한 형벌을 연상할 수도 있을 것이다. 그러나 오늘날 중앙아시아에서 이러한 모습을 찾아보기는 힘들다. 왜냐하면 중앙아시아 5개국은 70여 년 동안 소비에트 체제 하에 있으면서 '세속화'를 경험했고 또 여러 종교가 공존하는 다양성의 공간이기 때문이다.

역사적으로 보면 중앙아시아가 이슬람화되기 이전 초원지대를 주름잡던 유목민들은 샤머니즘과 애니미즘을 신앙했으며 그 전통은 지금도 뿌리 깊게 남아 있다. 근대 이전까지 유목민 생활을 지속해 왔던 카자흐인이나 키르기즈인들은 우즈베크인이나 타지크인 같은 정주민들보다 훨씬 늦게 이슬람화되었다.

한편 남부 오아시스 지대에 사는 정주민들은 일찍부터 불교와 조로아스터교 등 실로 다양한 종교를 일구어 왔으며, 7세기 말 아랍인들이 이 지역에 진출하면서 이슬람이 정주민들 사이에 뿌리를 내렸다. 이슬람은 제정 러시아가 중앙아시아로 진출할 때까지 이 지역에 생겼다 사라진 숱한 나라들과 유착되면서 주요 종교로 성장했다. 또 19세기 후반부터는 기독교, 특히 러시아 정교가 지배자의 종교로서 중앙아시아 지역에 교세를 확장했다.

70년간에 걸친 무신론 체제가 종식되고 1991년에 5개 공화국이 독립한 이후 현재까지도 이 지역에서는 종교의 '부활'이 활발하게 진행 중이다. 물론 이슬람의 부활이 가장 주목받는 것이 사실이지만 비무슬림 주민들 사이에서는 러시아 정교를 비롯하여 로마 가톨릭, 복음파, 루터파, 여호와의 증인 등 다양한 기독교 종파들도 되살아나고 있다. 또 소연방의 해체로 인해 외국과의 왕래가 자유로워지면서 통일교나 하레 크리슈나 등 다양한 외래 신흥종교도 유입되어 이슬람의 종교 전통이 위협을 받고 있다고 생각하는 현지 종교인들과의 충돌도 종종 빚어지고 있다.

오늘날 중앙아시아 국가들은 세속주의와 정교분리를 명확히 규정하고 있다. 이러한 경향은 소련의 사회주의 체제 하에서 중앙아시아에 무신론 이념이 확산되면서 종교가 정치로부터 분리되었기 때문이다. 그 결과, 근대화의 이념이기도 한 정교분리 원칙이 중앙아시아에 점차 뿌리를 내리게 된 것이다. 소련에서 독립한 후 카자흐스탄, 키르기즈스탄, 타지키스탄, 투르크메니스탄의 헌법은 제1조에 '세속' 국가임을 명시하고 있으며, 우즈베키스탄 헌법의 경우 그러한 명시는 없으나 제61조에 국가가 종교조직 및 단체로부터 분리될 뿐 아니라 이들 조직에 불개입할 것을 천명하고 있다.

소련 헌법에서도 신앙과 양심의 자유는 보장되어 있었지만 그것은 명목에 불과했을 뿐, 반종교와 무신론이 권장되었고 경우에 따라 강제되기까지 했다. 그러나 사회주의 체제가 종식된 지금 신앙과 양심의 자유는 현실적으로 모든 국가들이 보장해 주고 있다. 단지 나라에 따라 차이는 있는데, 예를 들어 타지키스탄 이외의 모든 나라에서는 원칙적으로 종교에 기초한 정치적 결사가 금지되어 있고, 우즈베키스탄에서는 이슬람 근본주의에 대한 정권의 탄압이 가혹하며, 투르크메니스탄에서는 대통령 독재 체제가 이슬람과 혼합되어 기형적인 모습을 보여주기도 한다.

따라서 오늘날 중앙아시아의 종교를 이해하기 위해서는 이슬람의 영향력이 절대적이라는 식의 선입견을 버리고, 기본적으로 세속주의 하에서 다양한 종교가 공존할 수 있는 토양이 마련되어 있다는 사실을 함께 기억해 둘 필요가 있다.

I. 실크로드의 종교

1. 토속 신앙

키르기즈스탄이 세계에 자랑하는 이식쿨 호수 주변에는 야생 염소나 산양을 그린 암각화가 산재해 있다. 또 키르기즈스탄 공화국 수도 비쉬케크 남부의 알라메딘 협곡에 가면 고목에 매달린 동물의 사체를 볼 수 있다. 이뿐만이 아니다. 우즈베키스탄의 고도 사마르칸드 중심지에 위치한 티무르의 영묘(靈廟) 안에는 말 꼬리가 기둥에 매달려 있어 기이한 느낌을 준다. 이 모든 흔적들은 중앙아시아에 이슬람이 유입되기 훨씬 이전부터 이 땅에서 명맥을 유지하고 있는 전통 신앙의 잔재들이다. 샤머니즘 혹은 애니미즘으로 개념화될 수 있는 이들 전통 신앙은 이슬람이 이 지역의 주류 종교로 뿌리를 내린 이후에도 여전히 주민들의 삶과 밀착되어 오늘날까지 남아 있다. 이슬람은 토착 신앙과 보기 좋게 융합되어 이 지역만의 독특한 종교 문화를 만들어 내고 있는 것이다.

수천 년을 내려온 샤머니즘과 애니미즘, 마법, 다신교 전통은 지금도 중앙아시아에 사는 사람들의 미신과 민속 속에 그 흔적을 남기고 있다. 이슬람화 되기 이전의 투르크 유목민들은 다신교적 세계 속에 살고 있었으며 하늘을 관장하는 신인 텡그리와 지하를 지배하는 신 에를릭(Erlig)이 서로 대립한다고 믿었다. 텡그리는 우주와 삼라만상을 만들고 주재하며 인간을 벌할 수도 있지만 제물을 받으면 용서를 하기도 한다. 유목민들은 종종 자신들이 가장 소중하게 생각하는 말을 제물로 바쳤는데 지금도 중앙아시아 각지의 산악지대에서 나무에 매달린 말의 뼈나 가죽을 볼 수 있는 것은 이러한 텡그리 신앙과 관련되어 있다. 한편 지하의 신 에를릭은 인간의 죽음을 관장하며 땅 위로 올라와 인간의 영혼을 사냥하기도 하는 두렵고 악한 신이다.

텡그리와 에를릭은 각자 많은 수의 신들을 거느리는데, 크고 작은 신들은 인간과 같은 성격을 갖고 있으면서 인간의 길흉화복을 주관하거나 인간 생활에 직접 개입하기도 한다. 예를 들어 텡그리의 밑에 있는 우마이(Umai) 여신은 대지와 어머니를 상징하고 인간에게 다산과 풍요를 가져다 준다. 여자들은 우마이 여신에게 자식을 점지해 주기를 기원했으며 가축의 출산도 우마이가 정해준다고 믿었는데, 지역에 따라서는 텡그리와 우마이가 우주를 함께 관장하는 부부로 등장하기도 한다. 유목민들의 이같은 신관은 우리에게 잘 알려진 그리스 신화와 유사하다. 예를 들어 텡그리 신은 제우스와 역할이 비슷하며 에를릭은 하데스를, 수 이에시(Su Iesi)는 호수에 사는 나이아스 요정을 연상시킨다. 또 그리스 신화에 등장하는 신들이 그런 것처럼, 투르크의 신들도 알타이(남부 시베리아)나 칸 텡그리(천산 산맥) 등 인간이 쉽게 접근하기 어려운 산 위에 살고 있다고 믿었다.

한편 투르크 유목민들의 다신교적 신앙 체계는 샤머니즘적 요소를 강하게 띠고 있어 샤먼, 즉 무당을 통한 의식이 중요시되었다. 투르크 샤먼의 전통은 오르혼 강 유역이나 예니세이 강 상류에 그 기원을 둔 시베리아 샤먼과 같은 계통으로 알려져 있다. 물론 시간이 흐르면서 투르크계 민족들마다 자신들의 독자적인 샤먼 문화를 발달시키게 되지만, 신이나 영혼과의 대화를 중재하고 병이나 재난으로부터 사람들을 보호해주는 샤먼의 기본 역할은 변하지 않았다. 아직도 샤머니즘의 전통은 중앙아시아 각지에서 사라지지 않고 명맥을 유지하고 있다.

투르크 유목민들의 토템 신앙도 흥미롭다. 각 부족들은 자기 부족의 기원이 특정한 동물과 관련되어 있다는 신앙을 갖고 있었으며 또 이 동물이 재난으로부터 자신들을 보호해 준다고 믿었다. 투르크 유목민들이 가장 신성시하는 동물은 늑대였지만 일부 키르기즈인들은 사슴(buru)을, 카자흐인들은 황금 독수리(berkut)를 토템으로 삼아 숭배했다.

이 밖에도 정령숭배와 성자숭배 등의 민간 신앙이 남아 있다. 예를 들어 페르가나) 분지에 사는 키르기즈인과 우즈베크인들은 오쉬에 있는 술레이만 산이 중앙아시아에서 가장 신성한 땅이며 그곳에는 속세를 떠나 사는 성자들(olya)이 있어서 산을 찾는 사람들을 보호하고 축복해 준다고 믿었다. 또 투르크멘인들은 바바(baba)라고 불리는 성자를 믿었는데 가축을 지켜주는 젠기바바(Zengi baba), 양을 보호해 주는 무사바바(Musa baba) 등 호칭과 역할이 다양했다. 물론 지역을 막론하고 성자들과 관련이 있다고 간주되는 장소는 성스러운 곳으로 추앙되어 사람들의 참배 대상이 된다.

〈키르키즈스탄 오쉬에 있는 술레이만 산〉[1]

1) 이 장에서 게재한 사진은 모두 용인송담대 서봉하 교수가 촬영 및 제공한 것이다.

2. 불 교

인도에서 발생한 불교는 아프가니스탄을 거쳐 오늘날의 중앙아시아 남부 오아시스 지대에 전파되었다. 정주민이 거주하는 이 지역은 기원전에서 기원후로 넘어가는 시기를 전후하여 약 1000~1500년 동안 불교의 세계였다. 중앙아시아의 정주민들이 불교를 받아들일 수 있었던 것은 이미 이 지역에 퍼져 있던 헬레니즘 문화의 영향 때문이었다. 그리스 문화의 세계사적 보편화 과정에 중앙아시아가 노출되어 있었던 것이다. 세계 종교로서 불교가 추구하는 숭고한 가치와 민족이나 지역, 계급을 초월한 보편성 또한 불교의 확산에 기여했을 것이다.

불교가 일찍이 대승과 소승(상좌부)으로 분열된 후 중앙아시아의 오아시스 국가들에서도 소승과 대승이 혼재해 있었다는 사실은 7세기 당나라 승려 현장(玄奘)의 기록을 통해서도 알 수 있다. 중요한 것은 다양한 민족으로 구성된 중앙아시아 지역에서 조로아스터교를 신앙하는 이란계 주민들이나 다른 종교를 믿는 민족들이 상당수 거주하고 있음에도 불구하고, 불교는 이들 종교와 충돌함이 없이 모두가 공존할 수 있는 가치관으로 역할했다는 점이다. 쿠샨(Kushan)조, 특히 카니쉬카(Kanishka) 1세는 이러한 문화적 배경 위에서 불교를 보호하고 실크로드로 대표되는 교역의 전성기를 구가했다.

지금까지 발굴된 불교 유적을 근거로 중앙아시아의 불교를 시대 구분해 보면 대체로 제1기와 중간기 그리고 제2기로 나눌 수 있다.

제1기에 해당하는 시기는 쿠샨조 시대(기원후 1~3세기) 초기로 이 때 박트리아 지방(아무다리야 중류 지역)에 불교가 전파되었다. 오늘날의 아프가니스탄 지역에 해당하는 바글란, 차칼라크 테페, 발흐 그리고 우즈베키스탄에 해당하는 테르메즈 주변에 불탑과 승원(僧院), 사당이 다수 발견된다. 여기서 출토된 불교 조각들은 기본적으로 간다라 미술의 영향을 받고 있지만 토착 양식도 확실히 섞여 있다. 또 아무다리야 지류에 위치한 우즈베키스탄공화국 달베르진 테페(Dal'verzin-Tepe)의 제1불교사원 유적에서는 공양을 하고 있는 쿠샨 사람의 토우(土偶)도 발견된다.

한편 중앙아시아 불교 문화의 중간기에 해당하는 4~6세기의 유적은 대단히 적지만 투르크메니스탄의 메르브에서 발견된 유적이 대표적이다. 도성 터였던 기아우르 칼라(Ghiaur Kala)에서 불탑과 승원으로 구성된 사찰의 흔적이 발견되었는데 여기에서 다수의 불화가 출토되었다. 또 조로아스터교의 성화 위에 불교 경문을 새겨 넣은 토기와 간다라 양식의 석제 좌불상, 브라흐미(Brahmi) 문자로 쓰인 다수의 패엽(貝葉) 고문서 등도 발견되었다. 이 지역은 중앙아시아의 가장 서쪽에 위치한 불교 유적으로서 사산조 문화와 에프탈(Ephthal) 시대 카쉬미르 불교 문화의 영향을 엿볼 수 있다. 한편 타지키스탄 남부에서는 6세기경에 세워진 불탑과 사산 조 건축의 영향을 받아 새롭게 축조된 사원이 발견되었다.

제2기는 중앙아시아 지역을 서돌궐이 지배하던 7~8세기로, 제1기에 비해 불교의 영향력이 많이 쇠퇴한 시기이다. 키르기즈스탄의 페르가나 분지와 그 북동쪽에 위치한 세미레치에, 타지키스탄 남부에 유적이 남아 있다. 그 가운데 대표적인 것으로는 타지키스탄 남부의 아지나 테페(Ajina Tepe)에서 발견된 절 터를 들 수 있다. 승원과 사당으로 조성된 이 절 터에서는 천체불이나 공양자상 등의 벽화 단편이 발견되었을 뿐 아니라, 바미안 등 아프가니스탄의 영향을 받으면서도 뚜렷한 독자성을 보여주는 회화, 인도의 사찰과는 전혀 다른 중앙아시아 전통의 가람 건축양식(네 벽을 모두 두른 형태)을 엿볼 수 있다.

한편 키르기즈스탄의 쿠바 유적에서는 힌두 미술이나 인도 밀교 미술과의 연관성을 찾아 볼 수 있는 독자적인 미술품이 발견되었고, 아크베심(Ak-Beshim) 도성 터 근교의 불교 사원 유적에서는 조로아스터 사원의 흔적과 동투르키스탄 불교 미술 내지는 중국 미술의 영향도 엿볼 수 있다. 이렇듯 제2기의 불교 문화에는 동방불교의 영향이 주목할 만한데 비해, 제1기 다시 말해 중앙아시아 서남부와의 관계는 그다지 눈에 띠지 않는다.

현장의 『대당서역기』에 따르면 인도 불교는 아프가니스탄에서 중앙아시아 남부로 전파되었으나 그 중심부에 해당하는 자라프샨주 유역의 소그드 지방에서는 7세기에 이미 불교가 쇠퇴하고 있었던 것으로 보인다. 아마도 이 지역에서는 조로아스터교나 마니교의 세력이 강성했기 때문일 것이다. 20세기 들어 소그드어로 된 불교 경전이 다수 발견됨으로써 소그드인들이 불경의 번역에 적극적이었다는 사실이 밝혀졌으나 그것은 주로 중앙아시아 동부, 지금의 신강위구르자치구에 집중되어 있다.

3. 조로아스터교와 마니교

불교 이외의 종교도 중앙아시아를 경유하여 중국으로 유입되었다. 대표적인 종교로는 서아시아 지역에서 발흥한 조로아스터교와 마니교 그리고 중국에서 경교(景教)로 불린 네스토리우스파 기독교가 있다. 이들 종교는 모두 소그드인을 비롯한 중앙아시아의 이란계 민족과 깊은 관계를 갖고 있었다.

기원전 1000년경 페르시아에서 발생한 조로아스터교는 중국의 사료에 천교(祆教)라는 이름으로 등장한다. 조로아스터교가 어떤 경로로 동방에 전파되었는지를 명확하게 규명하기는 어려우나, 늦어도 7세기 말에는 돈황 지역에 천교 신전이 존재하고 있었음이 밝혀졌다. 뿐만 아니라 이미 수와 당 시대 이전에 조로아스터교를 믿는 소그드인의 마을이 중앙아시아 오아시스 도시들과 장안, 낙양 등 중원지방 더 나아가 중국 북부에까지 퍼져 있었다. 755년 안사의 난을 일으킨 안록산(安祿山)이 소드그계 출신이라는 사실은 잘 알려져 있으며 그의 이름 '록산'이 소그드어로 '빛'을 뜻한다고 볼 때 그가 조로아스터교를 신봉했을 가능성도 충분히 있다.

한편 마니교는 조로아스터교의 강한 영향을 받았을 뿐 아니라 기독교를 모체로 하여 탄생한 종교이다. 빛과 어둠이라는 이원론적 우주관을 설파하는 이 종교가 중앙아시아에 전파된 것은 교조인 마니(Mani, 210～276)의 직계 제자로 동방 전도를 책임지고 있던 마르 암모(Mar Ammo)의 역할에 힘입은 바 크다.

중앙아시아에서 마니교는 우선 소그드 지방에 전파되어 소그드인 주민들 사이에 확산되었다가 그들의 무역 활동을 통해 동방 일대로 세력을 넓혔다. 그 뒤 소그드인과 위구르인의 관계가 밀접해지면서 위구르인들 사이에도 마니교 신자가 생겨났다. 9～10세기에 투르판의 베제클리크 천불동에 있던 불교 석굴이 마니교 석굴 사원으로 뒤바뀐 사실이 이를 증명한다. 흥미롭게도 이 동굴 사원은 10세기 말에 다시 불교 사원으로 원상복구된다. 또 돈황과 투르판에서 한문이나 투르크어, 위구르어로 된 마니교 관련 문서가 다수 발견된 점도 위구르인들의 마니교 역사를 설명해 주고 있다.

마니교가 이른 시기에 인도 혹은 중앙아시아에서 불교와 접촉하면서 그 영향을 받았음도 밝혀졌다. 마니교 수도원인 마니스탄(manistan)은 불교 사원과 여러 면에서 공통점이 많았고 마니교 문헌에 기록된 교리에도 불교의 영향이 뚜렷이 드러나 있다. 예를 들어 불교의 설화와 유사한 이야기가 마니교의 파르티아어 문헌에 기록되어 있다거나 마니의 일대기 자체에 불교의 영향이 짙게 깔려 있다는 사실도 학자들을 통해 규명되었다. 이렇듯 마니교는 중앙아시아에서 스스로 변화를 거듭함으로써 불교라는 환경에 쉽게 적응할 수 있었고 그 여세를 몰아 중국에까지 전파될 수 있었다.

4. 경 교

마니교가 중국에 유입되던 같은 시기에 파사교(波斯教) 또는 대진교(大秦教)라 불리던 경교, 즉 네스토리우스파 기독교도 중국에서 유행하고 있었다. 네스토리우스파는 예수에게 신성과 인성이 모두 갖추어져 있다는 점을 인정하고 마리아가 '신의 어머니'라는 정통 교회의 교리를 부정한다는 이유로 에베소 공의회(431년)에서 이단으로 낙인찍힌 교파였다. 그러나 중앙아시아나 중국에서 유행하던 경교가 네스토리우스파 기독교와 완전히 같은 종파였는지를 둘러싸고 학자들 사이에서 의견이 엇갈린다. 그 진위는 아직 확실히 알 수 없지만 네스토리우스파가 동방으로 전파되는 과정에서 마니교나 불교의 영향을 받아 변형되었을 가능성은 충분히 있다.

유라시아 대륙 전체를 통털어 경교와 관련된 가장 유명한 유물은 당나라 시대에 세워진 '대진경교유행중국비'(大秦景教流行中國碑)라는 비문이다. 여기에는 시리아어로 여러 사람의 이름이 새겨져 있는데 그 대다수가 페르시아계 사람들로 보인다. 명문에 따르면 비문을 만든 사람은 당의 정관(貞觀) 연간에 토하리스탄의 발흐에서 온 승려 미리스의 아들 말 이즈브짓드였다.

중국 본토에서 경교는 9세기, 당 황제 무종의 탄압과 황소의 난 이후 괴멸적인 타격을 입고 자취를 감추었다. 그러나 경교도들의 활동으로 인해 중국에 서방의 지식이 전파되었다는 의미는 크다고 할 수 있다. 1980년에 서안(西安)에서 이소(李素)라는 사람과 그의 부인의 묘지가 발굴되었는데 연구 결과, 이소는 8세기에 활약한 페르시아계 인물로 천문학에 조예가 깊어 서아시아의 천문학 지식을 중국에 소개해 준 인물이었음이 밝혀졌다.

한편 중앙아시아에서 네스토리우스파 기독교의 활동을 설명해 주는 증거자료는 발견되지 않고 있다. 폰 르 콕(Von Le Coq)이 발견한 투르판의 경교 벽화와 시리아어 찬송가 등이 10세기 이전 중앙아시아의 경교 활동을 일부나마 보여주고 있을 뿐이다.

II. 중앙아시아의 이슬람

1. 중앙아시아의 이슬람화

중앙아시아의 이슬람은 대부분 수니파에 속하며 법학적으로는 하나피(Hanafi) 학파가 주류를 이루고 있다.[2] 지역에 따라서는 수피즘(이슬람 신비주의)의 전통이 뿌리 깊은 곳도 있다. 이슬람화는 중앙아시아의 운명을 결정짓는 가장 중요하고도 거대한 문명의 물결이었다. 그러나 이슬람을 받아들인 시기와 방법은 지역이나 민족 집단에 따라 다르며 이슬람의 모습도 역사의 흐름 속에서 다양한 변화를 보인다.

642년 나하반드의 전투를 계기로 사산조 페르시아의 동쪽 영토였던 호라산과 시스탄에 도달한 아랍 정복군은 667년 아무 다리야를 넘어 마바란나흐르(Mawarannahr)에 진출했다. 이후 671년에 가족과 함께 호라산에 이주한 5만 명의 전사들을 비롯하여, 많은 수의 아랍인들이 동쪽으로 이주해 왔다. 이슬람 세계를 지배하던 우마이야 조의 동방 진출은 아랍의 제2차 내란이 발발하면서 일시적으로 중단되었으나, 705년 쿠타이바(Qutaybah)가 호라산 총독으로 부임하면서 마바란나흐르로의 진출이 본격화되어 740년대 중반에는 마바란나흐르 전역을 지배하게 된다.

이미 언급했듯 아랍 침입 이전의 중앙아시아에는 다양한 종교가 존재하고

2) 이슬람의 교조 무함마드(마호메트)가 세상을 떠난 후, 무슬림 공동체의 지도자(이맘)는 4명의 정통 칼리프와 우마이야조, 압바스조로 계승되었으며 이러한 역사적 사실을 그대로 인정하는 이들을 수니파로 부른다. 사전적으로 해석하면 수니파란 이슬람의 교조인 무함마드의 관행(순나)을 지키는 사람들을 뜻한다. 한편 다수파인 수니파에 반발하여 무함마드의 권위가 그의 사촌이자 사위인 알리와 그의 직계자손들에게 계승되었다고 주장하는 파벌이 생겨났는데 이들을 시아파라고 불렀다. 오늘날 전 세계 이슬람교도의 절대 다수는 수니파에 속하지만, 이란 이슬람 공화국은 시아파 정권이며 중동과 중앙아시아 일부 지역에도 시아파가 존재한다. 단지 수니와 시아는 후계자 문제를 둘러싼 정치적 분열의 결과일 뿐, 이슬람의 기본적인 교리 해석이나 신앙형태의 차이 때문에 분열된 것은 아니다. 또 하나피 학파는 수니파가 인정하는 4대 이슬람 법학파 중 하나로 나머지 3개 학파인 샤피, 말리크, 한발 학파에 비해 법 해석이 유연하다.

있었다. 호라산에는 조로아스터교를 비롯하여 네스토리우스파와 야콥파 기독교, 유대교가 성행하고 있었으며, 박트리아에는 불교, 마니교, 기독교. 마바란나흐르에는 사산 조와는 약간 다른 형태의 조로아스터교가 존재했다. 일반적으로 아랍 정복자들은 정복민의 개종에 적극적이지 않았던 것으로 알려져 있다. 그러나 마바란나흐르에서는 강제적으로 개종이 이루어졌다는 전승이 남아 있으며 8세기 후반 이후 이슬람화는 확대, 심화되었다.

단지 이슬람을 신앙하는 무슬림 통치자가 이 지역을 지배했다고 해서 주민들이 한꺼번에 이슬람으로 개종한 것은 아니었다. 그러나 시간이 경과함에 따라 주민들 가운데 무슬림이 차지하는 비율이 서서히 증가했고, 몽골의 지배를 거쳐 티무르 조 시대가 되면 중앙아시아의 이슬람 사회는 비약적으로 발전하여 오늘날 우리가 보는 중앙아시아 이슬람의 기본 틀이 거의 갖추어지게 된다.

한편 중앙아시아의 초원지대에 사는 투르크계 유목민들은 정주민들보다 훨씬 이후에 이슬람화되기 시작했으며 시간도 오래 걸렸다. 유목민들의 이슬람화에는 정주 지역의 무슬림 상인들과 수피 교단의 역할이 컸는데, 일례로 카자흐 유목민들이 타타르 상인을 통해 이슬람화된 것은 19세기 중반이었다.

이슬람 사회를 특징짓는 가장 큰 요소는 샤리아, 즉 이슬람법이다. 근대 이전의 중앙아시아 주민들이 샤리아에 따라 생활했다는 사실은 이슬람 재판소(샤리아 재판소)가 주민들의 소송이나 등기 문제를 처리하면서 기록한 문서들을 통해 쉽게 확인할 수 있다. 이슬람 재판소는 주로 민사에 관련된 소송사건이나 재산의 권리 관계를 규정한 등기 등을 취급했는데, 재판을 주재하는 카디(qadi, 법관)가 판결 후에 자신의 도장을 찍은 증서를 발행하고 이를 꼼꼼하게 기록해 두었기 때문에 오늘날에도 당시의 생생한 이슬람법 집행 과정을 알 수 있다. 샤리아를 중심으로 한 이슬람 사회 시스템은 20세기에 소비에트 정권이 들어설 때까지 기본적으로 변하지 않고 지속되었다.

중앙아시아 최대의 제국을 건설했던 티무르조 시대에는 '사드르'(sadr)로 불리는 관료를 임명하여 이슬람과 관련된 업무를 총괄하게 했다. 사드르의 주요 임무 중에는 사이이드(Sayyid, 이슬람 창시자인 예언자 무함마드의 자손들)와 이슬람 법학자인 울라마(ulama)들을 관리하고 와크프(waqf)를 감독하는 역할이 특히 중요했다. 와크프란 이슬람법이 규정한 재산 기부 제도로서 재산을 갖고 있는 무슬림 개인이 자신의 재산을 자선 목적으로 이슬람 공동체에 기부하는 행위를 의미한다. 와크프는 모스크나 마드라사 등 종교 시설뿐 아니라 병원, 빈민 구제소, 교량, 수도시설 등 공공시설의 건설, 유지, 운영 등에 사용되었다. 경우에 따라서는 종교인들의 급료나 마드라사에서 공부하는 학생들의 생활비도 와크프로 충당되었다.

2. 수피즘

한편 중앙아시아의 이슬람을 이해하기 위해서는 '타리카'(tariqa)의 활동에 주목할 필요가 있다. 타리카는 일반적으로 수피 교단으로 더 잘 알려져 있다. '수피'란 원래 거친 양털(수프)을 몸에 걸친 사람을 의미했지만, 이슬람에서 신과의 합일을 위해 신비체험을 중시하는 구도자를 수피로, 또 그들의 사상과 종교운동을 '수피즘'으로 부른다.

수피즘은 압바스조(750~1258년) 시대, 그중에서도 이슬람법이 체계화된 8세기 말부터 9세기에 걸친 시기에 처음 모습을 드러냈다. 형식적인 신앙에 위기감을 느낀 일부 종교인들이 형식보다는 행위의 내면성을 중시하는 종교운동을 전개하면서 비롯된 것이다. 수피들은 교단의 스승이자 지도자인 샤이흐(shaykh)의 가르침에 절대적으로 순종하면서 금욕적인 수행을 통해 무아의 경지에서 신과 하나가 되기 위해 노력한다.

수피즘은 일반적으로 정통 이슬람을 신봉하는 이들로부터 '이단'으로 치부되기도 했지만 11세기 말에 저명한 수피인 가잘리(Abu Hamid Ghazali)의 노력으로 정통 이슬람 속에 자리매김될 수 있었으며 일반 민중들 사이에도 급속히 확산되었다. 타리카, 즉 수피 교단은 바로 이들 수피 공동체가 확대된 것으로서 시대가 변하면서 많은 교단과 지단(支團)이 출현했다. 사람들로부터 성자로 추앙받는 이들이 자신의 교단을 만들어 제자를 양성했으며 이들이 죽은 후에는 성자묘가 만들어져 사람들의 참배 대상이 되었다. 신의 은총을 받아 병자를 고치고 기적을 행한다고 믿어진 성자들은 죽어서도 신자들의 숭배를 받았던 것이다. 수피 교단은 일반적으로 독실한 신자들의 기부 다시 말해 와크프로 운영되었다.

중앙아시아에서는 15~16세기가 타리카의 전성시대였다. 당시 사회적 영향력을 갖고 있던 수피 교단으로는 낙쉬반디야(Naqshbandiya), 쿠브라비야(Kubraviya), 야사비야(Yasaviya) 등을 들 수 있다. 쿠브라비야는 지금의 이란 동부에 해당하는 호라산 지역에서 중앙아시아로 진출한 교단으로 지식인들 사이에 확산되어 사마르칸드를 중심으로 활발한 활동을 전개했다. 야사비야는 교단의 창시자인 아흐마드 야사비(Ahmad Yasavi)의 묘를 제왕 티무르가 복구했을 정도로 중앙아시아에서 인기를 얻은 교단이었다. 이 교단은 우즈베크의 아불 하이르 칸(AbulKhayr Khan)의 보호를 받았으며 16세기에는 샤이반 조의 왕족들 중에도 교단의 지지자가 많았다.

그러나 중앙아시아의 정치와 사회 속에서 가장 중요한 영향력을 행사한 교단은 낙쉬반디야였다. 14세기에 바하웃딘 낙쉬반드(Baha al-Din Naqshband)가 창시한 이 타리카는 순나(sunna, 예언자 무함마드의 언행)와 샤리아에 충실한 온건적인 성격의 교단이었다. 일상생활 속에서의 수행을 중시하고 조용한 명상(zikr)을 통해 신과의 합일을 추구하는 이 교단의 특성이 일반 무슬림 대중의 공감을 얻을 수 있었는데, 시간이 지남에 따라 타 교단보다 더욱 적극적으로 정치에 관여하면서 사회적 영향력을 확대해 나갔다. 우즈베크인들이 건설한 왕조들에서 낙쉬반디야는 군주와 귀족들의 보호를 받았으며 지금의 신강 위구르자치구에 해당하는 동투르키스탄에서도 많은 지지자를 획득했다.

〈부하라 근교 낙쉬반드의 묘 앞에서 기도하는 우즈베크 무슬림들〉

수피 교단이 이렇게 세력을 확대할 수 있었던 배경에는 그들이 소유한 경제력이 있었다. 바로 위에서 언급한 와크프가 그 주된 재원이었는데, 16세기에 부하라에서 이름을 날린 낙쉬반디야 교단 지도자 주이바리(Kwaja Juybari)는 모스크나 마드라사뿐만 아니라 상점가와 공공 목욕탕 등 상업 시설까지 소유한 대재벌이었다. 때문에 세속의 권력자들이 수피 교단의 막대한 재산을 빼앗기 위해 교단 지도자를 살해하는 등의 불미스러운 일도 종종 일어났다. 일례로 1500년에 사마르칸드를 정복한 샤이바니 칸(Shaybani Khan)은 수피 교단의 지도자인 호자 아흐라르(Kwaja Ahrar)의 아들 야흐야(Yahya)를 살해하고 재산을 강탈해 후대에 오명을 남기기도 했다.

III. 국가와 종교

1. 러시아·소비에트 체제 하의 이슬람

9세기에 출현한 사만조 이후 중앙아시아에 등장한 모든 왕조의 지배자들은 기본적으로 이슬람을 신앙하면서 샤리아를 보호해 왔다. 이러한 권력과 이슬람의 우호적인 관계가 180도 바뀐 것은 19세기 후반에 제정 러시아가 중앙아시아를 정복하고부터였다. 이슬람은 중앙아시아를 통치하는 권력자들(러시아인)에게 성가시고 위험스러운 존재로 인식되었기 때문이다. 러시아인들에게 이슬람은 신앙의 대상이 아니라 감시의 대상이었던 것이다. 그렇다고 해서 제정 러시아가 이슬람을 무자비하게 억압한 것은 아니었다. 이슬람에 대한 경계심은 늘 갖고 있었지만 현지의 고위 무슬림 권력지들을 축출했을 뿐 이슬람 자체를 완전히 부정하지는 않았다. 또 러시아는 이념적인 차원에서 이슬람을 부정적으로 인식했지만, 통치를 하면서 이 지역의 전통적인 이슬람 사회 시스템에 공공연하게 개입하거나 이를 파괴하려 하지는 않았다.

그러나 무신론을 표방한 소비에트 체제 하에서 이슬람은 암흑의 시기를 보내야 했다. 소비에트 정권의 본격적인 반 이슬람 정책은 1927년에 개시되었다. '후줌'(Hujum, 공격)이라 불리는 공산당의 여성해방운동을 시작으로 무슬림 지식인의 대규모 체포, 샤리아의 전면 폐지, 모스크 폐쇄, 와크프의 몰수 등 종교 억압 정책이 시행되었다. 더 나아가 중앙아시아와 이슬람 문명을 단절시키기 위해 아라비아 문자를 폐지하고 라틴 문자를 도입하는 정책이 그 뒤를 이었다.

소비에트 정권의 이슬람 정책은 성격상 크게 두 개의 시기로 나누어 고찰해 볼 수 있다. 그 경계가 되는 시점은 제2차 세계대전이다. 전쟁 이전에 소비에트 정권은 위에서 언급한 것과 같이 상당히 철저한 이슬람 억압 정책을 추진했다. 후진적인 무슬림 민족들은 이슬람을 버리고 무신론자가 되어야 했으며 당국은 공산주의 사회의 실현을 위해서 근대화의 길을 걸어야 한다고 선전했다. 그러나 2차 대전이 발발하자 소비에트 당국은 무슬림 민족들을 전쟁에 동원해야 할 필요가 절실해졌고, 따라서 이슬람과의 타협을 모색하게 된다.

소비에트 정권과 종교로서의 이슬람을 이어주는 유일한 공적(公的) 채널은 '무슬림종무관리국'(이하 '종무국'으로 줄여서 부른다)이었다. 독일과 소련의 전투가 한창이었을 때 우파(Ufa, 지금의 바쉬코르토스탄에 위치)의 무슬림 지도자들이 소비에트 무슬림 민족의 동원과 협력을 끌어낼 수 있도록 당국에 협조하면서, 그 대가로 자신들을 소비에트 당국이 공인(公認) 종교인으로 인정하도록 힘쓴 결과가 바로 종무국의 설립이었다. 이를 계기로 소련 전역의 무슬림 지역에는 모두 4개의 종무국이 신설되었고 그중 하나가 '중앙아시아 및 카자흐스탄 종무국'이었다.[3] 종무국은 무프티(mufti) 또는 샤이흘 이슬람(shaykh al-Islam)으로 불리는 최고 이슬람 법학자를 수반으로 하고 있었지만, 소련 각료회의 종교문제평의회의 관할 하에 놓여 독립적으로 활동하지는 못했다.

중앙아시아와 카자흐스탄을 관할하는 종무국은 우즈베키스탄의 타쉬켄트에 위치해 있었으며 나머지 4개 공화국에는 지부가 설치되었다. 종무국의 주된 업무는 다음과 같다. ① 각 지역 모스크의 인허가 ② 이맘 등 종교 지도자들의 임명과 면직 ③ 각 공화국 및 주 단위로 설치되어 있는 종교문제평의회 전권대표와의 협의 ④ 전통적인 종교의례의 적부(適否) 판정과 그에 대한 파트와(fatwa, 의견서)의 제시 등이었다. 그러나 무엇보다 소비에트 정권의 방침에 따라 이슬람을 통제하고 신자 대중이 일탈하지 않도록 관리, 감독하는 것이 종무국의 가장 중요한 역할이었다. 또 소비에트 이슬람을 대외적으로 선전하고 이

3) 소련의 무슬림을 관리·통제하기 위해 만들어진 무슬림 종무국은 '중앙아시아 및 카자흐스탄 무슬림 종무국' 이외에 '자카프카즈 무슬림 종무국'(바쿠 소재), '북카프카즈 무슬림 종무국'(마하치칼라 소재) 그리고 '소련 유럽부 및 시베리아 무슬림 종무국'(우파 소재)이 있었다.

슬람 국가들에게 소련이 서방 국가들보다 신뢰할 수 있는 우방임을 과시하면서, 정식으로 외교 관계를 맺기 힘든 친미, 친서방 무슬림 국가들과 접촉하기 위한 수단으로서 종무국이 이용되기도 했다.

한편 소련의 집단농장 체제와 결부된 전통적인 농촌사회에서는 국가의 공인을 받지 않은 비공식적이고 보수적인 이슬람교도들이 은밀하게 활동하고 있었다. 농촌은 종종 이슬람 급진주의자들의 거점이 되기도 했다. 모스크는 폐쇄되었지만 대부분의 경우에 아버지로부터 아들에게로 계승된 물라(mullah), 즉 비공인 종교인들이 겉으로는 일개 집단농장 구성원으로 행세하면서 은밀하게 이슬람교의 전통을 지켜 나갔다. 비공인 종교인들은 씨부족 등 전통적인 결속집단의 틀 안에서 행동했기 때문에 현지 당 관료가 그들의 존재를 알고 있더라도 이를 묵인하거나, 급기야는 협력하는 경우도 있었다. 비공인 이슬람은 할례나 결혼, 장례 등 주요 통과의례와 관습을 통해 유지되었고, 주민들은 비공인 이슬람을 통해 무신론 체제 하에서도 말살되지 않은 과거의 유산과 자신의 종교 정체성을 확인할 수 있었다. 혁명 이전에 이슬람 종교 학교에서 교육되던 종교 지식도 제한적으로나마 유지, 계승되었는데 그 대부분이 학교가 아닌 가족 안에서 이루어졌다. 다시 말해 조부모가 손자들에게 이슬람의 교리를 가르쳤던 것이다.

그러나 소비에트 무신론 체제 하에서 70년 간에 걸쳐 외부 세계로부터 단절되어 있었기 때문에 중앙아시아의 이슬람교는 고작해야 당국의 눈을 피해 혹은 공인된 종교 지도자들의 감독 하에서 명맥을 유지할 수 있었을 뿐이다. 따라서 중동 등 여타 무슬림 지역과는 달리 중앙아시아에서는 종교와 정치 그리고 사회의 관계가 대단히 특수하게 변했다는 사실을 고려해야 한다.

2. 독립 이후의 이슬람과 국가

소연방이 공식적으로 해체되기도 전에 중앙아시아에서 이슬람이 부흥할 수 있었던 데에는 다음과 같은 요인들이 작용했다. 즉 중동에서 1970년대부터 시작된 이슬람 부흥의 사상적 영향, 페레스트로이카 시기의 민주화 발전(언론과 표현의 자유 확대)과 민족문화의 재평가, 당시 소련 전역에서 고조된 정신세계와 종교에 대한 관심 등이다. 1980년대 후반부터 1990년대 초에 걸쳐 이슬람 부흥은 눈에 보이는 형태로 나타나기 시작했다. 소비에트 체제 하에서는 공개적으로 입에 담을 수 없었던 전통 신앙에 대한 예찬이 가능해졌으며, 페레스트로이카로 인해 표현의 자유가 허용되면서 다양한 종교 참가 기회가 확대되었다. 민족문화를 재평가하는 데 있어서도 이슬람은 핵심 요소 중 하나가 되었고, 모스크 건설 운동과 성지 순례 허용, 이슬람 관련 서적의 출판과 판매, 이슬람 의례의 자유화 등 무슬림 대중 차원에서 다양한 이슬람 부흥 현상이 목격되었다.[4)]

그러나 압도적 다수의 일반 무슬림 대중에게 있어서 이슬람 부흥은 전통으로의 회귀, 사적 영역에서 이슬람적 요소를 재생하는 것 이상의 의미는 아니었다. 그도 그럴 것이 독립을 달성한 5개 공화국에서는, 나라마다 정도의 차이는 있지만, 명칭 민족을 중심으로 한 민족주의가 새 국가 건설의 기본 이념이 되었기 때문이다.[5)] 그에 반해 이슬람은 기본적으로 각 명칭 민족의 전통문화를 구성하는 중요한 '일부'로만 대우받을 뿐이었다. 따라서 각 공화국 정권은 이슬람이 새로운 민족주의를 침해하거나 민족주의의 틀을 넘어 외부와의 유대관계를 모색하면 이를 위협으로 간주하고 경계의 끈을 늦추지 않았다. 이러한 경향은 국경을 뛰어넘어 활동하는 이슬람주의 조직에 대해 각국 정권이 취하고 있는 정책에 잘 드러나 있다.

그런 한편으로 세속 정권들은 이슬람이 갖고 있는 일부 측면을 부각시켜 이를 보호하면서 무슬림이 대부분인 자국민들의 지지를 획득하려 노력하기도 한다. 소비에트 시기에는 사라져야 할 구습으로 치부되던 수피즘의 전통을 재평가하고 주민들이 즐겨 참배하는 역사적인 수피 성자의 묘소를 국가가 정비하기도 한다.[6)] 국가가 인정하고 국민들에게 장려할 수 있는 '올바른' 이슬람을

---

4) 가장 주목할 만한 것은 모스크의 건설일 것이다. 단지 여기서 주의할 것은, 예를 들어 페르가나의 모스크처럼 광범위한 정치행동의 장이 되기에 손색이 없는 대사원과, 부하라에 있는 바하웃딘 낙쉬반드의 영묘처럼 국가가 역사의 복원을 위한 수단으로 삼은 '역사적' 모스크, 그리고 마을의 사교장으로 변한 마할라(mahalla, 동네) 단위의 모스크를 구별할 필요가 있다는 점이다.

5) 중앙아시아 5개 공화국은 각각 다민족으로 구성되어 있음에도 불구하고 최대 민족의 이름을 국가명으로 사용하고 있는데 이들 최대 민족을 명칭 민족이라고 한다. 예를 들어 우즈베키스탄 공화국의 명칭 민족은 우즈베크인이며 타지키스탄의 명칭 민족은 타지크인이다. 각 공화국은 이들 명칭 민족이 국가의 중심 민족이며 나머지는 어디까지나 소수민족에 불과하다.

6) 세속 정권에게 있어서 사회의 재이슬람화와 전통의 부활을 엄밀하게 구분하여 정책을 추진하기는 쉬운 일이 아니다. 여성들의 스카프 착용의 경우 그것이 이슬람화의 범주에 들어갈 수도 있지만, 동시에 사회 풍속의 보수화나 여성의 지위 후퇴 등 국가가 장려하는 전통 부활의 범주에 들어갈 수도 있다. 또 우즈베키스탄의 카리모프 정권은 전통색을 강조함으로써 자기 정권에 불리한 결과를 가져올 수도 있는 재이슬람화를 조장하는 결과를 불러왔다.

국민들에게 제시하는 것이야 말로 세속 정권이 풀어야할 가장 큰 과제 중 하나였다. 소비에트 시기에는 당과 국가에 충성하는 것이 공인(公認) 이슬람이었다면, 독립 이후에는 자기 민족과 국가에 봉사하는 것이 공인 이슬람이어야 했다.

예를 들어 우즈베키스탄에서는 우즈베키스탄 무슬림 종무국 외에도, 울레마나 종교 교사를 양성하는 종교국 직속 최고 학부인 '이맘 알부하리 기념 이슬람 대학'과 각료회의 부속 '타쉬켄트 이슬람 대학'이 공인 이슬람 교육의 새로운 시스템을 만들어가고 있다. 특히 후자는 세속적인 이슬람학과 이슬람 연구, 교육을 목적으로 1999년 대통령령으로 설립된 국립 교육 기관이다.

〈우즈베키스탄 타쉬켄트 시내에 있는 이맘 알부하리 기념 이슬람 대학〉

카자흐스탄의 경우 과거 소비에트 시기에는 종교인들이 이슬람 교육을 받기 위해 우즈베키스탄의 부하라나 타쉬켄트까지 가야만 했으나, 오늘날에는 알마티나 쉼켄트 등지에 있는 마드라사에서 이슬람학을 배운 후 국내 최고의 이슬람 교육기관인 알마티 소재 이슬람 대학에 진학하면 된다. 또 2006년에 서거

가령 마을 공동체인 마할라를 활성화시키기 위해 공동체의 장로에 해당하는 '악사칼'(aksakal)의 권력을 제도로 정한 1993년의 마할라법은 각지에서 비공인 물라들의 힘을 강화시키는 결과를 초래했다. 더욱이 국제적인 인지도를 높이려는 중앙아시아의 신생 국가들이 이란에 대항하기 위해 사우디아라비아 등의 일부 친미 무슬림 국가에 문호를 개방함으로써, 수니 급진파적 색채가 강한 이슬람교가 확산된 것도 사실이다.

한 투르크메니스탄의 니야조프(Saparmurad Niyazov) 전 대통령은 1995년 코란의 투르크멘어 번역판 5만부를 찍는 데 20만 달러를 지원한 바 있다. 하지만 니야조프가 국민들에게 보급하는 이슬람은 대통령 자신에 대한 과도한 개인숭배와 결합된 기형적인 모습을 하고 있다.

한편 위에서도 언급했듯 소연방 해체 후에도 중앙아시아 각국에서 국가와 이슬람을 중개하는 공식 역할은 여전히 종무국이 담당하고 있다. 소련의 4개 종무국 중 하나로 1943년 타쉬켄트에 설치됐던 '중앙아시아 및 카자흐스탄 무슬림 종무국'은 소연방 종식 이후 우즈베키스탄 공화국 만을 위한 조직으로 '독립'했다. 또 과거에 나머지 4개 공화국에 설치되어 있던 종무국 지부는 각자 독립하여 자기 나라만의 독자적인 종무국으로 재출발했다.

지면의 제약상 각 공화국 종무국의 동향을 여기에서 모두 살펴보기는 힘들기 때문에 우즈베키스탄의 예만 들어보기로 한다. 독립이 임박했을 당시 '중앙아시아 및 카자흐스탄 무슬림 종무국'의 무프티였던 무함마드 사디크 무함마드 유수프(Muhammad-Sodiq Muhammad Yusuf, 1989~1992년 재직)는 국가의 통제로부터 벗어나기 위해 나름대로 공인 이슬람 자체를 개혁하려 시도했다. 그의 노력으로 우즈베키스탄 국내의 이슬람 부흥이 촉진된 것도 사실이었다. 그러나 1992년에 그가 해임되자 우즈베키스탄 무슬림 종무국은 친 정부 노선으로 되돌아섰다.

사실 소연방 시기와는 달리 현재의 우즈베키스탄 종무국은 '사회단체'라는 범주 안에 속해 있다. 다시 말해 작가동맹이나 여성위원회 등의 단체와 같은 성격의, 명목상 독립된 비국가 조직인 셈이다. 따라서 종무국장(무프티)의 정치적 성향에 따라서는 정권 측과 거리를 둘 수도 있게 되어 있다. 그러나 현 카리모프(Islam Karimov) 대통령 체제 하에서는 실질적으로 종무국의 일거수 일투족에 대해 종교문제 담당 대통령 고문이나 각료회의 부속 종교문제위원회 등 체제 측의 입김이 강하게 작용하고 있다. 또 무프티의 선출 방식 자체에도 정권의 의사가 반영되는 실정이라 종무국은 대체로 정권 측의 정책 방향에 순종적일 수밖에 없다. 그래서 아직까지도 일반 무슬림 대중은 종무국을 '국가기관'으로 간주하고 있으며 소련 시기처럼 권위주의 체제를 지탱하는 조직일 뿐이고 종무국의 결정이나 파트와도 종교적 의미가 없는 일반적인 국가의 판단으로 받아들인다.

우즈베키스탄 이외의 나라들에서도 오늘날 종무국의 역할은 정도의 차는 있지만 대부분 유사하다. 이렇듯 국가가 권위주의적 경향을 강화하고 종무국이 국가의 시녀로 전락하자 이슬람 부흥 과정에서 출현한 반정부 이슬람주의자들은 종무국에 대한 비난과 공격의 수위를 높여 왔다. 만일 종무국이 일정한 자립성을 유지하면서 독립적으로 판단하고 행동할 수 있게 된다면 정권과 반정부 이슬람주의자들을 화해시켜주는 중재자로 역할 할 수도 있을 테지만, 종무국이 처한 현실은 여전히 어렵다.

3. 수피즘과 정치

오늘날에도 중앙아시아 전역에서 수피즘은 여전히 민중들의 사랑을 받고 있다. 이미 언급했다시피 이 지역의 이슬람 역사와 문화 속에서 수피즘은 중요한 역할을 담당해 왔으며, 지금도 각 지역의 수피 명문가들은 존경의 대상이다. 하지만 수피 종교인들의 정치적 영향력은 예전 같지 못한데 그 이유는 수피 교단의 허술한 조직 체계 때문이다. 또 중앙아시아 전역에 워낙 광범위하게 퍼져 있다 보니 이 지역의 무슬림이라면 누구든 어느 정도는 수피 명문가와 혈연적으로 연결되어 있어 수피의 희소가치가 그 만큼 적은 탓이기도 하다.

오늘날 수피 교단이 정치 세력화하지 못한 또 하나의 원인은 일반적으로 수피 교단의 스승이자 지도자인 '피르'(pir, 또는 샤이흐)와 그 제자인 '무리드'(murid)의 관계가 정치적 당파성과는 무관하게 형성되어 있기 때문이기도 하다. 예를 들어 타지키스탄 공화국의 저명한 카디(이슬람법 판사)였던 투라잔자다(Hoji Akbar Turajonzoda)의 아버지는 카디리야(Qadiriya) 교단에 속한 유명한 무리드였지만, 투라잔자다가 내전에서 패배해 해외로 망명했다고 해서 그의 아버지가 당국의 탄압을 받지는 않았다. 투라잔자다 자신도 타지키스탄 세속 정권이 자신을 내쫓고 새로 임명한 종무국 카디인 파트홀라 샤리프자다(Fatkhullo Sharifzoda)의 아버지 다물라 무함마드샤리프 힛사리(Domullo Muhammadsharif Hissari)를 평소에 대단히 존경했던 것으로 알려져 있다. 힛사리는 자기 밑에 페르가나 출신의 우즈베크인과 타지키스탄 남부 출신의 타지크인들을 제자로 삼아 활동하던 낙쉬반디야 교단의 지도자였다. 투라잔자다 자신은 수피가 아니었지만 자신의 가문이 카디리야 교단의 가계에 속해 있었음에도 낙쉬반디야 교단의 지도자를 존경할 수 있었던 것이다.

또 1991년 7월 12일에 아비가름에서 낙쉬반디야 교단의 지도자인 압두라흐만 잔(Abdurahman-Jan)의 장례식이 성대하게 거행되었는데 여기에는 타지키스탄의 반정부 운동을 주도하던 이슬람부흥당은 물론 부흥당의 정적인 정부 인사들까지도 조의를 표명한 바 있다. 더욱이 압두라흐만 잔의 아들인 압둘 쿠두스(Abdul Qudus)는 이슬람 부흥당의 투라잔자다를 지지한 데 반해, 조카인 네마트자다(Nematzoda)는 세속 정권이 임명한 종무국의 무프티로 일하기도 했다. 이러한 현상은 종교적으로 존경받는 수피 교단과 수피 명가문이 민족이나 지역, 정치적인 소속에 상관없이 사회 전체적으로 영향력을 갖고 있음을 증명해 주는 것이다. 하지만 바꿔 말하면 수피 교단이나 명가문이 정치적인 영향력을 갖고 있지는 못하다는 의미도 된다.

전통적으로 수피 교단은 특정 가문을 통해 계승되곤 했는데, 오늘날 이러한 전통도 많이 상실되어 가고 있다. 권위 있는 피르(교단 지도자)의 자손이라고 해서 반드시 위대한 종교 지도자가 된다는 보장이 없기 때문이다. 따라서 이들 교단이나 명 가문에 대한 무슬림 대중의 존경은 종교적인 것이라기보다는 사회적인 예의라는 성격이 더 강하다. 더욱이 교단의 계승성이 사라져 감에 따라 자연히 각 수피 교단이 갖고 있던 의식, 의례 등도 왜곡, 변질되고 있다.

오늘날 우즈베키스탄을 비롯한 중앙아시아 국가들에서는 정권 측이 이슬람 급진주의자들에 대항하는 '국민적' 이슬람으로서 수피즘을 강조하는 경향이 강하다. 절대적인 유일신 사상과 이슬람 국가 건설을 지상목표로 하는 이슬람주의자들에게 있어서 비정치적이고 성자숭배 등의 이단적인 요소를 내포하고 있는 수피 교단은 용서할 수 없는 신앙의 적이기 때문이다.

Ⅳ. 현대 중앙아시아의 이슬람주의

1. 이슬람주의 조직의 등장

독립을 전후한 시기에 타지키스탄과 우즈베키스탄에 등장한 이슬람주의자들의 정치화 현상은 주목할 만하다. 이슬람주의란 정치와 종교의 분리를 거부하며 이슬람법에 입각한 신정국가(神政國家)를 건설하려는 종교 사상 운동이다. 사실 소비에트 시기에도 이슬람주의자들은 존재했었음이 최근 연구를 통해 밝혀졌다. 하지만 당시에는 이슬람주의 사상과 운동이 표면에 모습을 드러내지 않고 일부 무슬림들 사이에서만 운위(云爲)됐을 뿐이었다.

페르가나 분지와 타지키스탄에서 대단히 큰 영향력을 갖고 있던 하나피 학파 전통주의자 힌두스타니(Hindustani, 본명은 무함마드잔 루스타모프 Muhammadjon Rustamov)는 1950년대 말경부터 비합법적인 학습회를 조직해 많은 제자들을 배출했던 것으로 알려져 있다. 그의 제자들 중에는 세계적으로 저명한 이슬람 부흥운동 사상가인 이집트의 하산 알반나(Hasan al-Banna)와 사이이드 쿠트브(Sayyid Qutb), 파키스탄의 마우두디(Saiyid Abu al-Ala Maududi) 등으로부터 영향을 받아, 스승인 힌두스타니의 무저항주의를 비판하는 이슬람주의자들로 변모하는 이들도 생겨났다. 이들 급진 이슬람주의자들은 1970년대 말 페르가나 분지에서 라흐마툴라 알라마(Rahmatullah Allama)와 압둘발리카리 미르자예프(Abdulvali-Qori Mirzoev) 등의 지도 하에 '무잣디디야'(Mujaddidiya)라 불리는 혁신적 계파를 형성하기 시작했다. 중앙아시아에서 흔히 '와합파'(wahhabi)로 통칭되는 열성 이슬람교도들은 바로 이들 계파에서 성장한 신세대 이슬람주의자들이며 중앙아시아 독립기의 이슬람주의는 이들이 주도하게 된다.[7)]

이러한 흐름 속에서 1990년대 중반까지 형성된 다양한 이슬람주의 조직들은 중앙아시아 이슬람의 전통적인 교리를 부정하고 '순수한 이슬람'의 시대로 회귀할 것을 지상목표로 설정했다. 그들이 말하는 순수한 이슬람의 시대란 과거에 이상적인 칼리프 국가를 건설했던 이슬람의 교조 무함마드와 4명의 후계자들이 통치하던 이슬람 초기 시대를 말한다. 독립 후 중앙아시아에서 활동하던 이슬람주의 조직은 크게 4개 부류로 구분해 볼 수 있다. ① 진정한 칼리프제의 수립과 무슬림의 각성을 촉구하는 그룹. '해방당'(Hizb al-Tahrir)과 '타우바'(Tawba, 참회) 등이 이에 속한다. ② 이슬람이 처음부터 갖고 있던 평등의 정신과 규범을 부흥시켜 사회·경제적인 문제를 공동으로 극복하려는 그룹.

7) 원래 와합파는 18세기 초 아라비아 반도에서 일어난 압둘 와합(Abdul Wahhab)의 이슬람 부흥운동을 추종하는 세력을 일컫는다. 압둘 와합의 사상은 절대적인 유일신 신앙의 회복과 이교도에 대한 적대감, 엄격한 이슬람법의 적용 등을 특징으로 하며, 오늘날 사우디아라비아에서 국가 이데올로기로 인정하고 있는 이슬람은 바로 와합의 사상에 기반을 두고 있다. 중앙아시아에서는 소비에트 시기부터 급진 이슬람주의자들을 와합파로 불렀는데 그렇다고 해서 이들 모두가 압둘 와합의 사상을 추종한다고는 볼 수 없다. 그럼에도 불구하고 현재 러시아나 중앙아시아에서는 과격파 '이슬람 원리주의자'라는 의미로 와합파라는 용어가 다용되고 있는데, 엄밀히 말해 올바른 용어가 아니다.

③ 중앙아시아 이외 지역에서 유입된 이슬람 부흥주의 사상을 기반으로 활동하는 비정치적 그룹 ④ 비타협적인 종교·정치 반대파를 주류로 한 과격파 그룹. '아돌라트'(Adolat, 정의), '이슬람 라쉬카를라르'(Islom lashkarlar, 이슬람 전사단), '우즈베키스탄 이슬람 운동'(O'zbekiston islom harakati) 등이 이 그룹에 속한다.

이들 조직이 주민들 사이에서 일정한 공감을 얻어낼 수 있었던 이유는 페레스트로이카로부터 독립기에 걸친 정치적 혼란과 생활수준의 악화, 빈곤화, 빈부격차의 확대, 도덕의 저하 등 문제가 주민들의 실망감을 초래한 데 있었다. 그러나 이 같은 사회·경제적 어려움을 단기간에 해결하지 못했을 뿐 아니라 이슬람 세력의 주장이나 내부 사정을 제대로 이해하지 못한 각 공화국의 세속 정권은 이들 조직을 '광신도'나 '와합파', '원리주의자', '테러리스트', '턱수염' 등으로 부르면서 무력을 통한 대응으로 일관했다.

사실 중앙아시아 국가들의 독립선언과 소연방 해체는 이슬람주의자들에게 보다 자유로운 활동과 정치참가가 가능해지리라는 기대감을 갖게 했었다. 소련이 해체되기도 전인 1990년에 소연방 전역의 이슬람 지도자들이 창설한 '이슬람부흥당'은 비록 연방 전체의 무슬림을 통합하는 정당으로 발전하는 데는 실패했지만, 중앙아시아와 카프카즈 등 구소련 무슬림 지역에 지부당을 설치하면서 지역 차원의 활발한 활동을 전개했다. 특히 타 지역에 비해 이슬람주의자들의 정치화가 심각하게 대두된 곳은 타지키스탄과 우즈베키스탄이었다. 타지키스탄에서는 민족주의, 민주주의 계열 조직과 손잡은 무함마드샤리프 힘마트자다(Muhamadsharif Khimmatzoda)의 '타지키스탄 이슬람부흥당'이 러시아와 우즈베키스탄의 배후지원을 받는 구 공산당 계 정권에 저항하면서 내전이 발생했다.

한편 우즈베키스탄에서는 이슬람부흥당이 합법화되지 못했고, 대신 페르가나 분지에서 형성된 이슬람주의 세력이 독자적인 정치조직을 만들어 활발히 활동했다. 특히 나망간 등지에서 '아돌라트', '이슬람전사단'과 같은 이슬람주의 그룹이 자경단을 만들어 주민들의 치안 유지와 이슬람법 준수 여부를 감시하고 이를 위반할 경우 처벌을 내리는 등 사실상 공권력에 맞먹는 활동을 전개했다. 더 나아가 이들은 정권은 물론 공화국 종무국과도 타협하지 않은 채 지방 행정 기관을 장악하려 시도했다. 그 결과 '와합파'와 당국 간의 대립이 격화되었으며, 1991년 12월에 상황을 수습하기 위해 나만간을 방문한 카리모프 대통령이 '와합파'의 야유와 비난 속에서 타협을 강요받는 사건까지 발생했다. 일반적으로 '나만간 사건'이라 불리는 이 사건을 계기로 우즈베키스탄 정권은 각 지방 모스크의 이맘 등 무슬림 지도자들을 대거 체포하고 '와합파' 계열의 모스크를 폐쇄하는 등 탄압의 강도를 높이게 된다. 이후 카리모프 정권의 강권정치가 강화된 결과 1993년경에는 이미 주요 반정부 세력이 대부분 제거되었으며, 이슬람주의자들도 체포, 망명하거나 혹은 지하로 숨어들었다.

중앙아시아에서 이슬람주의 세력의 일부가 과격화, 폭력화된 원인은 여러 가지가 있겠으나 주된 요인을 정리하면 다음과 같다. ① 중앙아시아 각국의 부적절한 이슬람 정책 ② 소련 시기부터 독립기에 이르기까지 중첩된 사회 내부의 다양한 모순과 이를 둘러싼 정치 구도 ③ 아프가니스탄 전쟁(1978~1992년)과 뒤이은 아프간 내전, 강대국의 개입, 탈레반의 등장(1996년) ④ 타지키스탄 내전(1992~1997년)과 체첸 전쟁 등 구소련 무슬림 지역에서 발생한 분쟁 등이다.[8] 중앙아시아에서는 이들 요인이 직간접적으로 영향을 미치면서 서로 복잡하게 얽혀 있었고, 국내에서 활동이 불가능해진 이슬람주의 조직들이 당시 형성되어 있던 전투주의적인 국제 이슬람주의 네트워크 속에 편입되었던 것이다.

특히 1990년대 말 우즈베키스탄에서는 '우즈베키스탄 이슬람 운동'에 속한 무장집단이 종종 국경 내부로 침입하여 심각한 위협이 되었다. 이러한 상황 하에서 국가는 더욱 이슬람에 대한 강압 정책을 강화했고, 때문에 정권과 이슬람 세력 간 폭력의 악순환이 거듭되면서 상황은 최악으로 치달았다. 결국 악순환의 고리가 끊어진 것은 9·11 사건 이후 중앙아시아 접경 아프가니스탄에서 미국이 벌인 국제테러와의 전쟁 덕분이었다. 중앙아시아 각국 정권이 알카에다와 탈레반 소탕작전에 협력하기도 했지만, 이를 이용해 국내의 이슬람 근본주의자들을 축출한다는 명분으로 반대파를 제거하는 데 성공한 측면도 무시할

8) 중앙아시아의 5개 공화국이 독립하자 외국의 이슬람 설교자들의 입국과 해외 이슬람 단체들의 장학금 수여, 종교 문헌의 유입 등 무슬림 세계와의 접점이 순간적으로 증가하였고 여기에서 주도적인 역할을 담당한 것은 주로 중동 국가들과 파키스탄이었다. 이란의 경우에는 자국의 이념을 전달해 줄 중계자가 없었고(중앙아시아에는 시아파가 대단히 소수에 불과하다) 미국이나 터키, 사우디아라비아의 영향력에 저항하기 위해 러시아와의 우호 관계 유지에 주력하고 있다. 이란이 제한적이나마 역할을 할 수 있었던 지역은 언어적으로 가까운 타지키스탄뿐이었으며 1997년 6월에 러시아와 함께 평화협정을 지원하기 전까지는 현지의 반정부 이슬람주의 세력을 지원했던 것으로 알려져 있다. 한편 아프가니스탄과 타지키스탄에서 내전이 격화되자 국경 경비가 허술해지면서 아프가니스탄의 급진파와 중앙아시아의 급진파가 직접 접촉하게 되었다.

수 없다. 더욱이 아프가니스탄에 대한 미군의 폭격으로 '우즈베키스탄 이슬람 운동'은 괴멸적인 타격을 받았다.

그러나 이슬람주의는 여전히 중앙아시아 내부로부터 분출할 가능성을 갖고 있다. 여기에서는 특별히 국제 사회의 관심을 받고 있는 '우즈베키스탄 이슬람 운동'과 '해방당'에 초점을 맞추어 고찰해 본다.

2. 우즈베키스탄 이슬람 운동

우즈베키스탄 이슬람 운동은 타히르 욜다쉬(Tahir Yoldash, 1967~), 주마 나만가니(Juma Namangani, 1969~2001)를 지도자로 하여 1996년에 결성된 이슬람 조직이다. 조직원의 수는 정확하지 않으나 5,000명 정도라는 설이 가장 유력하다. 이 운동의 지도자 두 사람은 앞에서도 언급한 '이슬람전사단'을 지도한 바도 있으나, 당국의 탄압이 거세지자 내전을 겪고 있던 아프가니스탄과 타지키스탄으로 도주하여 그곳에서 체류했다.

욜다쉬는 나만간 사건 당시 카리모프 대통령을 야유하고 비난한 핵심 인물로 알려져 있다. 그는 우즈베키스탄의 카리모프 정권을 타도하고 페르가나 지방 혹은 우즈베키스탄에 이슬람 국가를 건설할 것을 주장하면서 카리모프 정권에 대해 지하드를 선언한 바 있으며, 1999년 2월 타쉬켄트 폭탄 테러 사건의 주모자로 검거령이 내려져 있는 상태다.

한편 나만가니는 1999년 8월 키르기즈스탄의 바트켄에서 발생한 일본인 인질 사건에 관여한 인물이다. 이후에도 그가 이끄는 소규모 무장집단이 우즈베키스탄에 자주 출몰하여 문제를 일으켰는데, 이들이 아프가니스탄에서 페르가나 분지로 이동하기 위해서는 타지키스탄과 키르기즈스탄을 경유해야 했기 때문에 우즈베키스탄 이슬람 운동의 활동은 자연히 '국제문제'로 비화되었다. 2000년에 미 국무부가 발표한 '국제테러리스트 조직 리스트'에 이 조직이 올라있었다.

아프가니스탄에 대한 미군의 폭격이 계속되는 가운데 2001년 11월 나만가니가 전투 중 사망했다는 보도가 전해졌다. 뒤이어 탈레반 정권이 붕괴되면서 우즈베키스탄 이슬람 운동의 향배가 불확실해지기는 했지만, 조직 자체가 완전히 사라진 것은 아니라는 게 전문가들의 견해이다.

3. 해방당

최근 중앙아시아 각국 정권들이 가장 큰 위협으로 간주하는 불법 이슬람 조직이 해방당이다. 해방당은 전 세계에 퍼져 있는 국제 이슬람 부흥 조직으로서, 1949년 예루살렘에서 결성된 이슬람 해방당의 하부조직 그룹이다. 1992~1994년 경 페르가나와 안디잔, 타쉬켄트에 출현한 것이 공식적으로 보고된 중앙아시아 진출의 첫 사례다. 또 이 조직은 1998~2000년에 걸쳐 타지키스탄과 키르기즈스탄에도 침투한 것으로 알려져 있다.

이 조직은 칼리프가 전 세계 이슬람교도를 통합할 것과 이슬람법에 입각한 칼리프제 국가를 수립하는 것이 목표이다. 따라서 전 세계 무슬림의 유대가 강조된다. 또 해방당은 기본적으로 비폭력을 주장하는데, 정권 탈취 가능성이 확실한 마지막 단계에서만 폭력(군사 쿠데타) 행사가 인정된다. 간부 이외에는 당원들끼리 얼굴을 알 수 없을 정도로 철저한 비밀주의 원칙에 따라 활동한다. 5명 단위로 조직된 세포조직이 형성되어 있고, 각 당원이 4명의 신입 당원을 끌어들여 새로운 세포를 만들어 나가는 구조로 되어 있다. 활동의 중심은 교재에 의한 계몽활동이며 교재를 구입해서 샤리아에 기초한 자기희생 투쟁을 학습하는 것이 당원으로서의 입문 과정이다.

현재 해방당은 페르가나 분지를 중심으로 우즈베키스탄, 타지키스탄, 키르기즈스탄 남부에서 지하조직을 확대해 나가고 있다. 우즈베키스탄 이슬람 운동과 달리, 해방당은 현 단계에서 폭력을 사용하지 않는다고 주장한다. 그러나 각국 정부는 해방당의 활동에 촉각을 곤두세우며 경계를 늦추지 않고 있다. 현재까지 투옥된 당원만도 중앙아시아 전체에서 1만 명 이상이 될 것으로 추정하는 전문가들도 있다. 더구나 9·11 사건 이후 아프가니스탄과 이라크에 대한 미군의 공격을 계기로 해방당의 활동 양상이 변화하여 급진 과격화되고 있다는 보고도 있다.

당국의 가혹한 탄압에도 불구하고 해방당의 정치적, 윤리적 주장이 현지 주민들의 폭넓은 지지를 얻고 있는 데는 몇 가지 이유가 있다. 우선 중앙아시아 전역이 여전히 정치, 경제, 사회적인 폐쇄상태에 있다는 점을 가장 큰 원인으로 들 수 있다. 또 국가가 공정성과 안전을 보장해 주지 못하는 데 따른 주민들의 실망감이 크기 때문에 "칼리프제가 이상적이고 공정한 사회체제"라는 인식이 주민들의 마음을 사로잡고 있다는 점도 무시해서는 안 될 것이다. 결국 국가가 대내외적으로 하는 선전과 실제적인 현실 사이에 괴리감이 커지면 커질수록 해방당의 역할이 위력을 발휘할 것이라는 게 전문가들의 공통된 견해다.

V. 중앙아시아 기독교의 고민

러시아가 중앙아시아를 식민지화한 이후 기독교는 중앙아시아에서 두 번째로 큰 종교로 자리매김해 왔다. 사실 기독교가 중앙아시아에 처음 등장한 것은 러시아는 물론 이슬람이 이 지역에 들어오기도 훨씬 전 일이었다. 그러나 오늘날 남아 있는 기독교는 러시아의 지배로 인해 유입된 정교가 대부분이다. 따라서 중앙아시아의 정교 신자들은 여전히 모스크바에 있는 정교회 총주교부와 연계되어 있다.

정교는 소비에트 시기에 이슬람과 마찬가지로 탄압을 받았으나 소련 말기에 다시 신앙의 자유를 되찾아 교회를 재건하고 종교 활동을 공개적으로 할 수 있게 되었다. 하지만 중앙아시아 공화국들이 독립한 이후 이 지역에 불어닥친 민족주의의 열기와 반러시아 정서, 경제난 등으로 인해 러시아인이나 우크라이나인 등 정교를 믿는 슬라브계 주민들이 이 지역을 떠나면서 교회는 심각한 신자 부족 사태에 시달리고 있다. 예를 들어 1991~2007년 사이에 타지키스탄과 투르크메니스탄에 거주하던 슬라브계 인구의 3/4이 살던 곳을 버리고 러시아 등 국외로 떠났으며, 이러한 상황은 다른 나라에서도 크게 다르지 않다. 키르기즈스탄과 우즈베키스탄에서는 독립 이후 슬라브계 주민의 절반 가까이가 이미 빠져나갔다. 이 같은 슬라브계 인구의 감소가 앞으로도 계속된다면 그나마 미진한 정교의 영향력은 더욱 감소할 것이다.

〈카자흐스탄 알마티의 젠코프 러시아 정교 사원〉

한편 개신교와 가톨릭이 중앙아시아에 처음 등장한 것은 19세기 말에서 20세기 초에 걸친 시기에 러시아 제국 내에 거주하던 독일인과 폴란드인이 중앙아시아로 이주하면서부터였다. 또 스탈린 시기에는 볼가 강 유역에 살던 독일인들이 카자흐스탄 등지로 강제 이주되기도 했다. 그 결과 제2차 세계대전 직후 중앙아시아 총 인구의 2.5%는 독일인과 폴란드인이 차지하게 되었으며, 1980년대 중반에는 110만~120만 정도로 인구가 늘어났다. 소비에트 치하에서 이들 서유럽계 민족들도 자유롭게 신앙생활을 할 수 없었지만, 종교의 자유화 이후 개신교와 가톨릭교회가 재건되고 신자 공동체가 활성화된 것은 물론이다.

그러나 독립 이후 대다수 독인인들은 이미 중앙아시아를 떠났고 자연히 개신교의 교세도 약화되었다. 대신 한국을 비롯한 세계 각국의 개신교 교파가 중앙아시아 지역을 선교 중점 지역으로 삼아 활발한 선교 사업을 전개하고 있어 개신교에 새로운 바람이 불고 있다. 단지 비이슬람 외래 종파의 선교 활동이 현지 주민들과의 마찰을 빚고 있을 뿐만 아니라 우즈베키스탄과 키르기즈스탄, 카자흐스탄 세속 당국의 감시와 탄압이 거세지고 있다. 일부 나라들에서는 외래 종교의 선교를 제한하기 위한 법제화가 추진되고 있고 이미 외국인 목사가 국외로 추방되는 사건도 빈발하고 있다.

VI. 향후 중앙아시아 종교의 전망

중앙아시아는 중동 이슬람 세계와는 달리 사회의 세속화와 종교의 다양성이 인정되는 지역이다. 그러나 역시 이슬람의 역할은 대단히 중요하다. 현대 중앙아시아에서 다수를 차지하는 주민들이 이슬람을 자기 '전통'으로 인식하고 있고 스스로가 무슬림이라는 인식을(개인적인 수준 차이는 있으나) 갖고 있기 때문이다. 더욱이 다양한 이유 때문에 현 정권에 대해 불만을 갖고 있는 이들이 이슬람의 기치 아래 집결하기가 쉬운 상황이 종종 발생할 뿐 아니라, 이슬람의 정치화와 과격화라는 문제는 향후 중앙아시아의 안정과 발전에 중요한 의미를 갖는다.

특히 9·11 사건 이후 '문명의 충돌'에 기초한 국제적 담론에 힘입어 중앙아시아 각국 정부가 과도하게 종교 문제에 관여하고 있고 자국의 이슬람주의자들과의 사이에 적대적 관계의 골이 깊어지고 있는 상황은 심각하다. 이슬람이란 무엇이며 무슬림이라는 것이 무엇을 의미하는지는 중앙아시아 사람들에게 있어서, 그리고 세속주의를 표방하는 중앙아시아 각국의 정권에게 있어서 여전히 유효한 질문인 것이다.

중앙아시아에서 국가와 이슬람의 문제를 생각할 때 중요한 핵심은 이슬람 부흥을 세속주의와 어떻게 조화시켜 나갈 것인가라는 문제이다. 더 나아가 중앙아시아가 러시아화 되기 이전의 '전통'과 러시아화로 시작된 '근대'를 어떻게 화해시킬 것인가가 근본 문제로 대두된다. 단순화해서 본다면 오늘날 중앙아시아에는 두 부류의 사람들이 있다고 하겠다. 하나는 러시아인들이 이 지역에 발을 들여놓기 이전의 전통적인 이슬람 세계로 회귀하려는 사람들이며, 또 하나는 오랜 소비에트 체제 하에서 세속화를 경험한 근대적 세속주의자들이다. 특히 후자의 부류에는 오늘날 중앙아시아 각국의 정치를 책임지고 있는 정치 엘리트들이 속해 있다. 이들 두 부류의 사람들이 서로 어떤 관계를 구축해 나갈 것인지, 또 어떤 모습으로 '민족국가'를 만들어 나갈 것인지가 중요한 과제인 셈이다. 여기에 해방당과 같은 국제 이슬람주의 조직이 개입하면서 문제는 더욱 복잡해지고 있어, 향후 중앙아시아의 종교가 국가와 어떻게 조화해 나갈지 그 미래를 예측하기는 결코 쉬운 작업이 아니다.

참고문헌

間野英二·堀川徹(編),『中央アジアの歴史·社会·文化』, 東京 : 放送大学教育振興会, 2004.

岩崎一郎(外),『現代中央アジア論―変貌する政治·経済の深層』, 東京 : 日本評論社, 2004.

小松久男(外),『中央ユーラシアを知る事典』, 東京 : 平凡社, 2005.

Abazov, Rafis. *Culture and Customs of the Central Asian Republics*. Westport : Greenwood Press, 2007.

Khalid, Adeeb. *Islam After Communism : Religion and Politics in Central Asia*. Berkeley : University of California Press, 2007.

Roy, Olivier. *The New Central Asia : The Creation of Nations*. London : I. B. Tauris, 2000.

제5장 중앙아시아 전통문화

장준희

1. 중앙아시아 전통문화의 존재양상

현재의 중앙아시아 5개국은 유목문화를 토대로 성립된 국가들이다. 중앙아시아 지역(당시는 투르키스탄)이 제정 러시아의 지배아래 들어간 이래 유목민의 정착(정주)화 노력이 소비에트가 성립된 이후에도 지속적으로 이루어져 왔지만, 유목민의 특징은 오늘날의 중앙아시아 여러 지역에서 진행되고 있을 만큼 강한 생명력을 가진 문화형태이다. 그러나 엄격한 의미의 '순수한 유목민'은 오늘날 중앙아시아에 존재하지 않는다. 중앙아시아의 유목은 반유목적 성격을 가진 경제생산양식의 한 형태로, 주로 5월 봄에서 10월 가을까지 일정한 지역에서 가축을 방목하는 사육방식을 취하고 있다. 과거와 같이, 주기적 이동을 하거나, 일정한 목초지를 오가면서 행해지는 것도 아니다. 그렇다고, 목축이동에 성원의 전부가 참여하는 것도 아니다. 항상 정해진 목초지를 중심으로 생활하면서, 정착생활에 들어간 가족의 일부 성원과 주기적 연락을 취하면서 살아간다. 여기에 과거에 없었던 정주문명의 생

〈반유목생활을 하는 악사칼과 손자가 초지를 모으다가 마유주 '쿠미스' 한잔으로 허기를 달래고 있다〉

활양식들이 들어와 있다.

이러한 한시적이고 불완전한 목축이동양식이 중앙아시아에서는 이미 사라진지 오래이다. 소비에트의 제도권 안에 들어가면서, 천산 산맥을 중심으로 한 일부 지역과 카자흐 초원지역, 키질쿰, 카라쿰으로 대표되는 반사막 지역에서 목축이동양식의 유목생활이 행해지고 있을 뿐이다. 그것도 소비에트에서 독립한 이후에 일정한 패턴을 보여주고 있는 이미 사라진 과거의 유목적 생산양식이 일부지역에서 정착생활에 완전히 적응하지 못한 사람들을 중심으로 되살아나고 있는 실정이다. 소비에트의 집단화 정책으로 생겨났던 목장형 '페르마(Perma)' 정착민에서 반목반농 정착민으로의 회귀이다.

중앙아시아 민족들은 농사도 짓고 있는데, 특히 우즈베키스탄 아무다리야(江), 시르다리야 주변 지역, 페르가나 계곡, 키르기즈스탄 이식쿨 호 주변의 분지와 탈라스 계곡, 카자흐스탄의 발하쉬 호 주변, 쉼켄트, 잠불 지역 등에서 농업에 종사한다. 이들은 주로 밀, 조, 보리를 재배하고 있다. 조 혹은 수수는 중앙아시아 지역에서 가장 오래된 재배 곡물로, 농업을 통해 생활을 영위하기 위해, 훌륭한 관개 수리시설을 발달시켜야만 재배가 가능한 곡물이다. 전통적으로 벼농사는 수경작물이기 때문에 수량을 많이 필요로 하는데, 기후와 지리적 여건에 적합한 우즈베키스탄 지역 정확히 언급하면, 호레즘 지역을 중심으로 발달해 온 농경이다.

물론, 오늘날에는 목화가 중앙아시아 5개국에서 연간 2백만 톤 이상이 생산될 만큼 가장 수확량이 많은 작물이지만, 전통적인 의미에서 목화는 중앙아시아 농경에 국한된 것이 아닌 제정 러시아 시기를 거치면서 시작된 작물이다. 미국의 남북전쟁을 통해 목화수입에 타격을 받자, 당시 최대 목화 수입국이었던 제정 러시아가 험난한 혹한의 겨울을 넘기기 위해 목화 경작지를 중앙아시아 트란스옥시아나(Transaxiana)[1] 지역에서 찾으면서 본격적으로 시작되었다.

사냥은 유목적 전통을 가진 중앙아시아 민족들에게 가장 중요한 직업 중의 하나였다. 전승되는 전설과 서사민담에 따르면, 전체 공동체와 전통마을[2]은 전적으로 사냥을 통해서 생활을 하기도 하였다. 옛날부터 중앙아시아 여러 민

1) 트란스옥시아나는 중앙아시아 현지에서는 아랍어 명칭 '마바란나흐르'라고 하는 두 강 사이의 삼각주 지역이다. 페르시아에서는 이들 지역을 '투란'이라고 부른다.
2) 유목민의 전통마을을 우즈베크에서는 '키쉴락'이라고 하고, 키르기즈에서는 '아일(ail)', 카자흐에서는 '아울(aul)'이라고 한다.

족들은 사냥에 새를 이용했는데, 독수리, 송골매, 매(솔개) 등을 활용하였다. 유목제국시기에는 매사냥이 국가적으로도 중요한 행사였다. 또, '타이간(Taigan)'이라는 특별한 개를 사육했는데, 타이간은 산악지형에서도 아주 잘 훈련된 전문 사냥개이다. 타이간은 투견(鬪犬)으로서도 훌륭한 동물이었다. 한국에도 잘 알려진 '아프간하운드(Afganhound)'는 전통적인 유목견이자 사냥견으로 중앙아시아 남부지역에 널리 분포하던 개다. 제1차 세계대전을 거치면서 영국으로 건너가 종자 개량되었지만, 굳건하고 총명하고 아름다운 모습은 그대로 남아 있다. 전통적으로 중앙아시아의 유목견은 귀와 꼬리를 짧게 자르는 경향이 있다. 늑대와의 싸움에서 유리하기 때문이다.

중앙아시아 지역에는 예부터 여러 씨족이 연합하여 원정사냥을 하는 관습이 오래전부터 있어 왔다. 이때 잡은 동물은 위계와 사냥에서의 공헌에 따라 엄격하게 분배하여 나눠어 가졌다. 야생동물사냥에서 동물을 직접 잡은 사냥꾼은 머리, 목, 갈비를 포함한 가슴부위와 가죽을 가졌다. 나머지 부위는 다른 사냥꾼들이 동등하게 나눠어 가졌다. 이러한 전통은 정착생활을 하는 오늘날의 중앙아시아 민족들에게 그대로 남아있다. 바로 '하사르(Hasar)' 전통이다. 일종의 상부상조(相扶相助)와 같은 것으로 우리의 '두레'와 비슷하다고 할 수 있다. 하사르 전통은 굳이 사냥에서만 나타나는 것은 아니다. 집을 짓는다든가, 누군가의 결혼식 등에서도 나타난다. 함께 힘을 모아 서로 도와주며 협력하는 전통풍습이다. 유목생활을 하든 정착생활을 하든 도시생활을 하든 하사르의 전통은 오늘날에도 중앙아시아 민족들의 손님맞이 전통인 '도스트릭(Dostlik)'과 함께 중요한 전통문화가 되어 있다.

사냥이 여러 날 지속되고 사냥꾼들이 고기를 끓일 철제 용기들을 갖고 있지 않다면, 아주 옛날부터 음식을 요리할 때 사용하던 방식들을 사용한다. 사냥한 동물의 내장에 물을 조금 넣은 다음, 익힐 고기들을 큼직하게 썰어서 내장에 넣는다. 한쪽에서는 불을 지펴 숯을 만든다. 나무들이 잘 타서 불이 붙은 숯이 되면, 그 자리를 말끔히 정리하고, 뜨거워진 지표면에 고기가 든 내장을 놓고, 뜨거워진 숯들로 내장을 에워 쌓는다. 뜨거운 지표면의 열기와 뜨거운 숯더미 속에서 내장 속의 고기들이 익어간다. 빵이나 물고기도 이런 방식을 통해 익혀 먹는다. 아주 고소하고 맛있는 빵과 물고기가 자연 속의 화덕에서 익는다.

오늘날 중앙아시아 민족들이 제일로 맛있는 요리를 할 때 사용하는 화덕인 '탄드르(Tandr)'의 효시라고 할 수 있다. 탄드르를 통해 고기든 빵이든 익혀 먹을 수 있다. 오늘날에는 웬만한 가정에 탄드르 하나씩을 만들어 직접 조리해 먹는다. 뿐만 아니라, 도시에서도 소비되는 전통빵인 '논(Non)' 역시 탄드르를 통해 만든다. '논'은 빵에 대한 총칭이다. 각 지역마다 발음상에 차이는 있지만, 둥글고 넓적한 빵을 보통 '리표쉬카(lepyoshika)'라고 부른다. 국가마다 지역마다 리표쉬카의 모양, 제조방법, 맛 등에 있어서 특성을 갖고 있다.

중앙아시아 국가들 중에서 빵으로 정확히 말해, 리표쉬카로 가장 유명한 지역은 사마르칸드이다. 제조방법이 비법으로 전통적 빵 굽는 집안에서만 전수되고 있는데, 그 맛과 모양이 좋기로 유명해 사마르칸드를 방문하는 사람들은 귀가 길에 반드시 리표쉬카를 여러 개 사서 집으로 간다. 리표쉬카의 재료인 밀의 품질도 좋아야 하지만, 리표쉬카를 만드는 비법이 남다른데, 반드시 탄드르에 구울 뿐 아니라, 밀가루에 어떤 전통적 물질을 첨부하여 제조한다. 물론, 화학조미료가 들어가는 것은 아니다. 또, 굽는 방법에 있어서 특별한 기술이 동원되는데, 이 역시 비법으로 공개되지 않고 있다.

리표쉬카와 관련한 전통문화 역시 많은데, 그중의 하나는 '리표쉬카를 뒤집어 놓으면, 집안의 안주인이 바람이 난다'는 믿음이 있다. 또, 먼 길을 떠날 때 반드시 리표쉬카를 들고 떠나는데, 이와 함께 젖먹이 시절 입었던 옷자락을 속옷에 단다거나, 속주머니 깊숙이 넣는 풍습도 있다. 전통적으로 리표쉬카를 만드는 주최는 남성이지만, 여성의 손맛이 가미될 수 있는 주식이 바로 리표쉬카이다. 리표쉬카에는 절대로 방부제를 첨부하지 않는 전통도 있다.

유목민의 가족은 가부장적인 대가족을 이룬다. 적어도 3대가 함께 산다. 결혼한 아들들 역시 자신의 가족뿐 아니라, 부모형제와 함께 공동체를 이루며 산다. 크게는 이러한 가족들이 확대되어 대가족들이 함께 모여 살면서 마을 공동체를 형성하기도 하고, 아니면, 이웃한 마을에 산다.

대가족을 이루는 유목민 가족에서 '악사칼(Aksakal)'은 가족을 대표하며, 가부장제 대가족에서 가장 연장자인 남자가 맡는다. 통상 악사칼을 '아타(Ata)'라고 부른다. 심지어 손자들도 할아버지인 악사칼을 '아타'라고 부르기도 하며, 자신의 생물학적 아버지인 진짜 아버지를 손위의 형님인 '아카(Aka)'라고 부르기도 한다. 물론, 악사칼인 할아버지가 생존해 있을 때에 한한다. 최고 연장자인 악사칼은 절대적인 권한과 자손들을 위한 씨족의 전통문화에 대한 다양한 경험, 지식을 갖고 있다. 마을 공동체의 구성원들은 악사칼을 찾아 조언을 구하기도 하는데, 대개 결혼, 장례, 일상생활에 대한 씨족의 관습, 전통에 대해서 문의를 한다. 악사칼과 연장자들의 경험은 수세기를 거쳐서 세대에서 세대로 전수되고 이어져 오고 있다. 오늘날에는 대도시를 제외한 모든 지역에 그대로 남아있는 전통문화가 악사칼과 같은 '원로존경문화(元老尊敬文化)'이다.

〈결혼식에 초대되어 아침 플롭을 먹고 있는 우즈베크 악사칼들〉

가족의 권위와 위계는 삶의 모든 부분에서 명백하며, 공동체 생활 속에서 매일의 식사에서 잘 나타난다. 가족의 모든 구성원은 엄격한 위계질서에 따라 자리를 차지하고 앉는다. 어린 시절부터 가족의 구성원 각자는 위계와 질서를 배우게 되는데, 강제적인 어떤 억압이나 제재 없이 자연스럽게 습득하게 된다. 심지어 도시생활과 아파트에 거주하는 경우에도 그대로 적용된다.

중앙아시아 유목민 가정의 손님맞이는 유별나다. 이를 '도스트릭'이라 한다. 지나가는 길손이라도 기꺼이 따뜻하게 맞이한다. 이러한 손님접대는 중앙아시아 투르크계 민족들의 전통적인 미풍양속에 해당한다. 가정을 방문하는 손님들이 있으면, 주인(악사칼)은 항상 손님들 중에서 가장 존경스러운 손님에게 자신의 자리를 양보하고, 나머지 손님들은 주인의 오른편인 아들들의 자리를 내어 준다. 또, 음식을 먹을 때, 고기를 여러 사람이 나뉘어 먹는 전통은 아직도 중앙아시아 민족들 사이에 존재하는 문화이다.

예나 지금이나 유목생활을 하는 중앙아시아 일부 민족들은 이동할 수 있는 거주공간 '유르타(Yourta)[3]'에서 생활하고 일한다. 유르타는 손쉽게 분해해서 야크, 낙타, 말 등에 싣고서 이동할 수 있도록 되어 있다. 유르타는 나무껍질을 모아서 여러 부분으로 나뉘어 기초를 삼아 만든다. 벽은 나무를 격자로 접어서 사용하고, 유르타를 고정시키기 위해서 나무격자 벽 위에 지붕인 '우우익(Uuk)'을 만들어 지탱하게 한다. 유르타의 지붕 가장자리 원 형태를 '투인두익(Tuinduik)'이라 하고, 구조물을 전체적으로 '보소고(Bosogo)'라고 지칭한다. 투인두익은 지붕의 배출구 역할을 하는데, 유르타 안의 화덕(난로)의 굴뚝으로 사용되기도 하고, 유르타 안으로 태양빛이 들어오도록 천장에 난 창문 역할을 하기도 한다. 투인두익은 밤이나 날씨가 안 좋을 때에는 펠트 천으로 덮어 닫아둔다.

〈키르기즈 유목민의 이동가옥 '유르타' 전경〉

유르타 생활의 기본은 '좌식문화(坐食文化)'이다. 악사칼을 중심으로 좌식문화가 중앙아시아 민족들의 가장 기본적인 전통문화에 해당한다. 도시생활에서도 좌식문화가 발달되어 있어 식탁을 중심으로 좌식생활을 하고 있다. 식탁을 중심으로 혹은 식탁보를 중심으로 위계에 따라 앉아서 음식을 먹거나 차를 마

3) 중앙아시아 유목민의 이동가옥을 '유르타'라고 한다. 유르타는 러시아식 명칭이다. 중앙아시아 투르크계 언어로는 '코라 우이'라고 하는데, '검은 집'이란 뜻을 갖고 있다. 몽골에서는 '게르'라고 부른다.

시고 담소를 나눈다. 좌식문화는 유르타에서 생활할 때나 정착한 가옥에서 생활할 때나 양식자체에는 변함이 없다. 공간만 달라졌을 뿐, 좌식문화는 그대로 아파트나 단독주택 안으로 들어온 전통문화이다.

유르타는 단순히 유목민의 주거공간으로서만 의미를 가지는 것은 아니다. 유목민의 세계관이 반영된 삶, 생활의 상징이기도 하다. '투인두익'은 유르타의 상징일 뿐 아니라, 태양을 상징화한 것이기도 하다. 열려진 투인두익을 통해 유목민들은 하늘의 별을 볼 수 있고, 별자리와 우주에 대해서 이야기꽃을 피우기도 하고, 자신들의 조상신(祖上神)과 하늘신 '텡그리'와 이야기 할 수도 있다.

옛날부터 전통적으로, 유목민의 생활에 활용되는 모든 생활가재도구들은 어떤 미적인 기능을 갖고 있었을 뿐 아니라, 실용적으로도 잘 디자인된 것이었다. 그래서 생활용품들은 어떤 전통적인 양식을 가진 정교한 것이었고, 가죽제품들은 특히 수를 놓거나 어떤 매력적인 모양을 가죽에 새겨 놓기도 하였다. 물론, 모든 생활가재도구들은 자급자족의 전통을 가지고 있다. 필요한 물품은 직접 만들어 사용한다.

여성들의 '수자니(Sujani)'는 수예제품으로 손으로 직접 짜서 만든 직물수예제품이다. 화려하면서 원색적인 색상을 활용한 것이 인상적이다. 각 지역마다 고유한 문양과 색상을 갖고 있다. 아나똘리아 반도에서 중앙아시아를 거쳐 알타이 산지까지 널리 분포된 전통문화가 바로 수자니이다. 아주 오랜 역사적 전통을 가진 '가사문화'의 정수로 예술적 경지에 이른 것이다.

또, 청동을 두들겨 생활용기를 만들거나 장식품을 만들기도 하는데, 특히 우즈베키스탄을 비롯한 정착생활이 일찍이 시작되었던 지역에서 유행하고 있다. '타출공예(打出工藝)'이다. 두드려 만드는 정교하고 화려한 장인의 기술이 오랜 역사적 전통을 가지며, 금속공예의 가장 대표적인 전통으로 자리 잡았다. 지금은 관광지의 기념품으로 전락한 경향이 있으나, 한국에 타출공예가 들어오기 전부터 중앙아시아 지역에서는 이미 상당한 발전을 거듭하고 있었다.

옛날부터 중앙아시아 민족들은 유목민으로 가축을 기르며 살아왔기 때문에 고기와 유제품이 일상식단의 가장 중요한 부분을 차지한다. 물론, 옛날부터 부분적인 농경을 통해 기장이나 보리를 재배해 오고 있다. 이러한 농산품들은 중앙아시아 민족들의 전통적인 식단의 일부가 되어 있다.

중앙아시아 민족들은 양고기, 쇠고기, 말고기, 야크고기, 야생동물의 고기 등 아주 다양한 종류의 육류들을 섭취하는데, 그중에서 말고기를 가장 좋아하고, 양고기를 가장 많이 먹는다. 야생동물은 산악 염소, 큰 뿔양, 노루, 사슴, 눈닭, 거위 등을 사냥을 해서 먹는다. 양고기를 먹는 것은 중앙아시아에서 일반적인 현상이다. 중앙아시아 사람들은 양고기와 감자, 당근, 양파 등을 잘게 썰어 넣어 '양고기 국'을 해 먹는데, 이를 '슈르파(Shurpa)'라고 한다. 슈르파는 중앙아시아 사람들이 가장 즐기는 고기국이다.

슈르파를 먹은 다음에는 고기를 먹는다. 잘게 썬 양고기를 끓인 다음에 양고기 국물에 양파 등을 잘게 썰어 넣어서 먹는다. 이를 '나린(Naryn)'이라고 부른다. 사실, 20세기가 될 때까지 이 음식은 '베쉬바르막(Beshbarmak)'이라고 알려져 있다. 숟가락이나 포크 없이 다섯 손가락을 모두 이용해서 먹는 음식이기 때문이다.

동물들은 보통 가을에 도축을 하여 겨울이 올 때까지 신선하게 고기를 보관하다가, 말리기 시작한다. 말린 고기와 훈제한 고기는 겨울과 봄에 먹기 위해 보관을 한다. 특히, 말고기는 여름보다는 겨울에 많이 먹는데, 말고기 자체의 열량이 높아 여름철에는 자칫 잘못 먹으면 건강에 이상이 생길 수 있다. 그래서 상당히 조심해서 먹는데, '가지(Gaji)'라는 이름을 가진 형식으로 만들어 건조시킨 다음 반드시 삶아서 먹는다. 일종의 보양식품이다.

유목민들이 즐겨먹는 음료는 양의 젖으로 만든 '아이랑(Ayran)'이다. 말젖 '쿠미스' 역시 암말의 젖을 발효시킨 것인데, 즐겨 마시는 음료이다. 발효시켜 증류한 우유는 유목민이면 누구나 즐기는 건강음료이기도 하다. 말젖(마유), 양젖(양유), 소젖(우유)는 다양한 유제품을 만들기에 적합한 반제품이다. 특히, 우유를 가지고 치즈 '쿠루트(Kurut)'를 만들어 겨울을 준비하며, 건조시켜 먹기도 하고, 물에 녹여서 먹기도 한다. 치즈인 쿠루트의 종류도 다양한데, 시골 치즈인 '수이즈메(Suizme)', 건조시켜 작게 만든 '비쉬탁(Byshtak)', 양젖을 가지고 특별한 모양을 낸 '에드지드헤이(Edjighei)', 버터에 녹인 '사리 마이(Sary Mai)', 탈지유로 만든 시큼한 크림맛의 '카이막(Kaymak)' 등등이 있다. 가축의 젖을 가지고 다양한 쿠루트를 만들어 먹는데, 이러한 쿠루트들은 유목민의 일상식단 메뉴에 언제나 포함되어 있다.

중앙아시아 사람들은 차를 많이 마시는데, 차와 우유를 섞어서 많이 마신다. 여기에 설탕, 소금, 구운 과자류 등을 차와 함께 많이 마신다. 차를 우유에 탈 때는 반드시 녹차와 우유를 섞지 홍차를 섞어서 마시지는 안는다. 이 차를 '쿠우르마 차이(Kuurma Chai)'라고 부른다. 또 '악 차이(Ak Chai)', '칼믹 차이(Kalmyk Chai)' 등을 우유, 구운 비계, 소금, 후추와 함께 마신다.

중앙아시아 사람들이 차를 마시는 방법에는 전통문화가 깃들어 있다. '다도(茶道)'라고 할 수 있다. 존경을 받는 사람에게는 더욱 더 찻잔에 차를 적게 따라 붓는다. 찻잔 '피올라(Piolra)'에 차를 적게 자주 따라 줌으로 주인의 관심과 주의가 손님에게 있다는 것을 보여주고, 주인은 세심하게 주의를 하면서 자주 찻잔에 차를 따르고 있다는 것을 나타낸다. 또, 피올라가 작은 찻잔이지만, 찻잔 안쪽은 반드시 하얀색 안료를 칠해 놓았다. 피올라는 일종의 도자기인데 비교적 높은 온도에서 구워서 표면이 매끄럽게 잘 디자인되어 있다. 녹차든 홍차든 포장된 것이 아닌 찻잎을 그대로 건조해서 만든 것을 사용하기 때문에 찻잔의 안쪽이 하얀 색이면, 녹차나 홍차의 찻잎 찌꺼기들이 그대로 들어난다. 차를 마시는 사람은 찻잔의 내용물을 보면서 차를 마실 수 있고, 찌꺼기들을 건저 내 버릴 수 있다.

또, 한편에서는 찻잔 피올라를 잡는 손의 손가락을 원형으로 하여 밑에서 피올라를 떠받치듯이 잡는다. 이렇게 함으로 찻잔의 내용물을 조심스럽게 다루어 쏟을 염려가 없고, 손가락 끝마디에 전해오는 찻잔 표면의 온도를 통해 건강을 유지시킬 수 있다. 물론, 차가 식은 것인지 아닌지를 금새 알 수 있다. 차는 보통 적은 양을 따라 두었다가 마시기 때문에 한 번에 들이킬 수 있고, 양이 조금은 많다고 하더라도, 따뜻한 차의 온도가 높기 때문에는 피올라의 표면에서 손가락 마디를 통해 침을 놓는 것과 같이 따끔한 온도의 느낌이 손가락을 통해 전달되는 것을 느끼면서 두세 번에 마실 수 있다.

중앙아시아의 음식문화 속에는 이웃한 민족의 음식문화의 영향을 많이 받았다. 대표적인 것이 '만티(Manty)'인데, 위구르나 둥간 음식의 영향을 받은 것이다. 만티는 항아리처럼 생긴 특별한 화덕용기 '카스칸(Kaskan)'에서 써서 구운 음식인데, 우리의 찐 만두와 비슷하나, 만티의 내용물은 조금 다르다. '라그만(Lagman)'은 위구르 음식으로 양고기와 야채를 버무려 볶아 양념을 한 고기국에 넣어서 먹는 우리의 짬뽕과 비슷한 음식이다. 라그만은 국수종류의 하나이다. 또, '플로브 (Plov)' 역시 많이 먹는데, 명절 음식으로 중앙아시아 전역에 가장 널리 알려져 애용되는 음식이다. 플롭는 또한 쌀을 가지고 오랫동안 정성을 들여 불의 특성을 알고, 활용해야만 조리할 수 있는 음식이기도 하다. 고치구이인 '샤슬릭(Shaslrik)' 역시 많이 먹는 음식이다. 샤슬릭은 양고기, 쇠고기,

닭고기 등을 가장 많이 활용한다.

유목적 전통을 가진 중앙아시아 민족들의 식단은 육류와 유류가 주를 이루고, 채소를 비롯한 야채는 양파, 오이, 토마토, 감자, 파 등이 전부이다. 농경민의 그것과 비교하면 빈약한 수준이다. 유목적 음식문화에는 남성의 역할이 큰 비중을 차지한다. 중앙아시아에 아직도 유목적 전통이 강하게 남아 있는 상황에서 음식을 준비하고 만드는 과정에서 남성의 신체적 강함이 어느 정도 필요하기 때문이라고 생각된다. 또, 집단적 생활양식과 군사적 문화가 남아있어 남성이 음식을 만드는데 주도적 역할을 하고 있다.

중앙아시아 대표적인 전통 민속놀이는 콕 보루(Kok Boru)이다. 콕 보루는 키르기즈스탄에서 해마다 대회를 정기적으로 개최하는 키르기즈스탄의 대표적인 말놀이 경기이다. 콕 보루는 수세기 동안 전승되어 오면서 검증을 받은 경기이다. 고대시대에는 콕 보루가 북아시아 전역의 유목민족들이 즐기던 경기였다. 얼마 전까지 몽골, 시베리아의 투바, 러시아 연방의 타타르스탄, 바쉬코르토스탄, 카프카즈 지역 등에서도 놀던 경기였다. 오늘날에는 키르기즈스탄, 카자흐스탄, 우즈베키스탄, 투르크메니스탄, 타지키스탄, 중국 서부 신강위구르 자치주(州), 아프가니스탄, 파키스탄, 인도, 터키, 알타이 지역, 이란에서 유행하고 있다.

'콕 보루'는 키르기즈 민족의 명칭으로 '잿빛 늑대'라는 뜻을 갖고 있다. 카자흐 민족은 '콕파르(Kokpar)'라고 하는데, 이는 음성학적 변화를 일으켜 원래의 어원적인 의미를 잃어버리고, 경기명칭이 단순화되었기 때문이다. 페르시아에서는 콕 보루를 '부즈 카쉬(Buz kashi)'라고 하는데, 죽은 염소를 가지고 경기를 진행하기 때문에 명명된 것이다. 그러나 콕 보루가 시행되고 있는 모든 지역에서 콕 보루 자체의 경기규칙은 차이가 없이 동일하다. 키르기즈어 명칭 '차반데즈(Chabandes)'는 페르시아어에서 콕 보루 경기자(선수)를 의미한다.

키르기즈스탄에서 뿐 아니라, 우즈베키스탄, 카자흐스탄에서도 활발하게 진행되는데, 매년 봄 가을에 개최한다. 특히, 할례가 있는 경우, 할례하는 아이의 부모는 자신의 부를 이웃과 함께 하기 위해 할례행사의 일환으로 콕 보루를 개최한다. 우즈베키스탄에서는 '콕 보루'를 '콕 카리(Kok Kari)'라고 한다. 발음상의 차이일 뿐 의미상의 차이는 없다. 지금도 해마다 콕 보루 대회를 개최하는데, 키르기즈스탄과 카자흐스탄이 전통적으로 강하다.

〈키르기즈스탄 촐판아타에서 개최된 카자흐 대표와 키르기즈 대표의 콕 보루 경기. 치열한 접전 끝에 이날 경기는 카자흐스탄 대표들이 승리했다.〉

또한, 아주 재미있는 게임도 있는데, 말을 전속력으로 달려가면서 상대방 참가자의 이마부분을 만지면 이기는 게임이다. 또, 어떤 게임은 상대 경쟁자의 목에 묶인 올가미를 잡아 낚아채는 게임이다. 긴 막대기로 싸우는 게임과 같은 경기에 여성들이 참여하는데, 청중들에게 재미와 웃음을 선사하는 것이다. 전통가수들이 노래를 부르기도 한다.

우리가 익히 알고 놀고 있는 전통 민속놀이를 중앙아시아 지역에서도 흔히 발견할 수 있다. '연날리기', '재기차기(Lanka)', '말타기', '공기놀이', '돌차기', '널뛰기', '굴렁쇠 굴리기', '자치기', '줄다리기', '그네타기', '닭싸움(Dakaan)' 등이다. 또, 우리의 민속씨름과 비슷한 쿠라쉬(Kurash)를 논다. 각 지역의 대표선수들이 참가하여 마을의 강인함과 화합을 자랑하는 놀이마당을 펼친다.

중앙아시아에서 가장 널리 알려진 전통 축제는 '나브루즈(카지흐스탄의 나우르즈)'이다. 일종의 새해맞이 행사이다. 중앙아시아 국가들마다 며칠 간격으로 다른 날에 실시되고 있는데, 우즈베키스탄에서는 매년 3월 21일이 나브루즈 경축일이다. 나브는 '새로운'이란 뜻이며, 루즈는 '날', '일'을 뜻한다. 즉, 새해, 새날을 의미한다. 우리의 절기로 보면, 봄날이 찾아오고, 새싹이 막 돋아나기 시작할 무렵인 '춘분(春分)'에 해당한다. 유목민에게는 가축에게 먹일 풀이 돋아나기 시작하는 순간이 한해가 시작되는 것이다.

〈우즈베크의 3월 21일 나브루즈 축제 광경〉

나브루즈가 유목민의 유목생활과 관련이 있다. 아제르바이잔, 아프가니스탄 북부지역, 파키스탄 일부지역, 이란의 호라산 지역을 포함한 중앙아시아 전역이 나브루즈 문화권에 해당한다. 지금은 무슬림이 대다수를 차지하는 이슬람 문화권에 속한 중앙아시아 지역이지만, 원래 나브루즈는 조로아스터교에서 나온 것이다. 종교적 색채와 의미는 퇴색되고 그대로 유목문화에 녹아서 오늘날까지 남아 성황리에 축제의 형태로 남아있다. 지역 공동체의 단결과 화합, 봄의 시작을 알리는 공동체 문화의 번영을 뜻한다.

나브루즈가 시작되기 한 달 전부터 중앙아시아 전역은 축하행사를 위해 사람들은 분주히 움직인다. 3월 21일 단 하루만 나브루즈 축제가 열리는 것은 아니다. 근 한 달 가까이 봄맞이 축제가 시작되는 것이다. 새로운 목초지로 떠날 준비를 하면서, 이웃사람들과 함께 들뜬 한 해를 시작한다. 이날을 위해 여러 날 동안 준비한 '수말략(Sumalryak)'이라는 전통음식을 함께 준비해 나누어 먹는다. 호밀을 이용한 빵도 만들어 먹는다. 수말략은 나브루즈를 상징하는 대표음식으로 우리네 물엿과 비슷한 맛과 모양에 단맛이 유별나다.

중앙아시아 민족들은 '칠년 동안 수말략을 만들어 이웃과 함께 먹으면, 천국행은 보장된다'고 한다. 수말략을 만들어 이웃과 함께 먹으며 한해의 풍요와 안녕을 기원한다. 이를 통해 유목민의 공동체 정신을 함양하고, 주변의 이웃들을 돌보는 성찰의 시간을 갖는다. 또한, 이 기간 동안 이웃들과 함께 쿠라쉬, 말놀이 등과 같은 전통적인 다양한 민속놀이를 한다. 일곱 가지 곡식의 발아 상태를 보고 풍년을 기원하고, 일곱 개의 흰 사발에 수말략을 차리고, 밭이랑 사이에 밀알을 뿌리는 전통이 있다.

II. 출생의례

중앙아시아의 유목생활은 혹독한 자연환경 속에서 진행된다. 처절한 자연 속에서 살아가는 유목민들은 출생부터 생존률이 낮다. 그래서 유목민 가정의 출산률은 영아사망률이 유난히 높다. 당연히 유목민 가정의 가장은 자신들의 가계를 이어갈 막중한 책임을 가진다. 중앙아시아의 현실은 유목민에게만 해당되는 그런 낮은 영아생존률을 의미하는 것은 아니다. 비단, 도시생활에 이미 익숙해진 정착민의 영아사망률 역시 높게 나타난다.

그래서, 중앙아시아에서 불행한 사람은 아들이 없는 자이다. 남아선호사상이 깊게 뿌리 깊게 박혀있다. 그의 가계는 그를 마지막으로 끝나게 된다. 한마디로 대(代)가 끊기게 된다. 중앙아시아의 속담에는 '자식이 없는 자는 자신을 놓아버리는 자이다'라고 말한다. '적어도 한 명의 자식이라도 있다면, 나의 마음은 광명처럼 빛날 것이다. 자식이 없다면, 나는 비통하게 울부짖을 것이다' 아내가 남편에게 아들을 선사하지 못한다면, 그 남자가 아무리 많은 가축을 가졌을지라도, 그의 부(가축)는 세계와는 맞지 않다. 부는 쓸모없는 것이다. 그가 죽으면, 그의 그 많은 가축은 그의 친척들이 가져갈 것이다. 따라서 유목민의 아내가 아들을 낳지 못하거나 딸만 낳을 경우, 그 유목민은 두 번째 혹은 세 번째 부인을 둘 수 있는 전통적 당위성을 갖는다.

결국 중앙아시아 유목민들은 자신들의 가계를 계승하고 재산을 유지시켜나가기 위해서 자식이 필요하다. 그것도 아들에 한정되는 남계혈통 남아선호를 중요시 한다. 만약을 위한 방안으로 이들은 일부일처제가 아닌 일부다처제를 두고 있다. 그래서 아이의 출생은 유목민에게 커다란 행복과 동시에 불안과 기대를 가져다 줘 이에 따른 다양한 의례적 행위와 전통관습이 수반된다.

중앙아시아 유목민들의 전통이동가옥인 '유르타'의 내부에는 산달이 가까워

오면, 아이를 낳기 위한 긴 말뚝을 중앙에 갖다 놓는다. 이 말뚝은 우주목(宇宙木)을 상징하며, 여성들의 노동력을 덜어주고 사람들에게 번영을 가져다준다고 믿어진다. 남편이 원한다면, 출산할 때 부인을 도와줄 수 있다. 남편은 아내의 등 뒤에서 아내를 감싸 안고, 복부의 윗부분을 누른다. 이와 동시에 조산모는 출산과정을 보조한다. 즉, 조산모는 태아가 보다 효과적인 출산직전의 자세를 취하도록 만들고, 출산하면, 탯줄을 자른다. 그래서 이 조산모를 '배꼽 엄마(혹은 탯줄 어머니)'[4]라고 부른다. 아이가 태어나면, 남자들 중의 한 명은 '아잔'이라고 소리치고, 코란의 수라구절을 읽기 시작한다. 출산을 돕는 여인네들 중에서 한 명은 유르타 주변을 돌며, 땅위의 돌을 두드리면서 '아이가 태어났어요? 아이가 태어났어요?'라고 외친다. 이것은 출생의례의 하나인데, 악한 혼령을 쫓는 것이다. 아이의 탄생을 알리고 나쁜 혼령의 근접을 막는다.

갓 태어난 아이는 '불결한' 것으로 여겨진다. 그래서 '배꼽 엄마'만이 아이를 만지고 건드릴 수 있다. 배꼽 엄마는 '우마이 오나(Umai-ona)[5]'로서 이 세상의 환생자로 여겨진다. 중앙아시아 유목민의 민간신앙에 따르면, 여신(女神)은 출산하는 동안 항상 함께하면서 산모를 도와주고, 아이가 3살이 될 때까지 보호하는 역할을 한다. 이는 고대 투르크 민족들에게서 인간의 태반을 '우마이'라고 불렀기 때문이다. 중앙아시아 민간신앙에서 아주 흥미로운 것으로, 가정을 보호하는 가신(家神)과 화덕(아궁이)신(神)[6]이다.

중앙아시아 유목민들은 신생아와 갓 태어난 아이의 태반 사이에는 어떤 연결고리가 있다고 믿어서 태반을 아무도 모르는 곳에 묻거나 개에게 줘서 먹도록 한다. 개에게 태반을 주어 먹게 하는 행위는 개를 시조토템과 연결시키는 믿음 때문으로 여겨진다. 투르크족의 시조신화는 늑대와 연결되어 있다. 이런 경우 늑대와 개를 동일하게 간주하는 것 같다. 어떻든, 유목민들은 여성이 이런 행위를 함으로 많은 아이를 가지기를 원한다. 개도 새끼를 많이 낳는다.

배꼽 엄마는 2~3일 동안 산모를 보호하기 위해 신생아와 함께 지내야 한

---

4) 한국에도 이와 같은 조산모가 전통적인 출산과정에서 중요한 역할을 했다.

5) '우마이 오나'는 출생과 아기의 보호자로 여겨진다. 우리의 삼신할매와 같은 존재이다. 오나(ona)는 어머니(엄마)를 지칭하는 (우즈베크어) 용어인데, 카자흐와 아제르바이잔, 타타르, 위구르에서는 '아나(ana)', 키르기즈에서는 '에네(ene)'로 부른다.

6) 전통적인 한국에서도 아궁이에 살면서 불씨를 지키고 집안을 번영케 하는 신이 있다고 믿었다. 불을 꺼뜨리지 않은 것은 여성의 의무 중에서 가장 중요한 것이었다. 우리의 옛풍습과 닮아있다.

다. 흔히 '늙은 노파'의 모습으로 나타나는 악한 혼령이 산모와 신생아를 해코지 할 수 있기 때문이다. 출산하는 과정에서 태반이 나오지 않으면, 이것 역시 늙은 노파가 장난 짓을 하는 것으로 여긴다. 때때로, 올빼미(혹은 독수리)가 유르타로 날아와 성공적인 출산을 보장하는데, 이런 경우 반드시 올빼미가 울어야 한다. 올빼미가 울면 나쁜 늙은 노파가 그 울음소리에 상처를 받아 달아난다고 믿는다.

아이의 출생을 축하하는 동안, 배꼽 엄마는 양가죽과 고기의 가장 귀한 부분인 가슴부위를 선물로 받는다. 양가죽은 뭔가가 주술적인 것을 갖고 있다고 믿는 신체(神體)이다. 배꼽 엄마는 셔츠와 '토프(Topi)'[7]를 입고 있어야 한다. 화려하게 수놓인 모자는 신생아를 위해 만들어진 것이다.

부모는 집안에 배꼽모양의 줄(탯줄)을 보관한다. 아이의 영혼의 일부가 계속해서 살아있을 것이라고 믿는다. 배꼽모양의 줄은 '우마이 오나'를 상징하는 것들 중의 하나이다. 우마이 오나를 상징하는 것으로는 활, 화살, 조개껍질, 황금단추, 양뼈, 실패 등이 있다. 그래서 아이의 미래운명과 건강은 완전한 상태에 의존하게 된다. 때때로, 다음 아기의 출산을 수월하게 하기 위해서 이러한 것을 어머니의 옷에 기워두기도 한다. 만약에 여아가 태어나면, 그녀의 탯줄을 화덕 가까이에 묻는다. 이는 훗날 훌륭한 여성으로 성장하기를 비는 마음에서이다.

세상에 갓 태어난 아이는 부모에게 항상 커다란 기쁨을 선사한다. 새로 태어난 아이에 대한 좋은 소식을 처음으로 전하는 사람에게는 아이의 아버지가 선물을 하기도 한다. 가족의 구성원이 된 신생아를 위해 친인척과 가족을 초청하여 음식을 대접하기도 한다. 이를 '젠텍(Djentek)'이라고 하는데, 이날 식사에는 '카린마이(karynmai)'라는 버터를 발라 요리한 양의 내장이나 버터를 바른 귀리, 소금기 있는 건조 치즈인 '쿠루트(kurut)', 어린 양고기를 밀가루 반죽으로 만든 '보르속(boorsok)'이 포함된다. 초대받은 손님들은 신생아를 보기 위해 작은 선물을 저마다 준비해 온다. 한바탕 작은 잔치가 벌어진다.

그러나 불행하게도, 아이가 미숙아로 태어나면, 아이의 부모는 아이를 여우가죽에 넣어 유르타 내부 중앙 목재구조물 꼭대기에 매달아 놓는다. 아이와 함께 모자도 둔다. 신생아와 함께 모자를 유르타의 우측에 메달아 두어 좌측으로 움직이도록 한다. 이렇게 하여 9달 9일 9시간 9분 동안 둔다. 이 기간을 지나

7) 토프는 남성용 모자의 총칭이다. 주로 우즈베크, 티지키스탄에서는 '토프'라고 하고, 키르기즈, 카자흐에서는 '칼팍'이라고 한다.

여우가죽 주머니 '투막(tumak)'에서 나올 때, 아이는 진정으로 태어나게 된다. 그때 비로소 부모는 아이를 위해 '젠텍'을 준비한다. 젠텍은 일종의 '돌잔치'에 해당한다고 볼 수 있다. 세상에 태어나 처음으로 사계절을 한 바퀴 순환한 것이다.

보통 아이가 건강하지 않는 경우는 가족은 의례적인 행위들을 해서 신생아의 생명이 유지되기를 빈다. 예를 들면, 신생아는 어느 대가족에게 보내져 생물학적 아버지가 이 아이를 사서 데리고 오는 방식이다. 아이는 보통 3일, 7일 혹은 40일 동안 양부모와 같이 생활하는데, 경우에 따라서는 일 년 동안 지내야 하기도 한다. 이런 경우, 양부모는 사람들에게 새로운 아이를 가졌다는 것을 알리고, '젠텍'을 준비해야 한다. 생물학적 어머니는 양어머니를 만나 '당신의 아이는 어떤가요?'라고 묻고, 아이를 사서 데리고 올 때, 생물학적 부모는 9가지 물건들을 주면서 보상을 해야 한다. 9가지 물건들 중에는 보통 비싸지 않는 것들인데, 냄비집게, 접시, 작은 낫, 칼 등이 포함된다. 아이를 살 때, 비싸게 사지 않는다는 것을 악한 혼령에게 보여주어야 한다. 그래야, 아이가 귀한 존재가 아니라는 것을 보여주게 된다. 여기서 우리는 아홉수의 중요성을 보게 된다. 3의 배수가 신생아와 관련된 숫자임을 알 수 있다.

아이에게 적절한 이름을 지어주는 것은 아주 중요한 것이다. 작명을 할 때에는 중앙아시아 각 민족들의 공통성과 차이성이 들어난다. 대체로 비슷하나, 성(姓)이 특별히 구별되지 않는다. 어쩌면, 성의 개념이 없다 혹은 우리의 방식과는 다르다는 표현이 더 정확할 것 같다. 자의적으로 성을 변경할 수 있고, 부모형제 간에 서로 다른 성을 쓸 수도 있다. 아버지의 이름이 손자의 성이 되는 순환현상은 전통적인 작명방식에서 잘 나타난다. 소비에트 시절에는 각자 성을 만드는 것이 기록문화의 하나로 되었다. 지금은 비교적 자유로우나, 과거의 전통을 따라 그 유산을 하나의 전통으로 만들어가고 있다.

그러나, 이름의 경우는 좀 다르다. 소비에트 시절에도 그렇고, 전통적인 방식과 전통적인 이름들이 사용된다. 과거 유명한 사람의 이름을 사용하는 경우도 많다. 아이에게는 대개 친척의 이름들 중에서 하나를 구해 주게 되는데, 친척들 중에 이미 죽은 자로서 오랫동안 산 즉, 장수한 사람의 이름, 혹은 훌륭한 일을 한 사람의 이름, 자선을 많이 한 사람의 이름 등을 많이 쓴다. 종교적 이름이 쓰여 지기도 하나 중앙아시아 유목민의 특징이 반영된 이름들이 많이 사용되기도 한다.

만약, 아이가 죽었을 경우, 부모는 아이의 이름에 세례명을 부여하는데, '죽지 말고, 살아있어라'는 뜻을 가지도록 한다. 예를 들면, 톡타굴(Toktogul) 같은 이름은 '죽음을 멈춰라!' 혹은 톡타순(Toktosun)은 '살아있어라'라는 뜻을 가지고 있다. 강한 이름을 지어 주기도 한다. 예를 들면, 타쉬투르간(Tashturghan), 오무르벡(Omurbek), 타쉬탄벡(Tashtanbek), 벡테미르(Bektemir), 티무르(Timur)[8] 등이다. 이와는 반대로, 아이의 이름을 부적절한 것으로 지어 주어, 부모에게 그 아이가 그렇게 중요한 사람이 아니라는 것을 나타내 주는 것도 있다. 종종 아이의 이름에 생활도구들의 명칭이 이름으로 지어지는 경우도 있는데, 이런 경우 남성이름인지 여성이름인지 구분이 잘 안 된다. 이러한 이름들은 일종의 주문(符籙)[9]과 같은 것인데, 악한 혼령이나 나쁜 것으로부터 아이를 보호하기 위한 민간신앙의 하나이다.

아이가 태어난 지 3일째 되는 날 비로소 아이를 요람(beshik)[10]에 놓는다. 아버지는 양고기를 준비해 손님들을 대접하는데, 이를 '요람의례(beshik toi)'라고 한다. 요람의례에 참석하는 사람들은 저마다 아이의 '무병장수(無病長壽)'를 빌어준다. 아이를 요람에 눕힌 할머니에게 아이의 부모는 선물을 준다. 그 전에 아이가 건강하지 않다면, 할머니는 아이를 멀찌감치 데려가 자신의 무릎에 놓아야 한다. 이는 할머니처럼 아이가 오랫동안 건강하게 살기를 원하기 때문에 취하는 의례이다.

아이를 요람에 눕히는 과정 중에 할머니는 몇 가지 주술적인 의례를 행한다. 아이를 요람에 눕힐 때, 말채찍을 가지고, 요람을 채찍질하는 흉내를 내면서 마치 말 등에 놓듯이 조심스럽게 놓는다. 민간신앙에 따르면, 악한 혼령은

---

8) 타쉬투르칸(Tashturghan)은 '서있는 돌(立石)', 오무르벡(Omurbek)은 '충만한 생명력', 타쉬탄벡(Tashtanbek)은 '돌처럼 강한', 벡테미르(Bektemir)는 '무쇠처럼 강한', 티무르(Timur)는 '쇠와 같은'이란 뜻을 갖고 있다.

9) '탈리스만(Talisman)'은 부적을 말한다. 딸리스만은 악귀로부터 아이를 보호해 준다고 믿는 것으로, 주로 야크나 어린 말(망아지)의 꼬리털을 가지고 만들어 아이의 옷에 바느질해서 붙인다. 훗날, 중앙아시아의 유목민들이 이슬람을 받아들인 이후로는 이슬람의 경전 코란의 수라(Sura)를 출생의례에 사용하기 시작했다. 이것은 삼각형 모양의 '투마르(Tumar)'라는 것으로, 보호자 역할을 한다고 믿는다. 혹은 부모들은 아이의 다리에 발찌를 놓거나 귀에 귀걸이를 해 준다. 이는 악귀가 금속성 물체를 두려워한다고 믿기 때문이다. 검은 구슬로 만든 발찌(팔찌)는 주로 발목이나 손목에 건다. 물론, 검은 구슬로 만든 귀걸이는 귀에 건다. 이는 역시 보호자 역할을 보장해 주는 부적들이다. 이외에도 생활 속에서 발견되는 딸리스만은 많다.

10) 중앙아시아에서는 요람을 남녀구분해서 만드는데, 대개 노간주 나무를 재료로 쓴다. '로뎀나무'라고도 한다.

말과 관련된 모든 것을 두려워한다. 특히, 말 채찍질을 제일 두려워한다. 게다가, 할머니는 양의 뼈 2개를 아이를 요람에 놓을 때, 요람의 양편에 놓는다. 뼈다귀는 아이를 보호하는 여신(女神) 우마이 오나의 상징물이다. 할머니는 살찐 뼈다귀를 화롯불 속에 던져 넣는다. 이는 우마이 오나가 구체화된다는 상징적인 행위이다.

아이가 태어난 후 40일째 되는 날, 아이의 부모는 또 다른 '토이(toi)[11)]'를 준비하는데, 이때 아이의 몸을 씻는 의례를 행하게 된다. 이때 아이가 입고 있던 '웃옷(keynek)'을 벗어내는데, 이는 아이가 태어나자마자 배꼽 엄마에 의해 입혀졌던 것이다. 여기서 '케이넥'이라는 개의 웃옷을 입혔던 것은 개는 투르크 민족의 토템의 대상이 되기 때문이다. 이때 개는 아이에게 올 수 있는 불행을 막고, 질병을 예방하는 것으로 믿어진다.

이날은 특별히 초대된 손님들이 와서 아이가 태어난 이후 산 날만큼 소금기 있는 물을 아이의 머리와 새 첫 웃옷(kyrk keinek)에 40회 뿌린다. 생후 40일째 행하는 의례이다. 이 웃옷은 다양한 직물 조각 40가지를 가지고 바느질한 옷이다. 아이의 엄마는 이웃한 유르타를 돌며, 천 조각들을 부탁해 모은다. 웃옷은 다양한 색상으로 화려하게 꾸며지는데, 이 밝은 색상이 악한 혼령을 쫓아낸다고 믿기 때문이다. 자녀가 많은 남자가 신생아의 머리카락을 자를 권한을 부여받는다. 그는 감사의 보답으로 아이 부모로부터 '차판(chapan)[12)]'을 선물로 받는다.

이날 비로소 아이가 동물세계를 떠나 진정으로 완전한 인간세계로 들어올 수 있다고 믿어진다. 이날 아이의 몸과 머리카락을 씻는 의례는 한적하고 신성한 장소에서 행해지는데, 그래서 아이에게 해를 가하는 것은 불가능해 진다. 이러한 의례는 아이와의 어떤 교감하는 부분이 있다고 여겨지기 때문에 행한다.

아이가 한 살이 되어 걷기 시작하면, 또 다른 상징적인 의례를 행하게 된다. 이는 족쇄를 끊어버리는 의례가 된다. 아이의 부모는 고기를 오랫동안 삶아 '보르속'을 준비하여 대접을 한다. 이때 아이의 두 다리를 밧줄로 묶고, 7~9명의 아이들이 모여 달리기 경쟁을 한다. 남자아이들은 마을에서 데리고 온 어린이들인데, 이들은 이날의 주인공인 아이를 향해 달리기를 한다. 이날 달리기 시합에서 남아에게 가장 먼저 달려가 아이 다리에 묶인 밧줄을 끊으면 우승을

11) '토이'는 잔치를 일컫는다.
12) '차판'은 남성용 겨울의복인데, 의례용으로 사용되기도 한다.

하게 되는데, 우승한 어린이는 상을 받게 된다.

아이가 서너 살이 되면, 처음으로 아이는 자신을 위해 특별히 만든 말안장을 한 말 등에 앉게 된다. 남아에게는 잘 삶은 고기가 잔뜩 주어진다. 그리고는 남자아이의 성인 친척들 중 한 명은 아이가 탄 말을 이끌고 공동체 내의 모든 유르타를 방문한다. 유르타에서 나온 사람들에게는 고기가 제공된다. 그러면, 사람들은 마구(馬具)나 말 옷을 아이에게 선물을 한다. 집으로 돌아온 아이는 자신의 말을 위해 필요한 것들을 모으게 된다.

이슬람을 받아들인 중앙아시아 유목민들에게 할례(割禮)[13]는 아주 중요한 의미를 가진다. 남아의 할례는 3살에서 7살 사이에 행해지는데, 보통 남아가 5살이 되었을 때 할례를 한다. 할례는 남아는 반드시 한 번은 하고 넘어간다. 태어나자마자 한 살 때 하는 경우는 흔치않고, 세 살 때와 다섯 살 때 할례를 주로 한다. 여기서 반드시 지켜야 할 것은 홀 수되는 해 생일이나 홀수 날을 기해서 한다. 남자형제가 함께 할례를 하기도 한다. 할례시기를 정하는 것은 아이의 아버지와 할아버지가 결정한다.

〈카자흐 어린이의 할례의식. 할례를 받은 카자흐 어린이는 말을 타고 아울 사람들께 인사를 드린다. 이날 처음으로 자신의 말을 선물 받는다.〉

13) 할례는 하나의 잔치의례로 행해진다. 그래서 우즈베크에서는 '숫낫토이'라고 말한다.

할례가 있는 날은 마을 여성들이 모여들어 음식을 준비한다. 남아의 부모는 큰 잔치를 준비하는데, 주변 사람들을 초대하고, 그들과 함께 잔치를 준비한다. 할례를 받을 아이에게는 특별히 마련된 공간에서 온갖 선물들이 즐비해 있어 혹 남아가 가질 수 있는 두려움을 조금이라도 없애도록 한다. 할례를 행하는 전문가를 초청한다. 남아의 건강과 미래를 점치는 샤먼도 초대한다. 이슬람의 전통에 따라 할례가 진행되도록 물라(Mulla) 역시 초대한다. 할례는 단순한 의식이나 풍습이 아니다. 남아가 남자로 거듭 태어나기 위해 반드시 거쳐야 하는 통과의례(通過儀禮)이다.

할례를 받는 남아나 부모나 그 모두에게 할례는 커다란 잔치이다. 이날 목초지 내의 유르타에 사는 사람들은 말경기를 하고, 쿠라쉬 등의 게임을 한다. 유목민의 후예답게 할례를 받은 남아에게는 어린 말이 선물로 주어진다.

중앙아시아 유목민에게 있어 생일은 큰 의미를 가지지는 않는다. 대체로 20회 생일과 60회 생일은 중요하게 간주하고, 양을 잡아 손님들을 초대하는 경향이 있다. 키르기즈 민족은 12년을 주기로 생일잔치를 벌인다.

III. 혼인풍습

중앙아시아 유목민은 기본적으로 가부장제 사회이다. 악사칼을 중심으로 한 가족과 씨족 공동체는 강한 정치집단이 없었던 유목민들에게 있어 유일한 지원과 보호를 해 주는 존재이다. 그래서 결혼은 반드시 부모의 동의 하에서 진행된다. 신랑의 아버지는 아들을 위해 '칼림(Kalym)'이라는 신부값(결혼지참금)을 지불해야 한다. 칼림으로 지급되는 재물의 양은 상당하다. 20세기 초반에 부유한 사람의 칼림은 말, 소, 낙타 등 수백 마리의 가축들이다. 여기에 9가지의 선물과 양 천 마리가 추가되기도 했다. 일반적인 사람의 칼림은 50마리의 가축과 백 마리의 양이다. 가난한 사람의 칼림은 25마리의 가축과 양 50마리 정도이다. 또, 부유한 친족은 가난한 친족들이 결혼을 위해 칼림을 지불할 수 있도록 가축들을 제공하기도 한다.

옛날에는 신랑의 아버지뿐 아니라, 전체 씨족이 칼림을 지불하기도 했다. 누군가 결혼을 하게 되어 결혼이 확정되면, 친척들의 약간의 도움을 기대하게 되는 것이 하나의 전통으로 계승되었다. 신랑과 결혼하는 신부는 씨족의 구성원으로 거듭나고, 그녀의 자녀들은 남편의 부계 대가족의 일원이 된다. 신부의 씨족은 구성원의 손실을 칼림을 통해 보상받게 된다. 이처럼 중앙아시아 유목민의 결혼은 주고받는 관계 속에서 의례가 지속된다.

결혼지참금과 관련하여 지역에 따라 차이는 있으나 미화 달러로 현금으로 지불되고 있는 것이 오늘날의 관행이다. 우즈베키스탄에서는 평균 미화 500불 정도의 칼림이 지급된다. 카자흐스탄에서는 경제력의 향상과 함께 평균치를 내기 어려운 상당한 금액의 칼림이 지불된다고 한다. 키르기즈 유목민의 경우 미화 2000불 정도면, 평균 칼림에 해당한다. 칼림 지불 여부와 함께 결혼은 법적으로 중혼이 불허되나, 관습적으로는 일부다처가 실행되고 있다. 더구나, 칼림을 많이 지불할 용의가 있다면, 가난한 신부 측에서는 마다할 필요가 없다. 키르기즈의 유목적 관습에 따르면, 부유한 남성은 여러 부인을 둘 수 있다고 한다. 남성의 노동력을 많이 필요로 하는 유목생활에서 경제력만 뒷받침된다면, 다산(多産) 그것도 아들생산이 관습적으로 장려되고 있다. 씨족의 번성을 위해서도 그러하다.

보쌈결혼(신부납치) 혹은 비밀결혼은 현실적으로 드물며, 장려되지도 않은 결혼제도이다. 간혹, 칼림문제와 연관되어 보쌈하는 풍습이 행해지기도 한다. 오늘날에도 이러한 칼림은 남아있는데, 주로 전통적인 유목사회의 특징을 가진 사회에서 나타나고 있다. 보쌈결혼이라고 하여, 여자의 의사가 반영되지 않은 것은 아니다. 사전에 보쌈 대상 여성과의 어떤 협의나 합의가 이루어져 있을 때, 의례적 행위로서 보쌈이 행해지고 있다. 일반적으로 보쌈결혼 역시 풍습이기에 칼림, 통혼권과 밀접한 관련성이 있는 고유 전통문화라고 할 수 있다.

실제는 부모들 사이에서는 중매결혼을 널리 받아들이고 있다. 곧 태어날 아이에 대해서 미래의 사돈들이 신생아의 결혼에 대한 동의(묵시적 합의)나 약속을 하는 경우도 있다. 이러한 상호간의 동의가 있으면, 결혼지참금인 '칼림' 지불을 거절할 수 있으며, 지불한다고 하더라도 아이들이 성인이 될 때까지 적은 액수를 지불한다. 영웅 서사시 마나스나 알파미쉬에서 자신들의 아들과 결혼할 사람과의 결혼약속을 아들이 태어나기 전에 이미 하였었다. 대개 부유한 자들은 남녀아이가 어릴 때, 양가 어른들이 결혼약속을 하는 경우가 많다. 이처럼 중앙아시아 유목민에게 결혼이란 양가의 사회적 관계의 재구성과 완성, 후

손의 출산과 계승에 대한 사회적 약속인 것이다.

만약 신부가 미리 결혼약속을 어기거나, 결혼식을 거절하거나 다른 남자에게로 도망을 간다면, 신부의 부모는 엄청난 벌금을 물어야 한다. 이런 경우, 신부의 부모는 낙타 6두, 말 60두, 차판 60벌, 양 60두, 현금 육만 숨을 결혼을 거절당한 남자에게 지불해야 한다. 또, 신부를 데리고 도망을 간 남자는 말 27두, 낙타 3두를 중매쟁이에게 지불해야 한다. 만약 그렇지 않으면, 그 남자는 부정(不淨)에 대한 대가로 죽임을 당한다.

미래신랑의 아버지는 자신의 아들을 위해 결혼을 일찌감치 준비한다. 대개, 그는 자신이 신뢰할 수 있는 사람을 보내 잠재적인 미래의 신부들이 속한 집안들에 대한 여러 정보를 수집한다. 소위 '자료수집'은 자신의 아들이 태어나는 순간 시작된다고 할 수 있다. 그는 아들에게 적합한 신부감을 선택하자마자 가장 존경받는 사람을 신부감의 아버지에게 보내 그의 동의 여부를 알아보게 한다. 신부감의 아버지가 긍정적인 답변을 한다면, 결혼식 준비를 곧 바로 시작할 수 있다.

소 한 마리를 잡아 잘 삶은 쇠고기를, 약혼녀의 아버지와 함께 온 사람들이 도착하자마자 약혼녀 아버지에게 선물로 보낸다. 반면, 약혼녀의 아버지는 양을 잡아 양고기로 손님들을 대접하는데, 이때 매 손님들에게 차판을 선물한다. 풍습에 따르면, 약혼자의 아버지는 약혼녀의 아버지에게 딸의 이름을 묻고 말을 선물한다. 약혼녀의 아버지는 예비신랑의 아버지에게 아들의 이름을 묻고 차판을 선물한다.

예비신랑의 아버지는 가장 가까운 남자 친척 십여 명을 데리고 예비신부의 마을로 간다. 이때 소년의 아버지는 자신의 가축들 중에서 가장 좋은 말 한 마리가 포함된 두 세 무리의 가축을 데리고 간다. 가축은 반드시 9의 배수여야 한다. 가장 훌륭한 말 등 위에는 큰 양 두 마리를 잡아 잘 삶은 고기를 담은 자루가 놓여있다. 말의 앞부분은 작은 원면조각으로 화려하게 장식되어 있어 두 아버지 사이의 관계가 좋다는 것과 결혼이 잘 진행된다는 것을 보장해 주게 된다. 이날 양가의 만남에서 양측은 서로 선물을 주고받는다. 예비신랑 측은 소를 선물하고, 예비신부 측은 의복을 선물한다.

여행을 갈 때에는 예비신랑 측 친인척은 예비신부 측이 살고 있는 마을 공동체를 지나가야 한다. 지나가면서 유목민의 방목지에서 사육하는 양에 대한 가치를 지불해야 한다. 예비신부 측 친인척은 자신들의 양떼들 중에서 아무 양이나 선택할 수 있다. 혹은 지나가는 양을 한 마리 잡을 수도 있다. 선택한 양이 아주 가치가 있는 것이라면, 신랑의 아버지는 한 살짜리 망아지와 교환을 할 수 있으며, 그 교환의 답례로 차판을 받을 수 있다. 그리하여, 소는 신부의 아버지에게 귀중한 것이 되고, 그는 자신의 양을 잡아 마을 공동체의 사람들에게 양고기를 대접한다.

예비신랑이 14세, 15세가 되면, 예비신부의 집 방문을 시작할 수 있다. 통상적으로 예비신랑이 예비신부의 마을을 방문할 때에는 자신의 친구들과 함께 간다. 이런 경우 특별 유르타가 설치되어 있어서 이곳에서 그는 맛난 음식을 대접받는다. 저녁이 되면, 예비신부 측 아주머니가 예비신부를 데리고 잔치에 온다. 물론, 사전에 예비신부 측 어머니의 동의가 있어야 한다. 이날의 잔치를 '키즈 오우인(Kyz ouin)'이라고 부르는데, 특별히 설치된 유르타에서 진행된다. 예비신부 측 아주머니는 신부를 데리고 오는 대가를 지불해야 한다. 보통, 말 한 마리와 약간의 원단이나 약간의 돈을 지불한다.

예비신부가 살고 있는 마을의 젊은이들까지 합세하여 특별 유르타에 모인다. 유르타 내부 공간이 부족하면, 밖으로 나와서 잔치를 벌인다. 예비신랑과 예비신부는 항상 나란히 함께 앉아 잔치가 진행되는 것을 본다. 잔치에 참여한 예비신랑 측 남자들은 돌아가면서 예비신부의 아름다움에 대해서 칭찬의 노래를 부른다. 절대로 예비신부의 이름을 부르지는 않는다. 그러고 나서 외투를 벗어 예비신부 측 여자들 중의 한명에게 외투를 던진다. 그러면, 그녀는 그 외투를 가지고 그 남자를 때리기 시작한다. 남자가 마음에 들어 하는 여자에게 외투를 던지고, 그 여자가 남자를 좋아하면 외투로 때린다. 이들 둘은 나란히 일어나 등을 맞대고 서 있다가 서로 키스를 주고 받는다. 이제는 예비신부 측 여자들 차례로, 여자가 노래를 부르고 남자들 중의 한 명을 향해 옷주름을 던진다. 그러면, 또 이 둘은 서로 키스를 주고받는다. 이러한 젊은 남녀의 놀이는 다음날 아침까지 계속된다. 잔치가 진행되는 동안 젊은이들은 예비신랑 신부가 서로 잘 알아야 한다며, 이 둘을 중심부로 불러내 서로 키스를 하도록 한다. 이렇게 의례적인 놀이가 진행

〈결혼식을 앞둔 우즈베크 아가씨의 전통복장 모습〉

되는 동안, 젊은이들은 옆에 앉아있는 사람들에게 가벼운 키스를 할 수 있다.

비슷한 잔치와 놀이들이 예비신랑이 방문하는 동안에 진행되는데, 풍습에 따르면, 예비신랑은 예비신부의 부모와의 만남은 가급적 피한다고 한다. 예비신랑의 방문에 대해서 예비신부의 부모는 아무것도 모르는 것으로 한다. 키즈 오우인은 결혼을 앞둔 예비신랑 신부가 서로의 친구들과 상견례를 하며 노는 젊은이들만의 잔치이다.

예비신랑 신부는 신부의 두건을 벗어던지고 이웃한 유르타로 함께 들어가면, 부부관계를 맺은 것으로 간주된다. 신랑은 신부의 유르타로 갈 때 기다란 막대기나 유르타의 기둥을 갖고 간다. 이때 그는 막대기의 끝부분에 동전 몇 개를 머리 스카프로 싸서 묶는다. 신랑은 유르타 내부 양탄자 사이의 막대기를 밀어낸다. 신부는 커튼 뒤에 앉아 있다. 신랑은 막대기를 가지고 유르타 내부 커튼 뒤에 앉아있는 신부에게 말을 하며 신부의 모자를 벗겨야 한다. 이것은 '신부모자 벗기기 의례'에 해당한다. 이와 동시에 신부는 신랑의 동전이 있는 외투를 벗기며, 그가 세 번 안에 성공할 수 있도록 돕는다.

옛날에는 결혼식을 할 때, 신랑 신부가 막대기의 양쪽 끝부분을 잡고, 신랑 신부가 되는 것에 동의하는지를 요구를 받았었다. 그런 다음, 막대기는 두 부분으로 부러져, 두 끝부분은 서로 다른 방향으로 버려진다. 이로써, 결혼은 약속되어졌다는 것을 의미한다. 결혼의례와 풍습은 계속해서 진행된다.

'신부모자 벗기기 의례'가 끝나면, 이제 막 결혼한 남녀는 첫날밤을 맞이하게 된다. 그러나 여기까지의 과정까지 진행되었다고 해서 신랑신부의 관계가 완전한 부부관계로 항상 성립되는 것은 아니다. 이제 예비부부가 된 것이다. 신랑은 신부의 집을 방문할 수 있으며, 그녀의 방(거소)에서 여러 날 동안 살 수 있다. 단, 신부의 부모가 결혼잔치를 열 때까지이다. 결혼잔치 바로 전날에 특히 많은 축하의례들이 열린다.

신부의 부모는 이날 손님들을 향해 밀가루를 던지고, 우유나 아이랑을 뿌린다. 신랑과 신부는 끈끈한 부부애를 상징하는 끈을 묶고, 이날 잡은 양이나 염소의 폐를 가지고 서로를 가볍게 두드린다. 이슬람의 영향을 받아 결혼의례에서 물라는 기도를 하고, '혼인그릇'에서 물 한 모금을 신랑신부에게 준다. 신부 지참금은 긴 로프에 매달아 가장 잘 보이는 장소에 건다. 신랑과 신부는 새 옷을 차려입었다. 신부가 결혼하지 않은 상태를 상징하는 다양한 끈들은 이제 두 개의 끈으로 땋는다.

갓 결혼한 부부는 부모님이 계시는 유르타를 방문하여 부모님의 축복을 받는다. 유르타로 들어서기 전에 커다란 외투를 입구에 놓는다. 제일 먼저 이 외투를 밟고 지나가는 사람이 가장(家長)이 된다는 것을 의미한다.

결혼잔치에는 여러 가지 경기들이 펼쳐지는데, 노래자랑, 경마 등 경쟁을 할 수 있는 것이 주를 이룬다. 결혼잔치가 끝난 뒤 신랑은 신부를 자신의 마을로 데리고 갈 수 있으며, 신부 역시 자신의 부모님 집에서 6개월 간 더 머무를 수 있다. 이런 경우, 신부의 젊은 남편은 15일, 20일 간격으로 그녀를 만나러 온다.

신부가 신랑의 집으로 가는 것은 특별한 행사인데, 보통 이런 경우 독특한 의례들이 수반된다. 예를 들면, 신부가 사는 마을의 모든 여성들이 신부가 고향마을을 떠나며 나누는 작별의 슬픈 노래를 부른다. 시집을 떠나는 신부를 슬퍼하며, 떠나보내며 노래를 부르는데, 이 과정을 '이별의례'에 해당한다. 같은 마을의 여성들은 순번으로 돌아가며, 한 명씩 차례로 매번 신부에게 차판을 입혀준다. 신랑의 집을 향해 떠나가면서 신부는 자신이 갖고 있던 많은 보석과 아름다운 털모자를 쓰고 간다. 신부는 검은 장갑도 착용한다. 남편의 마을에 도착하면, 신부는 착용하고 있던 모든 장신구들과 의복들을 벗는다. 집안에서 딸 등이 결혼하는 다음번 결혼식이 있을 때까지 보관한다. 이로써, 신부는 지금까지 착용하고 있던 모자를 벗고, 기혼녀(旣婚女)가 쓰는 모자를 쓴다.

신부가 남편의 마을에 다다르면, 마을 여성들이 신부를 드넓은 목초지에서 맞이한다. 남편마을의 여성들은 긴 줄을 놓아 젊은 신부의 길을 가로막고, 목초지를 통과하는 것에 대한 대가를 지불하도록 요구한다. 그러면, 젊은 아가씨는 말에서 내려와 걸어가 그녀의 길을 막고 있는 사람들에게 자신의 반지를 건넨다. 이 소식을 전해들은 남편은 급히 자신의 마을로 달려가 신부의 아버지가 선물한 유르타를 설치한다. 신부가 유르타에 도착하면, 신부의 시어머니는 유르타 내부에 앉아서 신부의 발아래 던질 달콤한 사탕 한 뭉치를 가지고 그녀를 기다린다.

젊은 부부는 자신들의 유르타에 불을 지펴야 한다. 절대로 다른 유르타에서 불씨를 빌려서는 안 된다. 이제 결혼 피로연이 열릴 때까지 신부는 남편의 유르타에서 다른 남자들과 떨어져 지낸다. 유목민의 풍습에 따르면, 자신의 고향을 떠난 신부는 고향 조상의 혼령의 보호를 받을 수 없다. 그녀는 사악한 눈동자에 노출되고, 결국은 악한 혼령으로부터 무방비 상태에 놓이게 된다.

시아버지의 유르타를 처음 방문할 때, 신부는 자신의 얼굴을 천으로 가려야 한다. 유르타 입구에서 신부를 맞이한 시어머니는 신부의 손에 양의 비계를 놓아 주는데, 신부는 비계를 여신 '우마이 오나'를 기쁘게 하기위해 불에 던져 넣는다. 이러한 행위들은 신부의 새집과 남편 씨족의 혼령으로부터 신부가 보호를 받도록 하기 위해서이다. 유르타 안으로 들어가면서, 신부는 존경의 표시로 인사를 해야 한다. 신부와 함께 들어가는 여성들은 남편 친척들에게 얼굴을 보여주기 위해 얼굴을 가린 천을 올린다. 시아버지는 새 신부를 맞이해 자리에 앉히고, 양고기를 대접한다. 이 시간 이후로 신부는 시부모의 유르타를 자유롭게 방문할 수 있게 된다. 또한, 이때부터 그녀는 얼굴 가리개를 열어도 되며, 남편 씨족의 혼령들로부터 보호를 받을 수 있다.

시아버지는 이번에는 같은 마을에 사는 친인척들을 위해 결혼 피로연을 준비한다. 또한, 그는 며느리에게 약간의 재산을 할당하고, 며느리에게 후원부(後援父)와 후원모(後援母)를 지명한다.

결혼 피로연이 끝난 후에는 남편 측 친인척들이 젊은 부부를 자신들의 집으로 초대한다. 주로 라마단 이후 하이트(Hait) 축제기간에 초대를 한다. 젊은 부부가 첫 방문을 할 때에는 친인척들은 그들에게 선물을 준다. 이로써, 새며느리는 자신의 새로운 친척집을 자유롭게 드나들 수 있게 된다.

이러한 행사들이 끝난 후, 젊은 아내는 친정을 방문해야 한다. 친정을 방문해 그곳에서 한 달 혹은 석 달 이상을 머물러야 하는데, 어떤 경우는 일 년 이상 있을 수도 있다.

남편이 이혼을 원하면, 부부관계는 끝난다. 이혼한 상태인 부부가 다시 함께 살겠다면, 두 사람이 원할 때 언제든지 다시 함께 살 수 있다. 그러나 만약에 남편이 세 번 이혼을 원한다면, 부부의 결혼은 두 번 다시 재결합될 수 없다. 만약에 여자가 다른 남자와 결혼을 한 경우에도 두 사람은 옛날로 돌아갈 수 있다. 여자는 새 남편과 적어도 석 달을 함께 산 다음, 이 남자와 이혼을 하고 나서, 이 여자는 다시 전남편과 재결합을 할 수 있다.

중앙아시아 유목민의 풍습에 따르면, 결혼을 약속한 신부가 죽거나 아내가 죽는 경우 남편은 아내의 어린 여동생과 결혼을 한다. 남편이 죽으면, 남자형제들 중에서 누군가 의무적으로 이 과부와 결혼을 해야 한다. 이 대목에서 '형수취수제(兄嫂醉睡制)'의 전통을 찾을 수 있다.

Ⅳ. 장례와 추모행사

중앙아시아 유목민에게 죽음과 관련된 의례는 아주 특별한 의미를 가진다. 이들은 죽음과 관련된 복합적인 의례과정을 갖고 있으며, 이 죽음의례는 신화적 종교적 관습적 관련성이 수세기를 거쳐 내려오며 특성화되며 전승되고 있다. 죽은 자가 누구냐에 따라, 다른 장례절차가 진행된다. 남자냐 여자냐 늙은이냐 젊은이냐 아니면, 어린아이냐에 따라 장례가 다르게 진행된다. 공동체의 존경스런 어른 '악사칼'이 죽었을 때에는 대부분의 장례과정과 추모행사가 이행된다. 그러나 어린이의 죽음에서 추모행사는 생략된다. 악사칼은 가정의 최고 연장자이자 마을의 원로이다. 악사칼들이 모여 마을의 중대사를 논하고 결정한다.

사람이 죽으면, 고인의 모든 친구들과 친인척들에게 죽음을 알리는 특별한 전달자가 있다. 모든 사람들은 고인에게 마지막으로 존경을 표하기 위해 장례식에 참가해야 하는 의무가 있다. 특히, 키르기즈 민족과 카자흐 민족들은 죽은 자에 대해 슬퍼하며 곡소리를 전승해 주는 전통을 갖고 있다.

고인의 친구들과 친척들은 금전적인 조의금(弔意金)이나 가축을 유가족에게 주어 무사히 장례가 진행되도록 돕는다. 죽은 자가 어른이라면, 사람들은 답례 차원에서 약간의 선물을 준다. 가축을 많이 가진 악사칼은 금전적인 것으로 받기도하고, 여성들은 하얗거나 검붉은 원단을 받기도 한다. 장례식에서 코란을 암송하는 것은 의례에 있어 의무적인 사항이다. 이슬람이란 종교의 영향이 장례에는 많이 수용되어 있다.

죽은 자의 육신은 깨끗이 씻은 다음 수의(壽衣)를 입혀놓는다. 죽은 자는 하얀 천으로 덮여 있다. 이 하얀 천은 장지에 도착하면, 하얀 천을 제거하고 들것 위에 놓는데, 들 것은 헝겊으로 감싼 것이다.

유르타에서 고인을 내어갈 때, 유르타 밖에 있는 운반대(상여) 위에 놓고, 기도를 한다. 이때, 기도는 물라가 인도하는데, 장례식에 참석한 사람들에게 질문을 하면서 진행된다. '고인은 좋은 사람이었나요?' 사람들은 물라를 향해 대답한다. '예, 그는 좋은 사람이었습니다!' '고인이 가진 부채(빚)가 있는지, 그의 부채를 누가 갚을 것인지?'를 물라는 또 묻는다. 상속인이 앞으로 나와 말한다. '제가 갚겠습니다!'. 물라는 다시 한 번 사람들을 향해 연설을 하고 고인이 누군가에게 빚(부채)이나 은혜를 입었는지 묻는다.

마침내, 고인의 부채나 은혜 입은 자가 더 이상 없다는 것을 확인하고, 물라는 상여를 공동묘지로 가져가도록 허락한다. 여성들은 장례과정에 참여할 수 없다. 남자들은 시신을 운반하는데, 중간에 멈추거나 쉬지 않고, 장지로 단 번에 간다. 시신이 안치된 다음 남자들은 걸어서 집으로 돌아와 다시 소리내어 운다. 그러면, 여성들은 유르타에서 나와 남자들과 같이 구슬프게 운다. 무덤은 공동묘지에 조성된다. 주로 무슬림들만의 무덤들을 따로 공동묘지에 조성하는 풍습이 있다. 무덤은 '마지막 집'이란 인식 아래 하나의 건축물로 작게 짓는다. 그래서 필요하면 개폐가 가능하도록 하는데, 부부지간이나 형제지간에 공동으로 마지막 집인 무덤을 만드는 전통이 있다. 그래서 중앙아시아 사람들은 공동묘지를 지날 때 두 손으로 얼굴을 감싸 안으며 기도를 하는 풍습을 갖고 있다.

중앙아시아 유목민은 자신이 태어난 지역에 무덤을 쓰는 풍습이 있다. 비록 고향에서 먼 곳에서 죽었다 하더라도, 당장은 임시로 죽은 지역에 매장할 수 있다. 몇 년이 지난 후 죽은 자의 친인척들은 타향에서 죽어 묻힌 그의 무덤을 찾아 그의 고향으로 갖고 와 다시 매장을 한다. 친인척들이 죽은 자를 데리고 고향을 향해 올 때, 고인의 유골은 천으로 감싸 말 등에 놓고 조상들의 땅으로 갖고 와 고향에 매장을 한다.

사람이 죽으면, 먼저 유르타 안쪽에 안치한다. 여성들은 고인의 시신 옆에 앉아서 커다란 슬픔을 표시한다. 남성들이 유르타로 들어오면, 여성들은 더 큰 소리로 울며, 유르타 옆에 허리를 구부리고 서서 슬픔을 표현하며, 고인과의 마지막 작별을 고한다.

남편이 죽으면, 미망인이 된 부인은 매일 아침 슬픔을 표해야 한다. 죽은 후 첫 해의 추모의례가 열릴 때까지 일 년 동안 조의를 표해야 한다. 일 년 동안, 미망인은 유르타 안에서 쉬거나 다른 사람을 들어오게 해서는 안 된다. 그녀는 또한 다른 사람들에게 얼굴을 보여주어도 안 된다. 미망인은 의복도 가려서 입어야 한다. 오직 긴 외투만을 입어야 한다. 죽은 남편의 첫 번째 추모의례가 열리기까지 미망인은 죽은 남편의 혼령에 속해있기 때문이다. 미망인의 남편이 늙어서 죽으면, 미망인은 검은 색 옷을 입고, 젊어서 죽었으면, 붉은 색 옷을 입는다. 남편이 50세가 넘어서 죽으면, 미망인은 흰색 외투를 입고, 그보다 더 젊어서 죽으면, 붉거나 검은 색 외투를 입는다.

가정의 가장이 죽으면, 죽은 날로부터 40일 동안 유르타 중앙에 있는 기둥에 가족들의 가장 좋은 옷들을 걸어둔다. 이것은 가장의 혼령이 땅 위에 남아 있다고 믿기 때문이다. 이로써, 죽은 자를 기억하는 사람들은 그의 주검이 부패가 진행되는 동안, 그는 커다란 존경을 사람들로부터 받게 된다. 설령, 이 기간 동안 다른 목초지로 이동해 갈 때에도 유르타의 기둥을 죽은 자의 최고의 말 등에 싣고 간다. 추모기간이 진행되는 7일째 혹은 10일째 되는 날 이 기둥을 치우고, 죽은 자가 제일 좋아하던 말을 희생시킨다.

죽은 자가 살 던 유르타는 멀리 떨어진 잘 보이는 곳에 둔다. 야크의 꼬리와 천 조각이 달려있는 기둥은 유르타를 덮고 있는 천막을 통해 빠져나가게 된다고 믿는다. 이러한 상징은 유해가 된 뒤에도 남아있게 된다. 다른 지역 목초지로 이동을 할 때에도 젊은이는 하얀 깃발이 있는 막대기를 행렬의 맨 앞쪽에 놓고 갖고 간다. 여성들은 깃발을 따라, 슬프게 울면서 뒤 따른다. 일부에서는 야크의 꼬리나 말총을 막대기에 매달아 성자(聖者), 성소(聖所)를 나타내는 상징물로 사용하기도 한다.

추모모임은 죽은 날로 부터 삼 일째, 칠 일째, 사십 일째, 그리고 일 년째 되는 날 열린다. 중앙아시아 유목민은 특히 유명인이거나 존경을 받는 사람이 죽었을 경우, 첫 번째 추모를 가장 큰 중요한 행사로 간주한다. 사람들은 미리 악사칼 회의를 소집하여 추모행사와 관련된 문제들을 해결한다. 예를 들면, 누구를 초대하고, 어떻게 가축을 모으고, 누가 조의를 하도록 하고, 손님들의 자리를 어떻게 할 것 인지, 어떤 상품을 경쟁을 통해 배분할 것인지 등등을 논의한다. 추모행사는 일주일 동안 지속되는데, 격 일째로 중요한 의미를 가진다.

첫째 날은 손님들을 초대하여, 15, 20킬로미터 말경주, 민속씨름 쿠라쉬, 말 등 위의 대결, 긴 막대기 싸움인 바티르(batyr) 등을 실시한다.

둘째 날에는 은괴(銀塊) 맞추기 경기를 실시하는데, 은괴는 긴 막대기의 끝에 세 개의 줄에 묶여있다. 참가자가 말을 전속력으로 타고 달려가면서 은괴를 총을 쏘아 맞추거나 화살을 쏴서 맞히는 경기이다. 우승자에게는 상금으로 은괴를 준다. 이날 손님들은 맛있는 음식을 대접받는다. 저녁에는 사람들이 모여 가장 힘센 자들이 벌이는 쿠라쉬 경기가 열린다. 우승자는 상금으로 죽은 자의 친인척이 제공하는 가축을 선사받는다.

셋째 날은 줄 위를 걷는 경기가 진행되는데, 이 경기는 죽은 자의 친구들이 준비한 것이다. 상금의 규모는 그렇게 큰 것은 아니다.

네 번째 날에는 장거리 경주 '바이가(baiga)'가 열리는데, 이 경주에는 손님들 중에서 아주 건강한 말을 타고 온 사람들이 참가한다. 장거리 경주 바이가는 보통 40, 50㎞인데, 우승자는 상금으로 여러 마리의 말을 받는다.

다섯째 날과 여섯째 날은 3~4년생 말들을 위한 작은 경주가 펼쳐진다. 사람들은 일곱 번째 날을 학수고대하는데, 이날에는 가장 큰 경주인 최장거리 경주가 열린다. 보통 80~ 100㎞를 달리는 경주이다. 최장거리 경주에서 우승하면 역시 상금으로 가축이 주어진다. 보통 15가지의 상금이 주어지는데, 우승자에게 가축이 가장 중요한 부분을 차지한다.

장거리에는 주로 소년들이 기수로 참가하는데, 어린 소년들은 장거리 말경주에 유리하기 때문이다. 말의 소유주는 말기수 여러 명에게 요청하는데, 반환점을 돌게 되면, 전속력으로 달릴 것을 요청한다. 만약, 말경주에 참가한 기수들이 중간에 끼어든 말을 만나게 되면, 그들은 그 이상한 말을 쫓아내거나 말을 타고 있는 소년을 내려오게 한다. 이런 경우 종종 소년들은 말에서 떨어져 죽기도 한다. 워낙에 장거리 경주이니 중간에 반칙을 하는 경우가 생기기도 한다.

격렬한 속력을 견딜 수 없어서 말 경주 도중에 말들이 죽기도 한다. 가장 훌륭한 말들만이 경주를 완주할 수 있다. 그러나 가장 훌륭한 말들 역시 거친 경기에 탈진한 상태에서 결승점에 도달한다. 어떤 기수들은 걸어서라도 자신의 말들이 결승점에 도달하도록 격려를 한다. 비록 경주중 죽은 말일지라도 그 말의 머리를 가지고 완주를 하면 상금을 주는 것이 하나의 풍습으로 자리 잡았다.

이처럼 말경주, 쿠라쉬 등을 비롯한 다양한 게임들이 추모기간 동안에 펼쳐진다. 이러한 경기들을 준비하고 진행하면서 상속자는 자신의 재산을 거의 다 탕진할 수도 있는데, 죽은 자인 아버지의 명예를 위해서는 당연하게 생각한다. 추모행사가 끝나면, 미망인은 자신의 머리를 묶은 끈을 풀고, 외투와 상복을 벗는다. 이는 그녀가 다시 현실세계로 돌아왔다는 것을 의미한다. 풍습에 따르면, 그녀의 남편의 남자형제는 이 미망인과 결혼을 해야 한다.

V. 중앙아시아 전통문화에 대한 종합적 견해

한 사회집단의 문화현상의 과정과 그 요소들 사이의 상호작용을 알기 위해서는 총체적인 접근이 무엇보다도 필요하다고 생각된다. 전통문화를 다룸에 있어, 중앙아시아의 여러 다양한 문화적 현상들을 전통문화라는 얼개를 통해서 접근할 때, 중앙아시아 유목문화의 양상을 잘 이해할 수 있을 것이라는 판단에서이다.

중앙아시아 전통문화를 한 마디로 요약하면, 중앙아시아의 전통문화는 '다민족 다문화의 비체계성, 비통합성, 포용성을 가진 진행형의 총체적 과정'이라고 성격을 진단할 수 있다. 다른 한편에서는 인류의 출현 이래 오늘날 중앙아시아라고 지칭되는 다양한 지리적 공간에 등장했다가 사라지고, 혹은 지금도 지속되는 인류의 역동적인 과정의 흐름 속에 있다고 할 수 있다.

근대화를 통해 서구식 도시문화의 유입으로 전통문화가 사라져가는 한국사회와는 달리, 중앙아시아에는 아직도 '문화'란 이름으로 남아있는 전통문화가 많다. 특히, 전통의 단절이 수반되면서 근대화가 진행되었던 한국사회와는 달리, 중앙아시아는 자연스럽게 전통문화가 현대에도 역동적으로 기능하고 있다. 물론, 중앙아시아인들의 도시생활에서도 전통은 그대로 숨쉬며, 중앙아시아 민족들의 삶 속에 살아있다. 여기에는 아직까지 정신문화의 한 축을 이루고 있는 유목문화와 공동체 문화가 한 몫을 했다고 생각한다.

이처럼, 문화는 중앙아시아 사회에 전승되고 생활의 규범과 과정을 총괄하는 '기층문화'의 성격이 짙으면서 현실 생활에 깊이 간여하고 있는 현대의 상층문화이다. 중앙아시아에서 민속문화는 그곳에 살고 있는 사람들에 의해 역사적으로 전승되어온 전통적인 문화이다. 따라서 해당 지역의 민중들과 함께 호흡하며 역사적으로 지속되어온 것이 문화(민속)라고 할 수 있다. 여기서 문화와 민속의 개념이 거의 비슷하게 이해된다. 왜냐하면, 중앙아시아에서 민속문화는 현대사회에 잔존하는 당대문화의 한 축을 형성하기 때문이다. 특히나 중앙아시아에서는 민속문화가 곧 전통문화이자 현대문화로 기능하고 있는 상황이다. 따라서 민속문화란 것이 과거의 잔존물에만 머물러있거나 그와 비슷한 사회에 남은 문화적 흔적일 뿐 아니라 중앙아시아의 현대사회에도 당당한 문화의 한 축을 형성하고 있다.

아직도 완전한 비정주화나 유목문화가 생활에서 중요한 역할을 담당하고 있는 중앙아시아에서는 민속문화가 곧 생활의 중심 역할을 하고 있다고 할 수 있다. 어찌 보면 전통이란 이름으로 민속만을 지칭하기에는 너무나 현대성이 강한 문화가 아닌가 생각된다. 이 역시 중앙아시아만의 특성이다.

그렇지만, 민속이 곧 전통문화라는 등식이 성립되는 것은 아니다. 중앙아시아의 관점에서 보면, 전통문화는 오히려 오늘날의 현대문화의 일부가 아닌가 생각된다. 그것도 역동적으로 깊숙이 생활 속에 체화되어 있는 삶의 한 자락으로 말이다.

따라서, '전통문화는 현대문화이다'라는 명제가 중앙아시아에서는 성립된다고 할 수 있다. 중앙아시아의 전통은 단절과 굴절의 과정을 겪은 한국과는 달리, 일부 소멸되었을지라도 소비에트 시절을 거치면서도 면면이 삶의 바탕에 이어져오고 있기 때문이다. 그래서 우리는 쉽게 중앙아시아 유목민의 전통문화를 그들의 생활 속에서 발견하고 있으며, 이 발견된 모습이 복원된 것도 아닌 계승되고 진화하는 현장에 있음을 더불어 알 수 있다.

최근 들어 한국에서는 전통문화에 대한 관심이 커지면서 전통문화를 살린 지자체의 여러 민속축제들이 생겨나고 있다. 여기에 친자연적 친환경적 특성이 반영되어 이와 더불어 접근하는 경향이 크다. 그러나 근대사회로 넘어오면서 한국사회는 전통사회와의 단절을 경험하였기에 전통문화는 거의 복원에 가까운 노력을 해야 하는 난관과 이벤트화되는 경향마저 생겨나고 있는 실정이다.

본 장에서는 중앙아시아의 전통문화란 것이 얼마나 현대적이고 아직도 역동적으로 기능하고 있는지 살펴보았다. 무엇보다 전근대 사회에서 근대사회로 넘어오는 자연스런 흐름은 중앙아시아 전통사회와 전통문화가 고스란히 자리잡을 수 있었던 가장 큰 동인(動因)이라고 생각한다. 여기서 중앙아시아의 전통문화란 곧 현대문화라는 명제가 달성될 수 있음을 알 수 있었다. 한국의 문화와 전통문화의 개념이 적어도 중앙아시아에서는 상이하게 통용되기 어려운 측면이 강하다. 문화와 전통문화가 다르다는 개념과 정의의 나눔이 중앙아시아에서는 하나의 것으로 이해되기 때문이다.

중앙아시아는 중앙아시아 나름의 문화적 전통인 유목성, 투르클릭(Turklik), 샤마니즘성, 페르시아성, 이슬람성, 언어적 친근성이란 공통의 바탕을 기본으로 깔고 전통문화가 현대사회로 자연스런 전이와 변용, 계승, 발전이란 사회진화의 연속선상에 놓여있다.

더구나 반유목 생활을 하며 자연과 더불어 그 속에서 살아가는 삶을 선택하고, 가장 적응력 있는 삶의 형태를 이미 증명된 삶으로 전통을 꾸려나가고 있기 때문이다. 여기에 그들이 아직 친환경적인 삶의 패턴을 포기할 생각이 없다는 것을 감안하면, 현대 지구촌 문화의 화려함과 편리함, 단일성에 대한 중앙아시아인들의 인식이 자신들의 의식 속에 자리잡기에는 아직도 요원한 것 같다. 어쩌면, 중앙아시아인들의 삶에 대한 태도나 인식은 여전히 친환경적이고 운명적인 성격이 강하기 때문인지도 모른다. 그러기에 더더욱 전통이 문화와 동일하게 연결되어 있다는 생각마저 든다.

새로운 변화보다는 자연 속에 순응한 중앙아시아 나름의 변화와 발전이 이들의 삶을 '느림'으로, 또는 고대적이고 원시적인 '민속'의 이름으로 규정짓고 싶은지도 모른다. 중앙아시아에서는 현대적 문화 역시 '민속'에 내포되어 있어 문화와 민속의 경계가 모호하기 조차하다. 역사성을 간직한 '전통'이란 개념 역시 현대민속(문화)이란 정의의 범주에 포함되어 있다. 이러한 인식과 계승의 문제를 극복하지 않는 한 중앙아시아 문화의 올바른 이해는 어려울 것이다.

참고문헌 및 추천도서

이두현 / 장주근 / 이광규, 『한국민속학 개설』, 일조각, 2006.

장준희, 『중앙아시아』, 청아출판사, 2004.

전경수, 『문화의 이해』, 일지사, 2005.

한상복 / 이문웅 / 김광억, 『문화인류학개론』, 서울대학교출판부, 1985.

Каракалпакский филиал Институт Истории, языка и литературы им., Давкараева «Этнография Каракалпаков. xix-начало xx века (материалы и исследования)» Ташкент Издательство «Фан» Узбекской ССР, 1980.

М.К.Козыбаевб, Х.А. Аргынбаев, М.С.Муканов «Казахи (историко-этнографическое исследование)», Алматы : Издательство «Казахстан», 1995.

Иса Джаббаров, Узбеки (Этнокультурные традиции, быт и образ жизни), Ташкент «Шарк», 2007.

Б.Г.Гафуров, Таджики 1 (древней шая, древняя и средневековая и стория), Душанбе «Ирфон», 1989.

Б.Г.Гафуров, Таджики 2 (древней шая, древняя и средневековая и стория), Душанбе «Ирфон», 1989.

제6장 중앙아시아 문학[1]

오은경

1. 중앙아시아 시문학과 『마나스』 서사시

광활한 자연환경을 누비며 유목생활을 하던 중앙아시아인들에게 문학은 곧 구전문학을 의미했다. 세대에서 세대로, 입에서 입으로 전해 내려오는 문학전통은 그들에게는 삶의 기반이었고, 힘이었으며, 문화전통이었다. 한 마디로 중앙아시아인에게 문학은 삶 자체였다. 문학 장르 중에서도 가장 지배적인 장르는 시였다.

중앙아시아에서 문학은 제도이자 삶이었고, 모든 문화의 기본이었다. 중앙아시아에서 문학은 시를 의미했다. 산문은 격식 있는 사람들은 활용하지 않는 장르였다. 중앙아시아인에게는 오로지 시 장르만이 문학적 감성을 살릴 수 있다는 의식이 확고하게 자리 잡고 있었다. 그만큼 중앙아시아에서 시 전통은 모든 사람이 공유할 수 있는 문화전통이었으며, 위대한 유산이었다. 사람들은 자연의 아름다움과 계절의 풍요로움을 시로 노래했으며, 아름다운 여성은 시를 통해 찬미되었다.

1) 이 글은 필자의 본격적인 연구를 바탕으로 한 것이 아니며, 중앙아시아 문학에 대한 간략한 소개를 위해 몇 가지 자료를 정리한 것이다. 필자는 2008년 10월 7일 키르기즈 작가며 American University 교수인 잠비 주스발리예프(Zhamby Djusvaliev, 1967-)의 한국외국어대학교 중앙아시아어과 초청수업 당시의 강의 내용; 양민종, 「구소련 중앙아시아 구비 영웅서사시 '마나스' 연구 서설」, 『슬라브 연구』, 2002, pp.147-171; Edward Allworth, The Focus of Literature, *Central Asia : 120 Years of Russian Rule*, Durham and London : Duke Univ. Press, 1989, pp.397-433, 오원교, 「러시아 지배시기 중앙아시아 문학의 몇 가지 양상」, *e-Eurasia*, 2008, vol.5, pp.38-43 등을 참조하여 작성하였다.

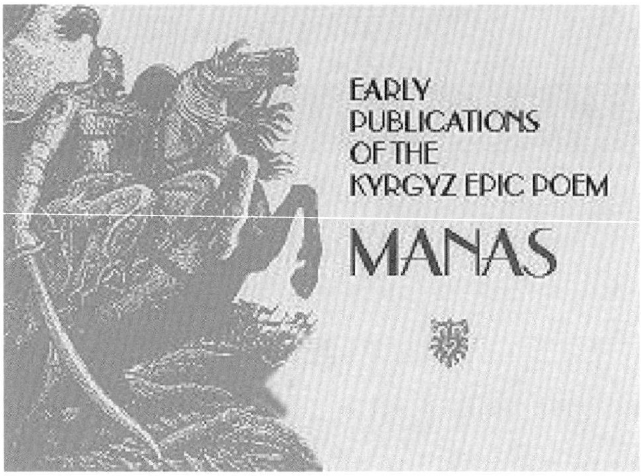

〈키르기즈스탄 중앙도서관에 소장된 마나스 영어본 CD〉

중앙아시아 시문학의 정수를 보여주는 것은 다름 아닌『마나스』서사시이다. 중앙아시아 지역은 20세기 초까지 자국어문자가 없어서 사실상 많은 자료들이 채록되지 못했다. 종족의 역사와 삶에 대한 대부분은 구비 서사시의 형태로 구전되고 있을 뿐이었다. 이 중 투르크족 주요 종족들의 역사를 포괄하면서 키르기즈인의 역사의 서사에 초점이 맞추어진『마나스』서사시는 중앙아시아 구비 영웅서사시의 대표적인 작품이다.『마나스』서사시는 세메테이(Semetey), 세이텍(Seytek), 마나스(Manas)의 삼부작으로 구성된다.

특히『마나스』는 분량이 방대하고 서사의 완성도 면에서 다른 서사시와는 현저하게 구분된다.『마나스』서사시를 일리아드를 능가하는 작품으로 보는 것도 이 때문이다. 이 서사시는 지금까지 지구상에서 가장 긴 시라고 믿어져왔던 서구의『일리아드』보다 그 길이나 내용면에서 훨씬 우세할 것이라고 보는 것이 전문가들의 견해이다.『마나스』는 그 길이 면에서 일리아드에 비해서 약 16배, 인도의 마하바라타에 비해 2.5배 이상이 되는 것으로 추정되고 있다. 이와 같이 추정만이 가능한 것은『마나스』서사시가 구전으로 전수되었기 때문에 판본이 각각 다르고, 완전한 채집과 연구가 끝나지 않았기 때문이다.

『마나스』서사시는 키르기즈족의 형성과 발전 등의 역사에 관한 구전시라고 전해지고 있으나, 키르기즈뿐만 아니라 중앙아시아 전반에 관한 역사라고 보는 사람들이 많다. 동시에 중앙아시아 부족의 형성과 발전, 세력 분할, 문화 전통과 제도를 형성하고 발전해온 과정 등을 설명해주고 있다. 뿐만 아니라 관혼상제 등의 관습과 유목민들의 정서도 이 작품을 통해 알 수 있다. 한 마디로 정치, 경제, 문화 등 모든 생활양식을 총체적으로 보여주고 있는 것이다. 그러므로 『마나스』에 대한 연구는 단순히 구비문학의 차원에서 뿐만 아니라 중앙아시아 지역의 역사와 문학, 철학, 민속에 이르기까지 상당부분을 복원시켜줄 것으로 기대되고 있다. 유목민의 특성과 문자와 기록문화를 갖지 못한 한계 때문에 사장되었던 부분을 복원해 줄 귀중한 자료이기 때문이다. 『마나스』는 중앙아시아 천년의 역사를 복원해 줄 중앙아시아 연구의 보고이다.

특히 『마나스』 서사시의 경우에는 다른 구전시와는 달리 그 내용 변화나 왜곡이 심각하게 이루어지지 않은 것으로 알려지고 있다. 『마나스』의 원형이 커다란 손상 없이 어느 정도 잘 보관되어 올 수 있었던 이유는 『마나스』 구전시의 음송이 '마나스치'로 불리는 소수 전문인에 의해 조직적으로 이루어져 왔기 때문이다. 또한 다른 서사시와는 달리 악기 사용을 하지 않았다. 음송자의 개인적인 특성에 따른 변용이 허용되지 않았던 것도 중요한 요인 중의 하나이다.

마나스치는 자신이 죽기 전에 전수자를 선택해 그 내용과 방법을 전수한다. 노인에서 아이로, 아버지에서 아들로 『마나스』는 전수된다. 마나스치는 한 번 시를 음송하기 시작하면 자지도 않고, 먹지도 않고 음송한다고 한다. 주로 연회나 명절 등에 시작해서 사흘 밤낮을 꼬박 시의 음송에만 몰입하는 것이다. 마나스치는 마임적 동작만을 이용해 시를 음송하는데 이들만의 특별한 호흡법이 있다고 한다. 『마나스』 전편을 음송하기 위해서는 한 달 이상의 기간이 소요되지만, 유목생활을 하던 당시 『마나스』 음송은 키르기즈인이 거주하는 유목지를 따라 이 마을, 저 마을 유랑하면서 펼쳐졌다고 한다. 마나스치에 대한 사회적인 존경과 선망은 키르기즈인에게는 가장 중요한 것으로 받아들여질 만큼 지대한 것이다. 『마나스치』로 선택된 자는 그에 준하는 존경과 신임을 받게 된다. 마나스치로서 가장 뛰어난 사람으로는 '사약바이 카랄라익'과 '사금바이 오로즈바코프(Sagymbai Orozbakov)', 두 사람이 인정받고 있다. 특히 사작바이 카랄라에프(Sajakbai Karalaev)는 19세기 생존했던 가장 훌륭한 마나스치로 전해진다.

『마나스』는 키르기즈인을 중심으로 한 서사시이지만 중앙아시아의 민족적 특성으로 보면, 키르기즈인을 포함한 모든 투르크인들의 역사라고 할 수 있다. '마나스'는 중앙아시아에 산재한 여러 부족들을 통합하고 하나의 정치체제와 독립을 쟁취할 수 있도록 한 영웅적 지도자 마나스 칸의 이름이다. 그러므로

『마나스』는 키르기즈 서사문학인 『마나스』서사시의 명칭인 동시에 그 내용을 구성하는 주인공의 이름이기도 하다.

키르기즈 칸(khan)인 『마나스』가 키르기즈인으로 구성된 부족을 이끌고 현재의 키르기즈스탄 지역으로 돌아와 독립국가적인 형태를 갖추는 14세기의 역사를 후세인들이 노래하게 되면서 그동안 구전되어 오던 키르기즈인들의 역사와 관련된 서사시들은 모두 『마나스』라는 이름으로 통합되어 불리기 시작했다. 그 이전부터 구전되던 역사적 사실이나 사건들이 서사시의 형태를 갖추어 구전되기는 했었지만, 이것이 특정한 명칭으로 통합되지는 않았던 것이다. 『마나스』는 마나스와 그의 아들 세메테이, 그의 손자 세이텍에 관련된 이야기까지 포함하고 있다. 이들의 이야기는 마나스, 세메테이, 세이텍 등 개별적인 서사시의 형태를 취하고 있고, 독립적으로 음송되어 왔다. 그러나 동시에 서로 연속성을 가지고 있으므로 『마나스』 삼부작으로 불리는 것이다.

『마나스』는 어느 한 개인이나 구비 음유시인의 개인적인 상상력을 바탕으로 한 창작이 아니다. 키르기즈인들에게 태고 적부터 전해 내려온 전래 서사들을 시간적인 흐름과 사건의 연속성에 맞게 구성한 것이다.

최초로 문자로 기록된 것은 12세기 독일학자에 의해서였다고 한다. 『마나스』는 여러 가지 판본이 있으며, 현재 밝혀진 것만 해도 60개가 넘는 것으로 보인다. 이 중 가장 서사적인 완성도가 높은 것으로 보이는 것이 초크모로프 발리코오즈(Chokmorov Balykooz)본이다. 여기에서는 『마나스』가 구비서사시의 형태로 음송되어야만 하는 이유와 『마나스』에서 다루는 시기에 대해 언급하고 있다. 10세기 말경 키르기즈인을 상부구조로 한 투르크인의 복합적인 지배왕국이 해체되어 종족들이 뿔뿔이 흩어지게 되자 종족의 역사와 문화를 보존할 필요성을 느끼게 되었으며, 『마나스』의 음송을 통해 민족적 동질성을 확보할 필요가 있었던 것이다.

이처럼 『마나스』가 특히 중요한 이유는 중앙아시아 여러 부족의 삶을 총체적으로 집대성한 작품이며, 영웅의 삶과 지도자의 리더십, 그리고 여러 부족들이 어떻게 한 민족을 구성하였는지 그 방대한 역사를 드러내주고 있기 때문이다.

『마나스』가 체계를 잡아 음송되기 시작하고 다음 세대로 전수되기 시작한 것은 10세기 말경이다. 『마나스』의 내용은 크게 영웅 『마나스』의 탄생과 죽음, 주인공의 아들과 손자의 삶에 관한 이야기로 구성된다.

예를 들면, A.D. 250년 이란인들이 사마르칸드를 점령하고 지배하던 당시 이들을 조상들이 물려준 신성한 땅에서 내몰려는 우구즈인들의 투쟁을 다루는 부분이 있다. 이 부분에서는 이 시기 키르기즈인의 지도자는 오로즈(Oroz)였으며, 키르기즈인을 포함한 우구즈인들은 현 타쉬켄트의 30㎞ 근방 북부 시르다리야 강변에서 유목을 하고 있었다는 것을 알 수 있다. 이 지역은 불상 제작에 적합한 대리석이 매장된 곳과 인접하고 있었기 때문에 우구즈인들은 자체적인 군사력을 강화하면서 종교적인 행사를 위한 대형불상을 제작하고, 불교를 통해서 내부의 다양한 종족들을 하나로 결집시켜가고 있었던 것이다.

언어로 역사를 기술하는 것이 어려웠던 상황에서 장구한 종족의 역사를 전수할 수 있도록 하는 유일한 방법은 서사적인 내용을 운율을 실어 음송하도록 하는 것이었음을 이 부분을 통해 알 수 있다. 그와 같은 전수를 가능하도록 하는 지도자의 리더십과 사회적 분위기도 함께 요구되었을 것이다. 10세기 말 다시 정처 없는 방랑의 유목을 시작하게 된 키르기즈인들에게는 종족의 자부심과 유지를 위해 각별한 노력을 기울일 필요가 있었던 것이다. 이를 통하여 『마나스』 음송이 체계화 된 것과 전수가 시작된 것을 10세기 말경으로 보는 것이다.

또, 영웅 『마나스』가 탄생하기까지의 계보를 간단하게 소개하고 있는 내용이 있다. 『마나스』에 대한 연대기적인 기록을 살펴보면 『마나스』는 부친인 자큽이 56세가 되던 1346년에 태어나서 16세에 키르기즈인의 칸으로 추대되고 수많은 전쟁을 치른다. 그 후 『마나스』가 32세가 되던 해에 현재 키르기즈스탄 땅으로 종족을 이끌고 돌아온다. 학자들은 대부분 『마나스』가 1423년 사망한 것으로 추정하고 있다. 그 후 약 60여 년 간 아들 세메테이와 손자 세이텍이 서사시의 전통을 이어가고 있으므로, 『마나스』의 종결시점은 15세기말에서 16세기 초로 추정하고 있다.

이러한 부분들을 통해 『마나스』가 포괄하고 있는 연대는 기원 후 250년에서 1500년 사이 천 삼백 년에 걸친 방대한 시간대이며, 그 작성 시기 또한 전술한 바와 같이 10세기 말 이후 17세기에 이르는 긴 시간에 분포되고 있는 것으로 밝혀지고 있다. 『마나스』는 다루는 시간대가 다른 서사시에 비해 매우 방대하며, 서사의 진행방식이 시간의 흐름이 아니라 에피소드를 엮어놓은 방식이라서 연대의 측정이 더욱 어렵다. 더구나 『마나스』에 대한 연구가 아직도 미진하고 검증되지 않은 부분이 많아서 『마나스』의 발생과 연대에 관련된 부분은 앞으로도 검증이 필요하다.

『마나스』가 죽고 난 후 사람들은 그의 시체가 묻힌 장소를 공개하지 않았다. 다만 탈라스 부근이라고만 알려져 있을 뿐이다. 키르기즈스탄에서는 1995년을 『마나스』 천년으로 정하고 『마나스』 마을을 건설하였다. 소련 붕괴 이후 키르기즈스탄에서는 『마나스』의 역할이 더욱 부각되었다. 민족 정체성이 무엇보다 중요해졌기 때문에 민족의 통합을 추진할 수 있는 민족적 영웅이 어느 때보다 절실하게 요구되고 있기 때문이다. 따라서 『마나스』의 의미는 키르기즈스탄을 비롯한 중앙아시아 현대 사회에서 더욱 부각되고 있다.

II. 소련 점령기 중앙아시아 문학의 반향

순수예술의 총체적인 장르로서 오랜 세월 중앙아시아인의 삶을 채워왔던 시는 근대 이후에는 그 색채가 조금씩 달라지기 시작한다. 시의 기능은 계몽적이고, 교조적으로 변했다. 이데올로기적인 색채를 진하게 담기도 했다. 시인들은 인종적, 국가적 정체성을 확립하고, 사회와 정치적 행사를 기념하기 위해 시를 썼다.

19세기 중반 이후로 본격화된 러시아의 중앙아시아 정복은 중앙아시아인으로부터 많은 저항을 불러 일으켰다. 특히 문학에서도 그런 반향은 여지없이 드러난다. 특히 가장 먼저 문학에 반향을 불러일으킨 계층은 유목민이다. 유목적 삶이 근간이 되던 중앙아시아인들에게 구전문학은 가장 강력한 문화유산이다. 따라서 저항문학 또한 유목민으로부터 시작되었다. 러시아 군대가 타쉬켄트로 진격해 들어왔을 때 시인들은 전쟁에 참여하기를 독려하는 이데올로기적 작품을 써서 외세의 침입에 맞서고자 했다. 또한 러시아의 침략행위를 시를 통해 비난하기도 했다. 시인들은 조국에 대한 상실감 또한 시로 표현했으며, 이것은 점차 저항문학을 형성하기에 이른다.

당시 시인들은 러시아의 침략을 기록하는 것 말고는 할 수 있는 것이 아무것도 없었다. 부족 리더들도 역시 자신의 생존 위기라는 극단적 상황에 직면해 있었다. 예를 들면, 음유 시인 무사베이(Musa-bay)는 카자흐 부족장 잔 코자(Jan Qoja)에 대해 잔닝 코자 바티르딩 톨가우이 (Janing qoja batirding tolghaui)라는 시를 썼다. 잔 코자는 남부 시르다리야 강 하부부터 카라쿰 사막에 이르는 지역의 유목민 부족장이다. 이 시는 카자흐 유목민 부족장인 그가 러시아군과 대처한 영웅담을 담고 있다. 그렇지만 이 시는 궁극적으로 잔코자의 죽음이 헛되이 끝나고 말았으며, 주위 동료들의 무관심과 변절자들로 인해 비극적인 상황과 절망으로 종결되었음을 자조적으로 표현하고 있다.

러시아의 침입으로부터 타쉬켄트를 지켜내야 한다는 믿음과 결속으로 중앙아시아 민족들이 협력한 상황에 대해서는 물라 할리 바이 맘베트 울리(Mullah Hali Bay Mambet-uli)의 서사시에서 묘사되었다. 중앙아시아인의 단합이나 투르크민족의 결속 등이 문학작품의 주요 테마로 등장하였지만, 19세기 중반 이후에는 이런 분위기는 갈수록 사라지게 된다. 지식인들은 애국심이나 민족의 결속을 다루는 대신에 민족과 종족이 처한 불행을 개인적인 감성에 치우쳐 표현하였고, 이는 주로 불행과 절망이라는 감정으로 드러나게 된다. 주로 침울하고 비통한 감정을 토로하는 시들이 등장하였으며, 시대의 우울을 표현하는 서정시들이 주를 이루게 된다. 1880년에서 1890년 사이 등장한 카자흐의 자르 자만(zar zaman), 키르기즈의 아키르 자만(akir zaman) 등이 대표적인 예이다. 특히 이 시는 러시아인의 침략으로 인한 키르기즈인의 가난, 러시아 식민통치의 불행 등을 잘 표현하고 있다.

이때, 중앙아시아에는 민족의식을 고취하고 이슬람 사회의 근대화를 추구했던 민족부흥운동인 자디드(jadid) 운동에 의해 문학도 역시 전환기를 맞이하게 된다. 정치, 사회 계몽운동과 더불어 문학에서도 이러한 나라의 개혁과 애국을 주장하는 계몽주의 문학 작품이 쓰여지게 된다. 미르 자낍 두왈랏 울리(Mir Jaqip Duwlat-uli)의 오얀 카자크(Oyan qazaq)이 대표적인 작품이다.

이어 1917년 소련 혁명과 함께 자유로운 세상이 올 것이라는 기대와 달리 중앙아시아인들은 더욱 철저한 소련의 지배를 받게 된다. 중앙아시아인들은 19세기 후반 러시아 정복 직후보다 더욱 비관적이 될 수밖에 없었다. 중앙아시아가 해방될 것이라는 자디드 운동과 이상이 실현될 것이라는 기대감이 팽배했던 것 이상으로 그들의 절망감과 상실감은 더욱 치명적인 것이었다. 이 시대의 절망감은 당시의 서정시인들에 의해 표현되었다. 카자흐시인 마그잔 자마바이 울리(Magjan Jamabay-uli)의 카르키트(Karkit), 우즈베크의 압둘하미드 촐판(Abdulhamid Cholpan)의 베줄간올카간 카르키트(Bezulgan olkaga), 키르기즈의 카심 티니스탄 우울루(Qasim Tinistan-uulu)등이 있다. 이들은 민족적 좌절감이나 소련화에 대한 반감과 적개심, 공산주의에 대한 환멸, 조국의 영토에 대한 찬미 등의 내용을 작품에 담았다.

1930년대가 되자 지식인들이 소련 당국과 정면 대응을 하는 것은 더 이상 불가능한 일이 된다. 지역의 지도자들과 작가들은 스탈린과 러시아를 찬미하는 작품들을 써서 권력에 영합하기 시작한다. 따라서 이들은 '두 얼굴을 가진 사람', '공산당에게 자신의 적개심을 숨기는 민족주의자'라는 명칭을 얻게 되었다. 이러한 명칭은 후에 '인민의 적'이라는 이름으로 바뀌게 된다.

작가들이 이렇게 작품 경향을 바꾸고 변절함에 따라 문학 작품에서는 소련 찬양이 주요 주제로 등장하게 된다. 이러한 문학 활동에 중앙아시아 전역에 있는 상당수의 문인들이 참여하였다. 이들은 소련에 대한 집단적인 충성을 서약하는 서한 형식의 시를 써서 바쳤다.

스탈린체제가 문학에 남긴 검열과 통제는 가혹한 것이었다. 스탈린의 이데올로기적 압박으로 인해 작가들은 고향의 아름다움이나 역사적 주제, 인간적인 감정을 다루는 등의 비정치적인 주제로 우회적인 노선을 취해야 했다. 공산당은 모든 작가와 지식인층에게 사상통제를 강화하였고, 정치적 색채를 높이도록 지시하였다. 중앙아시아의 문화유산은 이로 인하여 매우 심한 타격을 받게 된다. 민족의 전통과 구전시들은 발전의 휴지기를 맞게 된다.

유목민의 역사로 살아온 중앙아시아인들에게는 문학에 있어서도 유목민의 특성이 무엇보다 뚜렷하지만 소련 점령기에는 강력한 공산주의 이데올로기가 모든 사회를 지배하였고, 문학도 예외가 될 수는 없었다. 평범한 시민들은 물론이고 작가들도 이데올로기와 체제의 노예로 전락할 수밖에 없었다. 이러한 상황은 김일성 찬양이나 공산당 찬양, 일상생활에까지도 이데올로기가 지배하고 있는 북한체제와 다르지 않다. 모든 문화예술, 문학 작품을 출판함에 있어서 검열이 따라다녔으며, 나아가 문학의 내용까지도 당의 지시에 따라야 했다. 내용면에서도 남녀평등이나 공산당 건설, 노동찬양 등이 주를 이루었으며, 정치적인 것은 당연히 금기시되었다. 체제비판 등의 행위는 도저히 용납될 수 없는 것이었다. 정치적인 상황은 당연히 문학의 수준에도 영향을 미치기 나름이다. 내용과 스타일 또한 작가가 처한 상황이나 사회 분위기와 무관할 수 없다. 작가가 처한 이런 냉혹한 현실은 비록 소수이기는 하지만 일부 수준 높은 순수문학을 탄생시키기도 했다. 이때, 이러한 작품들은 인간적인 고뇌나 내면의 고통, 인간의 본질과 영원을 다루는 주제를 다루고 있다. 공식적으로 소련점령

시기 검열이 엄격하게 진행되고 갈수록 수위가 높아지면서 한편으로는 과거부터 이어져 내려오는 구전문학에 의존하게 되었다.

소련 점령기라고 해서 문화예술 면에서 장점이 전혀 없던 것만은 아니다. 15개 공화국 연방으로 이루어져 있던 소련은 모든 공화국에서 몇몇 유명한 작가들에게는 유명해질 수 있는 기회가 주어졌다. 역사와 문화예술의 혼합을 시도함으로써 러시아 중심의 서구화를 표방하는 프로그램이 지원되었고, 작가들에게도 소련의 체제를 지지하는 경우 여러 혜택이 주어지기도 했다. 그러나 KGB의 블랙리스트에 이름에 올라갈 경우 정치감옥인 '굴락'행이 되는 것은 너무도 당연지사였다. 스탈린 정권 이후 흐루시초프나 브레즈네프 정권에서는 검열이 조금 완화되면서 자체출판서적이 출현하기도 하였고, 일부 작가들 층에서 소련 검열에 저항하는 작가들이 등장하기도 하였다.

III. 소련 지배시기 대표 작가 칭기즈 아이트마토프

칭기즈 아이트마토프(Chingiz Torekulovich Aitmatov :1928~2008)는 키르기즈스탄을 대표하는 작가이자, 세계적인 소설가이다. 러시아어로 작품 활동을 했던 그는 중앙아시아 전통과 서구 문화를 작품 속에서 접목하려고 했던 작가이다. 탈라스 계곡 쉐케르 출생인 그는 어려서부터 할머니로부터 전통문화에 대한 교육을 받고 자랐다. 이 경험은 후에 그의 작품에 다채로운 색채를 가미하게 해주었다.

〈생존 당시 칭기즈 아이트마토프〉

1928년 키르기즈스탄에서 태어난 아이트마토프는 학교교육을 6년밖에 받지 못했지만 제2차 세계대전 중 14세 나이로 소련 서기 및 세무관이 되었다. 전후에는 모스크바 대학을 졸업하였다. 그는 1958년 『자밀라(*Jamala*)』를 발표하면서 두각을 나타내기 시작하는데, 다음 해에 프랑스어로 작품이 번역됨으로써 그의 존재가 세계에 알려지게 된다. 소련 연방 해체 이후에는 조국 키르기즈 공화국에서 벨기에, 프랑스, 유네스코 대사를 역임하였다. 그는 중앙아시아 전통 사회를 배경으로 성차별과 선악의 갈등을 주요 주제로 다루었다. 전통사회에 대한 깊은 존경심은 작품 곳곳에 드러난다. 그는 과학 기술은 자연환경과 인간에 대한 착취를 심화시키며, 결국 사람을 타락시킨다고 보았다.

그의 대표작 『백년보다 긴 하루』는 스탈린 체제를 전후하여 나타난 사회의 모습을 배경으로 전통적 가치관과 새로운 가치관의 충돌을 다루고 있다. 소설의 주인공 예지게이와 그의 동료 카잔갑의 장례식에 치러지는 하루 동안의 사건에 대한 이야기이다. 하루 동안 과거의 일을 회상하는 형식으로 이야기가 전개되는데 그 하루의 의미는 백년 이상의 의미를 지니고 있고, 보편적 인간의 과거, 현재, 미래의 문제가 펼쳐진다.

소설의 배경은 '보란리'라는 간이역 하나만 덩그마니 놓여있는 우즈베키스탄의 황량한 사막이다. 기차가 서지 않는 그곳으로부터 동서로 기차 길만 끝없이 펼쳐져 있다. 그곳에는 전철수로 일하는 상이용사 예지게이 가족과 몇 사람 안 되는 마을사람들만 살고 있다. 젊은이들이 모두 도시로 떠난 그곳에서 예지게이의 막역한 동료 카잔갑이 죽자 그를 현대식으로 마을 근처에 매장하자는 도시 거주 자식들의 주장과 이들 민족의 선조들이 묻혀온 아나베이트 공동묘지에 묻어야 한다는 예지게이의 대립되는 주장이 소설의 주요 서사 구조를 이룬다. 그러나 아나베이트는 마을에서 멀리 떨어져있을 뿐만 아니라 일반인들의 접근이 금지되어 있는 우주비행장이 세워져 있기 때문에 복잡한 절차를 싫어하는 젊은이들은 반발한다. 예지게이는 조상의 전통을 끊어버리는 것은 자신들의 존재를 부정하는 행위나 마찬가지라고 완강하게 주장하면서 하루 종일 가야만 하는 아나베이트 묘지행을 결정한다.

신세대와 구세대의 갈등을 다루고 있지만 우주기지가 들어선 곳에 자신을 묻어달라는 카잔갑의 유언은 해답을 주는 구실을 하고 있다. 현 상황의 암울함을 넘어선 강력한 희망의 메시지를 담고 있는 우주기지의 상징성을 볼 때, 작가는 과학기술과 미래지향적인 사고를 통해 변혁과 발전을 해야 한다는 강력한 의지를 표현하고 있다고 볼 수 있다.

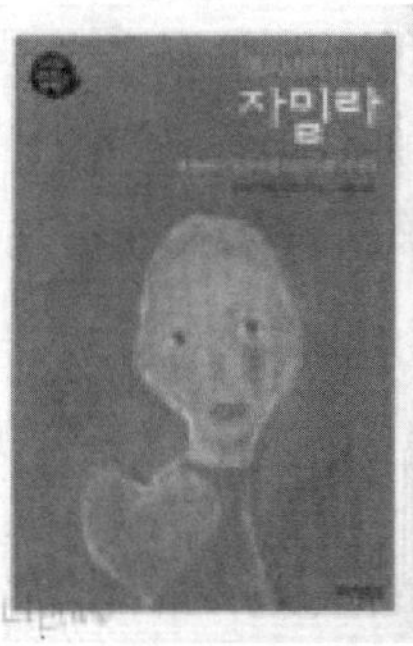

〈『자밀라』 한국어 번역판 표지〉

소설 『자밀라』는 일종의 성장소설이다. 주인공 세이트가 형수인 자밀라를 선망하고 사랑하게 된다는 이야기이다. 배경은 제2차 세계대전이 진행 중인 어느 작은 시골마을이다. 남자들은 모두 전쟁터로 징집되어 떠나고, 마을에는 아이들과 여자들만 남는다. 군수물자를 보급하기 위해 곡물을 실어 나르는 일도 여자들과 소년들이 맡을 수밖에 없다. 그 일을 맡게 된 사람은 열다섯 살 소년 세이트와 형수 자밀라, 부상 때문에 제대한 다니야르였다. 어느 날 세이트와 자밀라는 마을로 돌아오는 도중 다니야르의 노래를 듣게 된다. 그의 노래에는 알 수 없는 무언가가 심금을 울리게 만들었다. 세이트는 그 노래를 듣고 난 이후 주변의 모든 것을 새롭게 바라보게 되고, 말할 수 없는 욕망에 사로잡히게 된다. 세이트는 자밀라도 자신과 같은 고뇌에 사로잡히게 되었다는 것을 눈치채게 된다. 자밀라와 다니야르가 서로 사랑하고 있다는 것을 확인하게 된 날 밤, 세이트는 가장 행복한 순간을 살고 있는 그들을 그리고 싶다는 생각을 하게 된다. 그해 가을이 되자 전쟁이 끝나게 되어 곧 자밀라의 남편이 돌아올 것이라는 소식이 전해진다. 결국 자밀라와 다니야르는 모든 것을 버리고 진실한 사랑을 찾아 길을 떠난다. 그것을 지켜본 세이트는 진정한 사랑이 무엇인지 알게 되고, 자신도 화가가 되기 위해 길을 떠난다.

시대와 사회가 용납할 수 없는 사랑을 지켜보면서 결국 제도를 버리고 사랑을 택한 형수에 대한 애정을 확인한 주인공 세이트가 진정한 자신의 삶을 찾아가는 모습을 그린 소설 『자밀라』는 인간의 진정한 내면의 성장을 그리고 싶었던 작가의 순수열망의 표현으로 보인다.

『바다로 달려 나가는 페기포스』라는 소설은 세대의 이어짐이 전 세대의 희생에 의해 가능함을 보여주는 것이며, 새로운 세대는 공동체의 희망임을 그린 소설이다. 주인공인 소년이 어른들과 더불어 처음으로 바다로 사냥을 나간 것으로 사건은 시작된다. 처음에는 순조로운 항해가 펼쳐지지만 결국 그들은 폭풍우를 만난다. 배고픔과 갈증으로 지친 그들은 할아버지, 심촌에 이어 아버지까지 죽음을 선택하게 된다. 소년 키리스크는 그들의 희생 덕분에 혼자 자신의 고향마을 뻬기뻔스로 돌아오게 된다. 소년은 어른들의 희생으로 인하여 자신이 돌아올 수 있었음을 깨닫는 것으로 소설은 끝이 난다.

소설에서는 부족의 삶을 책임질 수 있는 강력한 리더로 성장하기 위해서는 바다라는 거친 자연에서 모험과 고난, 그리고 시련을 극복해야만 한다는 메시지를 전해준다. 더불어 그들만의 공간이며, 삶의 터전인 바다를 통해 삶의 장애를 모두 물리치고 비로소 어른으로 성장한 소년의 성장 드라마를 보여준다. 그런데 그 희생은 소년 스스로 얻어낸 것이 아니며, 그 공동체의 전 세대의 희생을 통해서만 가능한 것이었다. 사회는 세대에서 다음 세대로 대물림 되어 가는 것이며, 전 세대의 희생을 통해서만 새로운 세대의 탄생이 가능함을 보여주고 있다. 동시에 새로운 세대는 역시 또 새로운 희망임을 소년을 통해 제시하고 있다.

IV. 향후 전망

중앙아시아인은 중앙아시아의 광활한 초원과 대자연을 무대로 유목적 문화 전통과 삶을 일구어갔다. 그들의 삶의 양식과 문화유산은 매우 풍요롭고 방대한 것이다. 그러나 이것은 안타깝게도 그들이 오랫동안 문자를 갖지 못하고, 한 곳에 정착하여 뿌리를 내리는 정주민의 삶을 살지 않았던 이유로 인하여 기록되지 못했다. 그러나 유목적 삶의 양식에 맞게 구전문학과 구전 서사시로 역사와 문화유산을 일구어낸 그들의 문화는 그 어느 정주민의 문화보다도 풍요롭고 위대하다. 『마나스』 서사시가 그의 대표적인 예이다. 『마나스』 서사시는 세계 어느 민족에게서도 찾아볼 수 없을 만큼 모든 삶의 양식을 총체적으로 보여주는 문화유산이며, 길이나 내용면에서 그 우수성을 자랑하고 있다.

삶이 곧 문학이자, 문학이 곧 삶이었던 삶을 살았던 중앙아시아인들에게 소련 지배 시기는 혹독한 시련이었다. 순수하고 고유한 문화유산인 문학이 이데올로기를 띠게 되면서 점차 체제에 영합하는 선전선동문학으로 그 색채가 변질되기도 하였다. 동시에 구전 서사시는 발전을 중단하고 휴지기를 맞이하기도 하였다.

이러한 모든 정치적 상황에도 불구하고 중앙아시아인에게 문학의 역할과 기능은 실로 삶과 밀착된 것이었다. 작가나 지식인들의 역할도 문학을 수단으로 펼쳐졌을 뿐만 아니라 모든 좌절과 분노를 견딜 수 있게 하는 수단이기도 했다. 이런 시련 속에서 칭기즈 아이트마토프와 같이 세계적으로 잘 알려진 작가가 탄생하기도 하였다.

소련이 붕괴되고 중앙아시아의 여러 나라들은 각각 문화정체성과 민족적 자긍심을 높이는데 주력하고 있다. 동시에 민족의 통합과 재정비를 위해 총력을 기울이고 있다. 이를 위하여 다시 『마나스』와 같은 영웅서사시에 다시 한 번 관심을 기울이고 있다. 독립 이후 중앙아시아 문학은 총체적인 정비 체제로 돌입하였다. 친소련적 작품을 썼던 작가들에 대한 민족적 감정 청산이나 반체제적인 작가의 복원 등 여러 가지 과제가 남겨져 있다. 이러한 상황에도 불구하고 중앙아시아 문학이 가지고 있는 잠재력과 세계 문학사에서 미칠 영향력과 위상을 고려한다면 세계문학의 차원에서 중앙아시아 문학에 대한 관심과 연구가 필요할 것이다.

제7장 중앙아시아 예술

유의정

오늘날 중앙아시아의 예술은 모든 장르의 형식 및 내용이 실크로드를 따라 이동하며 발전해 온 결과물들이다. 이를 오늘날의 국경선을 경계로 구분한다는 것은 일부분만을 왜곡되게 바라보는 결과를 초래할 수 있다. 중앙아시아의 예술 장르 중 특히 미술의 경우, 국경선을 따라 구분한다는 것은 자칫 의미가 없는 일이 될 수 있다. 중앙아시아 미술에는 불교 석굴사원 벽에 새겨진 암각화가 대표적인 예인데 현존하는 작품들이 중앙아시아 국가 내에서만 독립적으로 존재하는 것이 아니라 중국 신강 일부 지역과 아프가니스탄 지역에 이르는 광활한 지역에서 공통점을 나타내고 있기 때문이다. 따라서 이 장에서 다루게 될 중앙아시아 예술은 현재의 중앙아시아 5개국과 그 주변 지역에서 공통적으로 나타나는 예술의 형태를 분류하고 그 특징을 중심으로 살펴보게 될 것이다. 또한 중앙아시아와 고대한국예술과의 연관성에 대해서도 살펴보고자 한다.

1. 중앙아시아의 음악

중앙아시아의 음악은 지역과 민족에 따라 정착민족들의 음악과 유목민의 음악으로 나누어 볼 수 있다. 정착민족들의 음악은 다시 민속음악과 궁중음악으로 나누어 볼 수 있다.

1. 정착민족들의 음악 : 민속음악

중앙아시아 정착민족들의 서민계층 음악은 우즈베키스탄, 타지키스탄 및 중국의 신장・위구르 지역과 아프가니스탄 등지에 널리 퍼져있다. 이 지역은 페르시아(이란) 문화권에 영향을 받은 지역으로 주요 음악형식과 악기들은 페르시아에서 유래하여 변화된 것들이다. 기악독주와 소규모 합주가 주를 이루고 있으며 노래는 거의 단성이다. 기악음악은 가끔 2성부 다성음악인 경우가 있으며 주로 '오르가눔[1]'형식을 띄고 있다. 악곡구조는 주로 2부분 형식이나 3부분 형식으로 소곡구조를 띄고 있으며 선율악구의 반복과 리듬의 강조가 특징인데 이는 음악이 주로 무용 반주로 쓰였기 때문이다.

민속음악에는 현악기와 북, 피리 종류와 아코디언과 비슷한 악기들이 쓰인다. 대표적인 현악기로는 '두타르(Dutar)', '기작(Ghijak)', '케만쉐(Kemanche)' 등이 있으며 '다프(Daf)', '다프(Dap)', '다이라(Dayra)'로 불리는 크고 작은 형태의 북들이 있다. 민속악기들 중에는 '가르몬(Garmon)'이라고 하는 작은 아코디언과 같은 악기도 있다. 이 악기는 우즈베키스탄 북서부의 '호레즘'에서 결혼식이 있을 때 '할파(Khalfa)'라고 불리는 여성 합주단이 노래를 부르며 함께 연주한다.

중앙아시아에서 여성 합주자들은 여성들의 사회생활에서 중요한 역할을 해왔으며 현재도 그러하다. 예전에는 여성 합주자들은 여성들 사이에서만 연주하였으나 오늘날에는 전통적으로 남성들이 맡아왔던 장르도 소화 해내고 있다. 대표적인 예가 '유라우(Jyrau)'이다. '유라우'란 '바르딕(Bardic repertory, 우리나라의 창과 유사함)'이란 음유시를 솔로로 노래하는 가수로서 주로 아랄해 근처의 우즈베키스탄 자치구인 카라칼팍스탄 지역에서의 남성전유 예술이었다.

---

1) 원래 악기를 가리키는 말로 쓰이다가 후에 오르간을 뜻하는 말이 되었다. 900년경의 음악서인 〈무지카 엔키리아디스 Musica enchiriadis〉에는 2개의 선율이 음대음으로 동시에 진행하는 최초의 오르가눔들이 실려 있다. 2번째 성부인 오르가날 성부(vox organalis)는 제1성부(주요성부 vox principalis)보다 4도 혹은 5도 아래에서(예를 들면 C음 아래 G음이나 F음) 병진행했다. 때에 따라서는 두 성부가 유니즌으로 시작하여 점차 음정 간격을 넓혀가기도 했으며, 두 선율 외에 옥타브 중복에 의한 다른 성부가 추가되기도 한다. 여기서 의미하는 오르가눔 형식이란 2개의 선율이 교차하는 형태를 뜻한다.

민속음악악기들

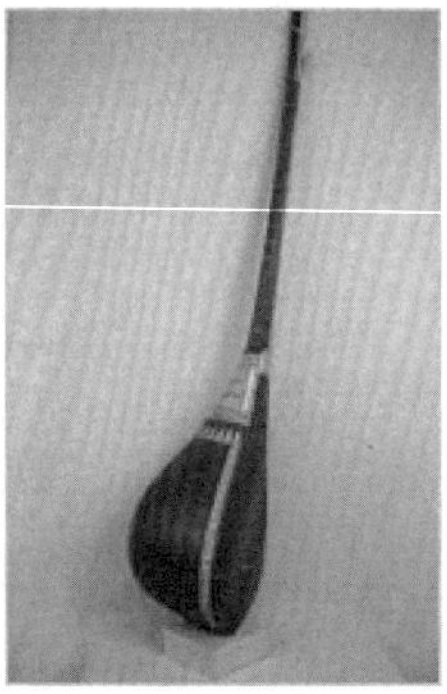

1)두타르

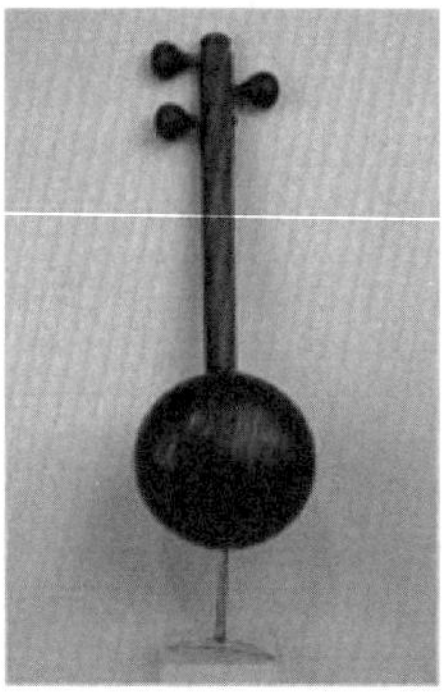

2)기작

3)케만쉐

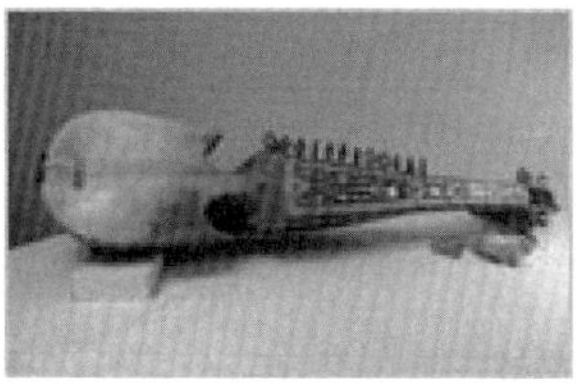

4)루밥

〈현악기〉

1) 두타르 : 2현으로 되어있으며 길이가 긴 특징을 가진 악기. 우즈벡, 타직, 위구르 등의 민속악기
2) 기작 : 둥근 몸통에 3 혹은 4줄의 금속현악기. 우즈벡, 타지, 투르크멘, 카라칼팍 등의 민속악기
3) 케만쉐 : 기작과 유사하며 이란과 아제르의 전통음악과 이란의 대중음악에서 중요한 악기
4) 루밥(Rubab) : 프렛(현을 지지하는 기러기발) 없는 현악기로 남부 타지키스탄과 아프가니스탄에서 연주된다.
5) 라왑(Rawap) : 루밥과 유사하지만 현이 더 길고 위구르에서 사용된다.

6)다프(Daf)

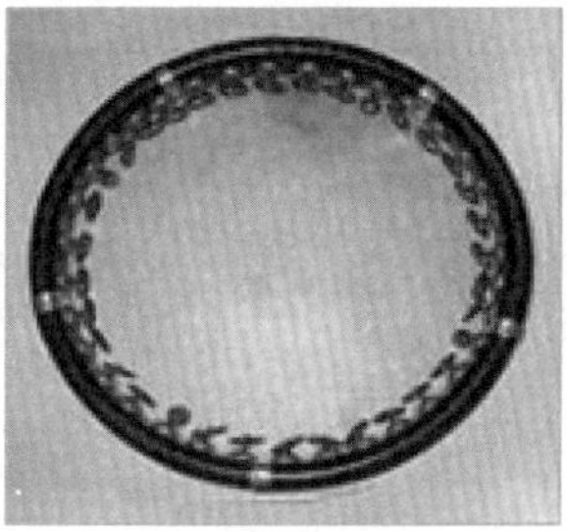

7)다프(Dap)

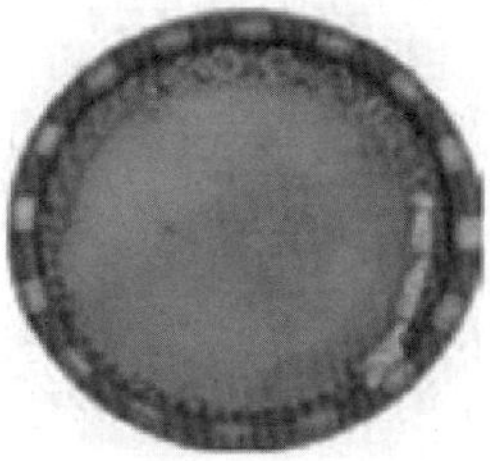

8)다이라

9)가르몬

〈타악기〉

6) 다프(Daf) : 방울이 달린 작은 북으로 아제르바이잔의 대중음악과 전통음악에서 모두 널리 쓰이는 악기
7) 다프(Dap) : 위구르에서 쓰이는 북의 이름
8) 다이라 : 방울이 달린 북으로 중앙아시아 민족들 사이에서 남성과 여성이 모두 연주하는 악기

기 타

9) 가르몬 : 작은 아코디언의 일종으로 코카서스와 우즈베키스탄 북서부의 호레즘 지역에서 '칼파'라고 불리는 여성 결혼합주단이 주로 사용하는 악기

2. 정착민족들의 음악 : 궁중음악

부하라나 사마르칸드의 궁전에서 연주된 음악들 또한 실크로드를 통해 전파되었으며 당나라의 음악과도 상호영향을 미친 것으로 알려져 있다. 당시 음악과 악기의 교류가 얼마나 활발하였는지에 대해 한 사료에서는 다음과 같이 밝히고 있다.

황금목을 가진 가수와 훌륭한 연주가들은 페르시아풍의 모티프를 가지고 터키식 기법에 아랍의 선율을 따르며 중국식 창법과 알타이적 박자를 몽골풍의 목소리로 노래하고 연주한다.

17세기 들어 궁중음악은 기악과 성악이 하나의 모음곡 형태를 이루었다. 이를 '무캄(Muqam)'이라고 하는데 부하라의 궁중에서는 6개의 무캄이라는 의미로 샤스무캄이라고 하였다. 실크로드가 지나가는 많은 지역의 궁중에서는 무캄을 각기 나름대로의 방식으로 발전시켰는데 신장 위구르 자치구의 경우는 12곡을 기본으로 하며 '마카무'라고 하였다. 위구르의 무캄음악은 많은 부분에서 중국의 전통음악과 비슷하다. 특히 당대의 대곡이라고 불리는 악극과 유사한 점이 많다. 당대 대곡과 무캄 음악은 모두 음조, 멜로디, 줄거리가 연속성을 가지고 있는 모음곡 형식이다. 예를 들면 각각의 노래는 느림-중간-빠르기의 규칙적인 템포형식을 따르고 있다. 위구르의 무캄음악은 보통 박자가 없는 아다지오 템포의 노래로 시작된다. 이어 안단테 빠르기의 기악 연주가 뒤를 잇는다. 그리고 빠른 춤곡으로 끝을 맺는다. 느림-중간-빠르기의 이 형식은 진극의 아리아에서도 공통적으로 나타난다. 곡의 길이에 따라 다양한 빠르기로 변화할 때도 있지만 느림에서 시작되어 빠른 춤곡으로 끝나는 구성은 모두 똑같다. 무캄은 상황에 따라 몇 분짜리 짧은 곡에서부터 몇 시간동안 계속되는 대곡도 연주할 만큼 융통성있는 음악형식이다. 곡의 형식도 슬픈 곡부터 격렬한 곡까지 다양하며 악기편성 역시 두세 명의 연주에서 12명 정도의 소규모 오케스트라까지 가능하다. 이 같은 융통성 때문에 무캄은 어디서나 연주되는 인기있는 음악중 하나이다.

신라에서는 우륵의 가야금곡이 12곡을 기본으로 하고 있는데 그중에는 중앙아시아의 민속놀이의 이름인 '사자기'가 들어있는 것으로 미루어 중앙아시아의 무캄이 신라의 음악에 까지 영향을 미친 것으로 보는 이들도 있다. 또한 고구려의 고분 벽화나 신라의 유물 중에 쿠차의 벽화에서 공통적으로 나타나고 있는 것이 악기들이다. 중국 수나라 때의 구부기나 당나라 때의 십부기에 사용되는 악기들 중 서역악기에 속하는 5현이 나오고 요고, 동발, 공후, 피리, 저, 소 등의 악기가 고구려 벽화와 쿠차의 벽화에서 등장하고 있다. 이외에도 고구려의 장천 1호분 벽화에는 5현과 피리, 고구려 집안 4호 분 벽화와 신라의 비암사 아미타불삼존석상에는 요고, 신라의 상원사 범종 신종에는 공후가 그려져 있다. 이러한 것들은 두 지역 간에 악기의 교류가 있었다는 것을 나타내고 있다.

궁중음악 악기들

1)탄부르

2)타르

3)사토

〈타악기〉

1) 탄부르(Tanbur) : 우즈베크, 타직, 위구르 전통음악에서 사용되는 긴 현악기
2) 타르(Tar) : 몸통 부분이 두 부분으로 되어있으며 코카서스와 이란에서 왔으나 현재는 우즈베키스탄과 타지키스탄에서도 많이 쓰이고 있다.
3) 사토(Sato) : 탄부르와 유사하며 타지크, 우즈베크 전통음악에서 쓰이나 현재는 거의 사용되지 않고 있다.

3. 유목민의 음악

유목민들의 음악은 그 기능상 3가지로 나누어 볼 수 있다. 유목민들의 음악은 첫째로 의식에 쓰이는 주술적인 기능이 있으며 둘째로는 부족의 화합과 단결을 위한 기능, 마지막으로는 오락적인 기능이 있다.

유목민들의 고대종교에는 샤머니즘이 큰 비중을 차지하는데 샤만이 의식을 치를 때 음악은 중요한 역할을 하였다. 음악은 샤먼이 최면상태에 몰입하는 것을 도왔으며 샤만의 악기는 중요한 의미를 지니고 있다. 2현의 말총으로 이루어진 '킬키약(Qyl-Qiyak)'이라 불리는 현악기는 키르기즈스탄이나 카자흐스탄에서 의식에 널리 쓰이는 대표적인 악기이다. 카자흐에서는 '킬코비즈(Qylqobyz)'라고 불리며 판은 낙타나 소의 가죽으로 만들어지고 몸채는 보통 살구나무를 가지고 만는다. 이 악기는 주술적인 의식에서도 중요한 역할을 하지만 음영시인들이 부족의 역사를 담은 서사시를 노래할 때에도 연주되었던 악기이다. 중앙아시아의 투르크계 유목민들은 '박시'라고 하는 샤만 겸 음영시인이 이 악기의 반주에 맞춰 부족의 서사시를 노래하였다. 공연은 며칠씩 계속 될 만큼 긴 내용도 있는데 여기에 사용되는 음악은 고정된 짧은 음율이 반복되는 형식이다. 이러한 서사시는 '마나스'라고 불리는데 긴 것은 30만 행 이상인 것도 있으며 전문 박시는 이를 모두 암송하는 것으로 알려져 있다.

오락의 기능으로서의 음악은 각 부족마다 각기 다른 형식으로 나타나지만 공통적인 한 가지로는 음악경연대회가 있다. 음악경연대회에는 '민스트럴'(Minsrtal)[2]이 참여하는데 주로 시를 짓거나 노래를 하는 대회이며 엄격한 규칙 하에 우열을 가린다.

2) 라틴어로 '봉사'라는 뜻의 minis-terium에서 유래. 고대 프랑스・프로방스어로는 menestral. 12~17세기의 유럽에 등장했던 일종의 연예인. 마술사・공중곡예사・재담꾼 등을 포함한 직업연예인으로 특히 악기를 다루는 세속적인 음악가를 의미했으며 음유시인(吟遊詩人)이라고도 한다. 몇몇의 문맥에서 '민스트럴'은 보다 구체적으로 관악기 연주자를 뜻하기도 하며, 15세기에는 가끔 이들이 연주하는 '숌'(오보에의 전신)이라는 관악기를 의미하는 말로 사용되기도 했다

유목민의 악기들

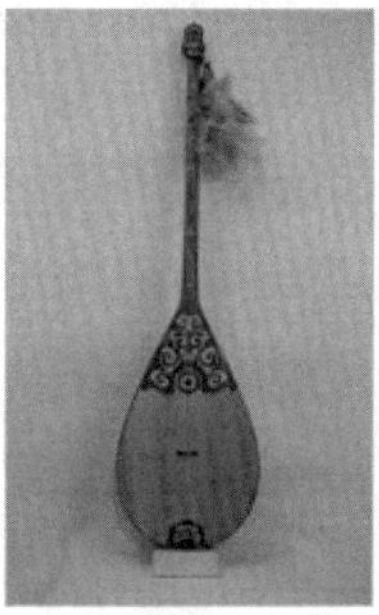

1)돔부라

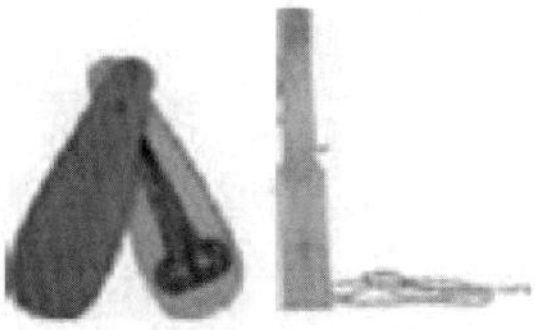

2)하프

〈현악기〉

1) 돔부라(Dombra) : 카자흐스탄의 국민악기로 알려져 있으며 2줄 현악기이다. '유라우'나 '벨칸토 창법의 서정시 노래'를 부를 때 주로 연주되는 악기이다.
2) 하프(Jew's harp) : 지역마다 다양한 이름으로 불린다. 나무나 금속으로도 만들어지며 중앙아시아 유목민들에게는 주술행위 시 보편적으로 쓰이던 악기이다.

3)초르

4)시비지

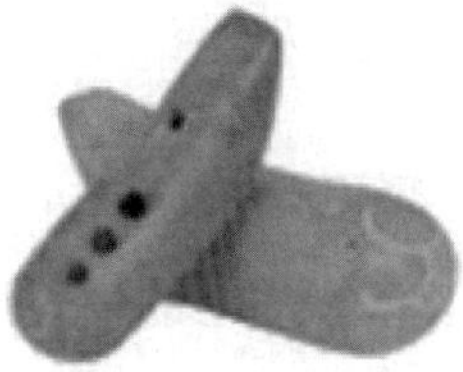

5)초포 초르

〈관악기〉

3) 초르(choor) : 4혹은 5홀이 있는 플룻. 지역마다 다양한 이름과 다양한 크기가 있으며 유목민들 사이에 널리 퍼져있는 악기이다. 초르(Tsuur, 몽

골), 초르(Chuur, 투바), 시비지(Sybyzghy, 카자흐), 쿠라이(Kurai, 바쉬키르) 등으로 각 지역에 불리는 악기이다.

4) 시비지(Sybyzgy) : 키르기즈에서 양치기나 말지기들이 연주하던 전통적인 플룻이다. 보통 살구나무로 만들었으며 '쿠(Kuu)'라고 하는 알려진 솔로곡을 연주할 때 쓰인다.

5) 초포 초르(Chopo Choor) : 3~6개의 홀이 있는 오카리나의 일종. 남부 키르기즈에서 아이들이 보편적으로 연주하는 악기이다. 또한, 밤에 말지기들이 깊은 숲에서 자신의 말들에게 풀을 뜯길 때 신호음으로 쓰는 악기이다.

II. 중앙아시아의 미술

중앙아시아의 미술은 고대 미술의 영역에서 역사적인 가치를 찾을 수 있다. 미술 영역에서는 오늘날의 중앙아시아 국가 이외에 보다 넓은 지역에서 공통적인 특징을 찾아 볼 수 있다. 관련 지역은 파미르 고원을 중심으로 서쪽 지역과 동쪽 지역으로 나뉜다. 파미르 고원을 중심으로 고대 중국인들이 서역이라고 불렀던 서쪽지역과 오늘날의 남러시아, 시베리아 일부, 파키스탄, 아프가니스탄 동북부, 인도북부, 몽골, 티벳, 이란이 포함된 지역을 동쪽지역으로 보고 있다. 동쪽지역의 미술은 인도와 중국미술에 상호영향을 끼쳤으며 서쪽지역은 고대 이란 미술의 바탕 위에 그리스・로마 미술의 영향을 받았다.

오늘날 남아있는 이 지역의 미술품들은 대부분 불교가 주제이지만 8세기 이후 점차 확산된 이슬람의 영향으로 사원건축들은 이슬람 양식을 많이 반영하고 있다.

1. 회화

중앙아시아의 회화는 암각화, 벽화, 모자이크, 세밀화, 두루마리 그림 등 다양한 형식을 띄고 있다. 이 중 가장 대표적인 것은 석굴사원 벽에 새겨진 암각화이다. 석굴사원은 원래 인도에서 우기에 승려들이 머물기 위한 장소였다. 불교의 발전과 더불어 수행, 거주, 예배 등과 같은 다양한 용도에 따라 암벽을 파서 만들었고 예배당의 역할을 한 석굴은 조각이나 벽화로 화려하게 장식을 하였다. 인도의 석굴과 중앙아시아의 석굴의 차이는 석굴내부를 장식한 벽화에서 찾아 볼 수 있다. 초기 벽화는 인도의 아잔타석굴의 벽화에서 보는 것과 같은 육감적인 신체의 표현, 두께가 일정하면서 긴장감 있는 성선, 음영법의 사용이 두드러진다. 그러나 점차 서아시아적인 느낌이 강한 평면적이고 문양화된 표현이나 중국회화에서 보는 비수(肥瘦)의 변화가 있는 선적인 표현 등이 다양하게 시도된 모습을 볼 수 있다. 실크로드를 따라 주변 문화권에서 전해진 다양한 양식은 재해석을 통해 중앙아시아적인 것으로 다시 탄생하게 되었다. 중앙아시아와 주변 지역에서 대규모의 석굴사원군을 찾을 수 있는 곳은 쿠차(Kucha), 투루판(Turfan), 돈황 지역이다.

쿠차지역의 석굴사원과 벽화

서역북도의 중간쯤에 위치한 쿠차는 3~7세기 동안 서역북도에서 가장 영향력 있는 오아시스국가 중 하나였다. 동투르키스탄 지역에서는 가장 이른 시기에 해당하는 1~2세기에 불교가 전래되어 융성한 곳이다. 옛 쿠차 지역에는 키질 강, 무자라트 강, 웨이칸 강이 흐르며 그 주위에 많은 석굴사원 유적이 남아있다. 가장 규모가 큰 석굴은 키질과 쿰트라 석굴이며 이외에도 심심, 키질가하, 아이, 타이타르 석굴과 같은 작은 규모의 유적도 남아있다. 쿠차지역의 대표적인 석굴사원군인 키질석굴은 쿠차현에서 북서쪽으로 67km 떨어진 무자라트 강 유역에 위치하고 있다. 현재 번호가 매겨진 석굴은 총 236굴이며 가장 오래된 석굴의 경우 약 3세기로 추정된다.

키질석굴의 벽화는 양식 면에서 독자적인 성격이 강하다. 양식 면에서 키질석굴의 벽화는 크게 두 부류로 나뉜다. 하나는 입체감을 사용하기 위한 음영법을 사용하고 자연주의적 인물과 다른 모티브를 표현한 양식으로 인도의 아잔타 석굴에서 보는 것과 유사한 모습을 보인다. 다른 하나는 기하학적 문양과 규칙적인 구획이 강조되고 음영법이 배제된 평면적인 양식으로 이는 서아시아적인 영향을 기반으로 제작된 것으로 보인다. 후자의 양식에는 라피스 라줄리(lapis lazuli)[3]를 사용한 푸른색이 많이 사용된 특징도 보인다.

투르판지역의 석굴사원과 벽화

신강성 북쪽에 위치한 투루판 지역에서 가장 알려진 석굴로는 베제클리크 석굴이 있으며, 이외에도 토육, 야흐로, 셍김과 같은 석굴사원이 남아있다. 베제클리크 석굴사원의 이름은 위구르어로 '아름다운 그림으로 장식된 집'이라는 뜻이다. 약 6세기경 형성되기 시작하여 가장 활발했던 시기는 9~12세기 위구르인들이 이 지역을 지배했던 시기이다. 베제클리크 석굴사원에서 가장 잘 알려진 벽화는 서원화이다. 서원화는 석가모니가 이 세상에 태어나기 전의 여러 삶에서 당시의 부처로부터 먼 훗날 부처가 된다는 약속을 받는 내용을 한 장면에 담은 그림이다. 그림의 가운데에는 현재의 시점에서 볼 때 '과거불'에 해당하는 당시의 부처가 커다랗게 그려지고 아랫부분에는 왕, 바라문, 또는 상인이었던 석가모니의 전생 모습이 등장한다. 서원화 중에는 짧은 글이 그림과 함께 남아있는 경우가 있다. 베제클리크의 서원화는 쿠차에서 시작된 초기 서원화 형식에 투루판 지역에서 성행하던 대승불교와 석가모니에 대한 이해를 더해 새로운 모습으로 완성시킨 것으로 보인다. 베제클리크의 벽화 가운데에는 위구르의 공양자와 왕자, 왕녀상 또한 유명하다.

돈황지역의 석굴사원과 벽화

현재 간수 성에 위치한 돈황은 중국에서 실크로드로 나아가는 관문역할을 하던 오아시스 도시이다. 이 지역은 실크로드 최대의 석굴인 막고굴과 서천불동, 안시의 유림굴과 같은 석굴사원유적이 있다. 막고굴은 돈황시에서 남쪽으로 15km 정도 떨어진 명사산의 끝자락에 위치하고 있다. 막고굴은 366년 낙준이라는 승려가 하나의 감실을 만들면서 시작되었다고 한다. 현존하는 석굴은 459기에 달하며 5~14세기에 이르는 긴 시간동안 지속적으로 형성되었다. 막고굴은 그 규모면에서도 주목할 만한 석굴이지만 수백기의 석굴을 가득 채우고 있는 화려한 벽화와 조각으로 더 유명하다. 특히 제 17굴에서 발견된 '장

3) 라피스는 '돌', 라줄리는 '파랑'을 의미하는 라틴어이다. 경도 5~6의 청금석으로 알려져있으며 푸른색을 띄고 있다. 칼사이트와 파이라이트가 내포되어있는 것이 특징이다. 고대 그리스, 로마에서는 청색물감으로 사용되기도 하였다. 러시아, 칠레, 이태리, 미국, 이집트 등지에서 산출되지만 아프가니스탄 및 중앙아시아에서 산출된 돌들이 가장 품질이 좋은 것으로 알려져 있다.

경동'이라 불리는 회화자료, 제 220굴의 각 벽을 장식한 '서방정토변', '약사경변', '유마경변'등의 벽화가 가치 있는 예술품으로 손꼽히고 있다. 막고굴 61호는 크기도 크기거니와, 동・남・북 세 벽면에 강렬한 색채로 한족, 위구르족, 호탄 출신의 여성 공양자 52명을 그린 벽화가 있고, 굴 중앙에 놓여 있는 기단 뒤 서벽에 거의 완벽한 '오대산축소도'가 그려져 있다. 전체 면적 250㎢에 달하는 오대산의 축소도인 이 그림의 길이는 13m, 폭은3.4m로 막고굴에서도 가장 큰 벽화 중 하나다. 송대에 그렸다고 하나 당대에 그렸다는 견해도 있다고 한다. 이 지도에는 중국에서 가장 오래된 목조건물인 남선사(南禪寺)와 불광사(佛光寺)를 비롯한 67개의 명찰 이름이 명기되어 있을 뿐만 아니라, 여러 생활 풍속도 그려져 있어 대단한 진품으로 평가받고 있다.

그런데 여기서 우리와의 연관성을 엿볼 수 있는 것이 그 속 쓰인 '신라ㅇ탑'이라는 글자이다. 20년 전에는 '신라승탑(新羅僧塔)'으로 또렷이 보였다고 한다. '신라 승려의 탑(사리탑)'이라는 뜻으로 신라의 한 고승이 입적한 곳임을 시사한다.

막고굴에 간직된 우리네 문화유산을 언급할 때마다 입에 오르내리는 것이 이른바 조우관(鳥羽冠 : 새의 깃털을 꽂은 모자)과 이 관을 쓰고 있는 인물에 관한 이야기다. 원래 조우관은 일찍부터 북방 유목민족들이 즐겨 쓰던 모자였다. 그 상관관계는 밝혀지지 않았지만, 우리나라에서는 고구려나 신라시대에 갑자기 나타난다. 특히 고구려에서는 귀천 구별 없이 널리 쓰이고 있었다. 그러한 조우관을 쓴 인물상이 막고굴 벽화를 비롯한 중국 고대 유물에서 여러 점 발견되어 학계의 관심을 끌고 있다. 관이나 주인공의 모양새, 그림의 배경 등이 엇비슷한 것도 있지만 시각에 따라서는 달리 보이는 것도 있어서 여러 가지 논란이 일고 있다.

중당시대에 조성된 220호와 335호 굴에 그려진 조우관의 배경은 다 같이 '유마힐경변상도(維魔詰變相圖)'의 공양도다. 시안 이현묘의 예빈도에서 본 것처럼, 새의 깃털 모양이나 주인공의 얼굴 생김새, 직령(直領)에 오른쪽 여밈을 한 옷차림 등에서 보면 전형적인 조우관의 쓴 한국인(고구려나 신라)의 모습이다.

이러한 벽화 말고도 시안에서는 뚜껑의 표면을 장식한 꽃잎에 조우관을 쓴 다섯 명을 그린 은함(사리함)이 발견되었으며, 산시성 법지사지에서 출토된 옥으로 만든 정방형 사리함 표면에도 조우관을 쓰고 앉아 있는 두 사람이 그려져 있다. 이러한 벽화나 유물에 조우관을 쓰고 등장하는 인물들은 고구려를 비롯한 한반도에서 온 인물로 보고 있다. 그렇지만 그들은 사절, 공양사 신분의 실제 인물이라기보다는 문수보살이 유마거사의 병문안을 하거나 공양하는 자리, 또는 인도 불교 전설에 나오는 불사리 분배 장면 같은 엄숙한 자리에 조우관을 쓴 한반도인을 비롯한 여러 외국인들을 참석시킴으로써 당 중심의 천하사상을 은연중 과시하려는 양식화된 도상이라고 보는 견해가 지배적이다.

기타 벽화

이상의 석굴벽화 외에도 중앙아시아에서 가장 오래된 불교벽화로는 우즈베키스탄의 카라테페에서 1km떨어진 파야스테페 사원에서 발굴된 1~3세기경의 '여래상'(타쉬켄트 역사박물관 소장)이 있다. 불상의 안면과 그 주변의 작은 인물들로 구성된 이 벽화는 사실적 표현위에 명암법이 더해져 로마벽화의 영향을 느낄 수 있다. 7~8세기 경 오늘날의 우즈베키스탄에는 소그디아나 문명이 전성기를 이루었는데 이 시기 제작된 사원, 궁전, 주거 건물의 벽화가 예술적인 가치를 지니고 있다.

펜치켄트 지역의 주거벽화 중 대표적인 것은 영웅 '루스탐'의 전설을 주제로 한 작품이다. 벽화에서 말을 타고 있는 인물들은 묘사의 평면성에도 불구하고 배경을 라피스 라줄리의 푸른색을 칠함으로 대상을 부각시키고 있다.

1965년 발굴된 '아프라시압'궁전벽화에는 7세기 말의 주변국가 사절단이 묘사되어있다. 이 벽화에는 조우관을 쓴 신라 혹은 고구려의 사절단이 등장한다는 특징이 있어 국내 학자들에게 연구의 대상이 되고 있다. 역사 도시 아프라시압은 우즈베키스탄 공화국의 사마르칸드 교외에 있다. 이 지역은 본래 1913년에 발굴이 시작되었으나, 현장이 보존되지 못하다가 1965년 러시아 고고학자 알바움(Albaum) 등에 의해 본격적인 발굴이 이루어짐으로써 옛 궁전지를 찾아냈다.

여기에서 한국인이 묘사된 제1호실 벽화의 편년은 매우 중요한데 편년에 따라 삼국 중 어느 나라에서 그곳으로 갔는가가 결정되기 때문이다.

벽화의 내용은 사마르칸드 왕에게 보내진 외국인 사절에 대한 것인데, 벽화에 씌어진 소그드어 명문에 따르면 긴 행렬 중에 마지막 장면은 스르한다리야강 분지의 제후 차가니안의 사절에 관한 것이다. 그밖에 투르크인들의 행렬이 있고, 그 옆에 고구려 고분벽화에 나오는 인물과 흡사한 사람들이 서 있다. 발굴을 담당한 알바리움은 이 인물들이 조우관(鳥羽冠)을 쓰고 있다는 특징으로 미루어 고대 한국인이 틀림없다는 것으로 단정지었으며, 또한 이 벽화의 연대를 사마르칸드의 지배자이자 소그드 왕이었던 바르흐만의 치세 때(7세기 중엽)로 보았다. 그때 한국인들은 어떤 경로로 거기에 갈 수 있었을까. 알바움의 보고서는 6세기부터 8세기까지 중앙아시아로부터 멀리 떨어져 있는 알타이에서 중요한 역할을 한 돌궐제국을 소개하면서 "조선반도로부터 흑해 연안에 이르는 공간을 차지한 일대 유목 제국이 출현하였다."라고 쓰고 있다. 물론 이 돌궐은 600~603년에 동서 돌궐로 분열되지만, 어쨌든 중앙아시아에 8세기 중엽까지는 그 세력이 존속되는 것으로 계속해서 피력하고 있다. 이러한 정치적 배경 하에서 본다면 돌궐과 가까운 고구려 세력이 중앙아시아를 통과해서 사마르칸드에 이르는 것은 큰 어려움이 없었을 것으로 보인다.

이 벽화에 그려진 7세기 3/4기는 한반도의 대내외적인 조건이 매우 복잡한 시기이다. 이 시기는 고구려로 말하면 보장왕(642~668)때에 해당하는데, 이 사반세기 동안 고구려가 당에 9회에 걸쳐 사신을 파견했던 사실을 참고하면 대외관계에서 그다지 폐쇄적인 것만은 아니었음을 유추하게 된다. 하여간 근년까지의 국제 학계의 연구 결과는 대체로 이 한국인 사절이 고구려와 관계있는 것으로 귀결 짓고 있음을 확인할 수 있다.

두루마리 그림과 세밀화

중앙아시아의 회화 중에는 아스타나 고분군에서 출토된 복희, 여와, 수하미인 등을 주제로 한 두루마리 그림도 주요한 작품 중 하나이다. 이 작품들은 중앙아시아의 지역성을 뚜렷이 드러내고 있는데 인물의 모습이 중국인도 서양인도 아닌 서역인 자신들의 모습을 띄고 있다. 세밀화는 서투르키스탄에서 찾아볼 수 있는데 대체로 16세기까지의 작품들이다. 15~16세기 헤라트, 부하라 등지에서 알리셰르, 나보이의 시집에서 세밀화를 볼 수 있다.

2. 조각

중앙아시아의 조각은 소형인물, 동물 등 토속적인 주제의 테라코타와 종교를 주제로 한 불상으로 나누어 볼 수 있다. 이 지역의 토속 조각들은 제작 시기가 기원전으로 거슬러 올라간다. 기원 전 3세기경 제작된 것으로 추정되는 타지키스탄의 아무다리야 강 상류, 타흐티・상긴에서 발굴된 테라코타 두상(에르미타쥬 박물관 소장)은 그리스풍의 양식으로 제작되었다. 다른 조작품들에서도 비슷한 양식을 찾아 볼 수 있는데 알렉산더 원정 이후, 이 지역에서는 그리스 풍의 조각이 유행했던 것으로 보인다. 신강위구르 지역의 서역 남도에 위치한 호탄 지역에서 출토된 5cm 내외의 테라코타 소형 인물・동물상들(한국 국립중앙박물관 소장)은 유목민들의 주술세계를 잘 표현한 작품들이다. 중앙아시아 지역에서 불상이 제작되기 시작한 것은 예배의 대상이 불탑에서 불상으로 이전된 것을 의미한다. 이 시기는 대체로 1세기 경인데 초기의 불상은 부조형이었으나 2세기 경 환조형의 독립된 상으로 제작되었다. 초기의 불상들은 이 시기 조각의 특징과 같이 그리스, 로마 형태를 잘 반영하고 있다. 곱슬거리는 머리카락, 오똑한 콧날, 옷주름까지 서양조각과 거의 유사한 형태를 보인다. 초기 불상에서는 석재인 편안이 불상의 주재료로 사용되었으나 4~6세기 경 재료가 스투코로 바뀌었다. 스투코는 대리석 가루, 모래, 석회암등의 혼합물을 이용한 것인데 중앙아시아 전역에서 중요한 조작 재료로 사용되었다. 4~5세기 제작된 것으로 추정되는 바미안의 유명한 동・서 대불은 38m×51.8m 크기로 중앙아시아 최대의 불상이었으며 스투코로 제작되었다. 그러나 이 불상은, 국제사회의 보존요구에도 불구하고 우상숭배를 금한다는 이유로 2001년 초 아프가니스탄의 탈리반에 의해 안타깝게도 파괴되었다. 이 불상은 체구나 의상에서 간다라, 마투라 양식과 쿠샨왕조의 세계관을 반영하고 있다. '대당서역기'에서 현장법사는 이 불상에 대해 '금빛이 찬란하다'라고 적고 있다.

3. 공예

중앙아시아의 공예로는 토기와 스키타이 금세공품을 들 수 있다. 토기는 정주문화의 성격을 잘 반영하고 있는데 카자흐스탄과 남러시아, 시베리아 등지에서 같은 양식의 토기들이 출토되고 있다. 스키타이 금세공품은 청동기 시대의 공예품이다. 스키타이는 기원전 7세기 경 흑해 연안에서 시작하여 활동했던 유목민족이나 오히려 정주민의 특징을 지니고 있는 민족이다. 그리스의 이오니아 문화와 접촉하여 독자적인 양식의 금세공품을 만들어낸 바 있다. 솔로

카 지방의 구르간 묘에서 출토된 금제빗(에르미타쥬 박물관 소장)에 장식된 조각물들은 그리스와 스키타이 두 문화가 어떻게 결합되었는지를 보여주는 좋은 예이다. 전투장면을 주제로 한 인물표현의 사실성이 그리스적인 것이라고 한다면 거기에 부착된 사자상은 유목세계의 상징인 스키타이적인 표현이다. 스키타이의 세공품은 이러한 동물문양으로 유명하다. 동물문양에서 나타난 과장된 표현들은 주술효과와 관련된 것으로 해석되고 있다.

스키타이 양식은 우리나라 고대 예술과도 깊은 연관성을 가지고 있다. 한국의 청동기 시대 이래 호형, 대형마구를 비롯하여 말과 관련된 유물들은 대체로 중앙아시아의 스키타이적인 양식과 유사하다. 또한 신라의 천마도(천마총)에서도 말의 몸체 내부에 중앙아시아적인 특징인 반달형 무늬가 새겨져있어 이러한 사실을 뒷받침하고 있다. 경주 미추완릉지구에서 발굴된 순금제 보검장식은 신라가 중앙아시아의 문화와 깊은 연관이 있다는 것을 보여주는 대표적인 유물이라 할 수 있다. 조각품 전체의 조형과 작품에 사용된 기법들(누금법, 감옥법 등)은 전형적인 중앙아시아의 기법들이다. 유사한 작품들은 러시아의 보로웨어 지역에서만 발견되었을 뿐 그 동쪽으로는 한국에서 밖에 그 예를 찾아볼 수 없는 세계적인 보물들이다.

III. 중앙아시아의 무용

일반적으로 무용은 종교 및 특정행사와 관련되어있다. 특히 중앙아시아의 무용은 샤머니즘과 불교 행사 그리고 사회생활 속에서 중요한 역할을 한다. 샤머니즘 의식에서 샤먼의 역할은 주술행위를 통해 질병을 치료하고 영혼을 불러내는 등 다양한 역할을 한다. 중앙아시아 지역 샤먼의 주술행위도 우리나라의 굿과 같은 행태를 보이며 동일한 역할을 한다. 샤먼의 주술활동에는 원시적인 춤과 함께 연극적인 요소도 찾아 볼 수 있다. 불교에서는 좀더 발달된 형태의 행위예술을 볼 수 있는데 '참(cham)'이 대표적이다. 불교사원에서 거행되는 참은 원래는 티베트의 샤머니즘 의식에서 사용되었던 무용으로 점차 불교적인 내용들을 가미해가면서 발전하여왔다. 참은 불교의 전파와 더불어 중앙아시아의 종교적 행사로 자리 잡았다. 불교의 확산은 중앙아시아에 많은 종파를 낳았고 각 종단의 사원에서는 춤을 정례화 하였다. 무대는 사원의 뜰에 설치했고 라마 같은 귀족을 제외한 청중은 춤판의 가장자리 또는 맨바닥에 앉거나 서서 공연을 관람했다. 북과 호른을 가진 음악인들이 반주를 시작하면 무용수들이 건물이나 막 뒤에서 나와 춤을 춘다. 이처럼 참의 공연에서는 무용이 주요한 기능을 한다. 이밖에도 중앙아시아의 무용으로는 여러 종류의 민속무용이 있는데, 주로 축제나 결혼 같은 행사 때 오락적인 기능으로 공연된다. 춤과 음악은 항상 연결되어 있지만 때로는 악기의 반주 없이 즉흥적으로 춤을 추기도 한다. 초원이나 사막지대의 유목민들은 양식화된 무용이 없지만 히말라야 지방의 정착농민들은 제법 양식화된 무용이 있어서 몇몇 아마추어 무용단들이 오락행사 때 활동을 하고 있다. 어떤 춤은 남녀혼성의 원무(圓舞)이고 어떤 것은 서로 마주보며 줄지어 추는 내무(內舞)로 이루어지기도 한다. 춤의 스텝이나 동작은 고도로 규격화되었고 그 율동의 절도는 일정하게 구르는 발동작에 의해 강조된다.

앞서 중앙아시아의 음악과 우리와의 연관성에서도 언급한 바 있는데, 놀이, 무용에 있어서도 이는 마찬가지이다. 9세기 대문호 최치원(崔致遠)이 저술한 『향악잡영오수(鄕樂雜詠五首)』에는 신라 때 유행한 금환(金丸), 월전(月顚), 대면(大面), 속독(束毒), 산예(狻猊) 등 다섯 가지 놀이를 소개하고 있는데, 모두 서역 계통의 놀이들이다. 그중 오늘날까지도 전승되고 있는 산예는 다섯 마리의 사자랑이 추는 해학적인 사자춤으로, 쿠차에서 전래한 것이다. 최치원의 묘사에 의하면, "멀리 서방 사막을 지나오느라 털옷은 다 해지고 온몸엔 티끌만 뒤집어 쓴 사자가 인덕(仁德)이 배어 있는 머리와 꼬리를 흔들면서 영특한 기개와 재주를 자랑한다." 이런 사자춤이 오늘날까지도 '북청사자놀이'나 '봉산탈춤', '통영오광대'같은 사자춤으로 이어지고 있는 것이다.

중앙아시아와 한반도의 예술은 여러 장르에서 깊은 연관성을 보이고 있다. 신라에서는 우륵의 가야금곡이 12곡을 기본으로 하고 있는데 그중에는 중앙아시아의 민속놀이의 이름인 '사자기'가 들어있는 것으로 미루어 중앙아시아의 무캄이 신라의 음악에 까지 영향을 미친 것으로 보는 견해가 있고 고구려의 고분 벽화나 신라의 유물 중에 쿠차의 벽화에서 공통적으로 나타나고 있는 것이 악기들이다. 이러한 것들은 두 지역 간에 악기의 교류가 있었다는 것을 나타내고 있다.

음악 외에도 미술에 있어 중앙아시아의 스키타이 양식은 우리나라 고대 예술과도 깊은 연관성을 가지고 있다. 한국의 청동기 시대 이래 호형, 대형마구를 비롯하여 말과 관련된 유물들은 대체로 중앙아시아의 스키타이적인 양식과 유사하다. 또한 신라의 천마도(천마총), 경주 미추완릉지구에서 발굴된 순금제 보검장식은 신라가 중앙아시아의 문화와 깊은 연관이 있다는 것을 보여주는 대표적인 유물이라 할 수 있다.

9세기 대문호 최치원(崔致遠)이 저술한 『향악잡영오수(鄕樂雜詠五首)』에는 신라 때 유행한 다섯 가지 놀이를 소개하고 있는데, 모두 서역 계통의 놀이들이다. 이렇듯 음악, 미술, 무용 모든 예술의 장르에서 같은 형태를 보이는 중앙아시아와 우리는 한 동아리의 문명인들이라고 볼 수 있다.

참고문헌

권영필, 『렌투스양식의 미술』 (상, 하), 사계절, 2002.
박창호, 『세계의 민속음악』, 현암사, 2006.
요요마, 『요요마의 실크로드』, 시공사, 2007.
전인평, 『중앙아시아 초원의 음악조사보고』, 한국음악사학보, 1991.
주혜성, 『중앙아시아 한인사회의 문화와 음악』, 낭만음악, 1994.12.
정수일, 『실크로드의 문명기행』, 한계레출판, 2007.
Music Initiative in Central Asia, Aga Khan Trust for Culture, www.akdn.org
「중앙아시아의 미술」, 『브리태니커 백과사전』.

제8장 중앙아시아의 여성1)

김대성

1. 중앙아시아 여성의 지위

서구 근대화 이후 여권(女權)의 신장이 어느 정도 주목을 받아왔는가? 이 문제에 대해 일반적으로 페미니스트들은 계몽주의라는 세계관에 의해 지원을 받아 진행된 근대화는 여성들에게 커다란 권리를 제공하지 못했다고 비판적 입장을 가지고 있다. 계몽사상은 18세기의 프랑스가 낳은 필연적인 것이었다. 칸트가 "계몽이란 인간정신의 미숙 상태로부터의 해방이다"라고 표현한 바와 같이, 계몽사상은 단순히 한 분야에서 다른 한 분야로 이동하는 경향을 나타내는 것이 아니라 모든 사상의 영역을 포함하는 총체적 세계관의 태동인 것이다.

그러나 페미니스트들은 계몽주의가 마련한 개인의 자유는 사회의 공적 영역에서 남성의 활동을 보장해 준 제한된 자유로 꼬집고 있다. 따라서 근대화는 남성을 해방시키고 남성에게 권한을 부여한 반면 여성에게는 그렇지 못했다는 것이다. 근대화는 남성 중심적으로 진행됐으므로 여성에게는 차별적이고 억압적인 방향으로 전개된 것으로 페미니스트들에 의해 평가되고 있다. 부르주아 중심의 근대화는 백인 유럽인 남성을 제외한 성적 종속과 인종적 차별을 오히려 강화시켰다는 지적을 받는다. 완전한 시민권이 여성들과 노예에게는 거부됨으로써 근대화는 근대적인 남성을 창조해 냈지만 여성들의 지위를 등한시했다.

---

1) 이 글은 김대성, 『중앙아시아 사회의 이해』(한국외국어대학교 출판부, 2009)의 내용을 재정리한 것이다.

여권신장은 근대화 이후 오늘날까지 꾸준히 발전돼 왔지만 여전히 제한된 범위를 벗어나지 못한 것으로 평가되고 있다. 그러나 최근 효율성과 생산성을 고도로 중시하는 신자유주의[2] 체제 하에서는 남성중심의 급여체계라는 전통적 개념이 무너지고 여성들도 이 경쟁 체제 속으로 급격하게 진입하고 있어서 과거와 같이 고정된 여성차별적 제도가 더 이상 무의미하다는 견해가 대두되고 있다. 신자유주의 체제는 여성들에게 가부장적 사고방식에 대한 도전과 홀로서기 등을 적극적으로 생각할 수 있는 가능성을 열어 놓았다.

여성의 지위가 과거에 비해 전반적으로 높아졌지만, 여전히 유럽, 아시아와 아프리카 등 각 지역권과 문화권에 따라 크게 다르며 장래 여권신장의 가능성 또한 큰 차이를 보일 수밖에 없다. 중앙아시아 무슬림 여성들의 지위는 어떤 수준에 있는가라는 질문은 매우 광범위해 용이하게 답할 수 없다. 중앙아시아 각국에서 일반적으로 관찰되는 이슬람의 진보 또는 보수 성향의 정도와 한 국가 내의 다민족 구성 비율에 따라 무슬림 여성의 지위는 상이하게 나타난다. 이는 여성과 관련된 코란의 구절을 적용하는 사회적 분위기와 비무슬림 가운데 절대다수인 러시아인의 영향력 정도가 무슬림 여성에 대한 사회의 의식형성과 직결되어 있기 때문이다. 중도적 이슬람 성향을 나타내는 우즈베키스탄의 무슬림 여성과 명목적 이슬람 성향을 가진 카자흐스탄의 무슬림 여성의 사회적 지위는 결코 동일할 수 없다.

II. 중앙아시아의 국가별 구분

중앙아시아를 정치, 지리적으로 구분할 경우 카자흐스탄, 우즈베키스탄, 키르기즈스탄, 투르크메니스탄과 타지키스탄이 포함된다. 이 다섯 나라는 과거 소비에트 연방에 속해 있어서 유사한 문화를 가지고 있다고 속단할 수 있겠지만 각 국가별 인종 구성비와 민족별 이슬람의 성향에 따라 제각기 상이한 특

2) 신자유주의는 자본의 경쟁이데올로기와 이를 뒷받침하는 정치・경제적 정책 방향을 의미한다. 영미식 신자유주의는 친자본적, 반노동자적 성향을 지니며 노동시장의 유연화, 효율성 강조, 대폭적인 규제완화, 사회복지제도의 축소, 공기업의 민영화, 국제화 등으로 나타나는 총체적인 자본전략으로서 국가경쟁력 강화 이데올로기로 연결된다. 천보선, 김학한, 『신자유주의와 한국교육의 진로』 한울, 1998, p.38.

색을 가지고 있다. 우즈베키스탄의 인구는 약 23,470,000명(1997년)으로 그 가운데 우즈베크족 80%, 러시아인 5.5%, 타지크족 5%, 카자흐족이 3% 정도 차지하며 나머지는 약 20만 명의 고려인을 포함한 다른 소수민족이다. 카자흐스탄의 인구는 약 16,800,000(1997년)으로 그 가운데 카자흐족 51%, 러시아인 32%, 우크라이나 4%, 독일인이 3% 정도 차지한다. 타지키스탄의 인구는 약 595만 명 정도인데 그 가운데 타지크족 65%, 우즈베크족 25%, 러시아인 3.5% 정도 차지한다. 투르크메니스탄의 인구는 415만 명 정도로 그 가운데 투르크멘족 73.3%, 러시아인 10%, 우즈베크족 9%, 카자흐족 2% 정도 차지한다. 키르기즈스탄의 인구는 약 467만 명으로 키르기즈족이 52%, 러시아인이 15% 정도를 차지하며 인구 특성이 카자흐스탄과 어느 정도 유사하다.

각 국가 내 민족들은 자신들의 관습과 종교적 관행에 따라 생활하며 여성들도 자신이 속한 민족의 전통을 의식하며 사회생활을 영위해 가고 있다. 예를 들어, 고려인들의 경우는 여성의 활동을 자유롭게 인정하므로 여성의 학력 수준이 높은 편에 속하고 따라서 사회 참여도 거의 제약을 받지 않는다. 고려인 여성들이 사회 엘리트에 속하는 교수와 교사직 등의 전문직에 다수 진출해 있다는 사실이 그들의 지위를 잘 반영하는 것이다. 고려인 여성들은 사회활동에 참여하면서도 그들의 관습에 따라 가정에서의 역할을 원만하게 유지하는 편이다.

러시아인 여성들은 대부분이 러시아 정교도로서 정교도 전통을 지키며 살아간다. 러시아 성당에서 세례를 받고 자라며 결혼을 포함해 종교적 명절 등을 포함해 중요한 날을 교회에서 맞이하며, 사망할 경우에도 정교도식에 따라 장례 절차가 이루어진다. 정교도 또한 공산통치 시절 교회가 폐쇄되고 사제가 유형을 떠나는 등 대대적인 탄압을 받았다. 전통적인 신앙생활의 장소가 사라지고 영적인 목자가 사라지자 많은 사람에게 신앙의 상실을 의미하였다. 그러나 일부 사람들은 외부 탄압을 피해 지하로 숨어들어 신앙생활을 견고하게 지속시켜 나갔다. 제2차 세계대전 발발과 함께 스탈린은 정교회의 지지를 받기 위해 교회 탄압 정책을 변경해 일부 교회에 다시 예배를 볼 수 있도록 허락하였다. 탄압이 완화됐으나 국가는 교회를 여전히 속박하고 있었다. 이러한 혼란 가운데 전후세대 러시아인들의 신앙심은 크게 약화돼 형식적으로 변했으며 성당을 종교적 명절 등을 지키는 장소라는 관념으로 받아들이게 됐다. 러시아 여성들의 사회활동은 제약을 받지 않으며 학력 수준이 높아 전문직으로의 진출이 용이하다. 그러나 전문직 진출이 충분한 보수를 보장하는 것이 아니어서 서구 물질주의의 영향을 받은 소수의 여성들은 도덕적 혼란에 빠져 타 민족의 여성들에 비해 비교적 쉽게 이혼을 결정한다. 고등교육을 받고 자유로운 사고방식을 소유한 여성들은 홀로서기를 할 수 있는 가능성을 많이 가지고 있으나 이로 인한 독신주의 확산, 이혼율 증가와 조기 단산(斷産) 선호 등이 증가하므로 사회문제로 대두되고 있다.

사회 진출의 기회가 가장 크게 제한을 받는 여성들은 무슬림들이라고 해도 과언이 아니다. 무슬림 여성들은 코란과 하디스(무함마드의 언행록)가 제시한 원리를 따르도록 권유를 받는다. 그래도 카자흐스탄과 키르기즈스탄은 러시아인들이 차지하는 인구비가 커서 러시아의 영향을 많이 받았고 그 결과 이슬람 성향이 주변 우즈베키스탄이나 타지키스탄에 비해 크게 보수적이지 않으며 무슬림이라고 해도 명목적인 무슬림들이 많다. 카자흐스탄과는 대조적으로 타지키스탄은 쉬아파 무슬림이며 이란과 아프가니스탄의 영향을 받아 원리주의적 성향이 강해 여성들에게 이슬람의 규율에 철저히 따르도록 지도하고 있다. 따라서 여성들의 사회활동이 크게 제한을 받고 여아들에게 교육기회조차 부여하지 않는 가정도 적지 않다. 심지어 일부 가정에서는 남성과 동행하지 않는 여성의 외출을 금지시키고 있다. 이러한 원리주의적 성향은 이웃 국가인 아프가니스탄의 탈레반 정권의 정책으로부터 다소 영향을 받은 것으로 평가된다. 이란은 타지크족을 페르시아계 민족의 일부로 받아들여 타지키스탄 내의 이란의 영향력 확보와 쉬아 이슬람 확산을 위해 타지키스탄의 독립 이후 다각적으로 노력해 왔다.

따라서 중앙아시아 무슬림 여성의 생활과 지위를 중앙아시아 국가 가운데 인구가 가장 많고, 전체인구 가운데 다수민족이 투르크계이며 중도적 이슬람 성향을 추구하는 우즈베키스탄의 여성과 카자흐스탄의 전체 여성을 통해서 이해하는 것이 바람직하다고 본다. 우즈베키스탄의 여성들 가운데 고등교육을 받고 대도시에 거주하는 소수 여성을 제외하면 다수의 여성들은 이슬람 관행을 의식하며 살아가야 하는 환경에 놓여있다. 카자흐스탄은 러시아의 영향을 우즈베키스탄에 비해 많이 받았고 여성들의 교육수준이 높아 여성들이 의식이 진보적이며 개방적이다. 이들을 이해하자면 이슬람에서의 혼인과 이혼에 대한 일반적 개념과 우즈베키스탄 무슬림 여성의 지위와 카자흐스탄 전체 여성의 지위를 연계해서 파악해야 한다. 지난 70년간 소련 통치하에서 진행된 반종교

선전에 따라 러시아 정교도와 마찬가지로 이슬람에 대한 비판이 강도 높게 추진돼 제2차 세계대전 후세대의 신앙심이 약화됐지만 이슬람의 관행이 여전히 그들 생활에서 적지 않은 비중을 차지하고 있음을 부인하기 어렵다. 우즈베크족의 중도, 보수적인 사람들은 이슬람을 자신들의 정체성을 지탱해 주는 중요한 요소로 보고 있다. 러시아인이 전체 인구의 32% 이상(1997년 기준)을 차지하는 카자흐스탄에서는 이슬람의 영향력이 축소되었으므로 카자흐 여성들은 성향에 있어 우즈베크 무슬림 여성들과는 다소간 차이가 있다.

유니세프가 2001년에 보고한 중앙아시아 국가별 여성에 관한 통계자료에서 여성의 생활여건을 개략적으로 판단할 수 있다. 중앙아시아 5개국 가운데 5세 이하 영아의 사망률을 볼 때 타지키스탄이 가장 높고, 그 다음 투르크메니스탄, 키르기즈스탄, 우즈베키스탄, 카자흐스탄 순으로 나타난다. 남성대비 여성의 중등교육률은 우즈베키스탄이 가장 낮고, 그 다음 타지키스탄, 키르기즈스탄과 카자흐스탄은 동일 순위로서 가장 높다. 피임제 사용률은 타지키스탄이 가장 낮고, 그 다음 우즈베키스탄, 키르기즈스탄, 카자흐스탄 순으로 높은 것으로 나타난다. 투르크메니스탄은 여성의 중등교육률과 피임제 사용률의 통계치에 나타나지 않았다. 이러한 내용을 종합해 볼 때 타지키스탄과 우즈베키스탄에서 여성의 생활여건이 가장 열악하며, 반면에 카자흐스탄에서 높은 것으로 평가된다.

여성의 생활 여건

국 가	5세 이하 영아 사망률 : 세계순서	남성 대비 여성 수명률(%)	남성대비여성 중등교육률	피임제 사용률	산부인과에서 출산률
타지키스탄	61	109	89	36	76
투르크메니스탄	64	111	-	-	81
우즈베키스탄	70	109	88	56	98
키르기즈스탄	67	113	111	60	98
카자흐스탄	83	114	111	66	98

자료 : Unicef, Dunya Cocuklarinin Durumu, 2001, pp. 102-105

III. 소련 치하의 이슬람

소비에트국가는 종교란 사회적 압박과 경제적 착취의 산물이라고 선전하였고 종교 집단의 해체와 신도의 강제적 세속화를 추구하였다. 소비에트의 종교 정책의 결과 우즈베키스탄과 카자흐스탄에서의 가장 큰 변화는 사회, 문화적인 부분에서 일어났다. 이슬람의 재정을 담당하는 재단인 와크프(Vakif)의 재산을 몰수하였다. 재산의 대부분이 토지였는데, 토지를 수용하여 농민들에게 재분배하고 이 재단이 운영하는 학교와 병원들이 국가기관의 사무소로 이용되었다. 모스크들이 대부분 폐쇄되어 1912년에 26279개에서 1942년에는 1312개로 줄었다. 이슬람 법정 또한 폐쇄돼 무슬림의 소송을 소비에트 법정이 담당하게 되었다. 모스크를 폐쇄하는 과정에서 종교인들은 인민들을 속이는 자였음을 공개적으로 자인하기도 했다. 우즈베크족과 카자흐족이 지켜오던 이슬람 전통에 대한 공격도 뒤따랐다. 특히, 여성의 노동력을 이용하려고 여성해방을 추진했으며 여성들의 베일착용 거부는 남성들에게 가장 충격적이었다. 1927년 국제 여성의 날에 여러 곳에서 개최된 집회에 참석한 무슬림 여성들이 베일을 벗어 불에 태웠다. 우즈베키스탄에서는 2달 간 약 9000명의 여성들이 베일을 벗어던졌다. 이 운동의 목표는 여성 억압과 관련된 무슬림의 관습을 폐지하는 것이었다. 그러나 일부 지역에서는 베일 착용을 거부하는 여성들에 대한 반감이 커져 무슬림 남성들이 그들을 공격하였다. 다수의 여성들이 살해되거나 구타당하고 혹은 강간당하는 사태가 벌어졌다. 지역 경찰들도 대체로 그 지역 출신이어서 여성 보호에 소극적이었던 것으로 알려졌다.

천 년 이상 지켜온 종교적 관습을 강압정책으로 일소하는 일은 사실상 불가능했다. 무엇보다도 신비주의 종단을 중심으로 지하조직을 통해 신앙관습을 전달하고 유지시켜 나갔다. 이곳에서 정부 당국에 의해 불법화된 각종 종교의식이 행해질 수 있었다. 하지만 종교적 탄압이 전혀 비효과적이지는 않았으며, 그 결과 어린 세대는 과거에 비해 신앙심이 약해졌으며 게다가 러시아어의 공용화 정책으로 인해 무슬림의 전통이 도시에서 크게 변질되었다.

제2차 세계대전의 발발 이후 소련 중앙정부는 무슬림들을 전쟁의 인적자원으로 이용하기 위해 반이슬람 선전을 다소 약화시키고 관변(官邊) 이슬람지도 조직인 '중앙아시아 무슬림 영적지도회(Central Asian Spiritual Directorate of

Muslims)'를 조직해 제한된 범위 내에서 종교활동을 지도하려는 시도에 착수했다. 이 영적지도회는 중앙아시아의 공식 이슬람조직으로 소비에트의 이념에 배치되지 않는 범위 안에서 무슬림들의 종교생활인 종교 교육, 훈련과 예배 등을 관장하는 업무를 맡았다. 소비에트 당국이 관변조직을 통해 무슬림들을 통제하면서도 관변조직을 전적으로 신뢰하지 못하고 있었다. 무슬림 영적지도회의 역할이 소비에트의 법이 코란에 우선하는 것이라기보다는 소비에트 법의 원리가 이슬람의 관행에 배치되지 않음을 설득하는 선에 머물고 있기 때문이었다. 하지만 무슬림 영적지도회는 당국과 무슬림 인민 사이의 갈등을 중재하는 과정을 통해 양 진영으로부터 부분적으로 그 필요성을 인정받았다.

브레즈네프 시기의 중앙정부는 영적지도회를 이용해 외교적으로 이슬람 지역국가들과의 교류를 강화해 갔다. 당국은 이들 지도자들을 중동 지역으로 파견해 UN의 외교무대에서 자국의 정책에 반대하지 않도록 설득하였다. 영적지도회의 지도자들은 이슬람 원리에 정통했고 아랍어를 원만하게 구사함으로써 소련의 무슬림들의 상황을 미화해 중동국가들의 동정심을 받을 수 있어서 소련 당국은 소기의 목적을 이루었다. 고르바초프 시기에는 이슬람의 영향력이 점차 증가되고 공인된 이슬람 성직자의 수가 두 배로 늘어나 당국이 불안을 느끼면서도 이슬람에 대한 노골적 비난을 절제했다.

고르바초프 시기의 후반기에는 표현의 자유 확대와 더불어 종교적 활동에 대한 제한도 완화돼 독립 운동이 전기가 마련되었다. 1991년 8월 독립 이후 특히 투르크메니스탄과 우즈베키스탄에서 민족주의 운동과 이슬람 부흥운동이 동시에 일어났으며 모스크가 재건축되거나 새로 건설됨으로써 우즈베크인들의 이슬람 의식이 점차 강화되었다.

Ⅳ. 이슬람에서의 혼인과 이혼

무슬림들에게 혼인은 특별한 사유가 없는 한 해야 하는 신성한 계약 또는 의무로 강조한다. 결혼을 종교적 미덕으로 가르친 무함마드는 남녀 간의 결혼은 신앙의 절반을 완성한 것으로 받아들였다. 코란에 나타난 결혼의 의미는 종교적 미덕이요 사회적 요청이고 육체적 타락을 막는 최선의 대책이다. "결혼은 신앙이라. 그것으로 신앙의 절반이 완성되며, 그것으로 가장 깨끗하고 순수한 상태에서 알라를 만나게 되느니라." 이 표현처럼 결혼은 신앙의 절반을 완성하는 과정이고 나머지는 인간이 신을 경외함으로써 완성해 가는 것이기 때문에 종교적 미덕이라고 할 수 있다. 사회를 구성하는 인간이 남녀의 결혼을 통해서 출생하므로 결혼은 사회를 존속시키기 위한 요구가 되는 셈이다. 알라는 남녀의 결혼을 통해 후손의 번성을 계획해 놓았다. "인간들이여, 한 몸에서 너희를 창조하시고 배우자를 두어 많은 남녀를 퍼뜨리라고 촉구하신 너희 주님을 경외하라"

또한 결혼은 신으로부터 받은 남녀의 성적본능을 충족시키는 동시에 성적 타락을 막는 가장 합리적 수단으로 제시되었다. 신으로부터 받은 성적 본능을 무시한다면 성적 타락을 야기하여 결국 부정한 길로 빠진다는 것이다. "결혼하라. 그것이 음탕해질 수 있는 너희 눈을 보호하는 최선의 방법이요, 성적 불륜행위에 빠질 너희를 구원해 줄 최선의 방법이라. 그리고 결혼할 능력이 없거든 단식을 해라. 단식이 너의 성욕을 감퇴시켜 줄 것이니라." 이처럼 이슬람에서 결혼은 특별한 사유가 없는 한 무슬림이 지켜야 할 신성한 의무로 여겨진다. 심지어 예언자는 이슬람 공동체를 번성시키는 사람은 결혼한 사람이고 이슬람 공동체에 해가 되는 사람은 독신주의자라고 할 정도로 독신주의를 배격했다.

남자 뒤에서 걸어가는 우즈베크 여성

이슬람권에서는 혼인하기 전에 신부값을 신랑과 신부 양가의 합의하에 결정해야 한다. 신부값에 대해서 양가의 의견이 맞지 않을 경우에는 두 사람이 사랑한다고 해도 부모들의 반대로 거의 혼인하지 못한다. 딸이 출가하는 것이 경제적인 손실이라고 해서 이것을 신부값으로 보상해야 한다는 견해와 신부값이 신부가 결혼 후 과부나 이혼녀가 됐을 때 경제적으로 독립해서 살아갈 수 있는 경제적 수단이라는 견해가 있다. 지역에 따라서 신부값이 신랑이 신부를 사랑하는 정도의 표현이라는 부차적인 설명도 있다.

무슬림들은 혼인 전 여성의 순결을 유지해야 함을 강조한다. 여성의 처녀성을 확인하는 관습을 지킬 뿐만 아니라 코란에서 여성의 순결을 가르치기 때문이다, "믿는 여성들에게 일러 가로되, 그녀들의 시선을 낮추고 순결을 지키며 밖으로 드러나는 것 외에는 어떤 것도 보여서는 아니 되느니라. 그리고 가슴을 가리는 머리수건을 써서 남편과 그녀의 아버지, 남편의 아버지, 그녀의 아들, 그녀의 형제, 그녀 형제의 아들, 자매의 아들 외에 다른 사람들 앞에서는 꾸미매를 드러내지 말라"(코란 24 :31-32). 코란 33장 59절에서도 여성이 취해야 할 태도를 가르치고 있다. "예언자여 그대의 아내들과 딸들과 믿는 여성에게 베일을 쓰라고 이르라. 그때는 외출할 때니라. 그렇게 함이 가장 편리한 것으로 간음되지 않도록 함이니 실로 알라는 관용과 자비로 충만하시도다." 처녀성에 자신이 없으면 정상적인 혼인을 기대하기 어렵다. 미혼 여성이 혼인할 경우에는 본인과 보호자의 승낙이 있어야 하되 처녀성을 잃은 여성, 과부나 이혼녀의 경우는 보호자의 동의가 필요하지 않고 본인의 승낙만 있으면 된다. 혼인할 경우에 두 명 이상의 남성 무슬림이 입회하여 그 결혼을 확인하고 증인으로 서명하는 절차가 요구된다.

코란에서는 특수한 조건 하에서의 일부다처제를 인정하고 있다. 특히, 전쟁미망인들의 물질적 결핍은 국가나 사회단체가 충족시켜 줄 수 있지만 그들의 성적 욕구는 결혼에 의해서만 충족된다고 보기 때문에 처녀와는 물론 과부와의 결혼을 허용하고 있다. "고아로 남은 여성들에 대해 공평성을 확보해 줄 수 없을까 하고 염려된다면 적당하다고 생각하는 여성 가운데 둘, 셋 또는 넷과 결혼하라. 그러나 이들에게 공정하게 대해 줄 수 없을 것 같은 두려움이 있다면 한 여인이나 네가 소유한 여종으로 충분하다. 이처럼 정의로부터 벗어나지 않도록 해야 한다."(코란 4 :3) 일처 이상의 부인과 결혼했을 때 오히려 자신과 부인들에게 해로울 것으로 우려될 경우는 다처와의 결혼 포기가 권장된다. 따라서 다처의 경우에는 둘째, 셋째 아내에게도 가정 내에서 원칙상 동등한 권리가 부여된다. 일부다처를 허용하는 반면 합법적 결혼 이외에 남녀 간의 은밀한 접촉은 처벌의 대상이다. 코란은 간음을 살인과 우상숭배와 마찬가지로 개인과 사회적 타락을 유발시키는 죄의 근원으로 여겨 간통죄를 중형으로 다스리도록 하였다. 기혼남녀 간에 간통죄가 입증된다면 이슬람국가에서는 투석에 의한 사형이 구형된다.

무슬림들은 이혼을 수치스러운 행위로 간주하며 결혼 생활을 유지하는 동안 부부간의 동고동락을 당연하게 받아들인다. 부부가 최후의 수단으로 이혼의 불가피성을 확신하기 전까지는 가족들이 중재를 맡는다. “만일 둘 사이에(부부) 헤어질 우려가 있다면 남자 가족 중에서 중재자 한 사람, 그리고 여자 가족 중에서 중재자 한 사람을 정해라. 만일 그들 둘 다 화해를 원한다면 알라는 그들 사이를 화합하게 하느니라.”(코란 4 :35) 이 중재자들이 부부를 화해시키도록 시도하지만 만일 합의가 이루어지지 않으면 이혼이 뒤따른다. 다음의 경우는 중대한 이혼 사유가 된다. 1) 처의 부정에 대해 확신할 경우, 2) 신체적인 결함으로 부부생활이 어려울 경우, 3) 남자가 아내를 부양할 능력이 없거나 능력이 있어도 부양하지 않을 경우, 4) 남자가 약속한 신부값을 결혼 후에 지불하지 않는 경우, 5) 부부가 인격적으로 대하지 않을 경우, 6) 남편이 장기간 집을 비우거나 장기형이 확정된 경우 등이 있다. 5)의 경우는 남성 중심으로 해석될 때가 많다. 예를 들어, 만일 아내가 남편을 공경하지 않는다고 여겨지면 별거생활을 하다가 해결이 되지 않으면 남편은 이혼을 공식화하는 절차를 밟는다.

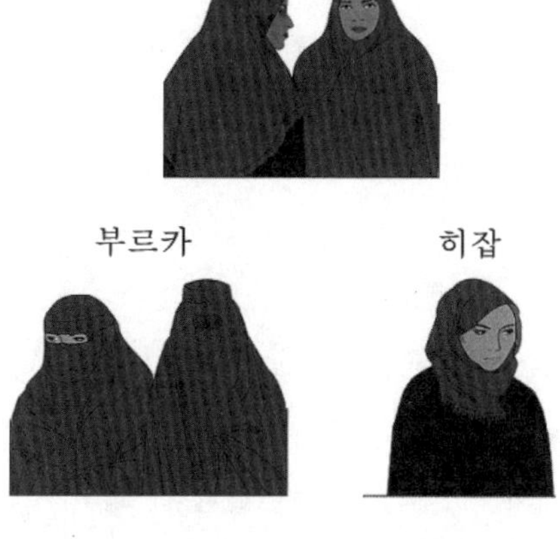

〈차도르, 히잡, 부르카〉

V. 우즈베키스탄의 무슬림 여성

1. 우즈베키스탄 무슬림 여성의 지위

전통적 무슬림 여성들은 사회 진출을 적극적으로 생각하지 못한다. 전통적인 남성들이 여성의 사회활동과 다양한 대인관계를 부정적으로 평가하기 때문이다. 소련 통치시 여성의 교육기회와 사회진출이 증가했지만 여전히 일부다처의 관습은 유지되고 있다. 이슬람의 전통에는 아내 넷을 맞이할 수 있으나 능력이 있는 보수적 남성은 대체로 두 명의 아내를 둔다. 가정에서도 여성들은 남자 손님이 방문했을 때 합석해서 대화를 나누지 않는 것이 보통이다. 보수적인 가정에서는 여성이 남자 손님과 인사를 나누는 것도 꺼린다.

진보적 여성들은 양장을 하기도 하나 중도, 보수적 여성들은 화사한 색깔의 전통의상을 입어 자신들의 정체성을 표시한다. 머리는 길게 따거나 묶으며 스카프로 가린다. 짧은 머리는 서구 여성의 상징처럼 여겨져 바람직하지 않다. 특히, 낯선 남성이 있거나 모스크나 묘지에 갈 때에는 필수적으로 머리를 가린다. 보수적인 여성은 얼굴 전체를 다 가려 그녀의 얼굴을 볼 수 없게 한다.

여성들은 가사를 주로 책임지며 직장을 가진다고 해도 가사를 소홀히 해서는 안 된다. 그렇다고 가사 전체를 여성만이 책임지지는 않으며 일정 부분 남편과 아이들이 맡아 처리한다. 고등교육을 받고 사회진출의 기회를 가진 소수 여성들은 지나치게 가부장적인 가정생활에 자신이 없어 독신으로 지내기도 한다. 아이들도 일손을 돕고 가축을 돌보거나 농사를 지으며 또는 가정에서 생산된 농산품이나 수공업품을 시장에 내다 판다. 여아들도 어린 나이에도 불구하고 가축을 돌보기 위해 유목에 참여하기도 한다.

독립 이후 가부장적인 남성중심의 문화의 확산과 과중한 노동으로 인해 우즈베크 여성들의 생활환경이 점차 악화되는 것으로 한 웹사이트에서 보고된 바 있다. 러시아의 지배 하에서 여성의 평등권을 일부 경험한 여성들이 남성의 우월적 문화를 강조하는 이슬람의 부상과 노동 환경 악화, 농장에서의 고된 노동을 이기지 못해 자살을 선택하는 사례도 나타나고 있다. 농촌 여성들은 과중한 육체노동, 빈곤과 대가족 제도 등으로 지치게 된다. 여름에 섭씨 40도가 넘는 더위 속에서 노동을 계속할 경우 탈진 상태에 이른다.

다산을 하는 산모의 사망률이 높으며 약 5백만의 여성이 19세에서 49세까지 자녀를 출산하고 낙태금지라는 전통 때문에 피임이 잘 이루어지지 않는 환경이 유지되고 있는 형편이다. 우즈베크 여성의 70% 정도가 피임기구를 이용하지 못한다. 대가족에 속해 사는 이 여성들은 평균적으로 다섯 명의 자녀를 출산하며, 약 20만 명의 여성이 10명 이상의 자녀를 두는 것으로 보고되고 있다. 여성의 출산주기가 짧은 편에 속하고, 우즈베크 여성의 18%는 출산주기가 2년 이상이지만 70% 이상의 여성의 출산주기가 1.5～2년이다. 과중한 노동, 열악한 노동 환경과 짧은 출산주기가 여성의 정신과 건강을 위협하는 요소이다.

전통적 우즈베크인들은 다산하며 자식이 많은 것을 자랑으로 여긴다. 대가족은 조부모, 부모, 자녀들 그리고 삼촌과 사촌 등으로 구성되며 이들이 한 집에서 살아간다. "많은 자녀들이 있다면 그 집은 시장처럼 활기가 넘칠 것이다. 그러나 자녀가 없다면 그 집은 공동묘지와 같다." 이 속담은 자녀의 중요성을 강조하고 다산을 바라는 우즈베크족의 특성을 여실히 보여 준다. 다산의 선호는 다산이 공동체의 번성에 기여한다는 이슬람 사회의 전통에 근거하고 있다.

중앙아시아 무슬림 여성들은 갈등적인 두 가지 가치를 접하며 살아간다. 이 두 가치는 사회주의 이념과 이슬람 원리이며, 전자는 이슬람을 부정하고 남녀에게 평등한 교육기회 부여를 강조한 반면 후자는 사회주의 체제 하에서 부정됐으나 최근에는 부상하고 있으며 남성우월적 측면을 강조한다. "남성이 여성보다 위력하여 그들을 보호한다. 남성은 그들의 재산으로 여성을 보호한다. 좋은 여성이 복종하는 여성이다. ...복종하지 않을 것 같아 염려되는 여성에게는 충고를 하고 별거를 하라..."(코란 4 :34). 따라서 사회주의 체제에서 고등교육을 받고 사회진출에 적극적인 여성들은 이슬람 전통이 강화되는 현상을 환영하지 않는다. 반면에 무슬림 남성들은 이 여성들이 전통에서 벗어나 러시아화됐다고 말할 뿐 아니라 진보적 여성 가운데 일부가 혼전, 혼외 관계에 커다란 죄책감을 느끼지 않는다고 비난한다.

부하라의 아델라 신학교의 한 여학생인 라노 율다세바(18세)는 기혼자인데 가정에서 여성의 역할을 강조한다. "여성의 자리는 가정이고 어머니입니다. 서구의 여성해방론자들은 스스로 여성이기를 포기했습니다. 그들이 페미니스트라면 우리는 우머니스트입니다." 이처럼 자신들의 가치관에 따라 여성의 역할을 평가하는 시각 차이가 중앙아시아 여성들 사이에서도 좁혀질 가능성이 당분간 희박하다.

우즈베키스탄의 여학생 교육 상태 변화

(단위 : 천명)

연도	1991	1992	1993	1994	1995	1996	1997
직업학교	50.3	47.5	44.6	46.8	51.8	54.2	54.6
고등교육기관	40.2	39.3	39.3	39.6	38.9	39.4	37.4

독립 이후 우즈베키스탄에서의 여성의 고등교육 상태는 과거에 비해 퇴보하는 경향을 나타내고 있다. 1991년 소련 붕괴 후 우즈베키스탄은 독립을 선언했으나, 오히려 경제적 상황의 악화와 보수적 가치관의 부상으로 인해 고등교육을 받는 여성들의 숫자가 1991년부터 1997년 사이에 크게 감소했다.

2. 전통적 우즈베크 여성의 결혼

결혼 적령기에 부모들이 대체로 배우자를 선택해 주며 남자의 부모가 결혼하게 될 신부의 부모와 결혼 조건에 대해서 논의한다. 가족 내에서 대개 나이 순서에 따라 결혼한다. 여성은 17~18세가 되면 결혼할 수 있으며 고등교육을 받지 않는다면 20세 전후로 결혼한다. 남성들은 여성들에 비해 1~3년 늦게 결혼한다. 결혼적령기에 있는 여성이 대학생일 경우 학교 동료들과 사진을 찍을 기회가 우연하게 생겼을 때 남자 동료와 단둘이 찍으면 오해를 받게 되므로 주의해야 한다.

신부는 결혼하면 시댁 사람이 된다. 결혼 후에 40일 동안 신부는 시댁에 머물며 요리, 세탁, 청소 등의 일을 떠맡는다. 이 기간에 신부는 스카프로 얼굴 일부를 가리고 보통 전통 의상을 입는다. 막내아들의 신부라면 집안일을 완전히 책임지게 된다. 남성은 4명의 여성과 혼인할 수 있지만 이러한 일은 매우 드물다. 전통적 우즈베크 여성은 흔히 우즈베크 남성과의 결혼을 선호하며 러시아인과는 거의 하지 않는다. 독립 이전에는 우즈베크 여성과 타지크 남성의 결혼을 큰 거부감 없이 받아들였지만 독립 이후에는 자민족 중심의 결혼이 선호되고 있다. 신랑 측은 신부값을 지불해야 하며 신랑과 신부 아버지 사이에 논의되고 결정된다. 신부값은 일정하지 않고 가정 형편에 따라 달라진다. 살림이 넉넉하지 못한 가정이 신부값으로 소 한 마리와 양 5마리 정도를 주고 신부에게는 예복, 옷, 스카프 등의 개인 용품을 비롯해 카페트와 침구 같은 살림살이를 마련해 준다. 신부 집이 경제적 여유가 있으면 신부도 신랑에게 예물을 준비한다. 우즈베키스탄에서 신부값은 중동 지역의 그것에 비해 상징적 의미를 띨 정도로 적다.

결혼은 동네잔치로 치러진다. 보수적인 결혼식이 진행되는 동안 여성은 얼굴을 드러내지 않는다. 결혼식 당일 오전 10시경 신랑, 신부와 증인들은 모스크에 가서 혼인서약식을 갖는다. 모스크에서는 이슬람식 결혼이 이맘의 주례로 이루어지고 이맘의 기도문 낭독과 축복이 있다. 전통적 우즈베크인은 이슬람식 결혼을 통해서 신의 축복을 받을 수 있다고 믿는다. 결혼 잔치는 먼저 신부집에서 열리며 다음날 아침 신랑집에서 하객들에게 음식을 대접한다. 이날 저녁에 연회장에 가서 피로연을 열기도 하는데, 이때 친지들이 축의금과 선물을 주기도 한다. 피로연에는 부모의 친구들이 먼저 초대되고 신랑과 신부의 친구들이 나중에 초대된다.

신랑과 신부가 첫날밤을 맞이한 뒤 나이든 양가 여성 각 한 명이 이들의 침구를 집 식구들에게 보여 신부의 처녀성을 확인한다. 만일 처녀성이 확인되지 않으면 딸이 곧 바로 친정으로 쫓겨가는 불상사가 일어나기도 한다. 지역에 따라서 동침 첫날밤에 침구를 확인하는 관습이 유지되고 있다.

우즈베크 여성들의 모임

VI. 카자흐스탄의 여성

1. 카자흐스탄 여성의 지위

카자흐스탄 지역에서는 이슬람의 영향력이 중앙아시아의 여타 지역에 비해서 상대적으로 미약한 것으로 평가된다. 이 지역에 이슬람 전파는 10세기경부터 이루어졌으나 유목생활이 만연해 모스크와 종교학교 등의 설립에 거의 관심을 보이지 않고 오히려 초원에서는 유목 관습법과 샤머니즘이 의식과 행동을 지도하는 가치로 여겨졌다. 러시아의 캐서린 2세의 통치기에 카자흐인들을 교화시키기 위해 사상적 도구로 이슬람을 일시적으로 장려하기도 했다. 그러나 19세기 말에 본격적인 식민화 정책과 더불어 이슬람에 대한 억압이 실시되었다. 19세기 말 우즈베키스탄 지역의 부하라와 코칸드에서 일시적으로 지지를 받았던 범이슬람주의와 범투르크주의도 카자흐인들의 관심을 끌지 못했다.

현재 카자흐인들은 일종의 명목적 무슬림들로서 모스크에 가서 예배 의식에 참여하는 이들은 소수에 불과하다. 카자흐스탄의 주요 목표는 경제성장과 다민족 간의 화합이라고 할 수 있다. 따라서 정부는 다양한 종교의 차이를 표면적으로 극소화하며 각 종교를 인정하는 풍토를 조성하고 있다. 예를 들어, 국가적 행사에서 대통령을 비롯해 이슬람과 러시아 정교 지도자들이 참석한 장면을 의도적으로 TV를 통해 보여주고 있다. 종교로 인한 사회적 차별은 민족간 갈등 요인으로 여겨질 수 있어서 지양해야 한다고 홍보한다. 카자흐스탄 여성에 대한 통계는 민족 별로 구분되어 있지 않아서 전체 여성의 사회적 지위를 일별하였다.

종교로 인한 남녀의 차별 또한 주변 중앙아시아 국가들에 비해 미미하다. 카자흐스탄에서 여성의 교육수준은 남성의 그것에 비해 높은 편이다. 1999년 기준으로 여성 가운데 고등교육과 전문교육을 받은 사람의 비율이 39.12%이며, 이에 반해 남성 가운데 전문대 이상의 교육을 받은 사람의 비율은 33.2%에 해당된다. 카자흐스탄 전체인구가 14,953,126명 중 여성이 51.8%(7,751,341) 남성이 48.1%(7,201,785)인 점을 감안 할 경우 전문대 이상의 교육을 받은 여성의 수는 남성에 비해 더 커진다. 카자흐스탄 14개 주와 아스타나와 알마타 교육위원장 가운데 44%에 이르는 7명의 여성이 활동하고 있다. 아래 표에서 나타난 바와 같이 전문대 이상의 고등교육 기관에서 여성이 차지하는 비율이 높으며 이러한 현상은 여성이 경제활동에 차지하는 역할 범위의 확대에 기여할 수 있다.

15세 이상 남성과 여성의 교육수준의 비교(1999년도)

		전체	대졸 이상	대 퇴	전문대	고 졸	중 졸	국 졸
남성 인구		5,024,075	589,341	90,888	989,574	2,023,781	996,035	302,711
		100%	11.7%	1.8%	19.7%	40.3%	19.8%	6.0%
여성 인구		5,652,847	729,559	91,885	1,388,358	1,908,817	932,038	499,921
		100%	12.9%	1.8%	24.6%	33.8%	16.5%	8.8%

Agency of the Republic of Kazakhstan on Statistics, Women and Men of Kazakhstan-Gender Statistics, Almaty, 2000, pp.50-52.

교육기관별 남녀의 성비(1999년도)

	여 성	남 성
총 인 구	1,873,200(50.2%)	1,824,200(49.8%)
기초직업 교육기관	35.8%	64.2%
전 문 대	60.0%	40.0%
대 학 교	54.1%	45.9%
대 학 원	56.1%	43.9%

(ibid.)

카자흐스탄 경제활동 가능 인구는 7,500,000명으로서 이 가운데 여성이 46%를 차지한다. 여성의 활동 분야는 전문직종에 집중되어 있으며, 이는 여성의 높은 사회적 지위를 여실히 보여준다. 특히, 의료센터와 사회보장 분야의 전체 고용인 중 82%가 여성이며 음식공급업, 정보기술 및 교육 분야에 76%, 문화 분야에 70%, 교역 분야에 63% 그리고 재정 및 보험 분야에 66%를 여성 인력이 차지하고 있다. 독립 후 중소 규모의 비즈니스와 서비스 분야에서 여성의 비중이 크게 늘어났다. 1997년 통계에 따르면 소매업에 11,600(56.5%)의 여성이 참여하고 있다.

여성의 경제활동 인구는 늘어났으나 국가 정책결정 과정에 참여하는 국가기구를 대표하는 여성의 수는 여전히 소수로 나타난다. 아래의 표를 통해서 하위직에는 여성의 비율이 높으나 상위 직책으로 올라가면 현저하게 떨어진다는 사실을 알 수 있다. 중앙정부의 하위직 공무원 가운데 여성이 차지하는 비율이 57%로서 남성비보다 훨씬 높으나 부장급, 국장급 및 장차관급에서는 남성의 비율이 절대 우위를 차지한다. 이러한 현상은 권력집단에 진입하는 문턱이 여전히 여성들에게 높으며 여성 지위향상에 어느 정도의 한계를 드러내고 있다.

중앙정부기구 국가 공무원(1997년)

	여 성	남 성
전 체	1,718(50%)	1,716(50%)
하위직 공무원	57%	43%
과 장 급	40%	60%
부 장 급	37%	63%
국 장 급	15%	85%
장 차 관	8%	92%

Agency of the Republic of Kazakhstan on Statistics, Women and Men of Kazakhstan-Gender Statistics, Almaty, 2000, pp.87-91.

2. 카자흐 여성의 결혼

대도시에서 결혼적령기에 이른 남녀의 약 60% 정도는 연애를 통하여 배우자를 선택한다. 대도시에서는 고등교육을 받거나 직장생활을 통해 연애결혼을 할 수 있는 기회를 가질 수 있다. 대도시에서의 일반적인 결혼 연령은 남성이 23~25세이고, 여성은 22~23세인 반면, 농촌에서는 결혼 연령이 더 낮아진다. 독립 이후에는 여성들의 사회활동이 점차 증가하므로 결혼 연령이 높아지고 있는 편이다. 카자흐 여성들은 교육수준이 높고 농촌에서 생활한다고 해도 중, 고등학교 교육을 대부분 마쳤으므로 문맹자는 거의 없다. 대도시에서 고등교육을 받은 카자흐 여성들도 배우자로 대체로 카자흐 남성을 선호한다. 다른 이슬람 국가에서 보편화돼 있는 신부값 제도가 농촌에서 일부 지켜지지만 도시의 직장 여성들은 신부값을 받지 않고 결혼한다.

평균 결혼 연령

성별 \ 연도	1996	1997	1998	1999
여 성	22.2	22.4	23.3	23.2
남 성	24.7	24.9	26.0	26.0

Agency of the Republic of Kazakhstan on Statistics, Women and Men of Kazakhstan-Gender Statistics, Almaty, 2000, p.19.

결혼은 도시와 농촌을 불문하고 예식장 결혼예식과 이슬람식 예식을 혼합하여 진행된다. 결혼 당일 오전에는 거주지역 관할 공무원과 증인으로 참석한 부모와 친지들 앞에서 결혼서약을 하고 공무원이 발급하는 혼인증명서를 받으며 결혼반지를 교환한다. 간단한 공식적 결혼예식 이후 신랑과 신부는 친구들과 축하 파티를 공원 또는 피로연장에서 거행한다. 경제적 능력에 따라 신혼여행을 가기도 하나 대체로 가까운 곳으로 1박 2일 정도로 마친다. 신혼여행 전후로 이맘의 기도를 받으며 이슬람식 예식을 치르는 것이 일반적이다.

전통 의상을 입은 카자흐 여성

결혼 후 단기간 시댁에서 살며 결혼을 축하하기 위해 방문하는 손님을 대접하고 시댁의 관습을 배운다. 손님들에게는 신부가 준비한 차와 음식을 내놓는다. 결혼하면 대체로 분가하나, 부모들이 원하면 막내아들이 그들과 같이 살게 된다. 최근 젊은 부부 사이에 가사를 분담하는 경향이 일반화되고 있다. 전술한 표에 나타난 것처럼 다수의 여성들이 고등교육을 마치고 나서 남성들과 대등하게 전문직에 종사하며 맞벌이를 하기 때문이다. 카자흐 여성들이 결혼 뒤 사회활동을 지속하면서도 아직까지는 자녀 양육과 내조를 주부의 가장 중요한 일로 여긴다. 한 가족의 자녀의 수는 알마티와 아스타나 등의 대도시에서는 2-3명이 보통이고, 농촌에서는 그 수가 증가하며 5명 이상의 자녀가 있는 가정이 적지 않다. 도시의 부부들이 선호하는 자녀의 성은 아들-딸, 아들-아들로 나타난다. 카자흐스탄에서는 이혼률이 높은 것으로 알려져 있는 데 이혼 결정에 있어서 러시아인 여성들에 비해 카자흐 여성들은 소극적 자세를 보인다. 이혼의 주요 원인으로 남성의 외도, 경제적 능력 상실과 구타 등을 꼽는다.

결혼과 그 후 생활에서도 카자흐 여성들은 우즈베크 여성들에 비해 종교적 관습에 얽매이지 않는 모습을 보인다. 여성의 교육 수준이 높아 경제적 자립이 가능할 뿐 아니라 러시아인이 전체 인구의 30% 이상을 차지하므로 카자흐 여성들은 종교적 성향 면에서 우즈베크 여성들과는 다소 차이를 보인다.

VII. 보수적 여성과 진보적 여성

중앙아시아 여성들의 지위는 어떤 수준에 있는가라는 질문은 매우 광범위해 용이하게 답할 수 없다. 이곳 여성들의 사회적 지위는 이 지역에서 지금까지 형성되어 온 융합된 문화 속에서 규정될 수 있다. 중앙아시아 여성조차 자신의 가치관에 따라 그 지위와 정체성을 다양하게 평가하고 있다. 보수적인 무슬림 여성들은 현상에 익숙해져 여성의 사회진출과 활동에 의미를 별로 부여하지 않는 반면 진보적인 여성들은 이슬람과 유목민의 전통이 여성의 활동을 과도하게 제한한다고 비판한다. 심지어, 중앙아시아의 진보적 여성들은, 서구의 페미니스트들도 국가별 특성, 상이한 전통과 문화적 상대성 등을 고려하여 이슬람권 여성의 지위 개선을 권유하는 데 소극적 입장을 취해 왔다고 평가한다.

이 지역 여성의 지위는 각 국가별 인종 구성비, 지역적 특성과 전통적 관습 등에 따라 변할 수밖에 없어서 국가별로 상이하게 나타난다. 보수적 이슬람 성향이 나타나는 우즈베키스탄 농촌 지역에서는 카자흐스탄에 비해 여성의 생활과 교육 환경이 열악하다. 참고로, 여성의 교육수준과 사회진출에 관한 통계자료를 찾는 과정에서도 우즈베크 여성에 대한 자료에 접근하는 과정이 어려워 카자흐스탄의 자료만큼 객관성이 있는 자료를 확보할 수 없었다.

엄격한 가부장제에서 비롯되는 여성성에 대한 차별, 여성에게 균등한 교육 기회의 차단, 여성이 소유한 잠재력의 발견과 활용의 제한이라는 측면에서 중앙아시아 무슬림 여성의 지위신장이 서구와 일부 아시아 국가들의 그것과 비교해 볼 때 일정 범위에 머물고 있음을 확인할 수 있다.

제9장 중앙아시아 한인사회

황영삼

오늘날 중앙아시아 지역에는 약 35만 명의 한인들이 살고 있다. 스스로 '고려사람'이라 부르는 이들은 우리에게 '고려인'으로 알려져 있다. 이들 한인들은 언어적으로 이미 러시아어에 동화되어 있지만 민족적 정서나 문화적으로 볼 때는 우리와 그 뿌리를 같이 하고 있다. 다민족 국가이던 소련의 한 구성민족으로서 국가발전에 크게 기여했던 이들 한인들은 대체적으로 볼 때 민족적 차별을 받지 않고 나름대로의 삶을 개척한 사람들이다.

지금까지 이들 한인에 대한 우리의 인식은 '가난하고 불쌍한 우리 동포'로서 항상 우리의 도움이 절실히 필요한 존재로 되어 있었던 옳지 못한 것이었다. 이러한 이유는 어느 사회에나 있을 수 있는 어렵고 힘든 상황을 우리의 언론매체들이 지나치게 부각시켜 우리의 가치관 형성에 영향을 주었기 때문이다. 그러나 과연 그럴까? 중앙아시아 한인들에 대한 평가는 지나치게 측은한 태도에만 머무를 필요는 없으며 오히려 이들의 성공적인 삶과 역량에 집중될 필요가 있다. 이를 위해서 우리는 먼저 이들에 대한 객관적인 자료해석과 가치중립적인 설명 및 정확한 실상을 있는 그대로 이해해야 할 것이다.

1. 한인의 중앙아시아 지역 이주사

한인들의 중앙아시아 거주역사는 일반적으로 1937년 '강제이주' 사건에 기원을 두고 있지만 사실은 그보다 훨씬 이전 시기까지 거슬러 올라간다. 1897

년 제정러시아의 인구조사 결과 오늘날 카자흐스탄과 우즈베키스탄의 지방도시에 총 20여 명의 한인들이 거주하고 있었던 것으로 파악되었다. 이들의 거주원인과 경로에 관한 자료는 부재하지만 당시의 시대적 상황을 고려해 볼 때 극동러시아 지방에서 활동이 어려워진 일부 한인들이 세미레치예(Semirechie)와 시르다리야 주(Syr-Darinskaya oblast'), 아크몰라 주(Akmolinskaya oblast') 등지로 이주해간 것으로 보인다. 이 무렵 한인들의 거주지는 극동은 물론 시베리아 영역을 포함한 전 러시아지역으로 확대되고 있었던 것이다. 물론 규모가 극히 적은 개인적 수준의 이주였다.

러시아혁명 이후 출범한 사회주의 국가 소련의 첫 공식 인구조사는 1926년에 행해졌는데 그 결과 카자흐스탄에 42명, 우즈베키스탄 36명, 키르기즈스탄 9명 등 중앙아시아 한인이 총 87명으로 집계되었다.[1] 1920년대의 소련은 국가적인 혼란기였다. 내전, 신경제정책, 정치권력투쟁 등으로 이어지는 일련의 사태에서 최종적으로 승리한 스탈린은 농업집산화 정책을 1929년부터 실시하였다. 극동 한인들의 농촌사회도 자연적으로 솝호즈(Sophoz)와 콜호즈(Kolkhoz) 체제로 조직되었고 뛰어난 벼농사 실력이 발휘되었다. 이러한 극동 한인들의 농업역량은 곧 중앙정부의 고위층에 전달되었고 중앙아시아 지방에서의 벼농사 실험이 모색되었다.

1924년에 이미 소수의 한인들이 타쉬켄트 인근의 농장에서 '일심(一心)' 농업협동조합을 조직하여 농사를 짓고 있었지만 1928년에는 당국의 정책적 방침으로 극동 지역의 한인들이 초빙되었다. 벼 재배 전문가인 오가이(P.V. Ogai)를 대표로 한 70세대 300여 명에 이르는 한인들이 카자흐스탄 탈디쿠르간 지역으로 차출되었던 것이다. 여기서 농업협동조합 '카즈리스(Kazris)'가 조직되었는데 이들의 벼 재배 실험은 가히 성공적이었다.

1930년대를 즈음한 중앙아시아 국가에서는 중앙정부가 실시하고 있던 농업집산화 정책이 지속되고 있었고 그 과정에서 전통적으로 유목생활에 기반을 둔 카자흐인들의 피해가 컸다. 심지어 카자흐인들은 중국 등 인근국가로 이주하는 일도 발생하여 심각한 사회문제를 발생시켰다. 결국 이는 농업노동력의 약화로 이어졌고 이를 만회하기 위해서는 유럽지역 등 다른 공화국으로부터의 인구유입이 필요하게 되었다. 러시아인들이 먼저 중앙아시아 지역으로 이주하

1) 김 게르만 "고려인의 카자흐스탄 정착의 유래" 〈고려일보〉 2006.5.20. 제4면.

게 된 것은 바로 그러한 정책에서 비롯되었다.

중앙아시아 국가들에 대한 농업집산화 정책이 중앙정부의 의지로 강력하게 추진되고 심각한 노동력 부족에 허덕이던 1937년 가을 소련의 극동 지역에 거주하던 17만 명이 넘는 한인들이 강제로 중앙아시아 지역으로 이주되었다. 스탈린이 결정했던 한인들의 강제이주에 대한 표면적인 이유는 다음과 같았다. 즉 극동에서 침략적인 정책을 구사하고 있던 일본이 소련을 공격하기 위한 사전작업으로 간첩을 침투시켰을 경우 현지에서 생활하고 있던 한인들과 일본간첩들을 외모상 구분하기 힘들기 때문에 아예 한인들을 모두 중앙아시아로 이주시킨다는 것이었다. 이주실행은 즉시 착수되었으며 문서에 나타난 바에 의하면 이듬해 1월 1일에 완료하는 것으로 결정되었다. 당시에는 그 누구도 스탈린의 명령에 도전할 수 없었으며 강제이주 당사자인 한인들조차 조직적인 저항을 못하였다. 가장 많이 이주된 곳이 카자흐스탄, 우즈베키스탄 지역이었고 일부는 러시아의 아스트라한으로 이주되었다.

비슷한 시기에 소련의 소수민족인 쿠르드인, 아르메니아인, 터키인들이 아제르바이잔과 아르메니아로부터 알마아타 주와 남카자흐스탄 주로 강제이주되었다. 이듬해인 1938년에도 소련 소수민족들의 중앙아시아 지역으로의 강제이주 행렬이 지속되었다. 이유는 달랐지만 1941년 독일과 소련의 전쟁개시 이후 1945년까지 독일에 부역했다는 죄목으로 크림타타르인, 체첸인, 잉구시인, 발카르인, 카라차이인, 칼믹인과 기존에 소련에 거주하던 독일인들이 중앙아시아로 강제이주 당하였다.

이런 사실들을 본다면 1937년의 민족의 강제이주가 비단 한인들에게만 국한된 것이 아님을 알 수 있다. 강제이주는 소련 내 소수민족들에게 여러 가지 구실을 내세워 소련 중앙정부가 단행한 일종의 민족재배치의 결과로 이루어졌고 정책결정의 정점에는 스탈린이 있었다. 이렇게 해서 중앙아시아는 100여개의 다민족이 어우러져 사는 지역으로 되었고 강제이주 한인들도 여러 민족들과 접촉하게 되었다.

한인들의 이주는 1938년에서 1941년에 걸쳐 내부적으로 재조정되면서 부분적으로 지속적으로 진행되었다. 당시에는 거주이전의 자유가 극히 제한되었지만 이주민족 내부에서 가족과 친지의 재합류의 경우에는 선별적으로 지역이동이 허용되었다. 가령 카자흐스탄에 배치되었던 사람들이 우즈베키스탄 지역으로 이동되었고 같은 공화국 내에서의 이동도 일정한 신청서가 접수되면 가능하였다. 한편 아스트라한으로 배치되었던 2천여 명의 한인들은 대부분 1941년에 독일과 소련의 전쟁이 임박해지자 인근 카자흐스탄 구리예프(Guriev : 현 아티라우)로 이주조치 되었다. 이렇게 해서 1937년부터 3~4년간에 걸쳐 한인들의 중앙아시아 강제이주 및 거주지 재배치 문제가 일단락되었다. 물론 당시 소련의 한인들이 중앙아시아 지역에만 있었던 것은 아니었다. 극동지역이 아닌 시베리아 지역에 거주하던 한인들은 강제이주의 피해를 당하지 않았고 또 일부는 이미 모스크바 등 유럽지역 러시아에서 살고 있기도 하였다.

강제이주열차가 중앙아시아 지역으로 진입하여 처음 한인들을 내려준 곳은 우쉬토베(Ushtobe)였다. 1928년에 촌락이 건설된 우쉬토베는 1930년에 투르케스탄-시베리아 철도가 지나가는 정거장이 만들어지면서 새로운 노동력을 기다리고 있었다. 그런데 우쉬토베 지역 행정당국은 이러한 극동에서 온 이주자들을 수용할 만한 여력을 갖고 있지 않았기 때문에 초창기 이주자들의 생활은 매우 열악하였다. 한인들이 집이 없어서 토굴을 짓고 간신히 겨울을 보냈다는 이야기는 우리에게 이제 많이 알려져 있다.

〈고려인들의 토굴 흔적 (우쉬토베)〉

이러한 과정으로 극동에서 강제이주된 한인들은 카자흐스탄에 20,170가구(95,256명), 우즈베키스탄에 16,277가구(76,525명) 등 36,447가구(171,781명)였다.[2] 여러 연구자와 인용된 문서에 따라 가구 수는 다소 차이가 나지만 전체 인적 규모는 171,781명으로 동일한 강제이주 한인들은 카자흐스탄과 우즈베키스탄의 전국에 걸쳐 분산 배치되었다. 이것은 소수민족의 분할과 지배라는 중앙정부의 철저한 원칙이 적용된 결과였다. 특정 지역에 밀집하여 수용할 경우 발생할 지도 모르는 영토적 자치요구를 미리 방지하기 위해서라도 분산해서 배치하는 것은 필수적인 결정이었던 것이다. 이러한 근본적 원칙에서 벗어나지 않는 범위에서 중앙당국은 한인들의 벼농사와 어로능력을 감안하여 많은 수의 한인들을 경제활동에 적합한 지역으로 배치하였다. 강제이주 초기에 중앙아시아 각 지역에 배치된 한인들의 규모는 다음 표와 같다.

<table>
<tr><th>국가</th><th>주</th><th>가구수</th><th>국가</th><th>주</th><th>가구수</th></tr>
<tr><td rowspan="9">카자흐스탄
(1938.12)</td><td>알마아타</td><td>4,191</td><td rowspan="7">우즈베키스탄
집단농장 거주
(1938.11)</td><td>타쉬켄트</td><td>6,557</td></tr>
<tr><td>크질오르다</td><td>7,613</td><td>사마르칸드</td><td>1,194</td></tr>
<tr><td>카라간다</td><td>1,225</td><td>페르가나</td><td>1,130</td></tr>
<tr><td>악추빈스크</td><td>758</td><td>호레즘</td><td>846</td></tr>
<tr><td>쿠스타나이</td><td>1,040</td><td>부하라</td><td>16</td></tr>
<tr><td>구리예프</td><td>1,075</td><td>카라칼파키야</td><td>1,203</td></tr>
<tr><td>북카자흐스탄</td><td>778</td><td>소계</td><td>10,946</td></tr>
<tr><td>서카자흐스탄</td><td>512</td><td rowspan="2">도시지역</td><td>도시전체</td><td>5,507</td></tr>
<tr><td>남카자흐스탄</td><td>1,259</td><td>소계</td><td>5,507</td></tr>
<tr><td colspan="2">총 계</td><td>18,461</td><td colspan="2">총 계</td><td>16,453</td></tr>
</table>

출처 : 김게르만, 『한인이주의 역사』, 박영사, 2005, 211-212쪽

중앙아시아로 강제이주된 한인들이 제대로 정착하기도 전인 1941년부터는 소련과 독일 간의 전쟁이 발생하여 비상시국이 전개되었다. 적성민족으로 분류된 한인들은 전투부대로 전쟁에 참여하는 것이 봉쇄되어 있었고 그 대신 노동부대로 편성되어 후방에서 전쟁물자를 생산하는데 투입되었다. 이른바 '노동군'으로 징집된 한인들이 발생하였고 이들은 대부분 두 번째 강제이주되는 운명을 겪어야 하였다. 노동군으로 복무 중에 사상을 당한 한인들이 얼마나 되는지 그 규모조차 현재까지 정확히 밝혀지지 않을 만큼 한인들에게는 비극적

2) 위 책, 317쪽.

인 문제였다. 카자흐스탄의 카라간다 광산에 투입된 한인들이 대략 2천 명 되는데 이들은 전시라는 특수한 상황에 있었지만 매우 열악한 생활을 한 것으로 알려져 있다. 비단 그곳 외에도 소련 각지에서 노동군으로 징집되어 미래가 불확실한 생활을 겪었던 한인들이 많이 있었다.

중앙아시아 한인들은 사회주의 국가의 수호를 위해서 모든 노력을 아끼지 않았다. 노동을 제외한다면 주로 후방에서 근무한 관계로 전장의 전사자가 많지 않아 인적 손실은 비교적 크지 않았다. 오히려 이 시기에 한인들은 벼농사보다는 면화농사에 동원되는 경향이 나타났는데 이는 전쟁물자 중의 하나인 군복을 생산하기 위하여 그 원재료인 면화재배를 국가적으로 확대하였기 때문이었다. 우즈베키스탄의 따뜻한 기후와 토지는 면화재배에 가장 적합하였기 때문에 많은 사람들이 옛날부터 면화재배에 종사하였다. 한인들의 이러한 헌신적인 노력으로 인해 전쟁 이후의 한인들의 사회적 지위가 상승하였다. 정치적 음모로 인해 적성민족으로 분류되었던 한인들은 경제적 공헌으로 인해 점차 현지 사회에서 인정받는 민족으로 부각되고 있었던 것이다.

1953년 스탈린 사후에 전개되었던 소련 정치권력 구도의 변화와 경제제도의 변혁으로 인해 한인들의 이주상황은 또 한 차례 요동치게 된다. 우선 1955년에 거주이전 제한조치가 해제됨으로써 한인들은 이제 소련 각지로 자유롭게 이주할 수 있게 되었다. 이전에는 각 공화국 경계를 벗어나 다른 지역에서 거주할 수 없었다. 또 1956년 부로 스탈린에 의해 강제이주된 소수민족들의 정치적 명예회복이 실현되었다. 이로써 적성민족의 굴레가 한인들로부터 사라지게 되었다.

중앙아시아 지역 내에서도 한인들의 인구이동이 진행되어 카자흐스탄 거주자들이 우즈베키스탄으로 이동하였는데 그 결과 양국 한인들의 규모가 역전되었다. 강제이주 초기에는 카자흐스탄 한인들이 우즈베키스탄 한인들보다 더 많았으나 1950년대 중반에 접어들면서 상황이 역전되었다. 특히 1954년부터 진행된 소련 중앙정부 차원의 처녀지 개발운동 결과 중앙아시아 내지의 '기아의 초원(골로드나야 스테피)' 개발에 수많은 한인들이 동원되었다. 1959년 소련의 인구조사 결과에 의하면 우즈베키스탄과 카자흐스탄 거주 한인들의 수는 각각 138,000명과 74,019명으로서 강제이주 초기와는 달리 우즈베키스탄 한인들의 수가 더 많게 되었다.

스탈린 사후 1950년대 중반 중앙아시아 한인사회의 변화 중 가장 큰 것은 비단 정치적 명예회복 문제 이외에도 거주지 제한조치와 관련하여 다수의 한인들이 중앙아시아 지역을 벗어나서 새로운 곳으로 이동한 일이었다. 주요 지역은 북카프카즈 지방, 남부 러시아, 남부 우크라이나 등이었고 심지어 모스크바나 상트페테르부르그 그리고 시베리아와 연해주 지방에까지 확대되었다. 그 결과 벨라루시와 발트국가 등 소련의 전 지역에 걸쳐 한인들이 거주하게 되었다. 이러한 인구이동 현상은 1991년 말 소련이 붕괴될 때까지 지속적으로 일어났고 다만 계절농이라고 할 수 있는 고본질 종사자들의 경우 이동거리가 소련의 가맹공화국을 가로 넘는 것이었기 때문에 이후 국적문제의 불씨를 남기게 되었다.

소련 농업제도의 원천이던 콜호즈 및 솝호즈 체제가 1960년대와 1970년대에 걸쳐 많은 문제점을 노출하게 되자 불법적이었지만 생산성이 높던 고본질이 관행적으로 굳어가면서 점차 합법적인 것으로 변화하자 중앙아시아의 한인들은 보다 기름진 토지가 있는 남부 러시아나 우크라이나 등지로 나가서 생산활동을 하였다. 그러나 소련 체제가 유지되고 있는 동안에는 큰 문제가 없었으나 소련이 붕괴된 이후 각각 독립된 국가로 형성되면서 국적문제가 등장하게 되었던 것이다. 가장 피해를 많이 본 우즈베키스탄 한인의 경우 가령 우크라이나에 체류하게 되면서 과거의 소련 국적이 필요없게 되면서 불법체류자로 간주되었고 그 결과 생활기반이 흔들리게 되었다. 이와 동시에 소련이 붕괴된 직후 중앙아시아의 한인들 중 일부는 연해주로 가서 생활기반을 잡으려고 시도하기도 하였다. 그러나 현실적으로 연해주는 남의 나라 국가인 러시아였고 생각했던 대로 일이 진행되지 않았다. 그래서 현재는 연해주로 이주하려는 중앙아시아 한인들은 거의 없다. 소련 내에서는 한 가족이 타공화국에 살았어도 한 국가에 있었기 때문에 국적문제와 교통비 등 큰 문제가 없었으나 소련이 붕괴된 이후에는 졸지에 국가를 달리하는 이산가족이 되어 가족문제가 발생하기도 하였다.

한편 한인들과 같이 중앙아시아 지역으로 강제이주되었던 소수민족들 가운데 크림타타르인들과 독일인 및 메스헤티인들은 각각 옛 지역으로 되돌아 갈 수 있었고 특히 그중에서 독일인들은 전체 70% 이상이 독일 본국으로 영주귀국하였다. 이는 독일 정부의 정책으로 가능한 것이었다. 다만 한인들은 한국과 같은 곳으로 영주귀국하지 못하였고 현지에 머물거나 언어가 통하는 러시아 지역으로 이주하는 것이 보편적이었다.

중앙아시아의 한인들 중 가장 급격한 인구변화를 보인 곳은 바로 타지키스탄이었다. 소련 시기인 1989년 인구조사 결과 타지키스탄 한인들의 규모는 대략 13,000명이었으나 내전으로 인해 다수의 한인들이 외지로 빠져나간 끝에 현재는 2천 명 정도밖에 남지 않은 것으로 파악되고 있다. 소련붕괴와 함께 타지키스탄 한인들은 또 다시 의도하지 않은 이주를 해야만 했던 것이다. 또 다른 지역으로서 우즈베키스탄의 한인이며 특히 카라칼팍스탄에 거주하던 다수의 한인들이 볼고그라드 등 남부 러시아나 연해주 등 새로운 곳으로 이주하는 경향이 나타났다. 그 결과 1989년 기준 18만 명 수준에 이르렀던 우즈베키스탄 한인의 규모는 현재 17만 명 혹은 그 이하로 추산되고 있다.

II. 한인경제 공동체와 한인사회

1. 한인들의 경제공동체와 경제생활

1937년 가을부터 중앙아시아 지역으로 강제이주된 17만여 명의 한인들은 콜호즈, 솝호즈, MTS(기계-트랙터센터) 등 농어촌 경제단위에 배치되었고 일부는 공장 노동자로서 활동할 수 있는 도시에 편성되었다. 대부분의 경우 그리고 이 시기에 의미를 가질 수 있는 것은 바로 한인들이 조직하였거나 구성원으로 활동하였던 콜호즈와 솝호즈일 것이다. 특히 한인 콜호즈 중에는 중앙아시아 및 소련 전체에서 경제적 의미를 부여받았던 곳도 많았다.

카자흐스탄에서 조직된 한인 콜호즈를 보면 1938년 12월 당시 다음과 같이 파악되었다. 즉 크질오르다 주에 28개, 알마티 주에 19개, 악튜빈스크 주에 4개, 북카자흐스탄 주에 5개, 남카자흐스탄 주에 2개, 구리예프 주에 3개(어업콜호즈), 카라간다 주에 3개, 쿠스타나이 주에 2개 등 총 66개였다.[3] 이와 같이 카자흐스탄에서는 시르다리야 강변에 위치하고 벼농사에 적합한 지역인 크질오르다 주에 카자흐스탄 전체 이주한인의 40%가량이, 그리고 이미 1920년대 후반에 벼농사 실험에 성공한 카라탈 군 등지에 25%가량의 가구가 배치되

3) 김게르만, 앞 책, 212-214쪽.

었던 것이다.

우즈베키스탄에서도 동일하게 농사짓기에 유리한 환경을 가지고 있던 타쉬켄트 주 치르치크 강 유역에 우즈베키스탄 이주한인의 65%가 배치되고 사마르칸드, 페르가나, 호레즘, 부하라 주 및 카라칼팍스탄 자치공화국에 골고루 분산배치되었다. 1938년 7월 당시 순수 한인들로만 구성된 콜호즈로는 타쉬켄트 주에 27개, 페르가나 주에 5개, 카라칼팍스탄 자치공화국에 5개 등 37개였다.[4] 그 외에도 우즈베크 민족 등 타민족이 이미 건설한 콜호즈에 한인들이 편성되는 경우도 있었다. 타쉬켄트 주 중치르치크 군의 '북극성'과 '북쪽등대' 콜호즈 등은 순수 한인들이 조직한 것으로서 유명했으며 역시 같은 지역의 '폴리토젤' 콜호즈는 기존에 설립되어 있던 것으로서 대표적이었다.

소련 사회주의 농업제도의 근간인 콜호즈, 솝호즈 체제에서는 철저하게 계획경제에 입각하여 연간 프로그램이 진행되었으며 목표량 달성여부에 대한 상벌이 엄격하였다. 구성원의 선거로 선출되는 콜호즈 회장을 중심으로 하위조직인 '브리가다(brigada : 작업반)'가 있었고 각 브라가다에는 '즈베노(zbeno : 작업조)'가 있었다. 그리고 콜호즈 조직과 운영을 감시, 감독하는 공산당 하부조직의 서기가 있어서 콜호즈 회장을 견제하였다. 콜호즈의 생산목표량은 중앙정부로부터 하달 받아 결정되었고 수확기에 거둬들인 생산물은 적정한 가격으로 정부에 조달되었다. 목표보다 초과달성한 콜호즈의 경우는 훈장을 받았으며 관련되는 대표자들은 최고의 영예인 사회주의 노력영웅 칭호를 받으면서 가슴에 붉은 별 훈장을 달고 다닌다. 한인들 중에 성공적인 콜호즈 경영으로 두 번이나 사회주의 노력영웅 칭호를 받은 사람은 '북극성' 콜호즈 회장이었던 김병화였다.

4) Ким Пётр Геронович, *Корей цы Республики Узбекистан*, (Ташкент 1993), с. 154-155.

〈김병화 박물관 내부 - 초상화는 김병화 회장임〉

사실 기계화 정도가 열악하였던 1940～1950년대의 농업은 지극히 노동집약적이었고 수작업에 의한 경우가 많아서 노동시간에 비해 생산성은 높지 않았다. 따라서 개인의 근면성에 의존하는 방법 외에는 별 도리가 없었다. 졸지에 타지에서 생존의 싸움을 할 수밖에 없었던 한인들은 부지런히 일을 하였고 그 결과 생산성이 높아지고 명성이 전국적으로 확산되었다. 우즈베크인이나 카자흐인 등 기존의 토착민으로부터의 신뢰감도 자연적으로 높아졌다. 심지어 저생산적인 콜호즈를 고생산적인 콜호즈에 통폐합하는 경영합리화 조치에 힘입어 우즈베크 민족의 콜호즈가 한인콜호즈에 흡수되는 경우도 있어서 자연스럽게 다민족 콜호즈가 만들어지기도 하였다.

콜호즈 조직은 콤바인과 트랙터 등 농업기계를 전담하는 조직인 MTS (Machine Tractor Station : 기계-트랙터지원단)와 합동으로 생산활동을 전개하였는데 MTS는 몇 개의 콜호즈를 지원하였다. 농업생산 활동전개의 이원적 구조는 지휘문제와 효율성저하 문제를 유발하여 1958년부터는 MTS 조직은 콜호즈 체제로 편입되는 구조조정이 실행되었다. 농업에 뛰어난 소질을 보였던 한인들의 콜호즈는 이러한 경영합리화 조치와 함께 더욱 더 명성을 높였다. 카자흐스탄 크질오르다 주의 ‘아방가르드’ 콜호즈, 우즈베키스탄 타쉬켄트 주의 ‘북극성’, ‘폴리토젤’, ‘스베르들로프’, ‘프라브다’ 등의 콜호즈 활동은 전국적으로도 명성이 높았다.

한편 극동의 해안에서 어업에 종사하던 한인들의 어업 콜호즈 또한 그대로 이주하게 되었는데 이들은 주로 아랄 해 근처와 카스피 해, 그리고 발하쉬 호 근처에 배치되었다. 시간이 흐르면서 어업콜호즈는 발하쉬 근처를 제외하고는 대부분 실패한 사례로 기록되었는데 이는 현실을 무시한 중앙당국의 임의적인 배치가 낳은 결과라고 볼 수 있다. 심지어 카라칼팍스탄 지역의 어업콜호즈의 일부는 러시아의 아스트라한 지역으로 이전시켜줄 것도 요구하였으나 실행은 되지 않았다.

1928년부터 시행되어 수십 년 간 지속되어 온 콜호즈, 솝호즈 체제는 1960년대를 지나면서 생산성 저하문제를 노출시키고 있었다. 일종의 계절농이라고 할 수 있는 고본질이 불법적인 활동이긴 하였지만 암암리에 허용되었던 것은 바로 콜호즈의 생산목표량 달성에 도움이 되었기 때문이었다. 고본질은 가족, 친지, 이웃 등 동질성이 높은 사람들로 구성되어 원 거주지에서 아주 멀리 떨어진 기름진 땅으로 일시적으로 이주하여 야채와 과일 등의 환금성이 높은 작물을 재배하는 계절농사였다. 가령 우즈베키스탄의 한 콜호즈에 소속되어 있던 농부 20여 명은 봄에 러시아 남부나 우크라이나 남부 지역의 비옥한 땅으로 가서 거기서 농막을 짓고 농사일을 시작한다. 이들은 가을 수확을 마치고 작물을 시장에 판매한 후 다시 원 소속 콜호즈로 복귀한다. 한인들은 고본질 농사에서도 뛰어난 능력을 발휘하였다. 이때 재배된 작물은 수박, 오이, 토마토, 양파, 참외 등 많은 사람들이 즐겨 먹던 것들이 많았다. 특히 한인들의 양파재배는 전국적으로 중요한 비중을 차지할 정도였다. 하지만 이러한 고본질 농사는 1980년대 중반 이후 농산물 가격의 전반적인 가격하락과 도시화, 공업화의 진전으로 부진한 양상으로 나타났다.

소련 붕괴와 함께 콜호즈, 솝호즈 체제도 자연스럽게 해체되었다. 한때 유명했던 한인 콜호즈도 그 명칭을 잃게 되었으며 농업에 의존하던 한인경제공동체 또한 와해되면서 생활기반 자체도 흔들리게 되었다. 한인들이 소속되었던 콜호즈들은 이제 우즈베크인이나 카자흐인 등 주류 민족의 농민들이 경영하는 협동조합 형태로 대단위 농장으로 탈바꿈되었다. 한인들에게만 국한된 것은 아니었지만 도시와 농촌에서 실업자가 속출하였고 변화한 자본주의 경제체제에 재빨리 적응해야만 하는 과제가 1990년대 중앙아시아 한인들의 최대의 문제로 떠올랐던 것이다.

더욱 심각한 문제는 고본질을 주 경제행위로 삼았던 다수의 계절농 한인들의 경우 국적문제로 인한 불법체류문제까지 안게 되었다. 가령 우즈베키스탄에서 남부 우크라이나로 고본질을 떠났던 한인들은 체제의 변화에도 불구하고 귀국하지 않고 현지에 남아 있다가 불법체류자로 취급받게 된 것이다. 우즈베키스탄 카라칼팍스탄 지역의 한인들 일부와 타지키스탄 난민 한인들은 러시아 볼고그라드 지방으로 이주해서 농업활동을 통한 생활을 하고는 있지만 현재 매우 힘든 상황에 놓여 있다.

이렇듯 현재 중앙아시아 한인들의 경제생활은 과거 소련 때와 비교하여 판이하게 달라졌다. 자본주의 체제에서 스스로 경제적 문제를 해결하지 않으면 안 된다. 생산성이 열악한 농업에 더 이상 의존할 수도 없고 국가로부터 지원 또한 기대할 수 없는 상황이 되었던 것이다. 어떤 사람은 과거의 직업과 관계없이 비즈니스 업무에 종사하여 부자가 되는 경우가 있고 어떤 사람은 낮은 임금을 받고도 공무원이나 교원, 또는 평범한 회사원으로 살아가는 경우도 있는 등 한국의 일상적 근로자와 별 차이가 없다. 다만 외국자본의 투자를 확대한 카자흐스탄과 그런 정도가 약한 그 외의 국가 간의 차이에서 나타나는 고용의 문제가 있을 뿐이다. 가령 우즈베키스탄 한인들의 경우 고용사정이 악화되어 있는 자국보다 차라리 인근의 카자흐스탄에서 일자리를 찾기도 한다.

2. 중앙아시아 한인의 언론매체

중앙아시아 한인들은 1938년 5월 15일자로 순한글신문 <레닌기치>를 발간하였다. 사실 극동에서 <선봉>을 1923년 3월 2일부터 1937년 9월 12일까지 모두 1644호(1호부터 3호까지의 제호는 <3월 1일>이었고, 4호부터 <선봉>)로 발간했던 신문편집인 중의 유일한 생존자였던 황동훈이 우즈베키스탄 공산당에 출간제의를 하였지만 받아들여지지 않았다. 이후 엄사일은 카자흐스탄 공산당에 건의하여 마침내 크질오르다의 지방당기관지로 발간하는데 성공하였던 것이다. 최초의 제호는 <레닌의긔치>였으나 1950년 7월 26일자부터는 <레닌의기치>로, 그리고 1952년 1월 1일부터는 <레닌기치>로 변경되어 1990년 12월 30일자로 종간될 때까지 유지되었다. 신문의 지위도 1955년부터는 공화국 신문, 그리고 1961년부터는 공화국간 신문으로 격상되었다. 한창 때인 1950년대 중반에는 타쉬켄트, 사마르칸드, 알마아타(알마티), 두샨베에 지사가 있었으며 특파원들도 파견되었고 신문사 직원만 60명에 이르렀다. 1978년에는 본사가 알마아타로 이전되었다.

<레닌기치> 신문은 주 3회 혹은 4회, 2면 또는 4면 그리고 때때로 6면으로 발행되었으며 소련정치와 경제소식, 카자흐스탄 소식, 인근 중앙아시아 소식, 국제기사 등으로 구성되었다. 주로 사회주의 체제를 옹호하는 논조를 유지하였으며 중앙정부의 정책과 정강 등도 한글로 번역되어 소개되었다. 그리고 한인 콜호즈의 활약상과 영웅적인 한인 및 예술활동에 대한 글도 실렸으며 한인들의 문예와 한글교육에 관한 기사도 포함되었다. <레닌기치> 신문은 소련붕괴 1년 전인 1990년 12월 30일자로 재정적인 문제 때문에 폐간되었고 대신 이듬해부터는 <고려일보>가 발간되었다.

처음에 <고려일보>는 1991년 1월 1일자 신문을 창간호라 하여 발간하였으나 1994년 3월 19일자부터는 창간의 기점을 1923년으로 명시하여 <선봉>과 <레닌기치>를 잇는 신문으로 자처하였다. 한글과 러시아어로 작성된 <고려일보>는 주된 언어가 한글에서 점차 러시아어로 변화되어 나갔다는 점에서 기존의 <레닌기치>와 달랐다. 현재 주간지 형태로 발행되고 있는 <고려일보>는 카자흐스탄 고려인협회의 재정지원을 받고 있는 한계를 가지고는 있으나 중앙아시아 한인사회를 소개하는데 크게 기여하고 있다. 그 외 중앙아시아 한인들이 발간하고 있는 신문으로는 우즈베키스탄 <고려신문>이 1997년부터 격주간 혹은 월간지 형태로, 키르기즈스탄 <일치>가 2006년부터 월간지 형태로 발간되고 있다.

중앙아시아 한인들이 진행하고 있는 방송프로그램은 라디오와 TV에서 찾을 수 있다. 카자흐스탄의 경우 라디오 우리말 방송과 TV ‘우리민족’은 대표적이다. 1984년 카자흐스탄 조선말 라디오 방송은 1991년 고려말 방송으로 바뀌어 운영되고 있다. 독립된 개별 방송사는 아니지만 한인들이 운영하고 일정한 채널과 시간대를 활용하여 방송을 행하고 있다. 그리고 ‘우리민족’ 방송은 카자흐스탄에서 한국어로 진행되는데 주 1회 20분간 카자흐방송사 채널을 통해서 방영되고 있다. 처음에는 고려말로 진행하다가 최근에는 서울말로 진행하고 있다. 우즈베키스탄에서도 카자흐스탄과 유사한 시스템을 가지고 있으며 주 1회 방영되고 있는 ‘친선’프로그램이 유일한데 러시아어로 진행되고 있다.

3. 한국어 교육의 문제

중앙아시아 한인들이 겪었던 문제 중 극동에서와 비교하여 크게 달랐던 것은 한국어 문제였다. 극동에서는 소련 체제 하에 있었지만 한국어 교육과 사용이 그렇게 문제되지는 않았다. 조선어사범대학도 있었고 한국어로 진행되는 쉬콜라(초중고 통합학교)가 있었기 때문에 한국어를 잊지 않으면서 자연스럽게 러시아어를 배울 수 있었다. 강제이주 직후인 1938년까지만 하더라도 한국어 사용은 별 문제가 없었으나 이듬해인 1939년부터는 큰 제약을 받기 시작하였다. 쉬콜라에서는 한국어를 소수민족 외국어 과목으로 선정하고 주 2시간씩만 교육하도록 하였다. 당연히 한국어로만 진행하는 어떠한 교육기관도 없었다. 그리고 한국어 성적이 졸업에 전혀 영향을 미치지 못하게 되자 한국어 공부를 소홀히 하는 학생들이 점차적으로 늘게 되었다. 부모들은 한국어로 아이들은 러시아어로 대화하는 언어적 혼돈 상태가 발생하게 된 것이다. 시간이 지나면서 오히려 러시아어 구사에 취약한 어른들은 한국어보다 러시아어 학습에 열을 올리지 않으면 안 되게 되었다.

〈프라브다 콜호즈의 쉬콜라 전경(우즈베키스탄 타쉬켄트 주)〉

<레닌기치>에서는 이러한 환경에도 불구하고 한국어 교육의 중요성을 부단하게 강조하였다. 러시아어를 모국어로 한다고 하더라도 민족의 고유언어인

한국어를 잊어버려서는 안 된다는 취지였다. 학교에서는 제대로 배울 수 없을지라도 신문을 통하여 부모들이 아이들에게 한국어를 가르치기를 희망하였다. 한국어로 된 문예작품들이 <레닌기치>에 지속적으로 소개되었다. 그러나 이러한 노력에도 불구하고 중앙아시아 한인들의 언어적 동화는 피할 수 없었고 현재 러시아어가 그들의 제1언어로 굳어지게 되었던 것이다. 단지 노년층을 중심으로 아직까지 한국어의 흔적이 남아 있고 대체적으로 함경도 방언이 바탕이 되어 있다. 한인들은 자신들의 한국어를 '고려말'이라고 부르고 있다.

1990년대 이후 중앙아시아와 한국과의 교류가 활발해지고 알마티, 타쉬켄트, 비쉬케크에 한국교육원이 설립되는 환경 속에서 일부 중앙아시아 한인들은 한국 및 한국어에 대한 관심을 높이고 있다. 그러나 전체적으로 볼 때 제1언어가 한국어로 대체될 가능성은 극히 적으며 오히려 소련 때와는 달리 카자흐어나 우즈베크어 등 거주국 주류민족의 언어를 더 잘 알아야 하는 부담이 발생하였다. 왜냐하면 이들 국가에서 주요 직위로 진출하려면 러시아어보다는 반드시 해당 국가의 주류민족 언어구사가 필수적인 요건으로 되었기 때문이다.

III. 한인의 일상생활과 문화

1. 한인의 의식주 문화

한반도의 지리적 영역을 떠나 길게 보면 140여년, 중앙아시아 지역에 한정해서 본다면 대략 70여년의 생활을 이민족들과 함께 한 한인들은 의식주를 비롯한 일상생활에서도 많은 변화를 보였다. 이들에게서 보이는 일종의 생활문화적 특성은 우리 것과 현지민족의 것이 혼합된 것으로서 어떻게 보면 또 하나의 새로운 특징을 가진 것으로 생각된다. 우선 자신들의 정체성을 상징하는 용어로서 '조선사람'이나 '한인' 대신 '고려사람' 혹은 '고려인'을 고수하고 있는 것을 보면 일정부분 이해할 수 있다.

중앙아시아 한인들의 주식은 외형상 밥과 국, 반찬이 어우러지는 오늘날 우리네 모습과 크게 다르지 않지만 그 내부를 보면 조금은 이질적인 면을 찾을 수 있다. 우선 빵이 밥을 대신하는 역할을 하고 있다는 점에서 우리와 다르며 대체적으로 음식이 맵지 않고 기름지다. 이러한 현상은 현지 주류민족들의 음식으로부터 영향을 받은 것으로 보인다. 지름밥(기름밥)이라고 불리는 플롭, 싱겁고 고기가 곁들여진 국시(국수), 만두로 볼 수 있는 '배고자' 등은 중앙아시아 한인들이 즐겨먹는 기름진 음식이다. 고추가 있긴 해도 한인들의 입맛은 맵지 않은 형태로 변해 있었다. 김치가 있어도 우리처럼 붉은 색이 강한 것이 아니라 묽은 형태를 유지하고 있어서 우리의 입맛에는 맞지 않다.

다양한 민족들이 거주하고 있는 중앙아시아에는 음식 또한 다양해서 한인들의 음식 기호를 바꾸어 놓았다. 양고기나 돼지고기, 쇠고기, 닭고기 등으로 양념하여 고치구이를 한 샤슬릭은 몽골인들이 중앙아시아에 남긴 음식유산이며, 위구르인의 국수인 라그만 등은 한인들이 즐겨찾는 외래음식들이다. 중앙아시아 한인들의 음식문화 중 가장 특징적인 것 중의 하나는 차 마시는 문화와 음주문화일 것이다. 차는 우리처럼 간단히 한 잔 정도 하고 끝나는 것이 아니라 주전자에 차를 담고 아예 여러 잔 지속적으로 마시는 것이 우리와 다르다. 중앙아시아 문화양식에서 영향을 받은 것이라 할 수 있다. 보드카가 러시아인들처럼 대중주로 자리잡고 있어 건배와 함께 마시는 첫 잔을 다 비우는 것도 러시아의 영향을 받은 한인들의 음주문화이다.

중앙아시아 한인들의 먹거리는 기후와 지리적 여건상 풍족하다. 쌀과 밀 그리고 각종 야채와 과일 등 없는 것이 없을 정도로 종류와 양이 충분하다. 재래시장인 바자르에는 한인들이 판매하는 야채, 반찬 코너들이 있는데 이들 음식을 이용하는 민족은 비단 한인들에만 국한되지 않고 기타 다른 민족들도 애용하고 있다. 대개 디비(두부), 김치 등 반찬가게를 운영하고 있는 한인들은 나이 드신 할머니들이 많은데 그분들은 소위 '고려말'로 한국에서 방문한 사람들과 의사소통을 하기도 한다.

강제이주 직후의 중앙아시아 한인들이 겪었던 고통 중에는 열악한 거주공간 문제도 있었다. 계획상에는 이주자들에게 거주할 주택이 주어지도록 되어 있었으나 이것은 어디까지나 중앙정부의 서면 상의 계획이었고 해당 공화국 당국이 집행하는 데에는 많은 시간과 물자가 필요하였다. 어떤 한인이주자들은 황량한 땅에 내버려지는 경우도 있었는데 이들은 주변 타민족의 거주지에 얹혀살거나 아니면 움막을 만들어 살아야만 하였다. 땅을 파서 움막을 지어 임시적으로 겨울을 지냈던 흔적은 지금도 우쉬토베의 바슈토베 언덕에서 찾아볼 수 있다. 그러나 시간이 흐르면서 대부분 콜호즈 공동체에 배속되었던 한인들은 독자적인 방식으로 집을 건축하였고 특히 전통적인 난방방식인 구드리(온돌)도 설치되었다. 대부분은 현지 양식을 딴 침대생활이 보편적이었으나 콜호즈가 있었던 시골의 경우 부엌과 관련하여 온돌방이 있었던 것이다.

주택의 외형적인 모습은 한국의 시골에서 볼 수 있는 슬레이트를 재료로 한 맞배지붕과 시멘트 혹은 벽돌을 사용하여 담장을 만들었고 마당과 마루 및 방이 배치되었다. 대체적으로 1950년대 중반에 접어들면 대부분 시골 콜호즈에도 중앙난방이 이루어졌고 이와 아울러 온수문제도 걱정이 없었다. 마당에는 간단한 채소를 재배할 수 있는 텃밭이 있어서 간단한 작물을 재배할 수 있었으며, 땅을 크게 파서 지하창고를 만들어 감자나 야채 등을 저장하여 연중 먹을 수 있도록 하였다. 마룻바닥에는 카펫을 깔아 한기를 방지하였고 추운 지방에는 이중창문을 장착하여 찬바람을 막았다. 도시에서는 대부분 아파트에서 생활하였다. 소련 시대에는 아파트 형태가 도시의 보편적인 주거형태였다. 사용된 건축자재와 형태는 고급스럽지 않았으나 좁은 공간을 효율적으로 사용할 수 있도록 수납공간이 많았고 화장실과 세면장이 벽으로 분리된 것이 특징적이다. 이런 구조는 현대화한 아파트에서는 볼 수는 없으나 기존의 재래식 아파트에서는 흔한 모습이었다.

한인들의 주거환경은 주류사회의 것에 동화되어 민족적인 특징은 찾아볼 수 없다. 도시나 농촌 모두 보편적 획일성에 기초한 사회주의적 주거양식이 지배적이었다. 단지 우리와 매우 달랐던 점은 전기, 수도, 가스 등 일상생활에 필수적인 시설을 이용하는 것이 제도적으로 보장이 되었다는 점이다. 연중 공급되는 중앙집중식 난방 및 온수, 전기, 가스 및 전화비의 부담이 거의 없었다. 가령 시내통화는 무료로 운영되었고 앞서 열거한 시설의 사용료는 매우 저렴하였다. 그래서 저렴한 소득으로도 충분히 생활할 수 있었고 심지어 아파트마저 일정한 연령이 되면 국가로부터 무상 공급받았던 것이다. 그러나 이러한 상황은 소련이 붕괴되면서 급격히 변화하였고 지금은 모두 유상으로 유지되고 그 비용 또한 낮은 임금으로 생활하는 고려인들에게는 막중한 부담으로 작용하고 있다. 비단 한인들에게만 해당하는 사항은 아니었지만 제도의 변화로 인한 생활고 현상은 이제 시급한 문제로 대두되고 있다.

한인들의 의복은 특별한 행사시에 한정적으로 입는 한복 이외에는 민족적 특징이 드러나 있지 않다. 이는 의복의 특성상 장기간 보존이 어렵다는 점에서 설명될 수 있는데 극동러시아 지방의 한인들이 즐겨 입던 한인들의 전통의상은 중아아시아로 이주하면서 확대재생산이 이루어지지 않았고 자연스럽게 집안의 장롱에서조차 사라지게 되었던 것이다. 대신 러시아식 제복이나 현지민족들이 즐겨 입던 옷들이 한복을 대체하면서 한인들의 의복을 형성하였다. 대체적으로 사회주의 소련에서는 요즘 우리가 흔히 접하는 화려한 의상보다는 천편일률적인 제복스타일의 어두운 색 계통의 옷들이 대다수를 이루었기 때문에 옷을 보고 멋있다는 말을 할 수는 없었다. 어떻게 보면 일상생활을 편하게 하는 간편복이나 작업복 종류가 많아 출퇴근하는 노동자들의 사진을 보면 전체적으로 개성이 없다는 점을 발견할 수 있다.

한인들을 비롯한 현지 중앙아시아인들의 의복이 화려해진 것은 소련이 해체된 이후 1990년대에 접어들면서 본격적으로 이루어졌다. 외국수입 상품이 물밀듯이 들어오고 소득이 높아진 계층을 중심으로 의복의 변화가 이루어졌다. 이때 한국을 방문하는 한인들이 반드시 들렀던 곳이 옷을 파는 재래식 시장이었고 한 번에 많은 양의 옷을 사가는 일이 관례로 되었다. 현지에서는 옷값이 비쌌기 때문에 고국방문 시에 저렴한 옷을 많이 구입하는 것은 한인들의 생활에 매우 중요한 요소였다. 한 가지 중요한 점은 중앙아시아의 한인들이 일상적인 의복으로서는 보편적인 인식에서 나오는 일반적인 옷이 선택되고는 있지만, 민족의 전통의상으로서 한복을 여전히 아끼고 있다는 점이다. 한복을 통해서 민족정체성을 느끼고 타민족과 다른 점을 확연히 하고 있는 것이다. 따라서 한인들은 결혼식 등에서는 한복을 입지 않을 지라도 여러 민족이 참여하는 축제나 기념일에는 반드시 한복을 착용하여 타민족과 구별하려고 하는 근본 속성을 가지고 있다.

2. 민족고유의 전통의례

중앙아시아 한인들은 지리적으로 한반도와 멀리 떨어져 살았을지라도 우리의 전통적인 의례형태를 줄곧 유지시켜 왔다. 물론 어떤 의례에서는 다소 변형된 모습을 가지고 있기도 하다. 가령 백일잔치의 경우 우리와는 달리 이곳 한인들은 거의 의미를 부여하지는 않는데 이것은 주류 민족권의 문화의 영향을 받은 것으로 보인다. 전통의례에 관한 특징을 살펴볼 때 가장 중요한 요소는 바로 소비에트 체제라는 특수한 환경에 대한 이해가 선행요건이다. 소련에서는 종교적 특징이 각 민족의 전통의례에서 사라지거나 무의미하게 하였고, 어느 정도 허용은 되었으나 지나친 민족주의적 특징이 철저히 배제되었다.

따라서 돌잔치, 결혼식, 환갑 및 장례식은 철저히 비종교적이었고 민족적 특성 또한 대폭 줄여진 상태에서 진행되었으며 중앙아시아라는 지리적 특성 또한 감안된 상태에서 진행되었다. 출산 직후 산모에게 준 음식은 현지에서 구하기 힘들었던 미역국보다 메기탕이 사용되었다. 가정에서의 개별출산보다는 국가에서 운영하는 병원출산이 보편적인 모습이었다. 돌잔치의 돌잡이 의식이 여전히 보전되고 있는 것은 전통의례가 잘 보존되고 있는 한 단면을 보여준다.

중앙아시아 한인들의 혼례문화는 우리의 것과 많이 다르다. 사실 사회주의 국가에서 혼인이라는 것은 지극히 세속적인 행사였고 각 동네에 있던 등록소에서 증인을 대동하고 혼인신고만 하면 되었다. 이후 무명용사의 묘 혹은 각 지역의 대표 명소로 가서 추모하거나 나름대로 기념행사를 하고 사진을 찍으면 일단 결혼이 이루어졌다. 이후 저녁에 결혼만찬에서 손님들을 초대하여 식사를 대접하고 춤을 추며 함께 여흥을 즐기는 것으로 결혼식의 절차가 마무리된다. 신혼여행의 개념이 등장한 것은 1990년대 개방 이후 최근의 일이며 예식장이 등장한 것도 변화된 사회에서 일어나고 있는 현상이다. 연회장에서 신랑과 신부의 입맞춤이 강요되는 일은 부부가 되었음을 알리는 상징적인 행위로서 다분히 서구적인 요소로 볼 수 있다.

〈고려인의 결혼식 피로연(2005년 우즈베키스탄)〉

생일이 중시되고 특히 환갑잔치는 한인들이 지켜오는 대단히 중요한 전통의례이다. 환갑잔치도 결혼식 연회처럼 큰 식당에서 하객을 초대하여 성대하게 치르지는 경우가 많다. 역시 축하행사와 가무가 행해지며 주인공은 가까운 사람들로부터 축하 선물을 받는다. 환갑잔치의 경우 노인들에게 한복이 있으면 한복차림으로 행하며 가족 및 친지들도 정장을 착용한다. 행사는 환갑을 맞은 노인의 이력을 소개하는 것으로 시작하며 큰아들 내외를 비롯한 직계가족의 소개로 이어진다. 이들은 각각 장수를 기원하는 축하주를 올리고, 이어서 축하하는 사람들도 순서대로 축하주를 올린다. 이 모든 행사의 진행은 러시아어로 이루어진다.

한인들의 장례는 전통적 의식과 러시아적 의식이 혼합되어 있다. 관의 뚜껑이 열린 채 누워있는 고인에게 추모하는 의식은 우리전통과 거리가 멀다. 그 외 염을 하고 장례를 지내는 절차는 우리의 것과 유사하다. 단지 향도라는 장례행렬의 선두에서 안내하는 차량이 선두에 나서는 것은 특징적이다. 그리고 묘비를 크게 만들고 때로는 묘비에 얼굴 형태를 조각하여 새기는 경우도 있다. 이후 제사는 해마다 행해지며 제사상에는 가급적 이민족적 음식이 올라가지 않는다. 중앙아시아 한인들은 한식을 특별히 지키고 있으며 이때는 학생의 경우 유고결석을 신청하여 고향의 산소를 가족들과 함께 찾는 것이 관례화되어 있다. 한식이 연중 항상 4월 5일이라는 점이 또한 이곳 한인들이 가지고 있는 특징적인 현상이다.

3. 한인들의 예술활동과 고려극장

한인들의 예술활동은 극동에서 이미 행해진 바 있었다. 1932년 9월 블라디보스톡 신한촌에서 창립된 조선극장이 바로 1937년 강제이주에도 불구하고 중앙아시아에서 지속적으로 활동하고 있는 고려극장의 초기형태이다. 고려극장은 카자흐스탄 크질오르다에서 시설과 인원을 재정비하고 우리의 문학작품과 러시아 문학작품을 소재로 한 공연을 하였는데 주요 극작가로서는 연성용, 태장춘을 들 수 있다. 공연극의 주요 소재로는 춘향전, 심청전 등 전통적인 한국문학부터 고리키의 '어머니' 등 러시아 작품 그리고 사회주의적 시각을 가진 작품, 한국전을 배경으로 한 작품 등이 선택되었다. 고려극장은 1942년에 우쉬토베로, 1959년에는 다시 크질오르다로 이전된 후 1968년에는 마침내 알마아타로 이동하면서 국립극장으로 승격되었다. 1970~1980년대에 걸쳐 활발한 활동을 하였으나 이후 소련이 붕괴되면서 악화된 재정으로 인해 존립이 위태롭게 되기도 하였다. 현재 고려극장은 알마티(알마아타)의 변두리에 위치하면서 카자흐스탄 고려인협회의 후원으로 활동을 하고는 있지만 역시 재정적인 문제가 가장 심각하다. 이러한 역경 속에서 소수민족이 운영하고 있는 극장으로서 위구르극장과 함께 고려극장의 존재는 민족 예술활동의 보루로서 역할을 하고 있다.

한인 문학가들의 활동 또한 어려웠던 언어적 환경 하에서도 지금까지 그 명맥을 유지해 오고 있다. 다만 작품언어가 한국어에서 러시아어로 바뀌었을 따름이다. 사실 강제이주 전 1930년대 중반까지만 하더라도 소련에 거주하던 한인들의 언어문제는 그렇게 심각하지는 않았다. 극동에는 이미 조선사범대학이 있었고 한국어로 교육하던 중등학교들도 많이 있었기 때문에 한국어가 한인들의 의식에서 동떨어질 수 없었다. 작가 조명희는 한글신문 <선봉>지를 통하여 한국어로 된 작품을 많이 발표하였다.

그러나 강제이주 직후인 1938년부터 이민족에 대한 러시아어 교육이 강화되면서 한글은 공식적인 언어로서 그 중요성이 상실되었다. 그럼에도 불구하고 문학작품의 발표는 주로 <레닌기치>를 통하여 간헐적이지만 지속적으로 이루어졌다. <레닌기치>에 발표된 작품의 성격은 주로 사회주의 체제를 옹호하는 성향이 짙었지만 한글로 기록되었다는 면에서 큰 의미가 있다. 그러나 언어적 상황이 변화하면서 점차 한인들의 문학활동은 소설가 아나톨리 김처럼 러시아어로 이루어지는 경향이 많았다.

Ⅳ. 종합적 평가

중앙아시아의 한인사회는 사실 그 역사가 100년을 넘고 있다. 1937년 강제이주 사건 이전인 제정러시아 시기와 소비에트 초기 시기에도 소수에 불과했지만 한인들이 정착해 살고 있었고 현지인들과 생활을 공유하고 있었음을 간과해서는 안 된다. 17만 명이 넘는 한인들이 자신들의 의지와는 관계없이 삶의 터전을 소련 극동에서 역사적 연고가 없었던 중앙아시아 지역으로 옮길 수

밖에 없었던 사실은 분명히 역사적인 비극으로 기록되어야 한다. 동시에 오늘날 중앙아시아 각 국가에서 성공적인 삶을 이룩하고 있는 한인들에 대한 이해도 객관적 시각에서 이루어져야 한다.

중앙아시아 한인들은 콜호즈와 솝호즈 체제의 농업생산 경제에서 잘 적응했으며 현지 국가와 사회의 경제적 발전에 큰 공헌을 하였다. 그 결과 김병화, 김만삼, 황만금 등 뛰어난 지도자와 북극성, 선봉, 폴리토젤 등 경제적 성과가 높았던 콜호즈들이 전국적인 호평을 받았다. 이 결과 새로운 정착지였던 중앙아시아 일대에서 한인들이 안정적으로 적응하는데 성공하였다. 한인들은 순한글신문인 <레닌기치>와 극동에서 창단된 민족극단인 '고려극장'을 유지하여 한민족 정체성을 유지하는데 많은 노력을 하였다. 그럼에도 불구하고 한글사용은 소련 당국의 정책으로 인하여 제한받았고 오늘날 모국어로서 역할을 하지 못하게 되었다. 러시아어가 한국어를 대체하게 된 것이다. 중앙아시아 한인들의 문화형태도 현지 지역문화의 영향을 받아 혼합적 성격을 띠게 되었는데 이는 의식주와 의례 등 생활문화에서 뚜렷하게 드러났다.

오늘날 중앙아시아 한인들은 러시아어를 제1언어로 사용하고 있는 또 다른 형태의 한민족이다. 이들은 현지의 주류민족의 언어인 카자흐어와 우즈베크어 구사의 압박을 받고 있다. 공무원이 되거나, 현지에서 높은 직위에 오르려면 러시아어 외 주류 민족의 언어를 잘 구사하지 않으면 안 된다. 결과적으로 러시아어에만 익숙한 기성세대 한인들의 사회적 위축은 현재 심각한 문제로 대두되고 있다. 그래서 일부는 아예 러시아로 이주하는 경향도 늘고 있다. 그들이 말하는 '역사적 조국'에 대한 관심도 늘고 있다. 그래서 한국어를 배우려는 청소년들이 늘고 있는 것도 최근에 나타나고 있는 현상이다. 이와 같은 변화의 기류 속에 있는 중앙아시아 한인들에 대한 올바른 인식을 하기 위해서는 그들이 겪어왔던 이주역사와 생활문화에 대한 정확한 이해가 필요하다.

참고문헌

국사편찬위원회 편, 『러시아 · 중앙아시아 한인의 역사(상)』, 국사편찬위원회, 2008.

국사편찬위원회 편, 『러시아 · 중앙아시아 한인의 역사(하)』, 국사편찬위원회, 2008.

김 게르만, 『한인이주의 역사』, 박영사. 2005.

김필영, 『소비에트 중앙아시아 고려인문학사(1937-1991)』, 강남대학교 출판부, 2004.

박 보리스, 부가이 니콜라이 지음. 김광한, 이백용 역, 『러시아에서의 140년간』, 시대정신, 2004.

임영상 / 황영삼 외, 『소련해체 이후 고려인 사회의 변화와 한민족』. 한국외국어대학교 출판부, 2005.

제10장 중앙아시아의 정치: 소비에트 정치유산과 독립 후의 정치 변혁

오종진

1991년 소연방 붕괴와 함께 중앙아시아에는 신생독립국가들이 탄생하였다. 중앙아시아 신생국들의 독립국가 형성과정은 역내적으로 탈러시아와 강력한 민족주의의 대두, 시장경제로의 이행, 소련의 지배를 통해 잃어버린 과거의 복원과 정체성 확립, 이슬람 부흥과 정권의 독재화, 경제발전과 국민들의 민주화 요구 등으로 요약 될 수 있다. 현재 중앙아시아 신생독립국들은 복잡 다양한 역내외 환경을 극복하고 국가발전을 꾀하기 위해 부단히 노력하고 있다. 우선적으로 이들 국가의 위정자들은 역내의 결속을 다시고 세계 속에서 자국의 위치를 인식시키며 자국민들의 신뢰를 받기 위해 각기 다양한 정책을 수행하고 있다.

과거 중앙아시아는 구소련의 획일화된 정치, 군사, 정책과 분업화 산업정책에 의해 국가체제가 정립되었다. 이러한 획일화된 정치, 군사 정책은 분리 독립 후 중앙아시아 국가 간의 국경문제로 발전되었으며, 산업 분업화는 중앙아시아 신생국들의 경제성장을 늦추는 요인이 되었다. 독립 후 중앙아시아 각국은 심각한 정치적 혼란, 영토문제, 실업, 인플레이션, 구소련 당시 각 공화국 서기장들의 연속적 집권 및 장기 독재, 부정부패 등으로 인해 국민들의 민심이 이반되는 심각한 내홍을 겪고 있다. 따라서 중앙아시아 신생국들은 구소련시절 낙후된 거시경제지표를 되살리고 정치적 안정을 유지하기 위해 각국에 적합한 국가발전 정책과 통치를 펼치고 있다.

본 장에서는 이러한 정황을 바탕으로 각기 다양한 정치발전을 하고 있는 중앙아시아의 각국의 정치적 역동성으로 고찰하는 것이다. 다시 말해, 1991년 소연방 붕괴로 독립한 아제르바이잔, 우즈베키스탄, 카자흐스탄, 투르크메니스탄, 키리기즈스탄, 타지키스탄의 정치권력 탄생과 정치구조 그리고 독립 후의 정치변혁을 파악하는 것이 본 장의 목적이다. 중앙아시아 신생국들은 모두 소비에트 통치를 70여 년 받아왔지만 모두 같은 정치적 패턴을 유지하지는 않고 있다. 이들 각국은 자국의 인적구성 즉 토착민족과 비토착민족의 비율, 자원의 정도, 정치권력 형성과성, 경제적 개방정도 등 다양한 요인에 의해 각기 다른 정치발전과 정치체제를 만들고 있다. 따라서 본 장에서는 중앙아시아의 정치변혁과 정치구조를 총체적으로 파악하여 보다 심층적인 중앙아시아 정치를 이해하는데 있다. 중아아시아 정치를 총체적으로 이해하기 위해서 각 개별독립국의 특징과 정황을 논하기보다는 각 신생독립국들의 정치환경의 유사성과 상이성을 중심으로 공통적인 중앙아시아 정치구조의 본질과 권력관계 파악이 우선시 되어야 한다. 따라서 중앙아시아 정치에서 공통적으로 중추적 역할을 해온 씨족장, 부족장, 그리고 경제재벌과 같은 막후 정치 실력자들과 중앙아시아 지도자와의 관계를 조명하고 나아가 대통령과 의회 그리고 정당의 역할을 알아 볼 것이다. 이에 앞서 현대 중앙아시아 정치와 그 구조에 큰 영향을 준 소비에트 정치유산에 대해서도 살펴볼 것이다. 끝으로, 중앙아시아 정치적 특징의 종합적인 이해를 바탕으로 최근 아제르바이잔, 카자흐스탄, 우즈베키스탄, 투르크메니스탄, 키르기즈스탄, 타지키스탄의 정치상황과 체제를 개관해 볼 것이다.

1. 중앙아시아 정치와 소비에트 정치유산

소연방 해체 후 중앙아시아 신생 각국에서 민주화 혁명이나 정치-경제적 자유화가 크게 진전될 것을 기대하였지만 중앙아시아 지역에서의 민주화와 시장자유화는 더디게 진행되고 있다. 오히려 중앙아시아에는 독재적인 정치지도자들이 부각되기 시작하여 그들의 세력을 확고히 하고 있다. 더딘 정치발전과 민주화는 중앙아시아 사회가 가지고 있는 몇 가지 중요한 요인에서 기인한다고 할 수 있다. 즉, 소비에트 정치유산, 민주주의 전통의 부재, 지대국가들 (resource rich rentier states)[1]이 가지고 있는 권위주의적 정치환경, 낮은 교육

수준, 미약한 중산층 세력 및 시민단체 등과 같은 요인들이 소연방 해체 후 중앙아시아의 민주적인 정치체계의 변화를 저해했다. 또한 중앙아시아 사회가 가지고 있는 지연, 혈연, 그리고 부족 및 민족 간의 복합적인 관계는 외부세계의 정치적 영향력을 제한하여 독자적인 정체세력을 형성하는데 크게 기여하였지만 한편으로는 중앙아시아 정치의 자유화와 민주화에는 큰 걸림돌로 작용하고 있다.

많은 저명한 정치학자들은 무엇보다도 대부분의 중앙아시아 신생국들의 정권 기반이 불안정하기 때문에 현 중앙아시아의 정치환경을 경직된 권위주의적 정치구도로 이끌고 있다고 말하고 있다. 강성 권위주의적 국가이든, 연성 권위주의적 국가이든, 또는 강한 정권을 유지하든 약한 정권을 유지하든 모든 중앙아시아 신생국들은 공통적으로 소연방 붕괴에 따른 급속한 정치환경의 변화에 불안을 느끼고 있어 정치지도자들은 국가통합을 위해 민족부흥을 내세우며 정치권력을 공고히 하고 있다. 현재 중앙아시아 위정자들에 의해 민족영웅들이 다시금 정치적 아이콘으로 등장하고 있으며 중앙아시아 위정자들은 국민통합과 민족의식 함양에 적극적인 자세를 보이고 있다. 흥미로운 점은 이러한 토착민족주의와 이를 이끄는 토착 엘리트들이 소비에트시기에 양성되었다는 것이다. 다시 말해, 현재 중앙아시아에서의 권위주의적 정부와, 독재적인 토착 지도자 출현에는 소비에트 정치체제의 역할이 컸으며 이로 인하여 토착민족주의도 발생할 수 있었다고 할 수 있다. 소비에트 정권의 의도와는 다르게 소비에트 중앙정부가 소연방 구성공화국 간의 국제적 사회주의(socialist internationalism)를 구축하는 과정에서 뜻하지 않게 각 구성공화국의 민족주의를 배양했다. 아이러니하게도 소비에트라는 초국가적 공동체를 형성하는 과정에서 중앙아시아의 토착민족 중심의 개별공화국들이 탄생했다고 할 수 있다. 19세기 러시아가 중앙아시아를 점령했을 때만 해도 중앙아시아에는 카자흐, 우즈베크, 키르기즈, 투르크멘이라는 개별적인 정치적 독립체들은 없었다. 단지 공통의 언어와 문화 그리고 종교를 향유하는 부족 중심의 투르크-무슬림 집단들이 중앙아시

---

1) 풍부한 천연자원이 생성하는 경제 지대나 자원 지대(resource rents)에 국가 재정수익의 상당부분을 의존하는 국가는 '지대국가'로 개념화되고 있다. '지대국가'의 개념은 1979년 이란혁명 이전까지의 팔레비 정권 하의 이란을 대상으로 개념화된 이래 주로 중동 전문가들 사이에서 널리 통용되고 있다. 지대국가에 대한 선도적 연구로서는 Hazen Belawi, Giacomo Luciani(eds.), *The Rentier State : Nation, State and Integration in the Arab World,* New York : Croom Helm, 1987 참조.

아 각지에 산재하고 있었다. 하지만 1920년대 스탈린시기에 토착민족명의 공화국들이 탄생하면서 토착민족 중심의 문화와 정치체제 확립의 토대가 만들어졌다. 따라서 현 중앙아시아 신생국들의 정치발전 과정을 이해하려면 과거 소비에트 시대의 정치적 유산을 이해할 필요가 있다.

소비에트의 핵심 민족정책으로 1920~1930년대에 실시되었던 토착화정책(*korenizatsia*)은 소비에트의 태초 의도와는 상반되는 결과를 가져와 현 투르크계 신생 공화국들이 토착민족 중심의 정치-사회체제를 구축하게 했다. 토착공산주의자를 양성하고자 실시된 이 정책으로 인해 많은 토착민족 엘리트들이 양성되었다. 민족박물관과, 개별공화국들의 문자가 소비에트 중앙정부에 의해 보급되어 교육되면서 개별 토착민족의식이 태동하기 시작했다.[2] 소비에트 기간 내내 소비에트 신분증에 명시된 개별 민족명은 중앙아시아인들로 하여금 독자적인 정체성과 민족의식을 가지게 했다. 또한 각 개별 공화국의 토착 공산당엘리트를 양성하고자 하는 소비에트 중앙정부의 노력으로 많은 중앙아시아 토착민족들이 소비에트 공산당원으로 정계와 학계로 진출하여 각 중앙아시아 공화국의 주류 세력으로 입지를 공고히 했다. 각 공화국의 지역공산당과 주요 정치기구를 장악한 중앙아시아 토착민족들은 소비에트 행정조직 속에서 그들에게 부여된 차지공화국이라는 지역적 경계를 적극 활용하여 토착민족들이 주요 정치 세력으로 등장하게 했다. 중앙아시아 관련 저명한 학자인 올리버 로이(Oliver Roy) 역시 부족과 씨족 그리고 언어집단으로만 구별되던 중앙아시아가 소비에트 정부에 의해 5개 토착민족 중심의 공화국으로 탄생했으며, 각 공화국들의 구성원들에게는 각각의 민족의식과 개별공화국의 국민이라는 정체성을 심어주었다고 말하고 있다.[3]

소비에트 시기 강조되었던 민족(ethnos), 역사, 지리, 언어라는 개념들이 반복적으로 중앙아시아 토착민들에게 교육되면서 중앙아시아 토착민족들이 가지고 있던 원초적인 민족의식이 뚜렷한 민족정체성과 의식으로 발전했다. 결론

---

2) 소비에트 정부에 의한 개별 공화국의 투르크 민족문자 보급은 중앙아시아 지역의 투르크 민족 간의 통합과 화합을 방지하고자 각기 제정되었다. 이러한 결과로 중앙아시아의 공통 투르크 문어였던 차카타이어가 19세기 말 소멸되고 각 투르크 집단 간의 언어적 이질화를 진행시켰다. 이 문자정책은 비록 통합된 투르크인들의 정체성과 민족의식을 형성하는 것은 방해하였지만 카자흐인, 우즈베크인, 키르기즈인 등과 같은 개별적인 토착 투르크 민족의식과 정체성을 확립하게 했다.

3) Olvier Roy, *The New Central Asia : The Creation of Nations,* New York : New York University Press, 2000.

적으로 소연방 해체 후 토착민족주의를 내세우며 신생국가 건설에 매진하고 있는 현재 대부분의 중앙아시아 정치가들은 소비에트 기간 동안 양성된 정치 엘리트들이다. 각 중앙아시아 토착공화국의 권력을 쥐게 된 토착세력들은 그들 고유의 네트워크를 이용하며 각 공화국의 정치권력을 독점해 갔으며 시간이 갈수록 소비에트 중앙정부도 이들의 기득권을 인정할 수밖에 없었다. 현재 중앙아시아 정치지도자들 대부분이 소비에트시절 각 공화국의 권력서열 1위인 당 제1서기 출신이라는 것도 결국 각국의 정치지도자들이 기존 소비에트 시절의 권력기반과 정치적 네트워크를 십분 활용하여 정치권력을 잡았음을 보여주고 있다.

이들의 통치방식과 국정운영은 소비에트 기간 동안 각 소비에트 공화국에서의 경험을 토대로 많이 이루어지고 있다. 과거의 역사나 역사적 인물을 내세우며 국민통합이나 민족의식을 고취시키는 통치방식은 소비에트시기의 사회주의 혁명의식을 고취시키기 위해 사용되었던 다양한 통치방식에서 많이 차용되었다. 1970년 이후 소비에트 정권에 중용된 중앙아시아 현지 엘리트들은 각자의 공화국에서 다양한 행정적 통치경험을 함으로써 독립 후 독자적인 통치기반을 구축할 수 있었다. 중앙아시아 위정자들은 이미 소비에트 기간 중에도 토착지지층을 확보하고자 많은 토착민족 중심의 정책과 제도들을 마련하였으며 독자적인 자치공화국의 정체성 확립을 위해 많은 토착민 중심의 역사해석과 전통들을 발굴하였다. 특히 소비에트 구성공화국들이 독립공화국으로 발전하면서 많은 새로운 전통과 민족영웅을 역사에서 찾음으로써 역사의 재발견이라는 대의명분과 함께 정통성과 민족의식을 확립해 나갔다.

중앙아시아 국가	정 치 특 징
카자흐스탄	◉ 구소연방 구성공화국 공산당 제1서기에 의한 정권 지속 ◉ 연성 권위주의 정부 ◉ 미온적 정치활동, 적극적 대 서방정책
우즈베키스탄	◉ 구소연방 구성공화국 공산당 제1서기에 의한 정권 지속 ◉ 강성 권위주의 정부 ◉ 제한적 정치활동, 점진적 대 서방정책
키르기즈스탄	◉ 민중봉기에 의한 평화로운 정권 교체 ◉ 연성 권위주의 정부 ◉ 비교적 자유로운 정치활동, 적극적 대 서방정책
투르크메니스탄	◉ 구소연방 구성공화국 공산당 제1서기에 의한 정권 지속 ◉ 연성 권위주의 정부 ◉ 제한적 정치활동, 미온적 대 서방정책
타지키스탄	◉ 구소연방 공화국 제 1서기에 의한 정권 지속 ◉ 강성 권위주의 정부 ◉ 제한적 정치활동, 점진적 대 서방정책
아제르바이잔	◉ 구소연방 구성공화국 공산당 제1서기에 의한 정권 지속 ◉ 연성 권위주의 정부 ◉ 미온적 정치활동, 적극적 대 서방정책

정치 안정화로
지속적 경제발전

국가발전

이와 같은 일련의 토착민족중심의 정책들은 중앙아시아 위정자들의 정통성뿐만 아니라 사회의 새로운 주요세력으로 부상하고 있는 토착민족으로부터의 지원을 확보하게 했다. 중앙아시아 위정자들은 표면적으로 토착민족의 이익과 일반시민들의 안녕을 위한 정책이라 주장하며 다양한 토착민족 중심의 정책을 실시했지만 실제로 많은 정책들은 집권엘리트들의 집권과 이익을 대변했다. 그럼에도 불구하고 이러한 일련의 정책들은 신생공화국 각국 토착민족들의 통합과 토착민족 정체성 함양에 크게 기여했다. 단순한 탈러시아화나 탈소비에트화가 아닌 부족주의나 씨족주의로 흩어진 토착민족들을 하나로 통합하는데 토착민족주의 정책이 적극 활용되었다.[4] 중앙아시아 신생국들이 설립되었던

4) 독립 후 모든 중앙아시아 신생국들은 국가 주도의 민족주의 정책을 펼치고 있어 앤더슨의

1990년대의 급속한 정치-사회적 변혁기에 현지 위정자들은 무엇보다도 토착민족들의 내부결속에 심혈을 기울였다.

II. 독립 후 중앙아시아 국가들의 정치-사회 변혁

1. 일등 국민으로서의 토착민족

중앙아시아 신생 독립국들의 위정자들은 자국의 모든 시민들을 국가 건립에 동참시켜야 하지만 대체로 비토착민(non-titular)들을 신생국가 건립에서 배제시키고 있다. 각 국가의 인구학적 구성이나 러시아화 정도에 따라 다르게 나타나는 경향은 있지만 전체적으로 중앙아시아 위정자들은 토착 엘리트 집단을 국가의 정통성과 문화를 바르게 세우는 중추 세력으로 간주하고 이들을 중심으로 한 국가발전을 꾀하고 있다. 카자흐스탄의 경우는 토착민족 또한 러시아화 정도에 따라 세 부류로 분류하여 토착어와 토착문화에 익숙한 토착민에게 정치, 사회적 우선권을 부여하고 있다.[5] 특히 러시아어와 러시아 문화에 몰입한 카자흐인의 경우는 민족의 혼을 빼앗긴 사람으로 규정하며 이들을 망쿠르트(Mankurt)라고 부르며 토착민 우선정책에서 배제시키고 있다. 따라서 중앙아시아 신생국들에서 정치적, 사회적으로 배제되는 세력은 비토착민뿐만 아니라 러시아화한 토착민족들도 포함되어 있다. 우즈베키스탄의 경우는 전통적인 우즈베크인 커뮤니티인 마할라(mahalla)를 국가의 하부 행정조직으로 편입하면서 토착민족의 통합과 비토착민족들의 정치-사회적 배제를 자연스럽게 이루었다. 비토착민들이 배제된 우즈베크인 중심의 마할라가 지역자치단위로 1993년 헌법에 명시됨에 따라 보다 많은 토착민인 우즈베크인들이 정치에 입문할 수 있게 되었다.

민족주의 이론에 의하면 공식적 민족주의에 속한다.

5) 카자흐스탄은 러시아화 정도에 따라 자민족을 세 부류로 분류하고 있다. 1) 지방 및 시골 출신으로 주로 카자흐어와 카자흐 문화에 익숙한 카자흐인 2) 지방 및 시골 출신이지만 도시에서 러시아어로 교육을 받아 러시아화와 카자흐화가 동시에 이루어진 카자흐인 3) 도시의 카자흐 엘리트 출신으로 러시아 중심으로 교육을 받아 러시아어와 문화에 익숙하고 러시아-유럽적인 정서와 정체성을 가진 카자흐인.

대체적으로, 각 국가의 인구학적 구성에서 토착민족 비율이 높게 나타나는 경우 강성 권위주의적 정치체제를 구축하며 강한 토착민족 중심의 정책을 실시하고 있으며, 토착민족 비율이 국가 전체 인구구성에서 낮게 차지하는 경우는 연성 권위주의적 정치체제를 구축하며 비교적 개방적인 민족주의 정책을 실시하고 있다. 예를 들어, 키르기즈스탄과 카자흐스탄이 우즈베키스탄과 투르크메니스탄보다 개방적인 정치-사회 체제와 민족정책을 실시하고 있다. 결과적으로 중앙아시아 각국의 인구학적 구성이 각국의 헌법, 대내외정책 등에 영향을 미치고 있어 토착민족들은 각 독립국의 일등 국민으로, 그리고 비토착민들은 이등 국민으로 보이지 않는 카스트를 형성하고 있다.

2. 역사의 재발견과 전통의 확립

통합된 국가와 분명한 국가관을 세우기 위해 중앙아시아 신생국들의 위정자들은 토착민족이 역사적으로도 중앙아시아의 오랜 지배자이자 주류 민족이었음을 표출해야 했다. 따라서 그들은 다양한 민족적 유산을 역사에서 발굴하여 토착민족 통치의 정당성과 정통성을 입증하려했다. 많은 토착민족들의 역사적 인물들과, 신화, 전통, 지명 그리고 상징들이 부활하기 시작했다. 모든 중앙아시아 위정자들은 이러한 발견들에 국가적 의미를 부여하며 적극적으로 국가통합과 토착민족 중심의 통치기반 확보에 이용하였다. 아제르바이잔, 투르크메니스탄과 우즈베키스탄의 경우는 국기에 이슬람의 상징인 초승달 문양을 그려 넣음으로써 각 국가의 종교적 특성을 보여주었으며 키르기즈스탄과 카자흐스탄의 경우는 유목적 모티브를 이용하여 국기를 만들어 유목적 전통을 국가적 상징으로 부각시켰다. 또한 키르기즈스탄에서는 마나스(Manas)라는 역사적 영웅을, 우즈베키스탄에서는 티무르를, 카자흐스탄에서는 알튼아담(Altın Adam)이라는 역사적 인물들을 자국의 민족영웅으로 추앙하며 토착민족 통치의 역사적 정통성을 내세우는 한편 소비에트 통치기간 간과되었던 토착민족의 긍지를 되살리려 했다. 많은 거리와 도시들의 지명들이 토착민족어로 바뀌었으며 특히 토착민족 영웅들의 이름을 딴 거리와 지명들이 늘어났다. 이와 같은 정책들은 과거 소비에트의 정치적 유산을 청산한다는 의미도 있었지만 새로 부상하고 있는 토착민족 세력의 결집을 위한 것이었으며 이들의 주류사회 등극과 정치적 집권을 뒷받침해 주었다. 중앙아시아 각국은 현재 공공연하게 자국의 독립국가로서의 지위는 토착민족, 즉 카자흐, 우즈베크, 투르크멘, 키르기즈, 타지크, 아제리인에서 비롯된다고 언급하고 있어 러시아인, 고려인, 독일인, 우크라이나인과 같은 비토착민 국민들은 정치적, 사회적 박탈감을 느낄 수밖에 없으며 자연스럽게 정치-사회적인 입지도 도태되었다.

III. 중앙아시아 정치구조의 특징

중앙아시아 국가들의 주요 정치권력은 대부분 씨족과 지역엘리트 그리고 경제재벌들과 같은 토착 정치세력들에 의해 만들어진다. 이들은 정치 막후에서 중앙아시아 정치적 지도자들과 정치인들을 배출시키며 소비에트 기간 때부터 오늘날까지 약 40여 년 간 중앙아시아 정치의 배후실력자들로 자리매김하고 있다. 따라서 중앙아시아 각국에서의 정치적 역동성은 이들 세력 간의 관계와 세력균형에 따라 다르게 발전하고 있다. 즉 중앙아시아에서의 정치적 갈등은 서구민주주의에서처럼 대통령과 의회 사이에서 발생하기보다는 씨족, 지역 엘리트, 경제 재벌들과 같은 전통적 배후 실력자들에 의해 이루어지고 있다. 독립 후 이들 배후 세력의 도움으로 독자적 세력을 구축할 수 있었던 중앙아시아 각국의 지도자(대통령)들은 이들 전통적 배후 실력자들의 영향력으로부터 벗어나기 위해 의회나 선거제도를 적절히 이용하여 독립적인 세력을 만들고자 노력하고 있는 중이다. 아카예프, 카리모프, 나자르바예프, 니야조프, 로흐몬노프, 알리예프와 같은 대부분의 중앙아시아 정치지도자들 역시 이들 토착 배후 실력자들의 지원으로 권력을 잡았으나 점차 그들의 독자적인 정치세력화를 위해 정당, 의회, 선거와 같은 정치적 제도를 적극 활용하고 있다.

소연방 해체 후 중앙아시아 각국들이 독립국가를 형성하는 과정에서 전통적 토착 배후 실력자들의 영향력은 매우 컸다. 급속한 정치-사회적 변동 속에서 이들 배후 실력자들의 세력 균형과 안정을 보장할 수 있는 정치적 안정이 최우선의 과제였다. 따라서 자연스럽게 이들의 권익을 보장할 수 있는 강력한 대통령제도가 의회 민주주의 제도보다 중앙아시아 정치체제 구축에 더 선호되었다. 이와 같은 정치-사회적 배경은 강력한 권력의 정치지도자 출현을 가능하게 했다. 이들의 정치력과 영향력이 상당히 크기 때문에 중앙아시아의 정치적 근간이 대통령과 의회에 의해 이루어지기보다는 씨족, 지역엘리트, 경제재벌 등과 같은 막후 정치적 실력자들과 대통령에 의해 구축되고 있다. 중앙아시아 각국 지방 구석구석까지 영향력을 미치는 이들 배후 실력자들의 네트워킹과 정경유착의 고리는 이들을 실제적인 중앙아시아 정치의 주요 실력자로 만들고 있다. 카자흐스탄, 키르기즈스탄, 투르크메니스탄, 아제르바이잔, 타지키스탄의 경우 이들 배후 실력자들은 독자적인 지역 세력으로 정치력을 구축하고 있는 반면 우즈베키스탄의 경우는 중앙세력과 결탁하여 정치력을 발휘하고 있다. 오늘날 우즈베키스탄은 가장 큰 두 도시 사마르칸드와 타쉬켄트의 지역엘리트(실력자) 집단들에 의해 통치되고 있다.

소비에트 말기에 고르바초프는 중앙정부의 통치력을 약화시키는 우즈베키스탄 토착 지역세력들을 와해시키고자 페르가나와 호레즘 지역 세력들을 지원하기도 하였으나 결국 실패하고 말았다. 이처럼 중앙아시아 정치에 막대한 영향력을 행사하고 있는 토착 지역세력들은 그 뿌리가 역사적으로 깊고 밀접하게 조직화되어 있어 소비에트조차 척결하지 못했다. 따라서 이들은 소비에트 해체 후 러시아의 신흥 정치-경제세력으로 급부상한 올리가르키(oligarch : 신흥재벌세력)와는 큰 차이가 있다. 역설적이지만 소비에트 식민 통치 방식 때문에 이들 토착지역 실력자들이 생성되었고 후에 민족지도자 역할을 하고 있다고 많은 정치학자들은 지적하고 있다. 1920년과 1930년대에도 모스크바 중앙정부는 중앙아시아 지역의 현지 지역 정치 네트워크를 파괴하기 위해 많은 노력을 하였지만 끝내 그 뿌리는 뽑아내지 못했다. 결국 스탈린 사후 모스크바 중앙정부는 각 지역 공화국이 부여받은 경제적 소임을 다하고 공산당에 의해 사회가 통제된다는 전제하여 토착 지역 정치세력 활동을 허용하였다. 앞서 언급한 토착화정책이 토착 지역 정치세력 발전에 큰 일조를 하였다.

각기 다양한 세력균형과 권력구조를 이룬 중앙아시아 자치공화국들의 토착세력을 포섭하기 위해 소비에트 중앙정부의 정치국은(Politbureau) 이들과 개별적인 접촉을 하였고 이들의 세력을 빌려 각 공화국의 정치적, 사회적 안정을 꾀했다. 이와 같은 소비에트 통치방식은 현지 토착 지도자의 양성을 불가피하게 했다. 즉 소비에트의 통치를 대변할 현지 토착 지도자가 필요했으며 소비에트 중앙정부의 통치력을 지방 곳곳까지 뒷받침할 수 있는 지역 정치세력도 필요했다. 소비에트 통치시기에 등장한 우즈베키스탄의 라시도프(Rashidov), 키르기즈스탄의 우수발리예프(Usubaliev), 카자흐스탄의 쿠나예프(Kunaev), 아제르바이잔의 알리예프(Aliyev), 투르크메니스탄의 카푸로프(Gapurov) 그리고 타지키스탄의 라술로프(Rasulov)와 같은 중앙아시아의 정치적 지도자들은 소비에트의 식민통치 방식에 의해 탄생한 정치적 산물이라 할 수 있다. 이들이 소비에트 중앙정부로부터 인정을 받고 권력의 축으로 등장할 수 있었던 배경에는 이들을 지원한 지역토착세력들(실력자들; 지역엘리트, 씨족, 지역유지[재력가]) 역할이 절대적이었다. 흐루시초프와 브레즈네프의 권위주의적인 통치기간과 이후 30년 동안 이들 중앙아시아 토착 정치세력은 자신들의 세력을 공고히 하며 주요 핵심 정치세력으로 발전했다.[6)]

1980년 대 중반이 되자 고르바초프가 소비에트 권력의 수장으로 부상하며 반부패 척결과 개혁을 외치며 정치구조의 개혁을 통해 중앙정부의 영향력을 중앙아시아 각 공화국에 확대하려고 했다. 고르바초프는 고착화된 중앙아시아 토착세력을 척결하기 위해 토착 정치지도자와 정치인들을 해임하고 중앙정부에 직접 파견한 정치인들로 이들의 공백을 채웠다. 하지만 이들은 기존의 오래된 정치적 균형과 정치구조를 뛰어 넘지 못하고 중앙아시아 토착민족을 제대로 통제하지 못했으며 각 공화국에 할당된 경제적 임무도 완수할 수 없었다. 1986년 카자흐스탄에서는 토착 엘리트들의 불만이 폭발하여 반 소비에트 폭동이 일어나 당시 큰 반향을 불러 일으켰다. 비록 카자흐스탄에서와 같은 폭동이 다른 중앙아시아 지역에서 일어나지는 않았지만 이 사건을 계기로 씨족 지도자, 지역유지, 토착 엘리트들과 같은 토착 지역 실력자들이 정치적으로 재결집하기 시작했으며 지방의 경우 이들의 영향력과 통치력이 크게 복원되었다. 1989년 소비에트 통치 말기 실시된 선거에서 기존의 토착 재계 및 정계 실력자들이 중앙아시아 주요 정치세력으로 복귀하여 과거의 정치구조로 회귀했다. 이 선거로 인해 오늘날의 젊은 중앙아시아 정치 지도자들이 각 공화국의 지역 실력자들의 지원을 받아 신진 중앙아시아 정치세력으로 중앙아시아 정치 전면에 나서게 되었다. 오늘날의 주요 중앙아시아 정치 지도자인 아카예프(Akaev), 나자르바예프(Nazarbayev), 카리모프(Karimov)도 이 시기에 주요 지역 실력자들의 지원을 받아 중앙아시아 권력의 축으로 부상했다. 아제르바이잔과 투르

6) 이들 지역세력들은 비록 한 지역의 배후 실력자들이지만 중앙아시아의 경우 종종 중앙정부와 연결되어 있어 지방과 중앙정부의 정치와 경제를 장악하고 있다. 우즈베키스탄 타쉬켄트에서 정치-경제-사회-연예 등과 같은 전방위 분야에서 활동하며 실력행사를 하는 가프르(Gafur)라는 집단도 종종 마피아에 비유되고는 하지만 이들의 정치력과 영향력은 중앙정부 깊숙이까지 미치고 있다.

크메니스탄의 경우 각 씨족의 지원과 지도자 개인의 절대적 권위로 니야조프와 알리에프가 정계 실력자로 등극했다. 이들 새로운 지도자 모두는 1989년 소비에트시기 마지막 선거에 의해 국민들의 지지를 확보했으며 이와 같은 정치적 상승세와 분위기를 몰아 1991년 독립과 동시에 재신임 선거를 하여 확고한 정치적 기반을 이루었다. 이로 인해 이들은 소비에트 정치지도자에서 민족지도자로 거듭날 수 있었다. 결과적으로 소비에트 말기 토착 세력들의 재집결과 독립은 고르바초프 개혁으로 대거 뒷전으로 후퇴했던 토착 위정자들을 정계의 중심으로 복귀시켰다.

1. 대통령의 권력과 의회

토착 지역 실력자들의 지원으로 권력을 잡은 현재 중앙아시아 지도자들은 대부분 권위주적 성향의 정부를 구성하여 강력한 대통령제를 확립했다. 그렇다면 왜 다른 토착정치세력들이 강력한 대통령제에 기반을 둔 권위주의적 정부를 수락했을까? 토착 정치세력들은 급변하는 체제전환기에 국가존립에 영향을 줄 어떠한 정치적 위험과 문제점들을 피하기 위해 많은 노력을 했다. 이들은 소비에트 말기 재확립한 이들의 정치적 기반을 계속 유지하기 위해 서로 다른 씨족과 부족, 지역 실력자들의 실익을 조정하여 서로 간의 힘의 균형을 맞추어 줄 정치적 인물과 제도를 필요로 했다. 따라서 자연스럽게 권위주의적 정권이 들어설 수 있는 정치적 환경이 구축되었다고 할 수 있다. 이와 같은 현상은 중앙아시아 정치에서 공통적으로 나타나 모든 중앙아시아 정치구조에 정치 배후 실력자들이 큰 영향력을 행사하는 정국을 만들었다.

이와 같은 현상은 독립 후 중앙아시아 각국의 지도자인 대통령들이 국민투표나 선거를 그들의 정치적 독립과 세력 확장에 적극 이용하게 했다. 중앙아시아 각 국의 지도자들은 그들을 권좌에 올린 토착 지역 실력자들의 정치적 영향력으로부터 벗어나기 위해 대통령 선거와 의회선거를 적극 이용하였다. 이들은 대통령 선거를 국민적 지지와 대중적인 인기를 자신의 정치력 확장에 이용하였으며, 의회선거는 자신의 정치적 지지자와 후원자들을 정치에 등용시키는 관문으로 이용하였다. 하지만 역으로 중앙아시아 지역의 토착지역 실력자들 역시 의회 선거를 통해 그들의 정치적 영향력을 확대할 수 있기 때문에 중앙아시아 지도자들은 선거를 철저히 통제해 의회를 그들의 영향권 안에 두기 위해 많은 노력을 했다. 대통령 선거와는 다르게 의회선거는 좀 더 쉽게 씨족과 지역유지 등과 같은 지역정치네트워크가 개입하여 영향력을 행사할 수 있어 중앙아시아 지도자들에게는 의회선거가 큰 부담으로 작용하기도 했지만 한편으로는 그들의 정치적 친위세력을 정계에 끌어들일 수 있는 기회이기도 하여 양면적인 성격을 가지고 있다고 할 수 있다. 우즈베키스탄의 카리모프 대통령의 경우 올리 메질리스(Oliy Majilis)라는 국회가 지역 실력자들의 도전과 영향력을 균형있게 분배할 수 있는 기관으로 인식하고 의회 권위와 역할을 강화하였다. 물론 카리모프 대통령은 의회의 권위와 역할을 강화시키는 것이 그의 정치적 입지와 영향력을 제한할 수 도 있음을 알고 있었으나, 이로 인하여 그를 권력의 중심으로 옹립했던 지역 토착 실력자들의 정치적 구속과 압력으로부터 자유로워질 수 있어 적극 추진하였다. 키르기즈스탄의 경우는 의회선거가 대통령을 지원했던 세력들의 정치적 보호수단으로까지 이용되어 정경유착으로 부패한 경제인들이나 조직범죄에 연루된 이들이 의회에 입성하여 면책을 받을 뿐만이 아니라 법제제도에도 영향을 주는 사례가 발생하기도 했다. 투르크메니스탄의 니야조프는 할크 마슬라하티(Halk Maslahaty)라는 의회 조직을 통해 다른 투르크멘 부족들과 의견을 조율하고 공유하는 장소로 활용하여 그의 정치적 결정을 뒷받침하게 했다.

대통령 선거에 있어서 현 중앙아시아 지도자들은 정치적 대립이 예상되는 정치적 대항자들을 사전에 제거함으로서 자신들의 권력기반을 다져갔다. 러시아의 푸틴이 자신의 정치적 라이벌인 미하일 호도르코프스키(Mikhail Khodorkovskii)를 교도소에 투옥시킨 것처럼 중앙아시아의 지도자들 역시 자신들의 정치적 라이벌들을 제거하거나 투옥시켜 정치적 독재화를 구축해 나갔다. 카자흐스탄의 나자르바예프는 정치적 라이벌인 아케잔 카즈겔딘(Akezhan Kazhegeldin)을, 우즈베키스탄의 카리모프는 압둘라힘 풀라토프(Abdurrahim Pulatov)와 무함마드 살리흐(Muhammad Solikh)라는 정치적 라이벌을 자국에서 추방시켜 사전에 정치적 도전을 차단했다. 키르기즈스탄의 아카예프와 투르크메니스탄의 니야조프의 경우는 그들의 정치적 적수인 페릭스 쿨로프(Feliks Kulov)와 보리스 시흐무라도프(Boris Shikhmuradov)를 감옥에 투옥하여 정치적으로 격리시킴으로써 자신들의 권력을 공고히 했다.

이처럼 모든 중앙아시아의 지도자들은 다양한 방법의 정치적 탄압과 부정선거를 통해 그들의 권력을 공고히 하고 정치적 라이벌들로부터의 독립을 꾀했다. 독립초기에는 선거의 모든 과정을 대통령이 장악하여 조정하였지만 국제사회의 압력으로 오늘날 선거는 선거위원회에서 관장하고 있다. 현재 중앙아시아 국가들의 의회는 대부분 친대통령계 정치인들로 채워져 있다.

2. 중앙아시아 정치에서 정당의 역할

모든 중앙아시아 국가들은 정당이 특정 지역, 종교 또는 민족을 대변하는 제도적 기관으로 발전하는 것을 적극적으로 막았다. 즉 국론을 분열시킬 수 있는 지방색과 종교색 그리고 민족색에 관련된 어떠한 표현과 조직 구성도 사전에 차단했다. 결국 제도권에서 활동할 수 있는 정당은 집권세력과 몇몇 친정권적인 정치적 경쟁자들뿐이었다. 물론 이와 같은 정당들의 설립과 활동에도 많은 제약이 따랐다.

독립 후 집권한 중앙아시아 지도자들은 그들의 정책과 정치적 입지를 지원해 줄 소위 “대통령 정당”이라고 할 수 있는 정당을 필요로 했다. 카자흐스탄의 나자르바예프와 키르기즈스탄의 아카예프는 그들을 지원할 친정권적 정당을 자신들의 딸들로 하여금 설립하게 하여 자신들의 정치적 지지자를 늘려 갔다. 민족적이며 종교적인 정당 출현 저지에 큰 노력을 한 우즈베키스탄의 카리모프도 그를 지원해 줄 친정권적 좌익-우익 성향의 정당 5개를 설립했다. 비록 민주정치 발전을 위한 다양한 성향의 정당들이 중앙아시아에 출현하지는 않았지만 명분있는 강력한 대통령 중심의 권위주의적 정권을 만들기 위해 다당제 정치제도가 실시되고 있어 미흡하나마 정치 발전을 하고 있다고 할 수 있다. 설립된 정당들이 지역 정치 실력자들을 통제하고 현 정권을 지지하는 역할을 하는 한, 대부분의 중앙아시아 현 대통령들은 정당과 의회제도를 십분 활용할 것이다. 서구의 많은 정치학자들은 장기적으로는 이러한 정치발전이 결국 자유민주주의 정치로 발전하게 할 것이라고 조심스럽게 예견하고 있다. 비록 친정권 성향의 정당들이지만 여러 정당들이 창당됨에 따라 제한된 정치적 활동범위 내에서 자신들만의 정책과 정치색을 나타내려고 하고 있다. 그동안 부정선거와 정당폐쇄라는 극단적 정치사찰로 인해 정당활동이 위축되어 있었으나 중앙아시아 지도자들은 국제사회의 압력과 국민들의 민주화 요구를 지속적으로 받고 있어 정치개혁과 권력분배는 불가피하다고 볼 수 있다. 중앙아시아 지도자들이 무조건적으로 반정치세력들의 활동과 정당설립을 반대한다면 결국

제도권 밖에서 반정부 지하활동이 이루어질 수밖에 없다. 이것은 정부 통제권 밖에서 정치적 저항세력을 키우는 형국을 만들어 정치적으로 더 위험할 수 있어 현 중앙아시아 지도자들은 제한적이며 점진적으로나마 이들을 통제가 가능한 제도권으로 편입시키려 하고 있다. 아카예프(Akaev)와 니야조프(Niyazov), 로흐몬노프(Rokhmonov)는 반대성향의 정치인이나 이들의 열성 지지자들을 행정부서나 정부 유급부처에 임용하여 그들을 근접에서 통제하고 있다.

투르크메니스탄을 제외한 모든 중앙아시아 국가들에서는 비록 미흡하지만 정당 정치활동이 법적 테두리 안에서 이루어지고 있다. 이들 정당 정치인들은 제한적이지만 다양한 활동을 하고 있고, 때로는 국제사회에 도움을 요청하여 정치개혁을 수행하고 있다. 투명하고 공명한 선거와 정당정치인들의 활발하고 다양한 정치활동이 보장된다면 중앙아시아 정치의 민주화도 점차 발전할 것이다.

IV. 중앙아시아 각국 정치세력의 역학관계

중앙아시아 각국의 정치체제

국가	정치체제	의회	정권 특징	주요 정치인물
카자흐스탄	대통령 중심제	양원제 의회 (Senate/Majlis) 상원 : 47석, 하원 : 107석	절차적 민주주의 관리 민주주의	대통령 : 나자르바예프 (Nursultan Nazarbayev) 총리 : 마심오프 (Karim Massimov) 외교장관 : 타신 (Marat Tazhin)
우즈베키스탄	대통령 중심제	양원제 의회 (Oliy Majlis) 상원 : 100석, 하원 : 120석	비경쟁적 권위주의	대통령 : 카리모프(Islam Karimov) 총리 : 미르지요예프(Shavkat Mirziyoev) 외교장관 : 노로프(Vladimir Norov)
키르기즈스탄	대통령 중심제	단원제 의회 : 75석 (Jogorku Kenesh)	절차적 민주주의	대통령 : 바키예프(Kurmanbek Bakiev) 총리 : 아탐바에프(Almazbek Atambayev)
투르크메니스탄	대통령 중심제	단원제 의회 : 50석 (*Mejlis*)	비경쟁적 권위주의	대통령 겸 총리 : 베르디무하메도프 (Gurbanguly Berdimuhammedov) 부총리 겸 외교장관 : 메레도프 (Rashid Ovezgeldyevich Meredov)

국가	정치체제	의회	정권 특징	주요 정치인물
타지키스탄	대통령 중심제	양원제 의회 (*Majilisi Oli*) 상원 : 34석, 하원 : 63석	비경쟁적 권위주의	대통령 : 로흐몬(Emomali Rahmon) 총리 : 아킬로프(Akil Akilov)
아제르바이잔	대통령 중심제	단원제 의회 : 125석 (*Majilis*)	절차적 민주주의 관리 민주주의	대통령 : 알리예프(Ilham Aliyev) 총리 : 라시자데 (Artur Rasizade)

카자흐스탄의 정치상황

〈나자르바예프 대통령〉

구소련에 속했던 국가들 중 러시아를 제외하고 가장 큰 영토를 보유한 카자흐스탄은 구소연방 국가들 중 가장 늦은 1991년 12월에 독립국가가 되었으며 4월에 선출된 나자르바예프가 대통령직을 수행하였다. 독립 이후 나자르바예프 대통령 주도로 시장경제로의 전환을 일관성 있게 추진하여 중앙아시아 독립국가들 중 가장 개방적인 시장경제체제를 기반으로 2000년부터 연 평균 9%의 고도성장을 지속하고 있다.

카자흐스탄은 소련 해체 후 독립한 중앙아시아 국가 중 내전이나 인종 간의 갈등을 겪지 않은 국가로 정치적 안정을 누리고 있다. 비록 제약이 있기는 하나 약 4500개에 달하는 시민단체가 활동하고 있으며 100여 개의 독립 언론이 있는 등 민주시민사회 진입을 위한 토대를 구축하고 있다. 2006년 1월부터 국가민주개혁위원회를 구성하여 정부 형태에 대한 검토, 의회의 권한강화, 지방자치의 확대, 정당의 기능 활성화, 선거법, 언론법 개정 등 민주적 정치체제 구축을 위한 개헌을 2007년에 단행했다. 나자르바예프 대통령은 카자흐스탄의 경제수준이 정치적 자유화를 위한 기본적 수준까지 이르렀다고 판단하여 2007년 5월 개헌을 통해 의회의 기능을 확대하고, 야당의 정치참여 기회를 제한적이나마 열어 놓고 있다. 하지만 지난 10여 년 동안의 은밀한 정치탄압의 결과로 야당은 아직 정권에 도전할 만한 능력과 규모를 갖추지 못하고 있어 나자르바예프 대통령의 정국 주도는 앞으로 당분간 지속될 전망이다.

2007년 개헌 내용 중 초대 대통령에 대한 연임 제한 철폐는 국내외적으로 비판을 받고 있다. 하지만 많은 카자흐스탄 국민은 정치적 안정을 이루는 가운데 경제발전이 가능하다고 생각하고 있어 나자르바예프 대통령의 계속되는 통치를 환영하는 분위기이다. 카자흐스탄 정부는 국민의 전반적 생활수준이 높아짐에 따라 대두될 민주화 욕구에 대비하여 점진적이기는 하나 중앙아시아 국가 중 가장 안정적인 정치자유화를 진행해 나가고 있다.

우즈베키스탄의 정치상황

1991년 12월에 취임한 카리모프 대통령은 현재까지 장기 집권하고 있으며 국정의 모든 분야에서 절대적인 영향력을 행사하고 있다. 카리모프 대통령은 1995년 대선에서 압도적인 지지(91%)로 재선에 성공하였으며 2002년 대통령 임기를 7년 연장하는 국민투표에서도 절대적 지지를 얻어 대통령 권한을 지속적으로 강화시키고 있다. 사마르칸드 출신인 카리모프는 우즈베키스탄 주요 권력기관에 사마르칸드와 타쉬켄트 양대 세력을 균형 있게 배치하여 우즈베키스탄의 정치적 배후 실력자들을 통제하고 있다. 양대 세력 간 및 경제, 외교 테크노크라트 간 경쟁을 유발하여 자신의 절대적 권력을 다지고 있다.

〈카리모프 대통령〉

현재 의회 내 야당세력은 거의 전무하여 정부에 대한 견제세력이 미약한 상태이다. 따라서 의회는 독자적인 의회 권력을 가지고 있지 않다고 볼 수 있다. 구소련시대의 권위주의적 정치문화와 야당의 정치세력화 미비, 그리고 현재 우즈베크 지배계층의 미약한 개혁의지로 인해 우즈베키스탄의 정치개혁은 매우 미흡한 편이다. 그럼에도 불구하고 지하에서 활동하고 있는 야당지도자들은 인접 키르기즈스탄 아카에프 대통령을 축출한 레몬혁명을 지지하는 성명을 발표하는 등 반정부 활동 의지를 표명하기도 하고 있다. 현재 카리모프 대통령은 권위주의 통치방식과 비민주적 정책에 대한 국내외 비난을 무마하는데 주력하고 있다.

키르기즈스탄의 정치상황

독립 직후 집권한 아카예프 대통령의 권위주의적 통치는 2005년 2월과 3월 두 차례에 실시된 총선 부정선거에 대한 국민들의 반발로 남부 배후 실력자들을 중심으로 한 대규모 대중 소요인 레몬혁명[7]으로 끝을 맺게 된다. 아카예프는 적극적인 역내외 관계 개선 정책을 실시하여 자신의 장기집권과 정치권력의 공고화를 추진했다. 하지만 아카예프는 부정부패와 친인척 비리, 낮은 경제성장 등으로 국민들의 정부에 대한 신뢰를 잃었고, 결국 2005년 3월에 수도 비쉬케크 및 남부지방에서 민중 봉기가 발생했다. 대중 시위의 과격화로 인해 아카예프 대통령이 도피한 가운데, 바키예프 현 대통령을 중심으로 한 과도정부가 수립됐다. 남부지역 출신이며 남부지역 배후 실력자들의 지지를 받은 바키예프는 북부출신인 쿨로프 내무장관과 연대하여 정국 안정을 꾀했으며 서방도 이들의 연대를 적극적으로 지지했다. 과도정부와, 러시아, 미국 그리고 OSCE(유럽안보협력기구) 등의 사임 요구 압력을 받은 아카예프는 2005년 4월 공식 사임하고 러시아로 망명했다. 한편 레몬혁명의 주도세력이었던 바키예프 대통령 권한대행은 2005년 7월 실시된 대통령 선거에서 89% 지지로 대통령에 당선되었고 곧바로 북부지역의 배후 실력자들의 지원을 받고 있는 쿨로프를 총리로 임명하여 안정적 정부 구성을 모색했다. 하지만 바키예프 정권 출범 이후에도 오툰바예바 전 외무장관 등은 현 정권을 부패정권으로 규정하고 야권연대를 구성하여 대규모 대중시위를 네 차례나 주도해 정세불안은 계속되었다. 2007년 바키예프 대통령은 야당 지도자였던 아탐바예프를 총리를 임명하면서 대통령의 권한 강화와 정국안정을 꾀했다.

7) 21세기 들어 구소련에서 독립한 나라들에서는 일명 '색깔혁명'이라고 부르는 민주화 혁명이 일어났다. 키르기즈스탄의 민주화 혁명은 레몬혁명이라고 부른다. 2005년 키르기즈스탄 야당과 민중들은 15년 간 장기집권 중인 아카예프 대통령에 반발하며 변화의 색으로 레몬색을 선택, 레몬색 띠를 팔에 두르고 시위에 참석했기 때문에 레몬혁명이라 부른다. 키르기즈스탄은 튤립 생산지로 유명하기 때문에 레몬혁명을 튤립혁명이라고도 부른다.

레몬혁명으로 현 정권이 들어선 이후 권한분배와 의회해산 등에 반대하는 소요가 지속되는 가운데, 2006년 말 두 차례의 헌법 개정이 있었으나 개정된 헌법의 적법성 논란은 계속되어 주요 정치쟁점으로 부상하고 있다. 아직 정치권에는 아카예프 전 대통령 추종 세력들이 있어 이들과의 갈등으로 인한 정치적 불안요소가 상존해 있어 실질적 정치적 안정에는 다소 시간이 걸릴 전망이다. 하지만 여-야간 갈등해소를 통한 바키예프 대통령의 정권장악이 성공할 경우 민중혁명을 통한 민주주의 경험과 이후 추진된 개방적 경제개혁으로 인해 중앙아시아에서 가장 빠르게 자유민주주의와 시장경제체제를 이룬 국가가 될 것이다. 아직 해결되어야할 과제와 혼란요소는 많지만 국민참여를 통한 민주주의 혁명 완수와 민주적인 선거의 경험은 키르기즈스탄의 정치를 크게 발전시켰다. 현재 바키예프 대통령은 상하이협력기구(SCO)를 통하여 러시아를 포함한 독립국가연합, 중국과 정치 및 경제협력 강화에 주력하는 한편, 미국과 서구와의 경제협력도 강화하여 경제성장을 통한 정치안정화에 노력하고 있다.

아카예프 전 대통령

바키예프 현 대통령

투르크메니스탄의 정치상황

1992년 대통령 선거에서 99.5%의 압도적 지지로 당선된 니야조프 초대 대통령은 반정부 세력에 대한 철저한 견제와 외부영향력 차단으로 장기집권 기반을 구축했다. 헌법은 거의 전 분야에 걸쳐 대통령의 절대적 권한을 보장했으며 국내의 반대 세력은 전무했다. 니야조프는 내부무 경찰과 국가 안보국을 중심으로 철권통치를 실행했다. 2003년 실시된 명목상의 의회선거 결과로 니야조프는 자신의 추종인사들과 배후 실력자들을 대거 의회에 등원시켜 친 정권적 의회를 구성했다. 니야조프는 1999년 의회의 결의에 의해 종신 대통령으로 결정되어 중앙아시아 국가 중 가장 전체주의적 정치체제를 구축했다.

니야조프는 약 10여 년 간의 노력으로 강력한 독재체제를 투르크메니스탄에 구축했지만 2006년 12월 갑작스런 심장병으로 사망하게 된다. 그 결과 당시 부총리였던 베르디무하메도프가 대통령 권한대행으로 임명되었고, 2007년 2월의 선거를 통해(89%의 지지) 대통령으로 당선되었다. 베르디무하메도프 대통령은 친 니야조프계 정치세력이지만 전임 니야조프 대통령의 장기간 철권통치에서 비롯된 문제점을 해결하기 위한 개혁의 필요성을 인식하고 교육, 보건, 사회보장 및 농업분야에서 점진적 개혁을 실시하고 있다. 베르디무하메도프 대통령은 회의를 통해 각료들의 의견을 청취하고 인민평의회를 개최하는 등 전임 대통령에 비해 민주적 의사 결정을 위해 노력하고 있다는 평가를 받고 있다. 현 대통령은 안정적인 국내 정국운영 기조 하에 점진적인 국내개혁 및 국가발전을 추진하고 있다. 막대한 천연가스와 자원 수출로 벌어들인 재정적 지원이 여기에 더하여 진다면 투르크메니스탄은 향후 중앙아시아 국가들 중 국제정치력과 경제적인 측면에서 중요한 입지를 차지할 것으로 기대된다.

니야조프 전 대통령

베르디무하메도프 현 대통령

타지키스탄의 정치상황

로흐몬노프 대통령

구소련 자치공화국들 가운데 최빈국이었던 타지키스탄은 독립 직후인 1992년부터 1997년까지 내전이 계속되어 더욱 힘든 상황에 처하게 되었다. 내전의 결과 소련시절 권력에서 소외되었던 로흐몬노프 대통령[8] 등 남부지역 출신 실력자들이 권력을 장악했다. 권력을 장악한 로흐몬노프 대통령은 대통령 중심의 권위주의 체제를 구축하여 권력기반을 공고히 하는데 성공했다는 평가를 받고 있다. 그는 내전시 자신의 지지층이었던 남부 출신 "민족전선" 핵심 인사들을 무력화하여 독자적인 권력기반을 구축했다. 로흐몬노프 대통령의 임기는 2006년에 종료될 예정이었으나 2003년 6월 국민투표를 통해 사실상 2020년까지 임기를 확보하는데 성공하였다.

타지키스탄은 90% 이상이 험준한 산악지역으로 되어 있어 현 대통령을 반대하는 많은 이슬람 반군세력들이 지하에 은신하고 있다. 이들은 간헐적으로 출몰하여 테러를 행해 타지키스탄의 사회적 혼란을 야기하고 있다. 하지만 제도권 내의 야당세력들은 정부측의 정치적 탄압과 구금으로 결집된 반정부 세력을 구축하지 못하고 있다. 국민들 또한 오랜 내전에 지쳐있어 키르기즈스탄과 같은 민중혁명이 일어날 가능성이 매우 적다. 1992년부터 1997년까지 약 6년 동안 내전을 경험한 타지키스탄은 타지키스탄 사회의 절대적 안정을 최우선 과제로 삼고 있어 향후에도 정치적 변화보다는 지속적인 정치안정을 추구할 것이다. 로흐몬노프 대통령이 2006년에 실시된 대통령 선거에서 80%에 가까운 압도적 지지를 받아 재선됨에 따라, 보다 안정적인 정치권력을 행사할 수 있게 됐다. 따라서 서방국가들이 요구하는 민주주의 요건을 갖추기는 앞으로 오랜 기간이 소요될 것이다. 앞서 언급한 것처럼, 타지키스탄 국민들의 최우선 관심사는 빈곤타파와 경제발전에 있기 때문에 민주적인 정치체제 발전과는 어느 정도 거리가 있다.

---

8) 로흐몬노프 ⇒ 최근 민족주의적 성명 개혁으로 러시아어적 어미를 제외한 이름을 사용. 로흐몬(Rahmon).

아제르바이잔의 정치상황

아제르바이잔은 나고르노-카라바흐와 나흐체반을 둘러싼 아르메이나와의 분쟁 중 독립을 하게 되었다. 당시 마지막 소베에트 지도자로 아제르바이잔을 통치했던 아야즈 니야지 오울르 무탈리보프(Ayaz Niyazi oğlu Mütallibov)는 권력을 승계하여 1991년 초대 아제르바이잔 대통령으로 취임했다. 소비에트가 붕괴되자 양국 간의 분쟁은 더욱 심화되었고 아르메니아의 기습으로 호잘리(Khojaly) 지역에서 아제리인 학살이 자행되었고 슈샤(Shusha)와 라친(Lachin) 지역이 점령되었다. 이에 무탈리보프는 사임하였고 민주적인 선거에 의해 1992년 6월 중앙아시아 국가들 중 최초로 비공산당원이자 급진 민족주의자인 아블페즈 엘치베이(Abülfaz Elçibay)가 대통령으로 집권하였다. 개혁주의적 학자였던 엘치베이는 최초의 민선 대통령으로 투르크민족주의를 내세우며 아제르바이잔의 전면적 개혁을 추진하였다. 그는 그가 이끄는 아제르바이잔 인민전선당과 함께 많은 개혁을 추진하였지만 계속 되는 내전은 그의 개혁을 어렵게 했다. 특히, 터키와의 국가통합까지도 구상했던 그의 정치적 비전은 소비에트 출신이었던 많은 정치인들을 긴장하게 했다. 민선 출신 대통령인 엘치베이는 군을 장악하지 못해 결국 소비에트 군 출신 현직 대령인 수랏 후세인노프(Surat Huseinov)의 쿠테타로 실각하게 된다.

수랏 후세인노프는 소비에트 시절 아제르바이잔 서기장을 지낸 하이다르 알리예프(Heydar Aliyev)를 신임 대통령으로 추대하였고 이때 많은 소비에트 출신 정치인들이 중용되었다. 군과 옛 소비에트시절 정치세력들의 도움을 받아 강력한 통치력을 발휘한 하이다르 알리예프는 아제르바이잔의 정치안정과 경제발전의 토대를 만들기 시작했다. 정치적으로는 권위적 정부형태를 유지하였지만 하이다르 알리예프는 서구 지향적이며 개방적 경제개혁을 추진함으로써 서구의 지원과 투자를 받아 경제발전을 이룩할 수 있었다. 동시에 후계구도도 철저히 준비하여 하이다르 아리예브가 건강악화로 2003년에 은퇴하자 장남인 일함

알리예프 대통령

알리예프가 정권을 승계하게 하였다. 일함 알리예프는 선거를 통해 집권하였지만 부정선거 시비, 카리스마 부족, 독자적 지지기반 취약 등으로 집권초기 대규모 시위가 빈발하는 등 정국불안에 직면했다. 이에 일함 알리예프는 부인 메흐리반의 친인척을 포함한 바쿠계 신진 엘리트들로 지지세력을 구축하고 부친이 중용한 구소비에트 출신 세력들을 축출함으로써 권력기반을 강화하였다. 또한 철저한 야당관리를 통해 주요 정치적 반대세력들을 구속하는 등 통제를 강화하고 있다. 그럼에도 불구하고 아제르바이잔의 지속적인 고도 경제성장은 국민들의 정치적 불만을 불식시키는 역할을 하고 있다. 또한 개방적 경제정책을 추구하는 아제르바이잔은 많은 서구 자본을 유치하고 있어 미국과 서구는 아제르바이잔 내 자신들의 이권 보호를 위해 일함 알리예프를 후원하여 정치적 안정을 지원하고 있다.

V. 전망

소련 붕괴 후 중앙아시아 국가들은 지난 15여 년 간 정치, 경제적인 체제 변혁을 시도해 왔다. 이들 국가들의 체제 변혁은 경제적인 의미에서 자본주의 시장 요소의 수용은 물론 정치적인 자유화와 새로운 국가 건설을 포함하는 삼중변혁을 의미했다. 이러한 변혁은 각 중앙아시아 국가 간 다양한 양상으로 나타났다. 비록 70여 년 이상 동일한 역사와 체제를 공유했지만 각 국가의 민족 구성, 토착민족 비율, 정치적 배후 실력자들의 세력정도에 따라 다양한 변화의 차이를 보이고 있다. 아제르바이잔과 카자흐스탄, 키르기즈스탄은 국가 제도의 정비와 함께 경제개혁과 절차적 민주주의(Procedural Democracy)[9] 측면에서 진전을 보이고 있는 반면, 우즈베키스탄, 투르크메니스탄, 타지키스탄은 오히려 구소련 정치, 경제 체제의 골간을 유지하고 있다. 하지만 공통적으로 중앙아시아의 대부분의 국가에서는 권위주의적 유산이 정치, 사회 전반에 아직 많아 남아 있어 경제개혁에 있어서도 다른 구소연방 국가들에 비해 낙후성을 보이고 있다. 많은 중앙아시아 국가들에서 가산제적이고 가족적인 지배를 보이

9) 절차적 민주주의는 정치적 자유와 권리는 어느 정도 보장하는 가운데 선거를 통해 정치지도자를 선출하는 최소한의 민주주의를 의미한다.

는 정치체제가 실행되고 있어 앞서 언급한 전제적이고 권위주의적 정치체제의 유산과 함께 중앙아시아 정치의 민주화와 자유화에 걸림돌이 되고 있다.

중앙아시아 지역에서의 체제이행에 관한 이론은 과학적인 것이라기보다는 정치-사회적인 성격을 강하게 내포하고 있다. 따라서 사례비교연구나 일반적인 설명으로는 중앙아시아의 정치를 제대로 이해 할 수 없다. 중앙아시아 정치는 중앙아시아의 정치구조를 형성하는 내부적 요인, 정치적 역동성 그리고 사회구조를 충분히 이해해야만 제대로 설명할 수 있다. 이와 같은 이해가 부족한 상태에서 중앙아시아 정치를 해석 한다면 내부적 인식과 외부적 인식 사이에는 상당한 차이가 생길 수 있다. 본문에서 살펴 본 바와 같이 단지 현상 위주로 중앙아시아 정치를 이해한다면 잘못된 판단을 내릴 수 있다. 즉, 정확한 중앙아시아의 정치 이해를 위해서는 현 중앙아시아 대통령들을 권력의 중심으로 보낸 정치적 배후 실력자들과 이들의 영향력 그리고 대통령과의 관계를 충분히 살펴 볼 필요가 있다. 다시 말해 중앙아시아 정치는 이중적 정치구조를 가지고 있음을 알아야 한다. 표면적 정치구조인 대통령, 의회, 정당과 같은 주요 권력기관들의 관계뿐만 아니라 지방 곳곳에 정치적 실력자로 있는 씨족장, 부족장, 경제적 재벌, 지방유지 등과 같은 중앙아시아 정치의 막후 실력자들의 정치적 영향력과 그들 지도자와의 관계를 파악할 수 있어야 정확한 중앙아시아 정치를 분석할 수 있다. 즉 표면적 정치구조 이면에 있는 이들 막후 정치적 실력자들과 대통령, 의회 관계를 면밀히 살펴봐야 정확한 중아아시아 정치를 이해할 수 있다.

이와 같이 내부적 이해가 부족한 상태에서 중앙아시아 정세를 분석하여 내부적인식과 외부적 인식사이에 차이가 나는 사례는 많이 찾아 볼 수 있다. 예를 들어 중앙아시아 내부적 요소를 간과한 체 단지 외부적인 시각으로는 카자흐스탄의 민주화 정도나 우즈베키스탄의 비관적인 정치-경제 상황에 우려를 나타내는 경우가 많다. 특히 서구의 잣대로 중앙아시아 사회를 바라보는 이들이 이와 같은 우려를 많이 하고 있다. 하지만 실제 많은 카자흐스탄 국민들은 질서를 위해서는 국민권리의 제한도 필요하다고 생각하는 경우가 많으며, 우즈베키스탄 국민의 경우 비관적 정치-경제 상황에도 불구하고 그들의 자국 발전모델에 대해 비교적 만족해하고 있다. 현지 국민들을 상대로 한 설문조사에서도 대다수의 카자흐스탄, 우즈베키스탄 국민은 민주적 정치체제나 자유주의 또는 사회주의 등의 그 어떠한 정치제제보다 정치적 혼란을 가져오지 않고 질서를 잡을 수 있는 정치체제를 선호한다고 말했다. 즉 대다수의 국민들은 어떤 지도자나 어떤 정치형태가 권력을 잡는 것에 대한 관심보다는 정치-사회적 질서와 안정만을 우선적으로 고려한다는 의미이다. 아래 도표-2는 이러한 실태를 반영한 현지설문조사이다. 우리는 이러한 이유 때문에 현재 모든 중앙아시아 지도자들이 전 소비에트 관료 출신임에도 불구하고 민족주의적인 현 독립국가에서도 계속해서 권력을 유지하며 국민들의 지지를 받고 있음을 알아야 한다. 또한 타지키스탄의 경우 대다수의 국민들이 이상적인 정치체제로 우즈베키스탄을 꼽고 그 다음으로 미국, 러시아를 지적하고 있다는 사실로만 봐도 외부적 인식과 내부적 인식에는 상당한 차이가 있다는 것을 알 수 있다. 이와 같이 각 중앙아시아 국가의 내부적 역동성과 관계를 간과한다면 정확한 중앙아시아 각국의 정치, 사회를 해석할 수 없다는 것을 인식하고 보다 심층적인 내부적, 현지적 접근을 통해 중앙아시아 정치를 이해해야 한다.

중앙아시아에서의 가장 이상적인 정치체제에 대한
카자흐스탄, 우즈베키스탄 국민의 설문결과

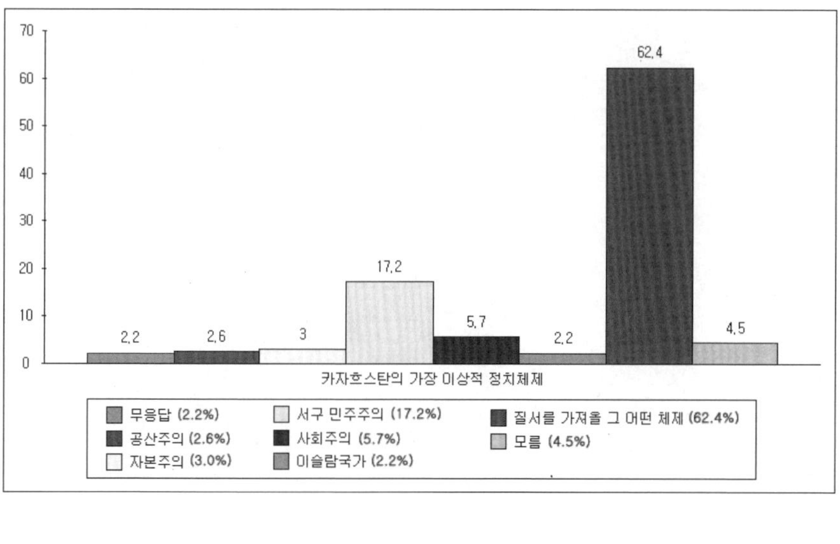

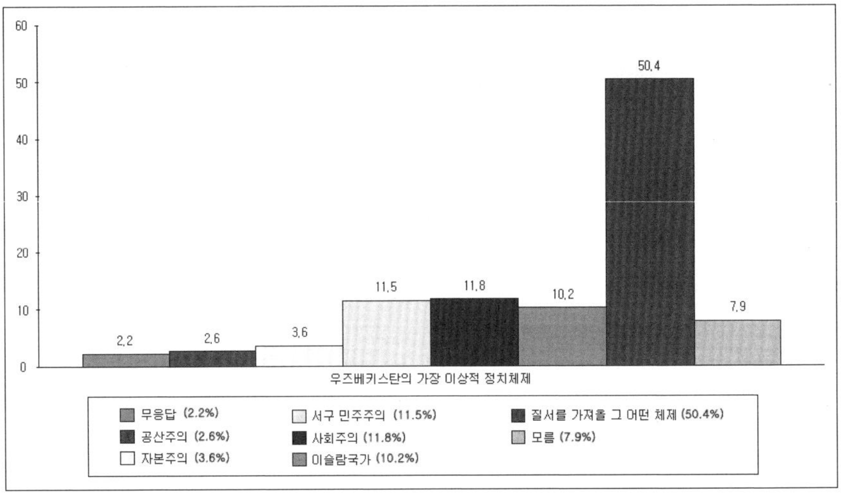

출처 : Nancy Lubin, "Views of Leadership in Uzbekistan and Kazakhstan," in Timothy J. Colton and Robert C. Tucker (eds.), Patterns in Post-Soviet Leadership (Bolder : Westview Press, 1995), pp.218.-219

제11장 세계 속의 중앙아시아 경제

이종문

1. 중앙아시아 경제의 부상

중앙아시아[1]는 21세기 들어 이 지역이 지닌 지리 정치적 · 경제적 · 전략적 가치로 인해 글로벌 정치, 경제 무대에서 가장 주목을 끄는 지역 중의 하나로 급부상하고 있다. 고대로부터 근대에 이르기까지 중앙아시아는 지리정치적 측면에서 동양과 서양을 연결하는 교역과 문화의 통로였던 '비단길'의 중심지라는 범(凡)세계적인 지위를 향유하기도 하였으나 20세기 들어 소비에트연방에 강제 편입되면서 그 역사적 역할을 일시적으로 상실하였다. 그러나 1990년대 소비에트체제 붕괴와 2000년대 들어 본격화되기 시작한 국제유가의 장기급등(super cycle)에 힘입어 석유 및 천연가스로 대표되는 에너지 자원의 마지막 보고라는 경제적 가치와 이 지역의 정치, 군사적 역학과 패권을 둘러싸고 미국과 유럽연합(EU), 러시아, 중국, 일본 등 세계열강들의 관심이 고조되면서 중앙아시아의 국제 정치적, 전략적 의미가 새롭게 부각되고 있다.

오늘날 중앙아시아는 냉전체제 붕괴 이후 '미국 중심적 세계체제의 구축'을 추진하고 있는 미국의 세계전략과 '중앙아시아 지역에서의 배타적 영향력 복원'이라는 러시아의 대외정책이 첨예하게 대립하고 있는 지역이다. 그리고 유럽연합(EU), 중국, 인도, 터키, 이란 등 주변 국가들이 자국의 정치, 경제적 이

1) 중앙아시아에 대한 지리적 경계에 대한 정의는 대단히 다양한 것이 사실이다. 여기서는 소비에트로부터 독립한 유라시아 대륙의 중앙에 위치한 카자흐스탄, 우즈베키스탄, 투르크메니스탄, 키르기즈스탄, 타지키스탄 등 '땅'을 의미하는 '스탄'이 들어가는 5개국을 지칭한다.

의 확보를 위해 가세함으로써 지역 패권을 둘러싼 경쟁이 격화되고 있다. 중앙아시아에서 벌어지고 있는 세계열강의 헤게모니 쟁탈전은 19세기 말 중앙아시아와 아프가니스탄에서 벌어졌던 영국과 재정러시아 간의 '거대 게임(Great Game)'에 상응하는 '신거대 게임(New Great Game)'으로까지 지칭되고 있다.

지정학적 역학관계에 더해 수년 간 지속된 국제유가의 급등은 중앙아시아에 대한 글로벌 경제의 관심을 폭증시켰다. 중앙아시아는 '제2의 중동', '세계 에너지 자원의 마지막 보고'라 일컬어질 정도로 내륙 및 카스피 해에 막대한 석유와 천연가스가 매장되어 있다. 에너지 자원 매장량이나 생산량에 있어 중동에 미치지는 못하나 미탐사, 미개발지가 많아 추가 개발 가능성이 대단히 높으며, 북미 및 북해 지역을 포함한 많은 기존 유전에서 그 생산량이 감소하거나 정점에 달한데 비해 중앙아시아 지역에서의 에너지 자원 생산은 시간이 갈수록 늘어나고 있다. 에너지 및 군사안보 확보와 관련해 미국과 EU, 러시아는 중앙아시아 지역에서의 에너지 자원 생산과 수송루트를 선점하기 위한 치열한 쟁탈전을 벌이고 있다. 또한 세계 최고의 경제성장을 구가하며 세계 에너지 자원 소비의 블랙홀이 된 중국과 인도가 에너지 자원의 안정적 확보를 위해 중앙아시아에서의 자원전쟁에 뛰어들었으며, 일본과 한국 등 동아시아 국가들도 중동지역에 편중된 에너지 공급원의 다변화를 위해 발 벗고 나선 상태다. 이제 중앙아시아는 유럽과 아시아, 러시아와 중동 및 인도를 연결하는 유라시아 대륙의 '석유-가스 로드(oil-gas road)'의 중심지로 부상하며 세계 에너지경제의 지도를 바꾸고 있다.

이와 같은 국제 지리 정치적, 경제적 우위 요인을 바탕으로 중앙아시아 각국들은 1990년대 말부터 독자적인 경제발전 전략[2)]을 본격적으로 채택하면서 시장경제로의 체제이행 완성과 지속적인 고도성장 실현, 국가경쟁력 확보 등의 목표 달성을 추진해오고 있다. 10여 년이 지난 오늘날 중앙아시아 5개국은 나름대로의 역동적인 경제성장과 발전을 이룩하며 세계경제의 완전한 일원으

2) 중앙아시아 국가들이 추진한 시장경제로의 체제전환은 '국가주도 신(新)권위주의 개발독재'라는 공통분모 하에 다른 상이한 특징을 지니고 있다. 카자흐스탄, 타지키스탄은 국가주도 하에 개방적, 급진적 시장경제정책을 채택하며 사유화와 자유화를 도모함과 동시에 외국인 투자 촉진과 수출주도의 대외지향적 전략을 추진하였다. 반면 우즈베키스탄은 강력한 민족주의를 바탕으로 경제적 자유화를 반대하며 수입대체산업 육성 정책을 통한 경제안정과 자립을 추구하는 점진적 경제개혁을 추진해오고 있다. 투르크메니스탄은 시장경제로의 체제개혁을 단호히 거부하며 소비에트식 계획-지령 경제 틀을 유지하고 있다.

로의 편입을 서두르고 있다. 이를 계기로 중앙아시아가 세계경제에서 차지하는 위상을 각종 주요 거시경제지표를 통해 살펴보면 다음과 같다.

II. 천연자원 잠재력으로 본 중앙아시아

중앙아시아는 카스피 해에 대규모로 매장되어 있는 원유와 천연가스 등의 에너지 자원을 비롯해 금, 구리, 우라늄, 크롬 등 풍부한 광물자원을 보유하고 있는 세계 최고 자원 보고지의 하나다. 중앙아시아는 세계 다른 유전지역과 달리 신규 개발의 여지가 대단히 높아 중동을 보완할 에너지 자원의 새로운 공급원으로, 유럽과 아시아를 연결하는 지리적 요충지로 에너지 자원 수송에 있어 적지 않은 이점을 지니고 있다.

글로벌 경제의 변방에 불과했었던 중앙아시아가 21세기 들어 갑자기 세계 열강의 집중적 조명을 받을 수 있었던 것은 2003년 초부터 2008년 중반까지 국제유가를 중심으로 무려 5년 이상 지속된 국제원자재 가격의 장기 급등 덕분이었다. 2003년 4월 배럴당 25달러에 그쳤던 국제유가(WTI)가 2006년 70달러를 넘어선데 이어 2008년 7월에는 150달러에 육박하는 장기적 초강세(Super Cycle)를 지속하였다. 2005년 유가 폭등(Super spike) 시대를 예측했었던 골드만삭스는 2008년 5월 보고서에서 '국제유가가 향후 2년 내에 배럴당 150~200달러까지 이를 수 있다는 전망을 내놓았고, 일각에서 석유수출국기구(OPEC)의 원유 생산 정체와 세계 원유 재고 급감, 수급불균형으로 유가가 최고 500달러까지 폭등할 것이라는 극단적 견해가 제시되면서 '피크오일(peak oil)'이론[3]이 현실화될 것이라는 주장이 힘을 얻기도 하였다. 그러나 2008년 9월 미국발 서브프라임 모기지(Sub-prime mortgage, 비우량주택담보대출)사태

3) 1956년 지질학자인 킹 허버트가 제시한 이론으로 원유생산이 최고점에 도달한 뒤 급격히 감소하면서 유가가 폭등하며 이로 인해 대공황에 가까운 세계 경제침체가 이어진다는 내용이다. 독일의 에너지워치그룹(EWG)은 피크오일 시점이 2006년이었으며 이미 감소세로 돌아섰다고 발표하였다. 미국 에너지정보청(EIA)이 발표한 세계 주요 산유국의 오일 피크 연도는 다음과 같다. 미국 : 1971년, 베네수엘라 : 1970년, 네덜란드 : 1966년, 리비아 : 1970년, 이집트 : 1987년, 나이지리아 : 1979년, 이란 : 1974년, 시리아 : 1996년, 인도네시아 : 1991년, 인도 : 1997년, 영국 : 1999년, 노르웨이 : 2000년, 오만 : 2000년, 멕시코 : 2003년, 호주 : 2004년, 러시아 : 2007년, 쿠웨이트 : 2013년, 사우디아라비아 : 2014년, 이라크 : 2018년.

는 글로벌 금융위기와 경기침체를 가속화시켰다. 디플레이션(deflation)에 대한 우려로 수요 감소가 발생하며 국제유가가 불과 5개월 만인 12월에는 배럴당 40달러 안팎으로 떨어지는 등 주요 원자재가격이 폭락하는 롤러코스트 장세를 시현하고 있다. 세계 경기침체로 향후 1~2년간 원자재 가격이 정체될 것으로 예상되고 있으나 세계 경기 반등 시 중국을 중심으로 한 신흥시장에서의 수요 회복과 생산 부족, 자원민족주의의 강화 등 지난 5년 간 원자재 가격의 급등을 이끌었던 요인들이 해결되지 않았다는 점에서 경기회복과 더불어 자원 확보를 위한 열강들의 치열한 경쟁이 다시 전개될 가능성이 대단히 높다. 특히 2008년 들어 러시아가 이란, 카타르, 알제리 등과 함께 석유수출국기구(OPEC)에 버금가는 '천연가스 수출 카르텔'[4] 설립을 본격화하고 있는 점도 중앙아시아에 대한 세계열강의 관심을 고조시키는 계기가 될 것으로 보인다. 천연가스 카르텔의 설립을 통해 가스 생산국들이 생산 및 수출량 조절, 판매가격 담합을 통해 가스를 '무기화'할 경우 세계 에너지공급 판도에 적지 않은 지각변동을 불러일으킬 수 있기 때문이다.

1. 에너지 자원 매장량

석유와 천연가스로 대변되는 에너지 자원은 중앙아시아가 세계적인 부존량을 자랑하는 가장 대표적인 광물자원이다. 중앙아시아 석유 및 천연가스 자원의 가장 큰 특징은 가채연수가 길어 향후 그 개발 잠재력이 다른 어느 지역보다 높다는 것이다. 중앙아시아에는 세계 석유 확인매장량의 3.32%인 410.7억 배럴이, 천연가스는 3.57%인 6조 3,200억㎥가 묻혀있는 것으로 분석되고 있다. 그러나 궁극매장량(possible reserves)을 합친 총잠재매장량(EIA)은 그보다 훨씬 많아 석유는 1,420~1,740억 배럴, 천연가스는 13조 7,110억㎥에 달하는

4) 2008년 10월 21일 러시아와 이란, 카타르는 테헤란에서 모여 천연가스 가격협력기구(천연가스 카르텔)를 만드는데 합의하였다. 천연가스가 지닌 수급 메커니즘상의 특징(장기공급계약, 운송 등)과 석유와 같은 범세계적 상품이 아니라는 점에서 가스카르텔이 석유 OPEC와 같은 위력을 발휘할지는 미지수다. 그러나 2006년 1월 우크라이나 가스공급 중단을 통해 유럽은 러시아 천연가스의 위력을 절실히 체험했다. 브리티시 페트롤리엄(BP)의 "Statistical Review of World Energy 2008'에 의하면 러시아는 세계천연가스 매장량의 25.2%인 44.65조㎥, 이란이 15.7%인 27.80㎥, 카타르가 14.4%인 25.60조㎥를 보유하고 있어 상기 3개국이 매장량이 세계 전체 매장량의 55.3%를 차지하고 있다. 현재 천연가스카르텔 설립에는 러시아, 이란, 알제리, 카자흐스탄, 우즈베키스탄, 사우디아라비아, 카타르 등 7개국이 주도적으로 참여하고 있다.

것으로 추정되고 있다.

중앙아시아 확인된 에너지 자원 매장량 현황(2007년 말 기준)

	석유 (억 배럴)				천연가스(Tcm)			
	매장량	비중(%)	순위	가채연수	매장량	비중(%)	순위	가채연수
카자흐스탄	398.3	3.22	9위	73.2	1.90	1.07	17	69.8
투르크메니스탄	6.0	0.05	44위	8.3	2.67	1.50	13	39.6
우즈베키스탄	5.9	0.05	46위	14.3	1.74	0.98	20	29.8
키르기즈스탄	0.4	-	76위	-	0.006	-	83	-
타지키스탄	0.12	-	82위	-	0.006	-	83	-
소 계	410.7	3.32	-	-	6.32	3.57	-	-

자료 : 카자흐스탄, 우즈베키스탄, 투르크메니스탄의 경우 'BP Statistical Review 2008'을, 키르기즈스탄과 타지키스탄은 'Oil & Gas Journal (2007.1.1)'자료를 인용함.

카자흐스탄

카자흐스탄은 중앙아시아 최대 에너지 부국이다. 영국 BP(2008)에 의하면 2007년 말 기준 카자흐스탄에 묻혀있는 확인된 석유매장량은 398.3억 배럴로 리비아에 이어 세계 9위에 해당하며, 천연가스는 1조 9,000억㎥로 이집트에 이어 세계 17위를 점하고 있다. 미국 에너지정보청(EIA)은 카자흐스탄의 확인 석유매장량이 최소 90억 배럴에서 최대 400억 배럴이며, 궁극매장량 920억 배럴을 합칠 경우 총(總)잠재매장량은 1,010억~1,320억 배럴에 달하는 것으로 추정하고 있다. 그리고 천연가스는 궁극매장량 2조 4,930억㎥를 포함해 총(總)잠재매장량은 4조 3,340억㎥에 달하는 것으로 예상하고 있다. 카스피 해 지역은 카자흐스탄 전체 원유매장량의 약 30~40%를 담당하고 있다. 카자흐스탄 최대 유전은 카스피 해 북부 아티라우 인근에 위치한 카샤간 유전으로 가채매장량이 90억~130억 배럴, 추정매장량이 380억 배럴에 달하는 세계 5대 유전 가운데 하나다. 캬사간유전은 Agip-KCO가 운영회사로 개발 사업을 추진 중인데 원유생산은 2010년 7.5만bbl/d을 시작으로 2013년에는 120만bbl/d에 달할 것으로 전망되고 있다. 그리고 1979년 발견된 추정매장량 90억 배럴인 카스피 해 북동해안에 위치한 텡기즈 유전, 북부에 위치한 육상 유전으로 원유와 천연가스 가채매장량이 각각 23억~60억 배럴, 0.45~1.30조㎥인 카라차가낙 유전, 추정매장량이 46.5억 배럴인 누르술탄 유전, 38억 배럴의 원유와 3.24조㎥의 천연가스가 매장되어 있는 것으로 추정되는 첸트랄노예 유전 등도 카자흐스탄을 대표하는 대형 유전들이다.

투르크메니스탄

투르크메니스탄은 카자흐스탄에 이은 중앙아시아 제2의 에너지 자원 부국이다. 천연가스 매장량에 있어 중앙아시아 5개국 중에서 1위, 석유매장량에 있어 카자흐스탄에 이어 2위를 차지하고 있다. BP는 투르크메니스탄의 확인된 천연가스 매장량이 2조 6,700억㎥로 세계 매장량의 1.5%를 차지하는 것으로 분석하고 있다. 그러나 투르크메니스탄 정부가 2006년 5월 유럽부흥개발은행(EBRD)에 제출한 보고서에 의하면 채굴 가능한 천연가스 매장량이 러시아, 이란, 카타르에 이어 세계 4위에 해당하는 780조 입방피트(22조㎥)에 달하는 것으로 알려지고 있다. 투르크메니스탄 정부와 BP 간의 발표치에서 큰 차이가 나는 것은 투르크메니스탄 정부가 소비에트로부터 독립한 후 지금까지 17년 동안 철저한 폐쇄정책을 통해 세계로부터 고립되어 왔기 때문에 국제 에너지 연구기관들이 옛날 자료를 바탕으로 한 추정치에 의존하고 있기 때문이다. 즉 투르크메니스탄에 묻혀있는 천연가스에 관한 자료가 공개된 것은 소비에트시대 말기인 1991년으로 당시 확인매장량은 2.9조㎥로 조사되었고, 그 후 지금까지 채굴된 약 7,000억㎥를 제한 수치이기 때문이다. 따라서 투르크메니스탄 정부 발표치에 거품이 있다는 점을 고려하더라도 BP나 EIA의 발표치보다 투르크메니스탄에 훨씬 많은 천연가스가 묻혀있는 것으로 추정된다. 그리고 지금까지 본격적인 지질조사 및 탐사가 이루어지지 않고 있다는 점을 고려할 때 투르크메니스탄의 에너지 자원 잠재력은 훨씬 더 높을 것으로 보인다. 실제로 투르크메니스탄 가스전을 실사하고 있는 세계적 유전평가기관인 영국 GCA(Gaffney, Cline & Associates)는 2006년 11월 남동부에서 발견된 욜로탄-오스만(Iolotan-Osman) 가스전의 천연가스 매장량이 최소 4조㎥, 최대 14조㎥에 달하는 것으로 2008년 10월 발표하였는데 이는 세계 4~5위에 해당하는 초대형 가스전이다.[5] 또한 GCA는 다른 가스전인 야쉬라르에도 최소 7,000억㎥, 최대 1조 5,000억㎥의 천연가스가 매장되어 있는 것으로 분석하며 투르크메니스탄 전체 가스전 조사가 완료될 경우 확인 가스 매장량이 38.4조㎥에 달할 것으로 전망하였는데 이는 러시아(44.65조㎥) 보다 15% 낮은 수준이다. 이럴 경우 투르크메니스탄은 천연가스 매장량에 있어 이란(27.80㎥)과 카타르(25.60조㎥)를 제치고 세계 2위로 급부상하게 된다.

2007년 말 기준 투르크메니스탄에는 149개의 가스전에서 가스 채굴이 이루어지고 있는데 그중 139개는 내륙지방에, 10개는 카스피 해 연안에 위치하고 있으며, 매장량이 26억㎥이상인 가스전이 54개에 달하는 것으로 알려지고 있다. 투르크메니스탄이 자랑하는 세계적인 가스전으로는 잠재매장량이 4.5조㎥인 도블레타바드 가스전, 잠재매장량이 9,350억㎥인 샤틀 리크 가스전을 들 수 있다. 그리고 최근 개발된 최대 가스전인 사그케나르 가스전은 잠재매장량이 1.7조㎥가 넘는 것으로 자체 평가되고 있다. 그 외에 대형 가스전으로는 말라이, 오자크, 사만테페 가스전이 있다.

우즈베키스탄

우즈베키스탄도 적지 않은 양의 천연가스와 석유 자원을 보유하고 있다. 원유는 확인된 매장량이 5억 9,400만 배럴로 러시아, 카자흐스탄, 아제르바이잔, 투르크메니스탄에 이어 CIS국가 중 5위를, 천연가스는 전 세계매장량의 1%인 1.74조㎥로 러시아, 투르크메니스탄, 카자흐스탄에 이어 CIS국가 중 4위를 차지하고 있다. 지금까지 우즈베키스탄에는 171개의 석유 및 가스전이 발견되었는데 국토의 상당부분이 아직 미개발상태로 남아 있어 본격적인 지질조사 및 탐사가 이루어질 경우 매장량은 크게 증가할 것으로 전망되고 있다. 우즈베키스탄 국영 석유-천연가스업체인 우즈베크네프테가스(Uzbekneftegas)는 전 국토의 60%지역에 원유 및 천연가스가 묻혀있는 것으로 추정하고 있다. 1989년 생산을 시작한 남부 아무타리야 분지에 있는 코크두말라크 원유-가스-컨덴세이트전은 우즈베키스탄 석유 생산의 약 70%를 담당하고 있는 최대 에너지 광구로 확인매장량이 원유 4억 배럴, 가스 1,530억㎥, 컨덴세이트 5억 4,000만 배럴에 달했다. 그러나 계속된 생산으로 잔존매장량은 원유 1억 6,000만 배럴, 가스 1.5조 입방피트(424억㎥)에 불과한 것으로 알려지고 있다. 그 외 대형 광

5) Reuters, 2008년 10월 31일자

구로는 컨덴세이트 1억 배럴, 가스 4조 6,000억 입방피트(1,300억㎥)가 매장되어 있는 Shurtan가스-컨덴세이트전, 가채매장량이 원유 9,000만 배럴, 가스 18.7조 입방피트(5,300억㎥)인 Central Ustyurt & Southwest Gissar 원유-가스전이 있다. 현존하는 원유 및 가스전은 계속된 채굴로 그 생산량이 급격히 감소되고 있어 새로운 유전 및 가스전 개발을 위한 투자가 시급히 요구되고 있다.

키르기즈스탄과 타지키스탄

'Oil & Gas Journal'에 의하면 2007년 1월 1일 현재 키르기즈스탄의 확인된 원유매장량은 4,000만 배럴, 타지키스탄은 1,200만 톤의 원유가 매장되어 있는 것으로 분석되고 있다. 기타 통계에 의하면 키르기즈스탄에는 총 1.89억 톤의 원유 및 천연가스가 매장되어 있는 것으로 추정되는데 이는 키르기즈 국내 수요의 30%를 충당하는 수준에 그치고 있다. 그리고 타지키스탄에는 1억 1,300만 톤의 원유와 863억㎥의 천연가스, 3,600만 톤의 가스-컨덴세이트가 매장되어 있으나 그 대부분이 지하 4,000미터 이상에 매장되어 있어 생산 및 운송에 있어 채산성을 가지지 못하고 있다.

2. 에너지 자원 생산과 수출

2005년 5월 아제르바이잔 카스피 해 ACG(Azeri, Chirag, Gunashli) 유전의 원유를 터키를 통해 서유럽으로 수송하기 위한 BTC(Baku-Tbilisi-Ceyhan)송유관 건설과 2007년 건설된 SCP(South Caucasus Gas Pipeline)가스 파이프라인은 세계 에너지 자원 공급에 있어 중앙아시아의 중요성을 더욱 부각시키고 있다. 양 파이프라인이 제 기능을 수행하기 위해서는 아제르바이잔에서 생산되는 원유 및 천연가스만으로는 부족하고 카자흐스탄과 투르크메니스탄의 원유 및 천연가스 공급이 절대적으로 필요하기 때문이다. 중앙아시아는 2007년 일(日) 1,804,000배럴의 원유를 생산하여 세계 생산의 2.2%를 담당하였다. 이는 전년보다 2.7% 늘어난 것으로 동기간 동안 세계 원유 생산량이 0.2% 감소한 것에 비하면 적지 않은 생산 증가임을 알 수 있다. 카자흐스탄이 중앙아시아 전체 생산의 83%인 1,490,000배럴을 생산하여 영국에 이어 세계 19위를 차지하였고, 투르크메니스탄과 우즈베키스탄은 각각 198,000배럴, 114,000배럴 생산에 그쳤다. 수출에 있어서는 카자흐스탄이 일(日) 1,193,000배럴을 수출하여 멕시코에 이어 세계 14위에 랭크되었고[6], 투르크메니스탄은 일(日) 69,920배럴을 수출하여 35위를 차지하였다. 반면 우즈베키스탄과 키르기즈스탄, 타지키스탄은 순수입국 지위를 벗어나지 못했다.

천연가스 생산에 있어 2007년 중앙아시아는 세계 생산의 5.2%에 해당하는 5조 4,100억 입방피트(1530억㎥)를 생산하였는데 이는 2000년(4.4%)과 비교해 0.8%포인트 늘어난 수치다. 생산량 기준으로 2000년 대비 42.9% 늘어난 것으로 같은 기간 동안 세계 전체 천연가스 생산량이 21.1% 증가한 것과 비교해 2배나 많은 수치다. 국가별로는 투르크메니스탄이 2000년 대비 53.8% 늘어난 2조 3,810억 입방피트(675억㎥)를 생산하여 중앙아시아 최대 천연가스 생산국의 지위를 굳히며 세계 10위를 차지하였다. 투르크메니스탄은 새로 발견된 욜로탄-오스만(Iolotan-Osman) 가스전 덕분에 현재 생산의 배가 넘는 2조 4,710억 입방피트(700억㎥)의 천연가스를 추가 생산할 수 있는 여력을 지니게 되었다. 반면 우즈베키스탄은 동기간 11.1% 증가하는데 그친 2조 650억 입방피트(585억㎥)를 생산함으로써 투르크메니스탄에 추월당하며 세계 15위에 머물렀다. 카자흐스탄은 9,620억 입방피트(273억㎥)를 생산하는데 그쳤으나 2000년 3,800억 입방피트(108억㎥) 대비 무려 153% 증가하였다. 2007년 중앙아시아는 2조 5,260억 입방피트(716억㎥)의 천연가스를 세계 시장, 주로 러시아를 통해 우크라이나를 포함한 유럽으로 수출하였는데 투르크메니스탄이 70%를 담당하며 세계 6위를, 우즈베키스탄이 20%를 차지하며 세계 15위, 카자흐스탄이 11%를 차지하며 23위에 랭크되었다.[7] 반면 키르기즈스탄, 타지키스탄은 순수

6) 세계 주요 석유생산 및 수출국을 살펴보면 다음과 같다 (단위 : 1,000배럴/일).
생산(BP. 2007년 기준) : 1위 사우디아라비아(10,413), 2위 러시아(9,978), 3위 미국(6,879), 4위 이란(4,401), 5위 중국(3,743), 6위 멕시코(3,477), 7위 캐나다(3,309), 8위 UAE(2,915), 9위 쿠웨이트(2,626), 10위 베네수엘라(2,613), 11위 노르웨이(2,556), 12위 나이지리아(2,356), 13위 이라크(2,145), 14위 알제리(2,000), 15위 리비아(1,848)
순수출(EIA. 2006년 기준) : 1위 사우디아라비아(7,936), 2위 러시아(7,018), 3위 UAE(2,549), 4위 노르웨이(2,341), 5위 이란(2,294), 6위 쿠웨이트(2,268), 7위 나이지리아(2,040), 7위 베네수엘라(1,928), 9위 알제리(1,862), 10위 앙골라(1,707), 11위 리비아(1,552), 12위 이라크(1,484), 13위 멕시코(1,382), 14위 카자흐스탄(1,193), 15위 캐나다(1,057)

7) 세계 주요 천연가스 생산국 및 수출국을 살펴보면 다음과 같다. (단위 : bcf/년)
생산(BP. 2007년 기준) : 1위 러시아(21,443), 2위 미국(19,270), 3위 캐나다(6,485), 4위 이란(3,950), 5위 노르웨이(3,166), 6위 알제리(2,930), 7위 사우디아라비아(2,679), 8위 영국(2,556), 9위 중국(2,447), 10위 투르크메니스탄(2,381), 11위 인도네시아(2,355), 12위 네덜

입국가의 지위를 벗어나지 못했다. 카자흐스탄의 경우 카스피 해 연안 가스전 개발에 박차를 가하고 있어 적지 않은 수출 확대가 이루어질 것으로 보인다. 타지키스탄은 소비에트시절인 1980년대에는 매년 38.9만 톤의 원유와 3억 900만㎥의 천연가스를 생산하였으나 소비에트 붕괴 후 생산량이 급감하였고 지금은 운송 인프라 및 생산의 타산성 문제로 거의 생산이 이루어지지 않고 있다.

중앙아시아 에너지 자원 생산, 소비, 수출 현황

석유 (단위 : 1,000배럴/日)	생산(2007년)			소비(2007년)			순수출(2006년)	
	생산	비중(%)	순위	소비	비중(%)	순위	수출	순위
카자흐스탄	1,490	1.76	19	219	0.27	48	1,193	14
우즈베키스탄	114	0.13	50	119	0.15	58	-49	62
투르크메니스탄	198	0.25	45	107	0.12	59	70	35
키르기즈스탄	2	-	100	12	0.01	145	-10	111
타지키스탄	0.3	-	105	32	0.04	105	-31	72

천연가스 (단위 : Bcf/년)	생산(2007년)			소비(2007년)			수출(2007년)	
	생산	비중	순위	소비	비중	순위	수출	순위
카자흐스탄	962	0.92	26	698	0.67	33	286	23
우즈베키스탄	2,065	1.98	15	1,611	1.56	13	495	15
투르크메니스탄	2,381	2.29	10	774	0.75	31	1,745	6
키르기즈스탄	1	-	77	27	0.03	89	-71	-
타지키스탄	1	-	76	45	0.04	85	-44	-

참고 : Bcf : billion cubic feet, Bcm : billion cubic meters. 1Bcm은 35.3Bcf임.
자료 : 카자흐스탄, 우즈베키스탄, 투르크메니스탄의 생산, 소비는 'BP Statistical Review 2008'을, 수출 및 키르기즈스탄과 타지키스탄 통계는 EIA 자료(International Natural Gas and Liquefied Natural Gas (LNG) Imports and Exports)를 인용함.

란드(2,275), 13위 말레이시아(2,136), 14위 카타르(2,111), 15위 우즈베키스탄(2,065).
수출(EIA. 2007년 기준. 예상치) : 1위 러시아(8,377), 2위 캐나다(3,789), 3위 노르웨이(3,041), 4위 알제리(2,098), 5위 네덜란드(1,966), 6위 투르크메니스탄(1,745), 7위 카타르(1,388), 8위 인도네시아(1,151), 9위 말레이시아(1,116), 10위 미국(822).

3. 기타 광물자원

중앙아시아에는 경제성장을 위한 동력원이라 할 수 있는 석유와 천연가스로 대표되는 에너지 자원 이외에 금, 은, 동, 우라늄, 아연, 철광석 등의 일반 광물자원이 아직 완전히 개발되지 않은 채 지하에 풍부히 매장되어 있다.

중앙아시아 5개국 중에서 카자흐스탄은 멘델레예프 주기율표에 나오는 거의 모든 광물자원이 풍부히 매장되어 있는 세계적인 자원부국으로 1인당 광물자원 매장량에 있어 선도적 위치를 점하고 있다. 특히 우라늄은 카자흐스탄이 세계적 매장량을 자랑하는 광물자원으로 세계 매장량의 16.7%를 차지하고 있는데 이는 세계 2위에 해당된다. 우라늄 매장량의 60%는 남부지역인 Suzak지구에 분포되어 있다. 아연은 세계 매장량의 13.6%로 3위, 크롬은 9.0%로 2위, 레늄과 연은 각각 7.9%, 7.4%로 4위, 카드뮴은 8.3%로 5위, 붕소는 8.2%로 6위, 석탄은 313억 톤으로 8위를 차지하고 있다. 창연, 중정석, 원광석, 셀레늄, 몰리브덴 등도 그 매장량에 있어 세계 10위 내에 들 정도로 대단히 풍부하다. 그 외에 보크사이트, 구리, 금, 인광석, 텅스텐, 베릴륨 등의 광물자원도 풍부하게 분포되어 있다. 가채연수에 있어 크롬은 140년, 금은 129년, 우라늄은 97년, 아연은 96년, 구리는 47년, 은은 35년에 달하는 것으로 분석되고 있다. 이 수치는 향후 적극적인 지질조사 및 탐사가 이루어질 경우 상당량 증가될 것으로 예상된다.

우즈베키스탄 또한 광물자원이 풍부한 국가이다. 금, 은, 동, 연, 아연, 텅스텐, 레늄 등을 포함한 다수의 비철금속을 비롯해 형석과 장석, 우라늄 등의 광물자원이 상당량 매장되어 있다. 특히 금은 세계 매장량의 10.6%에 해당하는 5,300톤이 묻혀있어 매장량에 있어 세계 3위를 차지하고 있다. 무룬타우는 세계 최대의 노천 금광으로 우즈베키스탄 연간 금생산량의 60%에 해당하는 약 50톤이 채굴되고 있다. 형석은 세계 매장량의 12.6%인 27백만 톤으로 세계 4위에 해당된다. 우라늄도 세계 매장량의 2.5%인 65,620톤이 매장되어 있어 세계 10위, 몰리브덴은 매장량에 있어 세계 11위(60,000톤. 0.7%), 텅스텐은 세계 12위(20,000톤. 0.6%)를 차지한다.

키르기즈스탄에 있어 광물자원은 대단히 중요한 의미를 지니는 부문이다. 광업은 키르기즈스탄 국내총생산의 약 10%, 수출의 41%, 세수의 11%를 차지할 정도로 중요한 산업이다. 특히 금, 안티몬, 수은, 주석, 몰리브덴 등이 풍부히 매장되어 있는데 그중에서도 금은 가장 경제성이 높은 대표적인 광물자원이다. 추정 매장량은 2,500톤으로 CIS국가 중 러시아, 우즈베키스탄에 이은 3위의 금 생산국으로 금광산이 40개 이상 분포되어 있다. 매장량 기준으로 수은은 7,500톤(세계 매장량의 6.3%)으로 세계 2위, 몰리브덴은 100,000톤으로 세계 9위(1.2%)를 점하고 있다. 그 외에 안티몬은 추정 매장량이 2만 톤에 달하며, 주석이 149,000톤, 텅스텐이 96,000톤, 석탄이 25억 톤으로 풍부히 매장되어 있다.

타지키스탄은 400여 개의 광산에 다양하고 풍부한 광물자원을 보유하고 있으나 광산이 험준한 산악지방에 위치하고 있고 개발이 힘들 뿐만 아니라 운송 인프라가 갖추어져 있지 않아 채산성이 대단히 낮다. 금, 은, 석탄이 대표적인 광물자원인데 매장량은 각각 429톤, 6만 톤, 14억 톤이다. 특히 코니만수르광산은 세계 2위의 은 매장량을 보유하고 있는 광산으로 그 매장량이 53,000톤에 달한다. 안티몬의 경우 세계 매장량의 2.4%인 20,000톤이 분포되어 있다.

III. 거시 경제 지표로 본 중앙아시아

2000년대 들어 세계경제에서 중앙아시아의 역할과 의미가 확대되고 있다. 경제성장률(GDP증가율), 국내총생산(GDP), 국민총소득(GNI), 대외무역, 외국인직접투자(FDI) 등과 같은 주요 대내외 거시경제 관련 통계지표를 통해 중앙아시아 각국이 세계경제 속에서 차지하는 비중을 살펴보면 다음과 같다.

1. 경제성장률 (실질 GDP증가율)

중앙아시아는 2000년대 이후 세계경제에서 가장 역동적인 성장을 이룩하고 있는 지역이다. 역내 5개국 간에 적지 않은 차이를 보이고는 있으나 지역 전체 경제성장률(실질 GDP증가율)은 세계 평균은 물론 신흥경제(emerging market) 및 개발도상국 평균보다 훨씬 더 높다. 그중에서도 카자흐스탄은 최근 8년(2000~2007년) 동안 연평균 10.1%라는 경이적인 경제성장을 이룩함으로써 인구 100만 이상인 전(全)세계 151개 국가 중에서 아제르바이잔(14.6%), 아르메니아(11.8%), 앙골라(11.7%)에 이어 세계 4위를 차지하였다. 이는 이머징 마켓 가운데서 최고의 경제성장을 시현하고 있는 중국의 9.8%보다 더 높은 성장률이다. 투르크메니스탄의 경우 연평균 성장률이 15.3%로 세계 1위를 차지하고 있으나 그 기준이 국내총생산(GDP)이 아니라 총산출량(AGO. Aggregate Gross Output)이라는 점이다. 총산출량을 기준으로 할 경우 이중 계산으로 성장률이 훨씬 높게 나타나며, 국민경제의 70%이상을 차지하는 대다수의 국영기업들이 생산목표 달성과 관련해 생산실적을 부풀려 보고하는 경향이 대단히 심해 투르크메니스탄의 경제성장률은 실제보다 과대 포장되는 문제점을 지니고 있다. 타지키스탄 또한 연평균 8.5%의 고도성장을 지속하고 있다. 역내 5개국 중 우즈베키스탄과 키르기즈스탄이 가장 낮은 4~6%의 성장률을 기록하고 있는데 이는 동기간 동안의 세계평균 성장률인 4.1%보다는 높은 수치이나 신흥경제 및 개발도상국 평균인 6.3%에는 다소 못 미치는 수준이다.

중앙아시아 5개국의 경제성장률 추이

(단위 : %)

	2000	2001	2002	2003	2004	2005	2006	2007	연평균성장률 (2000~2007)
카자흐스탄	9.8	13.5	9.8	9.3	9.6	9.7	10.7	8.9	10.1
우즈베키스탄	3.8	4.2	4.0	4.2	7.7	7.0	7.3	9.5	5.9
투르크메니스탄	18.59	20.39	15.77	17.10	14.69	13.05	11.4	11.6	15.3
키르기즈스탄	5.40	5.3	-0.02	7.0	7.03	-0.16	3.1	8.2	4.3
타지키스탄	8.3	10.2	9.1	10.2	10.6	6.7	7.0	7.8	8.5
세계 평균	4.67	2.22	2.81	3.60	4.94	4.43	5.02	4.94	4.1
신흥경제 평균	5.90	3.83	4.73	6.20	7.51	7.06	7.77	7.87	6.3

자료 : IMF. World Economic Outlook. October 2008

중앙아시아 국가들의 고도경제성장은 국제유가의 폭등과 세계열강의 에너지자원 확보 및 지정학적 요인이 추가된 외국인투자 급증을 배경으로 하고 있다는 특징을 지니고 있다. 그러나 '에너지자원 의존형 경제'[8]는 국내경제가 세계 원자재가격의 변동에 크게 좌우될 수 있어 안정적인 경제정책을 수행하기 어렵다는 치명적인 문제점을 안고 있다. 세계경기의 둔화와 더불어 국제유가

8) 일반적으로 국내총생산(GDP)의 10%, 수출의 40%이상을 에너지자원이 차지하는 경우를 지칭한다.

의 하락은 지역경제침체를 가속화시킬 수 있기 때문이다. 2008년 카자흐스탄의 경제성장률이 2000년대 최저인 4.5%로 떨어지며, 2009~2010년에는 5.3%~6.5%로 경착륙할 것으로 예상되는 것도 2008년 하반기 미국발 서브프라임 모기지 사태로 촉발된 세계 경제 침체로 인한 국제유가의 급락이 그 배경이 되고 있다. 또한 중앙아시아 각국은 에너지의 저주라 일컫는 '네덜란드병(Dutch disease)'[9]에 걸려 국내 제조업이 붕괴되는 상황에 처할 수도 있다는 점에서 새로운 경제성장 동력의 확보가 요구되고 있다.

2. 국내총생산(GDP)

2000년 이후 세계 최고의 역동적 경제성장에도 불구하고 중앙아시아가 세계경제에서 차지하는 비중은 여전히 낮은 수준에 머무르고 있다. 국제통화기금(IMF)이 2008년 10월 발표한 통계자료에 의하면 2007년 기준 중앙아시아 5개국의 경상가격 국내총생산(GDP)은 전년대비 28%급증한 1,608.2억 달러를 기록하였으나 세계 전체 GDP에서 차지하는 비중은 0.30%에 불과하였다. 반면 환율 및 물가를 고려한 구매력평가 GDP는[10] 2,817.4억 달러로 경상가격 GDP보다 1.75배가 많았다. 중앙아시아가 세계 전체 구매력 GDP에서 차지하는 비중은 2000년 0.307%에 비해 0.126%포인트 증가한 0.433%를 차지하였다. 중앙아시아 5개국 중에서는 카자흐스탄이 2000년 이후 연평균 10%가 넘는 고도성장을 바탕으로 우즈베키스탄을 제치고 중앙아시아 최대 경제대국으로 확실한 자리매김을 하였다. 카자흐스탄은 경상가격 및 구매력평가 GDP에서 중앙아시아에서는 유일하게 1,000억 달러를 넘어서며 세계경제에서 55~56

9) 네덜란드병(Dutch disease)이란 천연자원을 수출하는 국가들에서 주로 발생하는 문제로 자원 수출로 막대한 외화가 유입되어 국내물가 상승과 자국화폐의 실질환율이 평가절상되면서 천연자원을 제외한 나머지 제조업이나 서비스업이 국제경쟁력을 상실해 국민경제 전체가 침체되는 현상을 지칭한다. 이는 1960~1970년대 네덜란드가 해외 천연자원 개발에 성공하면서 경제호황을 누렸으나 밀려드는 외화유입으로 통화가치가 급등하면서 제조업체들, 특히 수출기업들의 대외경쟁력이 약화되었을 뿐만 아니라 급격한 임금상승과 심각한 노사갈등 등이 발생하여 1980년대 경제가 활력을 잃고 사회불안이 고조된 현상을 지칭한데로부터 유래되었다.

10) PPP (Purchasing Power Parities)란 통상 미국 달러를 기준으로 각국의 화폐가 어느 정도의 구매력을 가지고 있는가를 평가하는 것으로 장기적으로 환율은 각국의 물가수준 차이에 의해 결정된다는 이론에 근거하고 있다. PPP는 국가 간 화폐교환비율이라기 보다는 자국화폐의 실질구매력을 나타내는데, 국가 간 물가수준 차이를 고려하여 GDP 등의 통계를 국가 간 비교하는 데 사용된다.

위를 차지하였다. 구매력평가 GDP에서는 우즈베키스탄이 중앙아시아에서는 2위, 세계경제에서는 74위, 경상가격 GDP에서는 투르크메니스탄이 중앙아시아에서는 2위, 세계경제에서는 82위를 차지하였다. 키르기즈스탄과 타지키스탄은 세계 130~140위의 하위권에 랭크되었다.

국민 1인당 경상가격 및 구매력평가 GDP에서 카자흐스탄이 각각 6,748달러, 10,837달러로 세계 60위권에 랭크되었다. 우즈베키스탄, 키르기즈스탄, 타지키스탄 3국은 구매력 및 경상가격 1인당 GDP에서 최하위권인 140위권에 랭크되며 극빈국 수준에서 벗어나지 못했다.

세계은행은 '세계개발보고서 2008(World Development Report 2008)'에서 개발도상국의 구매력은 급신장세에 있으며, 구매력을 기준으로 GDP를 산정할 경우 개발도상국의 경제규모는 단순환율을 적용한 경상가격 GDP보다 2.2배나 커지는 것으로 분석하고 있다. 카자흐스탄이나 투르크메니스탄의 경우 각각 1.6배, 1.0배에 그치고 있으나, 키르기즈스탄, 우즈베키스탄, 타지키스탄은 각각 2.8배, 3.0배, 3.2배로 이 지역에서의 화폐구매력이 상대적으로 높음을 알 수 있다.

중앙아시아 5개국의 국내총생산(GDP) - (2007년 기준 (181개국))

	경상가격 기준					구매력 평가(PPP) 기준				
	전체 GDP			1인당 GDP		전체 GDP			1인당 GDP	
	순위	백만$	(%)*	순위	$	순위	백만$	(%)*	순위	$
카자흐스탄	56	104,850	0.191	66	6,748	55	168,378	0.260	69	10,837
우즈베키스탄	86	22,307	0.041	142	830	74	64,201	0.099	132	2,390
투르크메니스탄	82	26,201	0.050	77	5,052	103	26,822	0.040	103	5,154
키르기즈스탄	141	3,748	0.007	144	713	138	10,508	0.016	140	2,000
타지키스탄	143	3,712	0.007	154	578	133	11,829	0.018	142	1,843
중앙아 5개국	-	160,818	0.296	-	-	-	281,738	0.433	-	-

(%)* : 세계 전체 GDP에서 차지하는 비중
자료 : IMF. World Economic Outlook. October 2008

3. 국민총소득(GNI. Gross National Income)

국민총소득(GNI)은 한 나라 국민이 일정기간 동안 국내외에서 획득한 소득의 합계로 GDP에 수출입 가격 변화에 따른 소득 변동분을 차감하고 다시 자본유출입에 따른 순수취 요소소득을 차감해 계산된다. 세계은행(World Bank)은 환율의 일시적 변동에 따른 영향을 완화하기 위해 당해연도 포함 최근 3년 동안의 이동평균 환율을 적용하여 지역통화를 달러금액으로 환산하는 'Atlas method'를 채택하여 매년 각국의 국민총소득(GNI)을 발표해오고 있다. 세계은행이 185개 회원국과 30,000명 이상의 인구를 지닌 총 209개 국가를 대상으로 2008년 8월 1일 발표한 "세계개발지수 데이터베이스(World Development Indicators database)"에 의하면 2007년 기준 투르크메니스탄을 제외한 중앙아시아 4개국 국민총소득(GNI)은 1042.04억 달러로 세계 총 GNI의 0.198%를 차지하였는데 이는 2002년 0.116%(금액 363.9억 달러)에 비해 0.082%포인트 급상승한 수치다. 세계은행은 2007년 Atlas method 적용 1인당 GNI를 기준으로 935달러 이하인 국가를 저소득국가(low income. LIC), 936~3,705달러인 국가를 하위 중소득 국가(lower middle income. LMC), 3,706~11.455달러인 국가를 상위 중소득 국가(upper middle income. UMC), 11,456달러 이상인 국가를 고소득국가(high income) 그룹으로 분류하고 있다. 카자흐스탄만이 유일하게 상위 중소득 국가(UMC) 그룹에 소속된 반면, 투르크메니스탄은 하위 중소득 국가(LMC) 그룹으로, 우즈베키스탄, 키르기즈스탄, 타지키스탄 3개국은 저소득국가(LIC) 그룹으로 분류되었다.

중앙아시아 5개국의 국민총소득(GNI) - (2007년 기준)

국명	국민총소득(GNI)			1인당 국민총소득(GNI)			
	순위	백만 $	비중(%)**	Atlas method		구매력평가(PPP)	
				순위	달러($)	순위	달러($)
카자흐스탄	57	78,281	0.149	94	5,060	92	9,700
우즈베키스탄	87	19,721	0.037	171	730	170	1,680
투르크메니스탄*	-	-	-	-	-	104	6,640
키르기즈스탄	160	3,099	0.006	175	590	163	1,950
타지키스탄	159	3,103	0.006	185	460	168	1,710
중앙아 4개국	-	104,204	0.198	세계평균	7,958	세계평균	9,816

투르크메니스탄* : 국민총소득(GNI), 1인당 GNP(Atlas method)는 산정되지 않았음.
비중(%)** : 세계 전체 GNI에서 차지하는 비중
자료 : World Bank. World Development Indicators database, 1 July 2008.

4. 대외무역

세계무역기구(WTO)와 중앙아시아 각국 중앙은행 통계자료에 의하면 2007년 중앙아시아 5개국의 상품수출은 전년대비 27%증가한 688.8억 달러를 기록하였는데 이는 세계 상품수출의 약 0.5%에 해당된다. 상품수입은 전년대비 32% 증가한 480억 달러로 세계 상품수입에서 차지하는 비중은 0.34%였다. 카자흐스탄이 중앙아시아 전체 수출과 수입의 약 70%를 차지하며 중앙아시아 최대 교역국으로 확실한 자리매김을 하였다. 카자흐스탄과 투르크메니스탄은 중앙아시아 최대 에너지 자원 보유국답게 전체 수출에서 연료 및 광물자원이 차지하는 비중이 80%이상을 차지하였다. 반면 우즈베키스탄은 목화섬유를 포함한 농산물이 21%, 에너지 및 석유제품이 20%로 최대 품목이었으며, 에너지 자원 빈국인 키르기즈스탄과 타지키스탄은 농산물과 일반 광물제품이 수출 주요 품목을 이루었다. 반면 중앙아시아 각국의 수입구조에 있어 기계설비 및 공산품을 중심으로 한 제조업 제품이 적게는 전체 수입의 50%를 많게는 80%를 차지하여 전형적인 에너지 및 농업 중심 경제 및 무역구조를 지닌 지역임을 보여주었다.

상품이동 측면에서 세계화 측정 기준이 되는 교역도[11]에 있어 중앙아시아는 1999년 59.4%를 기록하였으나 2006년에는 83.0%로 7년 만에 무려 23.6% 포인트나 늘었다. 동기간 동안 세계 전체 교역도가 15%포인트 증가에 그친 것과 비교해 볼 때 훨씬 높은 수치다. 소비에트 계획경제 틀을 유지하고 있는 투르크메니스탄을 제외한 나머지 4개국의 교역도는 세계 전체 교역도(61.8%)를 훨씬 앞지르고 있다. 타지키스탄과 키르기즈스탄은 교역규모가 국내총생산보다 무려 20~30%나 많고, 카자흐스탄도 1999년 68.2%였던 교역도가 2007년에는 95%로 확대되었다. 이는 중앙아시아 국가들이 다른 어떤 지역보다 상품이동에 있어 글로벌 경제로 급속히 편입되고 있음을 보여주고 있다.

11) 교역도란 연간 교역규모(상품 및 서비스 수출액과 수입액의 합계)를 당해연도 국내총생산(GDP)로 나눈 수치를 말한다. 교역규모 자체를 세계화의 지표로 사용하지 않고 교역규모를 GDP로 나눈 교역도를 세계화의 지표로 사용하는 것은 GDP는 일국의 경제규모를 나타내는 수치로 GDP가 클수록 일반적으로 교역규모도 커질 것이므로 수치에 의한 왜곡을 방지하기 위한 것이다. 따라서 어느 나라에 있어 기준연도에 비해 비교연도의 교역도가 증가할 경우 이는 외국과의 교류 정도가 심화되었다고 말할 수 있고, 이는 상품이동의 측면에서 그 나라의 세계화 정도가 진척되었다고 볼 수 있다. 1999년 세계 교역도는 0.465였으나 2006년에는 0.618로 확대되며 21세기 들어 상품이동에 있어 세계화가 급진전되었음을 보여준다.

중앙아시아 5개국 상품 교역현황(2007년 기준. 백만$)

국명	상품 수출(A)			상품 수입(B)			무역 및 경상수지		교역도**	
	수출액	(%)	순위	수입액	(%)	순위	무역수지	경상수지	1999년	2006년
카자흐스탄	48,349	0.348	50	33,208	0.234	50	15,141	-7,184	0.682	0.946
우즈베키스탄	8,992	0.065	81	5,236	0.034	106	3,756	4,370	0.406	0.633
투르크메니스탄*	8,920	0.064	82	4,460	0.031	110	4,460	3,400	0.691	0.450
키르기즈스탄	1,152	0.008	143	2,628	0.018	137	-1,476	-591	0.999	1.176
타지키스탄	1,468	0.011	130	2,455	0.017	139	-987	-476	1.332	1.290
중앙아5국 소계	68,881	0.496	-	47,987	0.338	-	20,894	-481	0.594	0.83

(%)* : 세계에서 차지하는 비중
교역도** : WTO 무역통계 자료와 IMF 경상가격 GDP자료를 기초로 산정함.
자료 : 각국 중앙은행. 단 투르크메니스탄은 WTO의 statistic database의 추정치임.

5. 외국인직접투자(FDI. Foreign Direct Investment)

유엔무역개발위원회(UNCTAD)의 '세계투자보고서 2008(World Investment Report 2008)'에 의하면 2007년 중앙아시아 5개국은 외국인직접투자(FDI)에 있어 전년대비 81.7% 증가한 139.4억 달러를 유치하였다. 세계 전체 FDI유입에서 중앙아시아가 차지하는 비중은 0.54%에서 0.76%로 확대하였다. 반면 2007년 말 기준 외국인직접투자 누적 잔액에 있어 중앙아시아는 528억 달러를 유치하여 세계에서 차지하는 비중은 0.35%에 그쳤다. 중앙아시아 국가 가운데 카자흐스탄만이 세계 FDI 유치 및 잔액 규모에 있어 나름대로의 의미를 지녔다. 카자흐스탄은 2007년 중앙아시아 전체 FDI 유치 및 누적 잔액에 있어 절대규모인 74%, 82%를 독차지하며 세계 33위, 52위에 랭크되었다. 나머지 4개국이 세계 FDI에서 차지하는 비중은 아직까지 대단히 미약하다. 이는 무엇보다 시장경제로의 체제전환과정에서 각국이 취한 경제발전 전략과 밀접한 관계를 지니고 있다. 즉 카자흐스탄과 타지키스탄이 국가주도의 개방적 시장경제정책과 수출주도형 산업전략을 추진하며 외국자본 유치에 적극성을 보인 반면, 우즈베키스탄과 투르크메니스탄은 대외지향적 개방보다는 경제규제를 강화하는 폐쇄정책과 국영기업 중심의 경제체제를 고수하며 수입대체산업 육성 정책을 추진해오고 있기 때문이다.

중앙아시아 국가들에 있어 우즈베키스탄을 제외하고 총고정자본형성 대비 FDI 비율이 대단히 높다는 특성을 지니고 있다. 중앙아시아 지역으로의 FDI는 각국마다 차이는 있지만 그 대부분이 현지에 신규로 공장을 건설하거나 서비스제공 사업장을 설립하는 그린필드 투자(greenfield investment)다. 그린필드 투자는 실물부문으로 직접 투자되기 때문에 이 비율이 높을수록 FDI가 경제발전에 기여하는 정도가 높다고 볼 수 있다. 2007년 중앙아시아 국가들의 총고정자본형성 대비 FDI 비율이 세계 평균인 14.8%보다 2.2~6.8배나 많았다. 특히 타지키스탄의 경우 상기 비율이 100%로 세계 평균보다 무려 7배나 높았다. 이는 타지키스탄 정부와 민간을 합친 국내 고정자본투자 규모와 FDI가 같다는 것을 의미한다. 그 외에 투르크메니스탄의 경우 총고정자본형성 대비 FDI비율이 40%를 넘었고, 카자흐스탄과 키르기즈스탄도 30%를 넘었다. 다만 우즈베키스탄만이 세계 평균에 훨씬 못 미치는 5%대에 그쳤다.

중앙아시아 5개국 외국인직접투자(2007년 기준)

	외국인직접투자(2007년)			외국인직접투자 잔액(2007년 말)		
	백만$	순위	비중(%)*	백만$	순위	GDP대비(%)
카자흐스탄	10,259	33위	32.5%	43,381	52위	41.4%
우즈베키스탄	262	137위	5.6%	1,648	132위	7.4%
투르크메니스탄	804	97위	41.9%	3,928	107위	15.0%
키르기즈스탄	208	144위	33.1%	819	159위	21.8%
타지키스탄	401	122위	99.9%	1,046	150위	28.2%
중앙아시아 소계	13,941	-	-	52,829	-	32.9%

비중(%)* : 각국 총고정자본형성(gross fixed capital formation)에서 차지하는 비중
자료 : UNCTAD, World Investment Report. 2008

6. 외국인직접투자 잠재지수와 성과지수

유엔무역개발회의(UNCTAD)는 매년 당해년도 포함 과거 3년 동안 12개의 경제적, 정치적 변수를 바탕으로 외국인직접투자 잠재지수(Inward FDI Potential Index)[12]와 외국인직접투자 성과지수(Inward FDI Performance Index)[13]를 발

12) 외국인직접투자 잠재지수는 시장규모는 별도로 하고 외국인투자유치에 영향을 미치는 경제의 투자매력도에 영향을 미치는 12개 변수의 평균 가치를 산정해 점수를 매기는 것으로

표해오고 있다. 외국인직접투자 잠재지수는 세계 각국이 FDI를 유치하는데 있어 그 잠재력이 어느 정도인지를 지수로 산정한 것으로 UNCTAD가 2008년 발표한 '세계투자보고서 2008(World Investment Report 2008)'에 의하면 중앙아시아 5개국 중 카자흐스탄만이 평가 대상 141개국 중 46위를 차지하며 중상위권에 편입되었다. 그러나 키르기즈스탄, 타지키스탄, 우즈베키스탄은 90위권 밖으로 벗어나며 투자잠재력이 대단히 낮은 것으로 평가되었고, 투르크메니스탄은 평가대상에서 조차 제외되었다.

반면 외국인직접투자 유치에 있어 우즈베키스탄을 제외한 중앙아시아 국가들은 자신의 경제규모에 비해 월등히 많은 외국자본을 유치하고 있음을 알 수 있다. 특히 타지키스탄은 2005~2007년 FDI 성과지수가 3.223으로 자신의 경제 규모보다 무려 3.2배나 많은 외국인투자를 유치하여 세계 141개 대상국 중 17위를 차지하였다. 그리고 카자흐스탄이 경제규모 비중보다 2.7배 많은 FDI를 유치하여 세계 23위, 키르기즈스탄은 1.7배로 55위를 기록하였다. 반면 우즈베키스탄은 경제규모의 절반에도 미치지 못하는 외국인투자를 유치하여 최하위권인 124위에 머물렀다.

상기 지표는 외국인투자 유치에 있어 중앙아시아 국가들은 그 잠재력을 훨씬 초과하는 실적을 얻고 있음을 보여준다. UNCTAD가 FDI유치잠재력과 FDI성과를 비교해 세계 각국을 4개권별 국가, 즉 Front-runners(높은 FDI잠재력을 지니고 있으며 유치실적도 많은 국가), Above potential(낮은 FDI잠재력을 지닌, 그러나 유치실적은 많은 국가), Below potential(높은 FDI잠재력을 지닌, 그러나 유치실적은 적은 국가), Under-performers (낮은 FDI잠재력과 적은 유치실적을 지닌 국가)로 분류하면서 카자흐스탄을 Front-runners로, 타지키스탄과 키르기즈스탄을 Above potential로, 우즈베키스탄을 Under-performers 유

변수로는 1인당 GDP, 최근 10년간 GDP 성장률, GDP에서 수출이 차지하는 비중, 정보 및 통신 인프라 관련 지표, 국민 1인당 상업용 에너지 사용량, GDP에서 R&D지출 비중, 전체 인구대비 고등교육학력자 비율, 국가위험(country risk). 천연자원의 수출에 있어 세계시장에서 차지하는 비중, 자동차 및 전자제품의 부품수입에 있어 세계시장에서 차지하는 비중, 세계서비스수출에 있어 차지하는 비중, 세계 FDI유치 잔액에 있어 차지하는 비중이 포함된다.

13) 외국인직접투자 성과지수(Inward FDI Performance Index)는 UNCTAD가 세계 각국의 외국인직접투자 유치 실적을 객관적으로 비교 분석하기 위해 제시한 방법으로 FDI를 유치한 국가의 당해 년도를 포함한 3년 평균 FDI가 세계 FDI에서 차지하는 비중과 그 국가의 3년 평균 국내총생산(GDP)이 세계 GDP에서 차지하는 비중을 비교하여 구한다. 이 방법은 일반적으로 경제규모가 큰 경우 외국인투자의 절대치 또한 크게 나타나는 수치상의 문제점을 보완할 수 있을 뿐만 아니라, 투자성과를 다른 국가와 비교할 수 있다는 장점을 지니고 있다.

형에 속하는 것으로 분류하고 있는 것에서도 알 수 있다.

FDI 잠재지수 및 성과지수 순위로 본 중앙아시아

FDI 잠재지수(Potential Index)				FDI 성과지수(Performance Index)					
국가	2003~2005	2004~2006		국가	2003~2005	2004~2006		2005~2007	
	순위	score	순위		순위	지수	순위	지수	순위
미국	1위	0.618	1위	홍콩	4위	9.501	2위	8.652	1위
싱가포르	2위	0.465	2위	불가리아	8위	8.019	3위	7.240	2위
영국	3위	0.447	3위	아이슬란드	12위	7.614	4위	6.887	3위
카자흐스탄	49위	0.255	46위	카자흐스탄	28위	3.050	26위	2.730	23위
키르기즈스탄	101위	0.125	110위	키르기즈스탄	51위	2.404	45위	1.719	55위
타지키스탄	109위	0.149	93위	타지키스탄	33위	4.157	18위	3.223	17위
우즈베키스탄	111위	0.145	98위	우즈베키스탄	114위	0.504	117위	0.374	124위

참고 : 투르크메니스탄은 평가 대상에서 제외됨
자료 : UNCTAD. FDI Indices

중앙아시아 지역은 카스피 해의 풍부한 에너지 자원을 보유하고 있다는 점을 제외하고는 전반적인 투자환경이 이머징마켓 경쟁국과 비교해 월등히 열악하다. 구매력, 산업생산 및 인프라, 금융, 혁신 등에 있어 여전히 투자 흡인력이 낮은 반면, 정치, 사회, 범죄, 환경, 법률 및 행정 제도적 측면에서 투자 위험도가 상대적으로 높다. 그럼에도 불구하고 외국인직접투자 유치 성과에 있어서 우즈베키스탄을 제외한 나머지 3개국은 보다 나은 투자환경을 지닌 아시아 및 중동부유럽 신흥경제 국가들과 비교해 훨씬 뛰어난 실적을 내고 있다.

이와 같은 중앙아시아로의 외국인투자 행태는 합리적이며, 이성적 동기에 의해 경제적 이익을 추구한다는 독점적 우위이론, 내부화이론, 절충이론 등과 같은 기존의 일반적 외국인직접투자 이론 틀과는 적지 않은 차이를 보이고 있다. 즉 외국기업들의 중앙아시아 진출은 아제르바이잔에서와 마찬가지로 지정학적, 지경학적 요인에 기인한 국제정치의 역학관계라는 비논리적이며, 비합리적인 측면이 중요한 영향을 미치고 있어 특수 형태인 행동과학적 접근이론(Behavioral Theory)이 적용되고 있다. 또한 중앙아시아 에너지 자원의 개발 및 운송과 관련해 석유메이저들이 경쟁적으로 진출함으로써 과점적 대응이론(Oligopolistic Reaction Theory)도 부분적으로 적용되고 있다.

7. 경제자유도지수 (Index of economic freedom)

경제자유도지수는 미국의 월스트리트저널과 헤리티지재단이 1995년부터 고전학파의 자유시장경제 이론을 바탕으로 개인 및 기업이 일국에서 비즈니스 활동을 영위하는데 따르는 어려움 정도를 지수로 산정하여 순위를 매긴 것이다. 지수 산정은 비즈니스(창업)의 어려움, 무역정책(관세 및 비관세장벽), 재정(조세부담), 정부지출, 통화정책(임금 및 물가규제, 보조금 포함), 투자(자본이동 및 해외투자관련 규제), 금융(은행 및 금융규제), 재산권 보호, 부패, 노동시장 등 10개 분야의 50개 항목을 평가하여 100%만점에서 차지하는 퍼센트(%)로 국가별 점수를 산출하는 방법을 취하고 있다. 2008년에는 162개국을 대상으로 경제자유도지수를 산정하면서 각국을 5단계로 구분하였는데 지수가 80~100%인 경우를 경제활동이 대단히 자유로운 'free'단계(홍콩, 싱가포르 등 7개국), 지수가 70~79.9%인 경우를 경제활동이 상당히 자유로운 'mostly free' 단계(칠레, 스위스 등 23개국), 60~69.9%인 경우를 경제활동이 다소 자유로운 'moderately free'단계(스페인, 그루지야 등 51개국), 50~59.9%인 경우를 경제활동이 상당히 자유롭지 못한 'mostly unfree'단계(케냐, 폴란드 등 52개국), 0~49.9%인 경우를 경제활동이 억압된 'repressed'단계(러시아, 베트남 증 24개국) 국가군으로 명명하였다.

2008년 경제자유도지수에 의하면 중앙아시아 5개국은 전년대비 적게는 0.3%포인트에서 많게는 1.4%포인트 상승하며 민간의 경제활동에 있어서 자유가 확대되고 있음을 보여준다. 경제자유도지수에 있어 중앙아시아 국가들은 공히 무역정책, 재정(조세부문), 정부지출부문에서 높은 평가를 받은 반면, 투자 및 금융관련 규제, 재산권보호, 부패 항목에서 대단히 낮은 평가를 받았다. 키르기즈스탄이 가장 높은 61.1%를 받아 평가대상 162개국 중 70위를, 카자흐스탄이 60.5%로 76위를 차지하며 'moderately free'국가군에, 타지키스탄(54.5%, 114위)과 우즈베키스탄(52.3%, 130위)은 'mostly unfree'국가군에 소속되었다. 반면 투르크메니스탄은 43.4%로 152위에 랭크되며 'repressed'단계에 편입되었다. 이번 평가에서 가장 두드러진 특징은 2007년 54.0%로 'mostly unfree'국가군에 포함되었던 러시아가 2008년에는 49.9%를 받아 'repressed'단계로 떨어졌다는 것이다.

경제자유도지수는 일국의 국부(National Wealth) 창출과 밀접한 관련이 있는 것으로 평가되고 있다. 왜냐하면 개인과 기업 등 민간이 비즈니스 활동을 행하는데 있어 장애 및 제약요인이 적으면 적을수록 일반적으로 민간의 경제활동 참여는 활성화되고 그 결과 국민소득이 증가하고 국가 부(富)가 늘어나는 반면, 장애요인이 많으면 많을수록 민간의 경제활동 참여는 위축되고 그 결과 국민소득의 감소와 국가 부의 축소로 이어지기 때문이다.

중앙아시아 5개국의 경제자유도지수(2008년 기준, %)

순위	2008년 국가	2008년 종합지수	전년대비 증감	창업	무역정책	재정	정부지출	통화정책	투자규제	금융규제	재산권보호	부패	노동시장
1	홍콩	90.3	-0.3	88.2	95.0	92.8	93.1	87.2	90.0	90.0	90.0	83.0	93.3
2	싱가포르	87.4	0.2	97.8	90.0	90.3	93.9	88.9	80.0	50.0	90.0	94.0	99.0
3	아일랜드	82.4	-0.2	92.2	86.0	71.5	64.5	84.9	90.0	90.0	90.0	74.0	80.4
70	키르기즈스탄	61.1	0.8	60.4	81.4	93.9	76.1	75.6	50.0	50.0	30.0	22.0	72.0
76	카자흐스탄	60.5	1.4	56.5	86.2	80.1	84.7	71.9	30.0	60.0	30.0	26.0	80.0
114	타지키스탄	54.5	0.7	43.4	77.8	89.3	84.1	65.8	30.0	40.0	30.0	22.0	62.1
130	우즈베키스탄	52.3	0.3	67.8	68.4	88.0	68.3	57.5	30.0	20.0	30.0	21.0	72.1
152	투르크메니스탄	43.4	0.3	30.0	79.2	90.6	85.3	66.4	10.0	10.0	10.0	22.0	30.0

자료 : 헤리티지재단(http ://www.heritage.org/research/features/index/countries.cfm

8. 인간개발지수(Human Development Index : HDI)

유엔개발계획(UNDP)이 1990년부터 세계 각국의 인간적인 삶의 수준을 보다 구체적으로 측정하기 위해 개발한 지표가 인간개발지수(HDI)다. UNDP는 매년 각국의 교육수준과 구매력평가 기준 1인당 GDP, 평균기대수명, 15세 이상 성인의 문자해독율과 교육연수 등 총 206개 지표를 기준으로 인간개발 성취 정도를 평가하고 있다. 삶의 질(質)을 물질적 생활수준은 물론 건강수준과 교육수준 등 비물질적 요소까지 포함하는 총체적 성격으로 분석하고 있다는 점에서 HDI는 중요한 의미를 지닌다. 실제로 오늘날 많은 경제학자들이 일국의 사회경제발전 정도를 측정하는 지표로 1인당 국민소득보다 인간개발지수가 더 적합하다는 쪽으로 의견을 모아가고 있는 것도 이러한 점에 기인한다. HDI

는 그 값이 0에서 1사이로 나타나는데 UNDP는 이 값을 기준으로 세계 여러 나라를 다음의 3가지 그룹으로 분류하고 있다.

0.500미만 : 저(低)수준의 인간개발(low human development)인 후진국

0.500~0.799 : 중(中)수준의 인간개발(medium human development)인 중진국

0.800이상 : 고(高)수준의 인간개발(high human development)인 선진국

2008년 12월 UNDP가 발표한 '인간개발보고서 2007/2008(Human Development Report 2007/2008)'에 나타난 가장 두드러진 특징은 인간개발지수(HDI)에서 2000년 이후 6년 간 수위를 지켰던 노르웨이가 아이슬란드에게 1위 자리를 물려주며 2위로 내려앉았다는 것과 최하위 자리를 여전히 사하라 사막 이남 아프리카 국가 22개국이 차지하고 있다는 점이다. 중앙아시아에서는 카자흐스탄만이 HDI 0.807로 조사대상 179개 국가 중 71위를 차지하며 고(高)수준의 인간개발(high human development)이 이루어진 국가군으로 분류되었다. 나머지 4개국은 0.684에서 0.728로 중(中)수준의 인간개발이 이루어진 국가군으로 분류되었으나 세계 평균치인 0.747에 못 미치며 100위권 밖으로 밀려났다. 중앙아시아 국가들은 성인 문자해독률과 초·중·고등교육 비율에서 높은 평가를 받은 반면 평균기대수명과 국민소득에서는 지나치게 낮은 점수를 받음으로써 전체 지수(HDI) 순위에서 적지 않는 감점을 받았다. 그럼하고 불구하고 중앙아시아 5개국에서 인간개발지수는 지난 6년 동안(2000~2006년) 모두 상승한 것으로 분석되었다. 특히 카자흐스탄의 경우 0.061포인트(0.746 → 0.807)나 급등하였고, 타지키스탄은 0.036포인트(0.648 → 0.684), 우즈베키스탄은 0.019포인트(0.682 → 0.701), 키르기즈스탄은 0.015포인트(0.679 → 0.694) 상승했다. 동기간 동안 세계경제의 역동적 성장을 이끌었던 브릭스(BRICs) 4개국의 HDI지수 상승이 0.018(브라질)~0.044(중국) 그친 것과 비교해 볼 때 상당한 수준임을 알 수 있다.

그리고 국가별 교육수준, 국민소득, 평균수명 등에 있어 남녀별 평등정도를 나타내는 남녀평등지수(Gender-related Development Index : GDI)에서는 카자흐스탄이 0.805로 평가대상 157개 국가 중에서 61위, 우즈베키스탄이 0.698로 100위, 키르기즈스탄이 0.690으로 102위, 타지키스탄이 0.680으로 106위를 차

지하였고 투르크메니스탄은 평가에서 제외되었다. 국가별 정치, 경제, 정책과정에 있어 여성의 참여도를 측정하는 지표로 상하원의원, 행정관리직, 전문관리직 등에서의 여성 진출 비율과 남녀 간 소득격차 등을 기준으로 작성한 여성권한척도(Gender Empowerment Measure : GEM)에서는 카자흐스탄이 0.524로 평가대상 108개국 중에서 74위, 키르기즈스탄이 0.573으로 59위를 차지하였고 나머지 3개국은 평가대상에서 제외되었다.

중앙아시아 5개국의 2006년 인간개발지수(HDI)

	HDI지수		평균 기대수명		문자해독률(15세 이상 성인)		교육연수 비율		1인당 GDP (구매력기준)	
	순위	지수	순위	(年)	순위	(%)	순위	(%)	순위	$
중국	94	0.762	69	72.7	53	93.0	113	68.7	104	4,682
러시아	73	0.806	121	65.2	11	99.5	49	81.9	55	13,205
브라질	70	0.807	80	72.0	70	89.6	39	87.2	77	8,949
인도	132	0.609	127	64.1	118	65.2	134	61.0	126	2,489
카자흐스탄	71	0.807	117	66.4	10	99.6	23	91.8	70	9,832
우즈베키스탄	119	0.701	115	66.9	36	96.9	91	73.2	132	2,189
키르기즈스탄	122	0.694	120	65.7	16	99.3	71	77.7	140	1,813
타지키스탄	124	0.684	116	66.5	9	99.6	107	70.9	143	1,609
투르크메니스탄	108	0.728	133	62.8	12	99.5	87	74.1	101	4,826

자료 : UNDP, Human Development Indices : A statistical update 2008 - HDI rankings (http://hdr.undp.org/en/statistics/)

9. 외환보유고(Foreign exchange reserves)

2000년대 들어 중앙아시아 5개국의 외환보유고는 급속도로 늘어나는 추세를 보이고 있다. 2007년 말 기준 중앙아시아 5개국의 총 외환보유액은 302.8억 달러로 이는 2000년 대비 5.5배 늘어난 금액이다. 그중에서 카자흐스탄이 절반이 넘는 173.9억 달러, 우즈베키스탄과 투르크메니스탄이 60억 달러 수준의 외환보유고를 지니고 있다. 일반적으로 외환보유고는 해외로부터 재화나 서비스를 수입할 때 그 대금을 결제하거나, 해외에서 차입한 대외부채의 원리금을 상환하기 위한 지급준비금의 성격을 지니기 있어 일국의 대외신용도를 가름하는 척도가 된다는 점에서 대단히 중요한 의미를 지닌다. 이러한 관점에서 볼 때 투르크메니스탄은 대외부채 대비 무려 600%나 많은 외환을 보유하고 있고, 우즈베키스탄도 외채보다 32% 많은 외환을 소유하고 있다. 반면 카자흐스탄, 키르기즈스탄, 타지키스탄은 외채에 비해 지나치게 적은 외환을 보유하고 있다. 그중에서도 특히 카자흐스탄은 절대치에서 중앙아시아 국가 중에서는 가장 많은 외환을 보유하고 있으나 대외부채 대비 18%에 그치고 있어 외채상환에 있어 심각한 문제점을 내포하고 있다. 이는 2004년부터 카자흐스탄 상업은행 및 기업들의 소비 및 건설, 부동산시장의 활황에 따른 자본 수요를 국내자본으로 충당하기 보다는 해외 차입을 통한 조달을 확대함으로써 대외부채가 급증하였기 때문이다. 오일머니 유입에 따른 경제성장과 국제신임도 상승에 힘입어 해외자본 조달금리가 낮아진 것이 주요인이었다. 2007년 말 기준 카자흐스탄의 총 외채는 963.7억 달러(장기 846.2억 달러, 단기 117.5억 달러)로 그중 정부부채는 21억 달러에 불과하나, 상업은행이 459.5억 달러, 기업 및 일반 법인이 488.3억 달러 등 민간부문이 총 942.7억 달러에 달하는 외채를 지고 있다.[14] 이는 유가하락으로 인한 국내경기 둔화와 더불어 국제금융시장에서 불안이 야기될 경우 카자흐스탄 상업은행 및 기업들의 대출자산 부실과 함께 원리금 상환의 곤란과 연쇄부도의 악순환 고리로 연결되며 경제가 파탄에 이를 수 있는 심각한 위험성을 내포하고 있음을 보여준다. 카자흐스탄 중앙은행 자료에 의하면 2008년 2~4분기 동안 상환해야 될 대외부채의 원리금이 외환보유고보다 많은 200.8억 달러이며, 2009년에도 150.5억 달러인 것으로 분석되고 있어 외환부족으로 인한 디폴트(default)의 위험성이 더욱 고조되고 있다.

14) 총외채에는 ChevronTexaco, BG, Eni 등 석유메이저들의 본사와 지사간 이루어진 대여금을 포함해 외국인투자기업들 간의 신용공여 299억 달러가 포함되어 있다. 이를 제외한 카자흐스탄 정부 및 민간의 순수한 대외부채는 664.7억 달러임.

외환보유고로 본 중앙아시아

(단위 : 백만 달러)

	2000년	2002년	2003년	2004년	2005년	2006년	2007년	2007년 외채대비 비중
카자흐스탄	2,096	3,141	4,962	9,277	7,070	19,126	17,392	0.180
우즈베키스탄	1,273	1,215	1,659	2,146	2,895	4,604	6,500	1.317
투르크메니스탄*	1,808	2,346	2,673	2,729	4,445	5,024	-	7.056
키르기즈스탄	262	317	389	565	612	817	1,091	0.477
타지키스탄	94	90	118	172	189	204	274	0.217

* 투르크메니스탄의 외채대비 비중은 2006년 기준임.
자료 : 아시아개발은행(ADB)

IV. 국가경쟁력으로 본 중앙아시아

1. 세계경제포럼(WEF)의 글로벌경쟁력지수(GCI)

세계경제포럼(WEF. World Economic Forum)은 스위스 국제경영개발원(IMD. International Institute for Management Development)과 더불어 세계 각국의 국가경쟁력을 평가하는 대표적 국제기관이다. 세계경제포럼은 2000년 경쟁전략의 세계적 권위자인 하버드대 비즈니스 스쿨의 '마이클 포터' 교수와 공동으로 현재 수준에서의 성장과 번영을 지원하는 일련의 제도, 시장구조, 경제정책에 중점을 둔 '현시경쟁력지수(Current Competitiveness Index)'를 개발하였고, 2001년에는 하버드대 국제개발센터의 '제프리 삭스' 교수와 '성장경쟁력지수(Growth Competitiveness Index)'를 만들었는데 이는 중기적(향후 5년) 측면에서 높은 경제성장률을 지원하는 일련의 제도 및 경제정책에 초점을 두었다. '현시경쟁력지수'는 2002년부터 기업의 투자활동과 관련된 경영환경에 중점을 둔 '비즈니스경쟁력지수(BCI. Business Competitiveness Index)'로 바뀌었다. 그리고 '성장경쟁력지수'는 2006년부터 새로운 '글로벌경쟁력지수(GCI. Global Competitiveness Index)'로 바뀌었는데 지수 평가에 시장효율성, 교육, 혁신 등의 요소가 추가되었다. 글로벌경쟁력지수는 매년 각국의 경제관련 통계자료와 전 세계 기업경영인을 대상으로 한 설문조사를 바탕으로 작성되고 있다. 지수가 기업경영자들이 자신들의 경영활동과 관련해 경제환경을 어떻게 인식하고 있는가를 보여주는 주관적 평가라는 점에서 신뢰성 논란이 있지만 국제적 잣대로 그 나라의 현상을 진단하고 순위를 매겨 정부나 기업에 자극제 역할을 한다는 점에서 중요한 의미를 지닌다.

2008년 10월 세계경제포럼(WEF)이 발표한 "글로벌경쟁력보고서 2008~2009"[15]에 의하면 중앙아시아 국가 중 가장 높은 국가경쟁력을 보이고 있는 나라는 카자흐스탄으로 134개 평가 대상국 중 66위를 차지하였는데 이는 전년 61위(평가대상 131개국)에 비해 5단계 떨어진 수치다. 우즈베키스탄은 2007~2008년 처음 평가 대상에 포함되며 상대적으로 높은 62위를 차지하였으나 이번 평가에서는 제외되었고, 투르크메니스탄 또한 평가에서 제외되었다. 반면 타지키스탄은 1단계 상승한 116위, 키르기즈스탄은 3단계 떨어진 122위를 기록하며 경쟁력이 대단히 취약한 국가로 분류되었다.

WEF가 제시한 2008~2009년 중앙아시아 각국의 주요 분야별 경쟁력 순위

	카자흐스탄		우즈베키스탄*		타지키스탄		키르기즈스탄	
	순위	점수	순위	점수	순위	점수	순위	점수
글로벌 경쟁력 지수	66	4.11	62	4.13	116	3.46	122	3.40
I. 기초(Basic requirements)	74	4.29	69	4.36	112	3.65	124	3.49
① 제도	81	3.71	56	4.10	78	3.74	122	3.06
② 인프라	76	3.26	66	3.46	101	2.68	111	2.51

15) WEF 글로벌경쟁력보고서의 국가경쟁력은 기초요인, 효율성증진, 혁신 및 성숙도요인의 3대 분야 12개 부문, 113개 평가항목으로 구성되어 있다. 평가방법은 유엔교육과학문화기구(UNESCO), 경제협력개발기구(OECD), 세계은행(World Bank) 등으로부터 입수한 통계 34개 항목과 기업경영자를 대상으로 한 설문항목 79개 항목 등 총 113개 항목 평가로 이루어진다. 2008년의 경우 11,000명 이상의 비즈니스 리더를 대상으로 한 설문조사 결과를 토대로 134개국의 국가경쟁력을 평가하였다. 기초요인(Basic requirements)분야는 공공제도(Institution), 인프라(Infrastructure), 거시경제안정(Macroeconomic stability), 보건/기초교육(Health & primary education)의 4개 부문, 효율성증진(Efficiency enhancers)분야는 고등교육/훈련(Higher education & training), 상품시장효율성(Goods market efficiency), 노동시장효율성(Labor market efficiency), 금융시장성숙도(Financial market sophistication), 기술준비(습득)도(Technological readiness), 시장규모(Market size)의 6개 부문, 혁신 및 성숙도요인(Innovation & sophistication factors)분야는 비즈니스 성숙도(Business sophistication)와 혁신(Innovation)의 2개 부문으로 구성되어 있다.

	카자흐스탄		우즈베키스탄*		타지키스탄		키르기즈스탄	
	순위	점수	순위	점수	순위	점수	순위	점수
③ 거시경제	74	4.87	103	4.34	131	3.18	128	3.31
④ 보건/기초교육	81	5.30	59	5.54	101	4.99	96	5.06
II. 효율성증진(Efficiency enhancers)	64	4.05	76	3.77	124	3.19	110	3.33
⑤ 고등교육/훈련	59	4.12	49	4.25	104	3.24	83	3.73
⑥ 상품시장 효율성	80	4.09	66	4.16	118	3.64	120	3.5
⑦ 노동시장 효율성	12	5.02	43	4.49	78	4.26	69	4.35
⑧ 금융시장 성숙도	97	3.81	115	3.47	123	3.26	115	3.53
⑨ 기술 준비도	75	3.19	84	2.92	128	2.31	124	2.41
⑩ 시장규모	55	4.08	70	3.30	115	2.41	120	2.34
III. 혁신/성숙도(Innovation & sophistication)	77	3.50	51	3.86	103	3.16	123	2.90
⑪ 비즈니스 성숙도	86	3.79	59	4.17	116	3.35	121	3.28
⑫ 혁신	62	3.21	42	3.55	85	2.97	121	2.51

우즈베키스탄* : 2007~2008년 평가 자료임
자료 : 세계경제포럼, Global Competitiveness Report 2008~2009

카자흐스탄의 글로벌경쟁력지수(GCI)를 분야별로 살펴보면 기초요인 분야에서 평점 4.29를 받아 74위, 효율성증진 분야에서 평점 4.05로 64위, 혁신 및 성숙도요인 분야에서 평점 3.50으로 77위를 차지하였다. 세부 영역별로는 고용 및 해고조건(4위), 해고비용(15위), 노동력의 여성 참여(13위) 등에서 높은 점수를 받은 노동시장효율성 부문이 12위(평점 5.02)로 가장 좋은 평가를 받았다. 반면 금리스프레드, 정부부채, 재정수지에서 좋은 점수를 받아 25위(평점 5.63점)에 랭크되었던 거시경제안정 부문이 이번 평가에서는 74위(평점 4.87점)로 추락하였는데 인플레이션이 결정적 역할을 하였다. 금융시장성숙도 분야는 3.81의 평점을 받아 97위에 랭크되며 가장 경쟁력이 취약한 것으로 분석되었는데 은행건전성, 증권거래소 규정, 자본이동에 대한 규제, 주식시장을 통한 자본조달 등에서 낮은 평가를 받은 것이 경쟁력 상실의 주요인이었다. 그 외에 비즈니스 성숙도(3.79점. 86위), 제도(3.71점. 81위), 보건/기초교육(5.30. 81위) 부문도 경쟁력이 취약한 것으로 파악되었다. 소액주주의 이해보호, 기업

윤리, 무역장벽 정도, 인터넷 사용, 광대역인터넷 가입자, FDI 및 기술이전, 도로망 문제가 가장 심각한 요인으로 지목되었다.

우즈베키스탄(2007~2008년)은 전체 평점 4.13으로 62위를 차지하였다. 분야별로는 기초요인에서 평점 4.36을 받아 69위, 효율성증진에서 평점 3.77로 76위, 혁신 및 성숙도요인 에서 평점 3.86으로 51위를 차지하였다. 세부 영역별로는 선진기술제품 개발에 대한 정부지원, 과학기술연구소 등에서 높은 점수를 받은 혁신부문에서 42위(평점 3.55), 고용 및 해고, 임금과 노동생산성, 노사협력 등에서 좋은 점수를 받은 노동시장효율성 부문이 43위(평점 4.49), 또한 국민의 높은 교육수준이 반영된 고등교육 및 훈련 부문도 45위(평점 4.33)에 랭크되어 상대적으로 좋은 평가를 받았다. 반면 은행건전성, 자본이동 제약, 유가증권시장 규제 등에서 낮은 평가를 받은 금융시장 성숙도 부문(115위. 평점 3.47)과 물가상승에서 낮은 점수를 받은 거시경제 안정부문(103위. 평점 4.34)이 가장 경쟁력이 취약한 것으로 분석되었다.

평점 3.46으로 116위에 랭크된 타지키스탄과 평점 3.40으로 122위에 랭크된 키르기즈스탄은 거의 대부분 분야에서 경쟁력을 갖추지 못한 것으로 평가되었다. 타지키스탄은 노동시장효율성(78위)과 제도(78위) 분야에서, 키르기즈스탄은 노동시장효율성(69위)과 고등교육 및 훈련(83위) 분야에서 상대적으로 높은 평가를 받았다.

중앙아시아 지역의 경우 지난 2000년 이후 역동적인 고도 경제성장을 바탕으로 한 거시경제지표의 눈부신 개선에도 불구하고 제도적 측면에서의 개혁이 제대로 이루어지지 못한 것이 국가경쟁력 강화의 걸림돌이 되는 것으로 세계경제포럼은 분석하고 있다. 중앙아시아 각국들이 자국의 국가경쟁력을 향상시키기 위해서는 무엇보다도 먼저 사회전반에 만연한 부패를 근절하는데 힘쓰며, 정부의 투명성을 높이고, 조세제도를 개혁하며, 사회 및 경제발전을 위한 인프라 구축에 적극적으로 나서야 할 것으로 보인다.

2. 국가신용등급(sovereign credit rating)

국가신용등급이란 일국 정부가 해외에서 발행하는 만기 1년 이상인 외화표시 장기 채권에 대해 그 원리금을 상환할 수 있는 능력을 평가하는 것으로 일반적으로 장기 외화표시 채권등급을 말한다. 국가신용등급 평정에는 외환보유액을 포함해 경제성장률, 인플레이션, 국민소득 수준과 분포도, 정부재정, 외채 규모, 기업 및 금융기관의 재무건전성 등 외채상환 능력에 영향을 미칠 수 있는 경제요인은 물론 정치 및 사회 제도의 안정성, 전쟁, 폭동, 내란의 발생가능성과 같은 국가안보를 위협하는 요인까지도 고려된다.

오늘날 세계 각국들은 세계 주요 국제신용평가기관이 행하는 자국 신용등급의 평가 조정에 민감히 반응하며 등급 상향에 노력을 기울이고 있다. 이는 국제신용평가기관의 국가신용등급 평정이 국가신뢰도 및 경제 환경에 미치는 영향력이 대단히 크기 때문이다. 일반적으로 국가신용등급의 상향조정은 해외에서 자본조달을 조달할 때 리스크 프리미엄(스프레드)을 낮추어 차입금리를 인하시키며, 외국인투자자들의 투자심리를 호전시켜 해외로부터의 자본유입을 촉진시킨다. 반대로 신용등급의 하향은 해외자본 조달시 리스크 프리미엄을 상승시켜 더 높은 조달 금리를 요구하며, 외국인투자자들의 투자심리를 악화시켜 자본의 해외유출을 조장한다.

중앙아시아 5개국의 경우 국가신용등급이 대단히 낮은 것으로 평가받고 있다. 카자흐스탄만이 S&P, Moody's와 Fitch IBCA 등 세계 3대 신용평가기관으로부터 신용등급을 부여받은 유일한 국가이나 최근 들어 그 평가가 부정적으로 바뀌어 가고 있다. 2007년 10월 S&P는 카자흐스탄의 국가신용등급을 BBB에서 BBB-로 1단계 하락시킨데 이어 2008년 4월에는 등급전망을 안정적(Stable)에서 부정적(negative)로 하향조정하였다. Fitch IBCA도 2008년 11월 신용등급을 BBB-로 낮추며 등급전망을 부정적으로 변경하였다. 다만 Moody's만이 2006년 6월 조정한 Baa2를 그대로 유지하였다. 카자흐스탄의 국가신용등급 및 등급전망의 하향조정은 상업은행부문이 지난 3~4년간 주택부문 호황에 따른 대출수요 증가를 충족시키기 위해 해외차입을 크게 늘린 상황에서 미국의 서브프라임 모기지 사태가 발생함에 따라 유동성부족과 대출자산 부실화 등 은행 자산건전성에서의 악화에 대한 우려감이 높아졌기 때문이다.

투르크메니스탄은 1999년 7월 Moody's로부터 B2를 부여받았으나, S&P와 Fitch사로부터는 신용등급을 부여받지 못했다. 경제협력개발기구(OECD)로부터는 6등급(2008년 1월), 유로머니(Euromoney)로부터는 185개국 중 133위(2007년 9월)를 부여받고 있다. 우즈베키스탄, 키르기즈스탄, 타지키스탄은 아직까지 3대 신용평가기관으로부터 국가신용등급을 부여 받지 못하고 있다.

OECD는 우즈베키스탄과 타지키스탄에 대해 각각 6등급, 7등급(2008년 1월)을 부여하고 있으며, Euromoney(2008년 3월)는 우즈베키스탄과 타지키스탄의 신용도를 185개국 중 각각 142위, 163위로 평가하고 있다.

V. 투자(비즈니스) 환경으로 본 중앙아시아

1. 세계은행의 비즈니스 활동 2009(Doing Business 2009)

세계 각국의 기업환경에 관한 평가보고서인 '비즈니스 활동(Doing Business)'은 세계은행이 매년 국제금융공사(IFC)와 공동으로 비즈니스 컨설턴트, 회계사, 법률가, 정부관료, 학자 등 5,000명 이상의 현지 전문가를 대상으로 한 설문조사 결과를 바탕으로 하고 있다. 2008년 9월 발표된 '비즈니스 활동 2009(Doing Business 2009)'는 10개 항목을 기준으로 세계 181개국의 기업환경 경쟁력을 평가하고 있는데 세계에서 기업하기 가장 좋은 나라로는 싱가포르가 선정되었고, 뉴질랜드, 미국, 홍콩, 덴마크가 2~5위를 차지하였다.

중앙아시아 5개국의 기업환경 경쟁력은 국가별로 큰 차이를 보이고 있는데 이는 각국이 취하고 있는 경제개방정책과 밀접한 관련이 있다. 개방형 연성권위주의 국가인 카자흐스탄과 키르기즈스탄은 전체 비즈니스 환경에서 각각 70위, 68위에 랭크되며 중앙아시아 국가 중에서 가장 높은 경쟁력을 지닌 것으로 평가받았다. 이는 중국, 인도, 러시아, 브라질의 브릭스(BRICs) 4개국 보다 더 좋은 평가다. 특히 키르기즈스탄은 인허가 부문에서의 절차 간소화에 힘입어 2008년 99위에서 2009년에는 68위로 무려 31단계나 상승하였다. 카자흐스탄은 고용과 해고 등 노동시장의 유연성과 계약이행, 재산등록에서 세계 20위권에 해당하는 높은 평가를 받은 반면 인허가 및 외국무역에서는 최하위인 170위권의 낮은 평가를 받았다. 폐쇄적 경성권위주의 정책을 추진하고 있는 우즈베키스탄과 타지키스탄은 전체 기업환경 경쟁력에서 각각 138위, 159위를 기록하며 하위권에 포함되었고, 시장경제를 거부하고 있는 투르크메니스탄은 평가대상에서 제외되었다.

우즈베키스탄 및 타지키스탄 비즈니스 환경에 대한 평가 및 전망이 부정적인 것은 1998년 이후 외국자본에 대한 반감이 높아지면서 대외 지향적 개방보다는 경제규제를 강화하는 폐쇄정책으로 전환한 후 이를 지속해오고 있기 때문이다. 특히 자원민족주의를 강화하며, 국영기업 중심의 경제체제를 유지하고, 수입대체산업 육성 정책을 통한 경제안정과 자립을 추진하고 있는 것이 주된 원인이었다. 반면 카자흐스탄 비즈니스 환경에 대한 호의적 평가는 국제유가의 고공행진을 바탕으로 '개발독재'라 지칭되는 국가주도의 개방적, 친시장적 경제정책과 수출주도형 산업 전략을 통해 새로운 성장을 위한 동력원을 확보하였다는 것이 중요한 역할을 하였다.

중앙아시아 각국의 투자환경 개선을 위한 기업부문에 대한 규제완화에도 불구하고 중앙아시아는 여전히 기업하기 힘든 지역으로 지목되고 있다. 비효율적인 정부 관료와 관련된 인허가 절차의 복잡성, 조세제도의 후진성, 외국과의 무역 환경의 열악성 등은 중앙아시아 모든 국가들의 비즈니스 환경에 악영향을 미치는 핵심 요인이었다.

비즈니스 환경으로 본 중앙아시아(2009년 기준)

		카자흐스탄	우즈베키스탄	키르기즈스탄	타지키스탄	러시아	중국	인도	브라질
전체 순위		70	138	68	159	120	83	122	125
1. 창업	순위	78	70	31	168	65	151	121	127
- 절차	(단계)	8	7	4	13	8	14	13	18
- 소요기간	(일)	21	15	15	49	29	40	30	152
2. 인허가	순위	175	148	58	178	180	176	136	108
- 절차	(단계)	38	26	13	32	54	37	20	18
- 기간	(일)	231	260	159	351	704	336	224	411
3. 고용과 해고	순위	29	76	81	128	101	111	89	121
4. 재산등록	순위	25	125	52	46	49	30	105	111
5. 자금조달	순위	43	123	28	172	109	59	28	84
6. 투자자 보호	순위	53	113	11	150	88	88	38	70
7. 납세	순위	49	162	155	159	134	132	169	145
8. 외국무역	순위	180	171	181	177	161	48	70	92
9. 계약의 이행	순위	28	46	52	23	18	18	180	100
10. 폐업	순위	100	122	137	97	89	62	140	127

자료 : The World Bank, Doing Business 2009(http ://www.doingbusiness.org/)

2. 세계경제포럼(WEF)의 비즈니스 경쟁력 지수(BGI)

WEF가 '마이클 포터' 교수와 함께 개발한 비즈니스경쟁력지수(BCI. Business competitiveness index)는 국가 비즈니스 환경의 질과 기업운영 및 전략의 성숙도로 구성되어 있다. 2007~2008년 카자흐스탄은 국가 비즈니스 환경의 질에서 78위, 기업운영 및 전략의 성숙도에서 72위를 차지하며 전체 비즈니스경쟁력에서 72위에 랭크되어 전년도 70위에서 2단계 떨어졌다. 그 결과 독립국가연합(CIS) 중에서 러시아(71위)에 추월당하며 2위로 내려앉았다. 타지키스탄은 98위에서 104위로 6단계, 키르기즈스탄은 112위에서 116위로 4단계 하락하며 중앙아시아 지역 국가들의 비즈니스경쟁력이 약화되는 것으로 나타났다. 우즈베키스탄과 투르크메니스탄은 평가에서 제외되었다.

WEF가 2007년 중앙아시아에서 비즈니스를 수행하는 기업가를 대상으로 실시한 설문조사에 의하면 기업인들은 부패, 조세제도 및 세율, 자본조달의 어려움, 인프라부족을 기업 활동의 가장 큰 문제점으로 꼽았다. 반면 레드-테이프(red tape)로 대변되는 경직된 관료주의와 범죄, 노동시장 등은 상대적으로 심각성이 낮은 것으로 지목되었다. 국가별로 살펴보면 카자흐스탄의 경우 부패(16.2%), 숙련된 고급인력의 부족(13.0%), 조세제도(12.9%), 높은 세율(12.0%), 인프라부족(9.0%), 자본조달의 어려움(8.5%) 등이 가장 큰 문제점으로 지목되었다. 우즈베키스탄의 경우 자본조달의 어려움(15.1%), 높은 세율(13.1%), 조세제도(12.8%), 인프라부족(10.6%), 외환규제(9.8%), 엄격한 노동규제(7.1%), 인플레이션(6.7%)이, 타지키스탄은 부패(16.1%), 자본조달의 어려움(15.4%), 높은 세제(14.2%), 조세제도(13.5%), 인프라부족(9.6%), 숙련된 교육인력의 부족(9.3%), 키르기즈스탄은 정책 불안정성(18.4%), 부패(17.6%), 정국 불안(15.2%), 조세제도(12.9%), 높은 세율(8.5%) 등이 지목되었다.

WEF의 2007-2008 중앙아시아 각국의 비즈니스경쟁력지수(BCI)

	카자흐스탄			타지키스탄			키르기즈스탄		
	2005-2006	2006-2007	2007-2008	2005-2006	2006-2007	2007-2008	2005-2006	2006-2007	2007-2008
비즈니스경쟁력지수(BCI)	62	70	72	102	98	104	108	112	116
기업운영 및 전략의 성숙도	72	70	78	107	97	103	92	112	110
국가 비즈니스 환경의 질	60	74	72	100	108	107	111	114	116
평가대상 국가 수	116	121	127	116	121	127	116	121	127

자료 : 세계경제포럼(WEF)

3. 국제투명성기구(TI)의 부패지수

1990년대 후반부터 세계경제의 글로벌화가 촉진되면서 부패는 세계 각국의 비즈니스(투자) 환경에 부정적 영향을 미치는 핵심 요인으로 지목되고 있다. 부패는 관료주의와 더불어 중앙아시아 각국의 국가경쟁력과 투자환경을 약화시키는 가장 심각한 요인으로 작용하고 있다. 중앙아시아 지역의 부패는 소비에트시대의 역사적, 사회-문화적 유산에다 독립 이후 각 지역에서 채택한 정부 주도의 개발독재 과정에서 형성된 관료 및 정치권력과의 결탁과 일반 대중들의 부패에 대한 지나친 무관심과 관용이라는 특성을 지니고 있다. 중앙아시아에 있어 사유화 및 대형 개발 프로젝트와 관련된 정부 관료들의 관행적인 리베이트 요구와 초국적 기업들의 중앙아시아 시장 진출을 위한 자발적 뇌물제공 등이 어우러져 부패현상이 심화되었다.

1993년 국제사회에서 부패방지를 위해 결성된 대표적인 비정부기구인 국제투명성기구(Transparency International. TI)는 부패문제에 대한 국제적 관심을 불러일으키기 위해 1995년부터 세계 각국 공무원이나 정치인들이 얼마나 부패를 조장하는지에 대한 인식을 수치화한 부패인식지수(CPI. Corruption Perceptions Index)를 개발하여 매년 발표해 오고 있다. 또한 1999년부터는 뇌물을 주는 기업을 대상으로 한 뇌물공여지수(BPI. Bribe Payers Index)를 산정 발표하고 있다. 부패인식지수(CPI)는 국제투명성기구가 세계은행(World Bank) 등 10개 독립기관이 실시한 국가별 공직자 부패정도에 관한 설문조사를 바탕으로 한 국가의 부패정도를 총체적으로 분석 평가하여 지수화한 것이다. 뇌물공여지수(BPI)는 주요 수출국의 기업이 외국에서 그 나라 공무원에게 어느 정도 뇌물을 공여하는 가를 나타내는 지수로 국제투명성기구가 1999년, 2002년, 2006년에 이어 2008년 10월에 4번째로 발표하였다. 2008년 발표한 뇌물공여지수는 국제투명성기구가 세계경제포럼(WEF)에 의뢰해 세계 26개 선진국 및 개발도상국에서 비즈니스 활동을 영위하는 2,742명의 고위경영진을 대상으로 자국에서 활동하는 외국 기업이 뇌물을 제공하거나 비자금을 조성하는 경향이 있는지를 설문조사해 외국 기업이 속한 국가별로 작성되었다.

중앙아시아 5개국의 부패인식지수(CPI)

연도		1999년	2000년	2001년	2002년	2003년	2004년	2005년	2006년	2007년	2008년
카자흐스탄	순위	84	65	71	88	100	122	107	111	150	145
	지수	2.3	3.0	2.7	2.3	2.4	2.2	2.6	2.6	2.1	2.2
타지키스탄	순위	-	-	-	-	124	133	144	142	150	151
	지수	-	-	-	-	1.8	2.0	2.1	2.2	2.1	2.0
키르기즈스탄	순위	87	-	-	-	118	122	130	142	150	166
	지수	2.2	-	-	-	2.1	2.2	2.3	2.2	2.1	1.8
투르크메니스탄	순위	-	-	-	-	-	133	155	142	162	166
	지수	-	-	-	-	-	2.0	1.8	2.2	2.0	1.8
우즈베키스탄	순위	94	79	71	68	100	114	137	151	175	166
	지수	1.8	2.4	2.7	2.9	2.4	2.3	2.2	2.1	1.7	1.8
평가 대상국가 수		99	90	91	102	133	146	159	163	180	180

자료 : 국제투명성기구(TI)

오늘날 부패인식지수와 뇌물공여지수는 한 국가의 청렴도를 나타내는 대표적인 지표로 국제사회에서 인정받고 있을 정도로 국제투명성기구는 국제사회에서의 정치, 경제적 부패를 적발하고 척결하는데 있어 구심적 역할을 수행하고 있다. 부패인식지수는 14개 전문여론조사를[16] 바탕으로 최저 0점에서 최고

16) 2008년 국제투명성기구의 부패인식지수 산정에는 11개 전문조사기관의 자료가 그 바탕이 되고 있는데 다음과 같다. 아시아개발은행(ADB), 아프리카개발은행(AFDB), 독일 베르텔스만재단(BTI), 세계은행(IDA, IBRD), 영국 Economic Intelligence Unit(EIU), 미국 프리덤하우스(Freedom House), 시장예측기관 글로벌인사이트(Global Insight), 스위스 국제경영개발원(IMD), Merchant International Group(MIG), Political & Economic Risk Consultancy(PERC),

10점으로 평점을 매기고 있다. 부패수준이 높을수록 0점에, 낮을수록 10점에 가깝다. 일반적으로 국민소득이 높은 선진국의 경우 부패 정도가 상대적으로 적었으며, 소득이 낮은 후진국과 체제전환국가의 경우 부패가 만연한 것으로 나타났다.

국제투명성기구의 국가별 부패인식지수에 의하면 중앙아시아 국가들의 경우 평가 대상에 포함된 1999년 이후 지금까지 나타난 가장 큰 특징은 부패가 개선되기 보다는 더욱 만연해지고 있다는 사실이다. 2007~2008년의 경우 이전 년도와 비교해 부패지수의 악화뿐만 아니라 부패순위에서도 큰 폭으로 추락하면서 다른 지역 및 국가들에 비해 부패가 심각한 수준에 이른 것으로 분석되었다. 그중에서도 특히 우즈베키스탄은 2002년을 정점으로 지수는 2.9에서 1.8로, 순위는 68위(88개국)에서 166위(180개국)로 떨어지면서 키르기즈스탄, 투르크메니스탄과 함께 세계에서 가장 부패한 국가 그룹으로 전락하였다. 카자흐스탄의 부패지수는 2.2로 동티모르와 함께 평가대상 180개국 중 145위에 랭크되었다. 타지키스탄은 2.0으로 벨라루스, 중앙아프리카공화국, 코트디부아르, 에콰도르, 라오스, 파푸아뉴기니 등과 함께 151위에 랭크되었다. 중앙아시아 5개국은 뇌물공여지수 산정 국가 그룹에는 포함되지 않았는데 이는 대외무역규모가 지나치게 적은데 기인하였다.

참고문헌

외교통상부, 제1차 한・중앙아 협력세미나 자료, 2007.

외교통상부, 우리 기업들의 중앙아시아 5개국 진출 안내, 2007.

이재영 / 박상남, 『중앙아시아의 부상과 한국의 대응전략』, 대외경제정책연구원, 2007.

이재영, 『우즈베키스탄의 정치・경제현황과 경제협력방안』, 2005.

이종문, 「투르크메니스탄의 에너지개발전략과 외국인직접투자」, 중소연구, 제33권 1호, 한양대학교 아태지역연구센터, 2009.

즈비그뉴 브레진스키 / 김명섭 역, 『거대한 체스판 : 21세기 미국의 세계전략과

세계경제포럼(WEF).

유라시아』, 삼인, 2000.

한국수출입은행, 『중앙아시아 3개국의 자원현황과 진출방안(카자흐스탄, 우즈베키스탄, 아제르바이잔)』, 2007.

한국수출입은행 해외경제연구소, 『우즈베키스탄 국가현황과 진출방안』, 2005.

한국수출입은행 해외경제연구소, 『러시아 · 카자흐스탄 국가현황과 진출방안』, 2004.

한국수출입은행 해외경제 · 투자정보(http ://www.koreaexim.go.kr)

코트라 국가정보(http ://www.globalwindow.org)

미국지질조사소(USGS) (http ://www.usgs.gov)

미국 에너지정보청(EIA) (http ://www.eia.doe.gov)

우즈베키스탄 통계청(http ://www.stat.uz)

카자흐스탄 중앙은행(http ://www.nationalbank.kz)

카자흐스탄 통계청(http ://www.stat.kz)

키르기즈스탄 중앙은행(http ://www.nbkr.kg)

키르기즈스탄 통계청(http ://www.stat.kg)

타지키스탄 중앙은행 (http ://www.nbt.tj)

타지키스탄 통계청(http ://www.stat.tj)

Business Information Service for the Newly Independent States(http://www.bisnis.doc.gov)

PriceWaterhouseCoopers. 『Doing business Guide Kazakhstan 2007- 2008』, 2007.

PriceWaterhouseCoopers. 『Business and Investment Guide Uzbekistan 2007』, 2007.

PriceWaterhouseCoopers. 『Doing business Guide in Kyrgyzstan』, 2007.

PriceWaterhouseCoopers. 『Guide to doing business and investing in Tajikistan. 2007~2008』, 2007.

PriceWaterhouseCoopers. 『Guide to doing business and investing in Turkmenistan. 2007~2008』, 2007.

제12장 중앙아시아 국제관계

박상남

1. 세계질서의 재편과 중앙아시아

구소련 붕괴 이후 러시아는 서구 자본주의로 체제 전환을 진행해 왔지만 미국과 나토는 구소련 영토로 끊임없이 세력 확장을 도모하면서 러시아를 자극해왔다. 특히 중앙아시아는 이러한 미-러 간의 첨예한 안보적, 경제적 이해가 충돌하는 지역인 동시에 더 나아가 미국, 중국. 러시아, EU, 인도, 중동국가들의 세력 확장 경쟁의 주요 무대가 되고 있다. 이제 중앙아시아를 둘러싼 국제관계는 유라시아 대륙 전체의 국제질서 형성에 막대한 영향을 주고 있을 뿐만 아니라 한반도를 비롯한 동아시아지역 안보와도 연관성을 가지게 되었다.

따라서 이번 장에서는 중앙아시아를 중심으로 전개되고 있는 국제환경을 다루고자 한다. 국가 간의 관계를 결정하는 주된 요소가 이념에 근거했던 냉전시대가 붕괴된 이후 국제관계는 자국의 정치, 경제적 이해와 안보, 문화 등 다양한 요소에 따라 이합집산을 거듭하고 있다. 특히 세계화로 인해 경제 교류 확대로 국가간 상호 의존도가 심화되면서 경제적 관계의 중요성이 상대적으로 강조되고 있다. 현재 세계질서의 흐름은 경제적 관계를 중심으로 안보적 요소가 가미되면서 전 지구적인 네트워크와 지역적인 네트워크들이 경쟁적이고 복합적으로 상호 연결되는 형국이다. 단일 국가를 초월한 국제적인 다자기구의 출현과 지역적 조직 및 제도의 등장이 가져오는 새로운 국제질서 형성의 기저에는 국가 간의 첨예한 경제, 안보적 이해관계가 자리하고 있는 것이다.

이렇듯 복잡하고 다양한 국제질서 변화속에서 분명한 경향은 세계 많은 나라들이 경제적 상호 의존성을 심화시키는 자유무역의 방향으로 나아가고 있다는 점이다. 아울러 이를 주도할 경제적 주체들이 다양화되면서 미국과 EU중심의 경제적 양극시대가 중국, 인도, 러시아 세력이 부상하면서 다극화 경향으로 전환되고 있다. 세계화의 바람을 타고 신자유주가 확산되면서 빈부격차가 심화되고 있고, 수요 증가와 투기자본 가세로 에너지 자원을 비롯한 곡물, 원자재값 상승, 금융자본의 무분별한 사업 확장에 따른 세계적인 금융위기 등의 피해가 국경을 넘어 모든 국가에 영향을 미치는 것도 국제사회의 상호 의존성이 강화되면서 나타나는 현상이다.

이렇듯 국가간 유기적 의존성이 강화되는 추세 속에서 냉전시기 유라시아 대륙의 변두리로 간주되던 중앙아시아가 역동적으로 발전하는 RICs(러시아, 인도, 중국)국가들에 둘러싸인 황금의 삼각지대로 변모하고 있다. 미국, 러시아, 중국, 일본 등은 다양한 수준과 형태로 중앙아시아 국가들과 정치, 경제적 교류 확대에 나서고 있다. 중요한 것은 중앙아시아를 둘러싸고 조성되고 있는 이러한 국제환경이 한국에도 새로운 관점과 준비를 요구하고 있다는 점이다.

이러한 점들을 고려하면서 이 글은 다음과 같은 의문점들에 대해 생각해 보고자 한다. 먼저 중앙아시아를 둘러싸고 형성되고 있는 국제질서 변화의 큰 흐름은 무엇인가? 21세기 중앙아시아가 미국, 러시아, 중국, 일본등 주요국에 주는 전략적 가치는 무엇이며 주요 열강들의 대 중앙아시아 정책은 어떻게 전개되고 있는가? 새로운 국제질서에 능동적으로 적응해 가는 중앙아시아 각국의 대외 정책기조는 무엇인가?

II. 중앙아시아를 둘러싼 국제환경

역사적으로 중앙아시아는 유라시아 대륙의 세력 판도를 결정하는 요충지였다. 2세기경 인도를 지배하면서 번성했던 쿠산 왕조도 중앙아시아를 기반으로 힘을 축적할 수 있었으며 당나라를 비롯한 중국의 고대국가들도 서역을 정벌하거나 관계를 개선함으로써 유라시아 대륙의 강자가 될 수 있었다. 또한 몽골제국은 광대한 유라시아 대륙을 평정하기 위해 중앙아시아를 핵심 거점으로 삼았다. 경제적으로도 중앙아시아를 중심으로 한 실크로드는 유라시아 대륙의 교역은 물론 문명과 인적 교류의 혈관역할을 하였다. 19세기 들어서도 대영제국의 중요한 세계 전략 중에 하나는 러시아의 남하를 중앙아시아에서 막아 내는 것이었으며 영국과의 경쟁에서 승리한 러시아는 중앙아시아를 자국 영토로 편입함으로써 세계적인 강대국이 될 수 있는 발판을 마련할 수 있었다. 따라서 현재 중앙아시아가 떨어져 나간 러시아가 아무리 경제회복이 된다 하더라도 지역 강국에 머물 것이며 예전과 같은 세계적인 강대국지위 회복은 불가능할 것이라는 분석도 있다. 이렇듯 중앙아시아는 역사적으로 유라시아 대륙의 세력판도를 결정하는 군사적, 지리적, 경제적 요충지였다.

현재도 중앙아시아는 국제사회에서 정치, 경제적으로 매우 민감한 지역이다. 따라서 중앙아시아를 둘러싼 국제환경을 살펴보려면 먼저 국제질서변화에 대한 큰 맥락을 이해해야 한다. 이는 미국, 러시아, 중국 등 강대국들의 세계전략에 따라 중앙아시아의 대외 환경이 규정될 수 밖에 없기 때문이다.

냉전붕괴 이후 유라시아 대륙은 이전과는 다른 새로운 변화의 소용돌이 속에 있다. 이러한 변화 중에 하나는 소련의 지배하에 들어가면서 국제사회의 기억 속에서 멀어졌던 중앙아시아의 지정, 지경학적 가치가 재부상하고 있다는 점이다. 중앙아시아는 오랜 유라시아 역사를 통해 동양과 서양, 기독교와 이슬람이 교차하는 전통적인 지정학적 요충지였다. 서로 섬처럼 단절되어 살았던 유라시아 대륙의 수많은 민족과 부족들이 상호 교류를 시작하면서 상품과 문물이 중앙아시아의 실크로드를 거쳐 동서양간, 종교간 이동을 시작했던 것이다.

이러한 중앙아시아가 21세기 들어 유라시아 대륙에 형성되고 있는 새로운 국제질서 속에서 다시 세력경쟁의 주요 무대로 등장하고 있다.

중앙아시아는 미국의 일방주의를 견제하려는 러시아, 중국 중심의 연대를 지칭하는 '유라시안 벡터(Eurasian vector)'와 유일 강국의 지위를 유지하기 위해 미국이 주도하는 미국, 일본, 호주, EU연대 강화를 의미하는 '트랜스퍼시픽 벡터(Transpacific vector)'가 충돌하는 지 · 전략적 요충지대가 되고 있는 것이다.

9.11 이후 중앙아시아를 둘러싼 국제질서 재편은 세계적 차원의 탈-탈냉전 질서(Post-post Cold War) 구축과 범아시아 전략지형의 전면적인 변화 과정에 유기적으로 연동되어 진행되어 왔다. 특히, 아시아지역의 전략지형 변화는 미국이 주도하는 아래의 두 가지 요인에 의해 진행되고 있다.

첫째, '강대국 협조체제(Concert of Great Powers)'적 경향의 실현을 도모하고 있다는 점이다. 냉전시기 양극체제 하에서는 세계강국이 미국과 소련 등으로 매우 단출했던데 비해, 21세기에는 중국과 인도 등이 정치, 경제적 비중 면에서 급부상하고 있다. 이에 따라 미국은 아시아-태평양 지역에서 미국, 일본, 호주 등의 '협조체제(concertation)' 제도화를 통해 부상하는 러시아-중국 연대인 '유라시안 벡터'를 저지하려는 구상을 하고 있다.

둘째, 제2차 세계대전 종전 이후인 1951년 미국과 일본의 안보조약에 의해 구축된 '샌프란시스코 체제'의 변화 조짐이다. 미국은 냉전시기 아시아태평양 지역에서 소련과 중국 등 공산 진영에 대항하기 위해 일본에 미군의 군사기지를 설치하고 일본은 미국에 자국의 안보를 의지하는 안보조약을 체결하게 되는데 이를 '샌프란시스코 체제(1951)'라고 한다. 냉전시기 샌프란시스코 체제는 미국이 구축한 아시아-태평양지역의 평화체제를 상징하게 되는데 냉전 붕괴 이후 가상의 적이었던 소련이 소멸함에 따라 미국은 이를 재편하려는 구상을 실행 중에 있다. 재편의 주된 내용은 미일 동맹 중심의 안보 벨트를 확대하는 것으로 냉전붕괴 이후 새롭게 등장한 중앙아시아와 인도 대륙, 동남아-호주를 기존의 한국-일본-대만을 잇는 방어선에 포함시키는 것이다.

이러한 방어선 확장 동기에는 아시아의 생명줄이자, 태평양에서 말래카 해협을 지나 인도양에 이르는 해양 수송로 확보라는 전후 냉전시기의 전통적인 전략적 이해가 있다. 그러나 미국의 보다 근본적인 동기는 범아시아 지역에서 미국의 경제적 영향력을 증대시키는 FTA 지대구축, 그리고 에너지자원 확보라는 중앙아시아에 대한 경제적 구상이 자리하고 있으며 군사 안보적 동기는 이러한 경제적 동기에 연동되어 있다고 봐야할 것이다.[1)]

중앙아시아는 세계적인 천연자원 부족 상황에서 석유 및 천연가스로 대표되는 에너지자원의 보고인 동시에 오일달러 유입과 경제성장으로 인한 새로운 구매 시장 등장이라는 지경학적 가치까지 더해지고 있다. 또한 중앙아시아는 유라시아 대륙의 중심부에 위치해 있고 세계 최대 시장으로 성장하고 있는 중국, 러시아, 인도에 둘러싸여 있으며 풍부한 에너지 자원을 가진 지정학적 중요성과 경제적 가치로 인해 국제적인 관심과 러브콜을 받고 있다. 뿐만 아니라 중앙아시아는 냉전붕괴 이후 복원되고 있는 유라시아 대륙의 육로 교역로를 연결하는 교통, 물류, 통신망이 교차하는 지역으로 전통적인 실크로드 물류의 중심지 지위를 회복하고 있는 중이다. 이러한 대외 조건들은 중앙아시아 국가

1) 백준기(2007), 『중앙아시아의 국가 발전 전략과 이행 경로』(한신대학교 중앙아시아 연구팀)

들에게 새로운 도전이 되는 동시에 강대국들을 상대로 한 등거리 외교 등을 포함한 다양한 외교적 옵션을 제공하기도 한다.

국제사회에서 높아지고 있는 중앙아시아의 위상은 이 지역을 중심으로 수많은 다자기구들이 탄생하고 기존의 국제기구들이 경쟁적으로 교류를 확대하고 있는 현상에서 잘 나타나고 있다.

그럼 여기서 중앙아시아 국가들이 참여하고 있는 다양한 다자기구들은 어떤 것들이 있으며 상호 역학관계는 어떠한지 살펴보기로 하자.

중앙아시아를 둘러싼 다양한 다자협력기구 중에서도 가장 주목받는 기구는 역시 상하이 협력기구(SCO)이다. 1996년 중국과 러시아의 주도의 국경문제 해결을 위한 협력기구에 기원을 둔 SCO는 2009년 현재 러시아, 중국, 카자흐스탄, 키르기즈스탄, 타지키스탄, 우즈베키스탄 등 6개국의 회원국과 몽골, 인도, 파키스탄, 이란 등 4개국의 옵서버 국가로 구성되어 있다. 회원국 확대와 관련, 이란과 파키스탄, 인도 등이 공식, 비공식적으로 SCO 회원국 가입 의사를 표명하였으나 당분간 SCO는 회원국 확대보다는 회원국 간 협력 심화에 주력할 것으로 보인다.

SCO의 설립 경위를 살펴보면 1989년 5월 오랜 대립관계를 청산하는 중-소 관계 정상화이후 설치된 양국 국경문제 협의체를 모태로 1996년 4월 국경문제의 평화적 확정과 당사국들의 신뢰구축을 위한 협의체로 “상하이-5”를 출범시켰다. 이후 2001년 6월 상하이에서 개최된 정상회의에서 우즈베키스탄이 회원국으로 추가됨과 동시에 “상하이-5”를 발전적으로 격상시켜 다자협력 기구인 “상하이협력기구” 창설을 선언하면서 SCO가 정식 발족하게 되었다.

현재 SCO는 매년 정상회담을 개최하면서 극단주의, 반테러, 분리주의에 공동 대응하면서 경제・사회・과학・기술 등 포괄적인 다자협력체로 발전하고 있다. 특히 러시아는 SCO를 미국의 일방적인 세력팽창주의를 견제하는 기구로 활용하려는 의도를 가지고 있다. 주요 회의로는 정상회의, 정부수반회의, 외무장관회의, 각 부처 장관급 회의 등 주요 회의가 있으며, 상설기구로는 사무국을 2004년 1월 베이징에 설치하여 운영하고 있다. 2007년 1월부터 나자르바예프 카자흐스탄 대통령이 임기 3년의 SCO 사무총장직을 수행하고 있다. 또한 SCO는 대테러 센터(RATS : Regional Anti-terrorist Structure)를 2004년 1월부터 우즈베키스탄의 타시켄트에 설치 운영하고 있다.

주요 활동으로는 초기 회원국들의 국경지대 군비통제에서부터 시작하여 현재 안보, 경제, 교통, 문화, 구난, 법집행 등 광범위한 분야로 확대되고 있으며, 안보와 경제 분야 협력이 SCO의 최우선 협력 분야가 되고 있다.

안보협력으로는 테러리즘, 분열주의, 극단주의 진압이 SCO 안보협력의 중점사항이며 지역 정세 협의, 핵무기 비확산, 중앙아시아지역 안전 보장, 국제분쟁 중재 등도 주요 안보 협력 내용이다. 서방의 일각에서는 SCO가 냉전시기 바르샤바 조약 기구와 같이 미국을 견제하기 위한 반 나토 군사기구가 될 것이라고 우려한다. 그러나 중국과 러시아 역시 지속적인 경제성장을 위해 대미 관계가 중요하며 베이징과 모스크바는 협력하면서도 한편으론 경쟁상대여서 SCO가 나토에 대항하는 군사기구로 발전할 가능성은 적어 보인다.

경제협력으로는 지역 경협확대를 위한 무역·투자 환경개선, 에너지, 상품·서비스·자본·기술이전 장벽 철폐 추진, 역내 공동시장 설립, 자유무역지대(FTA) 설치 등을 논의하고 있다.

사진설명 : 러시아, 중국, 카자흐스탄, 우즈베키스탄, 키르기즈스탄, 타지키스탄 등 6개국이 회원국이고 인도, 이란, 파키스탄, 몽골 등 4개국이 옵서버로 참여하고 있는 SCO는 유라시아 대륙의 대부분을 차지하는 포괄적 다자기구로 성장할 가능성이 있다.

이 외에도 중앙아시아 국가들은 독립과 동시에 러시아가 주도하는 구소연방 소속 국가들의 연합인 '독립국가연합'(CIS)에 1991년 12월 가입하였고 유엔에도 가입하였다. 뿐만 아니라 중앙아시아 국가들은 역외 기구인 유럽안보협력기구(OSCE)와 협력하고 있으며 투르크메니스탄을 제외한 4개국이 NATO의 평화를 위한 동반자(NATO-pfp) 프로그램에 참여하고 있다. 또한 중앙아시아 5개국은 EU와 '동반자 및 협력 협정'(Partnership and Cooperation Agreement)을 체결한 바 있다.

현재 중앙아시아를 중심으로 창설, 발전되고 있는 다자 기구는 매우 다양하다. 우선 중앙아시아 국가들의 주도 하에 창설된 다자 지역협력체는 (Conference on Interaction and Confidence-Building Measures in Asia, 이하 CICA)와 '중앙아시아 협력기구'(Central Asian Cooperation Organization, 이하 CACO) 등을 들 수 있다. CICA는 1992년 카자흐스탄의 나자르바예프(Nursultan Nazarbaev) 대통령의 주도로 창설되어 중앙아시아와 주변국들의 신뢰구축 및 갈등예방을 위한 조치들을 논의해 오고 있다. 현재 CICA에는 투르크메니스탄을 제외한 4개국 외에 중국, 아프가니스탄, 아제르바이잔, 인도, 이란, 몽골, 파키스탄, 팔레스타인, 러시아, 터키 등 18개국이 회원국으로 참가하고 있다. 그동안 옵서버로 참여해 오던 한국은 2006년 6월 개최된 CICA 정상회담 직전에 회원국으로 가입하였다. 일본, 미국, 인도네시아, 베트남, 우크라이나 등은 현재 옵서버로 참가하고 있다. CICA의 주요 어젠다는 군축, 비핵지대화 등과 같은 전통적인 안보이슈, 그리고 분리주의, 불법유입, 테러 등과 같은 비전통적 안보이슈 등이다. 그러나 CICA는 최근 들어 회원국 간 협력 부진 및 유사 다자협력체인 SCO의 부각 때문에 활동이 상대적으로 침체되고 있다.

중앙아시아 국가들 대부분은 역외 국가들이 회원국으로 참여하고 있는 다자 지역협력체에도 적극 참여하고 있다. 경제협력의 경우, 1996년 관세동맹으로 창설되어 2000년 '유라시안 경제공동체'(Eurasian Economic Community, 이하 EurAsEC)로 개명된 EurAsEC에는 러시아, 카자흐스탄, 키르기즈스탄, 타지키스탄 , 벨로루시 등 5개국이 참여하고 있다. EurAsEC 창설 목적은 완전한 관세동맹의 구축과 EU와 유사한 공동 경제공간을 창설하는 것이다. EurAsEC은 유사한 경제협력을 지향하고 있는 중앙아시아 협력 기구(CACO)가 해체된 이후 역할이 강화되는 추세다. 아르메니아, 몰도바, 우크라이나는 옵서버로 참여하고 있다. 경제회복을 바탕으로 러시아가 EurAsEC을 통한 유라시아 지역의 경제통합을 적극 추진하고 있어 그 귀추가 주목되고 있다. 최근 이들 회원국은 국제 금융위기 충격 극복 방안과 각국의 혁신 프로젝트를 수행할 국제첨단기술 교류센터 설립 문제 등을 논의 하는 등 결속을 강화하고 있다.

중국과 러시아는 중앙아시아를 둘러싸고 협력하고 있지만 경쟁관계이기도 하다. 중국의 무서운 경제성장과 잠재력을 경계하고 있는 러시아는 전통적인 자국의 지배 공간이었던 중앙아시아가 중국경제권으로 흡수되어버리는 상황을 우려하고 있다. 이러한 경제적인 중국쏠림 현상을 방지하기 위해 EurAsEC을 통해 중앙아시아 국가들과 시장 통합을 시도하고 있다.

이밖에도 중앙아시아 국가들 중 투르크메니스탄을 제외한 나머지 국가들은 '집단안보조약기구'(Collective Security Treaty Organization, 이하 CSTO)에 참여하고 있다. CSTO는 1992년 창설되어 1994년부터 공식 활동에 들어간 러시아 주도의 CIS내 집단안보협력기구로서 9·11 테러 사태 이후인 2002년 10월 기구의 역할과 기능을 확대하면서 CSTO로 개칭되었다. CSTO에는 러시아, 아르메니아, 벨로루시, 카자흐스탄, 키르기즈스탄, 타지키스탄, 우즈베키스탄 등 7개국이 참가하고 있다. 아제르바이잔, 그루지야는 1999년 탈퇴하였으며 우즈베키스탄은 탈퇴하였다가 최근 친러 정책으로 회귀하면서 다시 가입하였다. 우크라이나와 몰도바는 옵서버 국가이다. CSTO 7개 회원국 정상들은 2009년 2월 모스크바 크렘린궁에서 회의를 열고 `집단 신속 대응군' 창설 문제를 조율하고 합의문 초안에 서명했다. CSTO 신속 대응군은 역내 군사 위협, 국제테러, 조직범죄, 마약 밀거래, 비상사태 등에 공동 행동을 취할 계획이며 평화유지군 명목으로 독립국가연합(CIS) 내 분쟁 지역에 공동 부대를 파견할 계획인 것으로 알려져 있다.

그러나 신설되는 CSTO 신속 대응군이 구소련 영토 내에서 미국과 NATO의 세력 확장을 견제 하려는 러시아의 정치적 의도가 담겨 있다는 분석도 나오고 있다.

사진설명 : 위의 사진은 2009년 2월 모스크바에서 개회된 유라시아 경제공동체(EurAsEC) 회원국 정상회. 아래 사진은 집단안보조약기구(CSTO) 회원국 정상들. 좌측부터 세르즈 사르키샨(아르메니아), 알렉산드르 루카셴코(벨라루스), 누르술탄 나자르바예프(카자흐스탄), 쿠르만베크 바키예프(키르기즈스탄), 드미트리 메드베데프(러시아), 에모말리 라흐모노프(타지키스탄), 이슬람 카리모프(우즈베키스탄) 대통령, 니콜라이 보르듀자 CSTO 사무총장. [모스크바 AFP=연합뉴스]

또 다른 다자경제협력체로는 2003년 창설된 '단일경제공간'(Single Economic Space, 이하 SES)인데 여기에 카자흐스탄이 참여하고 있다. 이 밖에도 러시아, 벨로루시, 우크라이나가 속해있다. SES는 경제주권의 침해를 우려한 우크라이나가 소극적으로 참여하고 있는 가운데 기타 3개국은 SES의 조기 완성을 위한 법적인 조치들을 취해오고 있다.

뿐만 아니라 중앙아시아 5개국은 1985년 범 이슬람권 국가인 이란, 터키, 파키스탄에 의해 1985년에 창설된 '경제협력기구'(Economic Cooperation Organization, 이하 ECO)에 1992년부터 참여하고 있다. ECO는 회원국 간 교역, 부정거래 단속, 공동 에너지체제, 공동의 상업은행 설립 등을 촉진시키는 것을 목적으로 하고 있다.

터키가 중앙아시아에 자신의 영향력을 복원하기 위해 창설된 '투르크 협력(Turk Cooperation)'에 카자흐스탄, 키르기즈스탄, 투르크메니스탄, 우즈베키스탄과 아제르바이잔 등이 참여하고 있다. 투르크 협력은 터키어 계통의 언어를 사용한 국가들 간 문화협력 및 교류를 강화시켜 투르크 공동체를 복원하고자 하는 터키의 야망이 내재되어 있다는 평가를 받기도 했다. 이러한 터키의 태도에 자극받은 이란이 투르크 협력에 대항하여 창설한 다자기구가 바로 '카스피 해 협력(Caspian Cooperation)'이다. 이란과 카자흐스탄, 투르크메니스탄, 아제르바이잔, 러시아 등이 회원국으로 참여하고 있다. 아제르바이잔과 우즈베키스탄은 1997년 창설된 GUUAM에도 참여해 왔으나 2005년 GUUAM이 너무 친서방적이고 반러적인 정책을 추진한다는 이유로 우즈베키스탄은 탈퇴하였다.[2)]

살펴본 바와 같이 냉전시기 유라시아 대륙의 변방에 불과했던 중앙아시아가 독립과 더불어 국제사회에서 외교와 경제 협력의 중심지로 부활하고 있다. 이러한 중앙아시아의 대외조건은 신생국들에게 위기이자 기회가 되고 있으며 다양한 다자기구에 참여하면서 자신들의 지정학적, 지경학적 가치를 극대화하고 외부의 지원을 끌어들이는 지렛대로 활용하고 있다.

III. 중앙아시아로 달려가는 열강들

미국과 러시아 등 주요 열강들은 경쟁적으로 중앙아시아에 대한 집착을 강화하고 있다. 러시아의 푸틴과 메드베데프 대통령은 취임 후 첫 방문지로 중앙아시아를 택할 정도로 강한 복귀의지를 보이고 있다. 중국의 장쩌민과 후진타오 주석은 중앙아시아를 수시로 방문하며 투자를 확대하고 있다. 미국 역시 안보와 에너지 확보 측면에서 중앙아시아를 서방과 연결시키기 위해 노력하고 있다. 섬나라 일본 역시 냉전 붕괴 이후 새로운 유라시아 정책을 표방하면서 조용하지만 실리적 입장에서 중앙아시아에 접근하고 있다. 그렇다면 유라시아 대륙에서 가장 낙후된 지역이었고 경제난에 허덕이던 중앙아시아를 향한 주요 열강들의 집착은 어디서 오는 것인가? 주요 열강들은 중앙아시아에 어떠한 전략적 이해를 가지고 있는가?

중앙아시아에 대한 진한 향수 (러시아)

푸틴 집권 이후 원유가 상승으로 국가체제정비와 경제회복에 어느정도 성공을 거둔 러시아는 중앙아시아에 대한 정치 · 경제적 영향력 회복에 적극 나서

2) 고재남, '중앙아시아의 전략 환경' (중앙아시아의 부상과 한국의 대응전략, 대외경제정책연구원)

고 있다. 정치 · 군사적으로는 물론 에너지, 지하자원, 도로 · 철도 등 인프라 구축, 항공 산업 등 다양한 측면에서 중앙아시아에 대한 진출을 강화하고 있다. 2008년 러시아와 중앙아시아의 교역량은 약 170억 달러로 여전히 가장 비중이 큰 경제적 파트너의 위치를 유지하고 있다. 특히, 러시아는 최근 부상하는 중국의 대 중앙아시아 영향력을 견제하고 지속적인 우위를 점하기 위해 집요한 노력을 하고 있다.

중앙아시아는 역사, 문화, 군사 · 안보, 외교, 경제적 측면에서 러시아에게 매우 중요한 가치를 지니고 있는 지역이다. 분리 독립 운동으로 러시아를 괴롭혀 오던 체첸사태와 과격 이슬람원리주의 운동의 확장을 저지하기 위해서도, 풍부한 에너지 자원과 관련된 막대한 경제적 이권을 지키기 위해서도, 구소련 시절부터 이 지역에 거주하고 있는 러시아인들의 보호(2008년 그루지야 사태에 러시아가 개입한 명분 역시 바로 남오세티아 지역에 거주하는 러시아인들의 보호를 위한 것이었다) 차원에서도, 또한 군사-안보적 완충지대라는 차원에서도 중앙아시아가 지니는 전략적 가치는 매우 중요하다.

러시아의 대 중앙아시아 정책의 핵심은 바로 에너지 부분에 대한 장기적인 협력강화체제를 제도화하는 것이다. 에너지자원 수출에서 얻어지는 재원이 중앙아시아 국가들은 물론 러시아 국가경제에서 막대한 비중을 차지하고 있어 에너지 부분 협력은 양 진영의 이해관계를 보다 긴밀히 할 수 있는 방안이기 때문이다. 또 다른 차원에서 러시아는 에너지의 전략 자원화로 냉전붕괴 이후 상실해 왔던 국제적인 영향력 회복을 원하고 있다. 이러한 현실적인 이유 때문에 러시아의 대 중앙아시아 정책의 핵심은 중앙아시아 에너지 생산국들과 함께 '가스수출국포럼(GECF)'을 창설해 자국의 통제력을 강화하려 하고 있다. GECF에는 세계 최대의 가스 보유국인 러시아를 비롯해 15개국이 참여하고 있어 전 세계 천연가스 매장량의 73.1%, 생산량의 41.8%를 차지하고 있어 석유수출국기구(OPEC)와 유사한 자원카르텔 성격을 가질 것으로 보인다.

만약 이러한 구상들이 성공 한다면 GECF는 가스를 무기로 21세기 국제정치에서 막강한 영향력을 행사하는 국제기구가 될 가능성이 크다. 이미 알려진 바와 같이 러시아와 중앙아시아는 세계적인 천연자원의 보고이며, 최근 에너지자원의 부족사태와 유가상승은 이들 지역의 가치를 부각시키고 있다.

러시아의 대중앙아시아 정책의 주요 방향은 지정학적, 경제적, 군사적 이해관계의 총체적인 틀 안에서 다음과 같은 장기적 목표에 기반해 왔다 :

1) 안보적 측면에서 중앙아시아는 러시아 남쪽 국경지역의 완충지대로 남아 있어야 한다. 따라서 근접지역에서 핵 분쟁을 포함한 대규모 분쟁이 일어났을 경우, 러시아의 군사력을 즉각적으로 중앙아시아에 배치할 수 있어야 한다.
2) 중앙아시아가 갖는 특별한 의미는 막대한 에너지 자원을 보유하고 있다는 점이며 러시아는 카스피 해에 대한 영향력을 강력히 유지해야 한다.
3) 중앙아시아의 주요 교통・통신망과 송유관에 대한 통제권을 갖는 것은 중앙아시아 지역을 실질적으로 통제할 수 있는 수단이며 정치・경제적으로 중요한 의미를 갖는다.
4) 중앙아시아 지역에 거주하는 러시아인과 러시아어 사용 인구를 보호하고, 러시아어와 러시아 문화의 정치적인 역할을 유지시켜야 하는 의무가 러시아 정부에 있다.

특히 푸틴집권 이후 급격한 오일달러 유입으로 자신감을 회복한 러시아는 강대국간 협조체제(러시아-중국-인도)와 상하이협력기구강화를 통해 미국의 진출을 견제하고 중앙아시아에 자신의 영향력을 복원하려 하고 있다. 2000년 푸틴이 집권하자마자 중앙아시아 지역에서 과거의 위치를 되찾고자 하는 강한 의지를 드러냈다. 그런데 여기서 주목해야 할 점은 이러한 영향력 회복의지가 과거처럼 힘에 의하기보다는 중앙아시아 신생독립국들과 상호 동등한 쌍무관계 발전을 통해서만 실현 가능하다는 것을 러시아가 깨닫게 되었다는 점이다.

푸틴집권 이후 러시아는 중앙아시아에 대한 예전의 패권적 방식에서 벗어나 상호 호혜와 평등한 관계설정을 천명하고 있다. 체제이행과정에서 경제난에 허덕이던 러시아는 경제회복을 계기로 중앙아시아국가들에 대한 지원을 늘려나갔으며, 외교관계도 과거의 수직적 관계에서 탈피 대등한 수평적 관계설정을 추구하면서 중앙아시아 국가들의 경계심을 완화시켰다. 결과적으로 러시아의 이러한 정책선회는 구소련 붕괴 이후 중앙아시아에서 후퇴했던 입지와 역할을 다시 회복하게 만들고 있다.

푸틴집권 이후 러시아는 SCO와 CIS 정상회담 등을 통해 경제・군사적으로 미국과 서방의 중앙아시아 진출을 견제하고 자국의 기득권을 회복하는데 일정 부분 성공적이었다는 평가를 받고 있다.

러시아 국영가스업체인 가즈프롬 회장직을 수행하면서 누구보다도 에너지

협력의 중요성을 잘 아는 메드베데프 신임 대통령도 중앙아시아국가들과 협력을 강화하면서 국익 극대화에 나서고 있다. 메드베데프는 저렴한 값에 중앙아시아 가스를 사들여 고가에 유럽으로 수출하여 이윤을 남겨온 전통적인 러시아의 기존 정책을 그대로 고수하려 하고 있다. 러시아는 2007년 5월 투르크메니스탄 및 카자흐스탄과 카스피 해 연안 가스관 건설 사업에 합의한 바 있다.

러시아는 이러한 가스관 시설을 통해 투르크멘 가스 생산량 중 상당량을 카스피 해 연안을 거쳐 자국으로 끌어들일 계획이다. 우즈베키스탄과 카자흐스탄도 자국 가스를 카스피 해 연안 가스관을 통해 러시아로 수출키로 이미 합의한 상태다. 이러한 합의는 미국과 유럽연합이 추진하고 있는 카스피 해 횡단 가스관 건설 사업을 무력화시키고 중앙아시아 에너지 자원에 대한 러시아의 장악력을 강화하는 결과를 가져올 것으로 보인다. 물론 투르크메니스탄은 카스피 해 횡단 가스관 건설 가능성도 배제하지 않고 있지만, 카스피 해 연안 가스관 건설이 우선이란 입장이다. 메드베데프 신임 대통령은 키르기즈스탄의 자원 개발에도 적극 나서는 한편 경제난에 허덕이고 있는 타지키스탄의 경제 회생을 위한 지원도 점차 늘려가고 있다.

러시아는 과거 중앙아시아의 중심 국가였던 우즈베키스탄과도 자원협력을 가속화하고 있다. 3선 연임을 금하는 헌법을 무시하고 2007년 12월 대선에 출마해 정권을 연장한 이슬람 카리모프 우즈베키스탄 대통령 역시 그동안의 탈러시아 정책에서 선회해 자신의 '정통성'을 인정받는 대가로 러시아와의 협력을 강화하고 있다. 그러나 대외정책에 있어서 변덕스러웠던 우즈베키스탄의 과거 행적을 고려할 때 이러한 상황은 언제든 바뀔 수 있다.

반면 미국은 중앙아시아의 키르기즈스탄에 공군기지를 유지하고 있었지만 2009년 2월 대규모 경제지원을 제공하면서 미군기지 폐쇄를 요구하는 러시아 입장을 키르기즈스탄 정부가 받아들임으로써 향후 미국의 유라시아 전략에 타격을 가할 것으로 보인다. 아울러 러시아는 CSTO 회원국들이 신속 대응군 창설을 합의와 '가스수출국포럼(GECF)', '유라시아 경제공동체(EurAsEC)'를 통해 중앙아시아 국가들을 안보, 경제적으로 재결속시키고 있다.

이렇듯 미국이 주춤하는 사이 러시아는 중앙아시아에서 자신의 역할을 증대시키고 있다. 반면 냉전 붕괴 이후 세계 유일의 초강대국으로 기세등등하게 중앙아시아에 진출했던 미국의 영향력은 퇴조를 보이고 있다. 주된 이유는 러시아의 경제 회복이라는 요소도 있지만 부시 미국대통령의 일방주의 정책이 중앙아시아 국가들의 반발을 불러오면서 역풍을 맞은 점도 복합적으로 작용하고 있다는 평가다.

1석 2조(안보벨트, 에너지원)의 중앙아시아(미국)

미국이 냉전체제 이후 자국 중심의 국제질서 수립에 나서면서 중앙아시아 지역은 중요한 지정학적 핵심지역이 되었다. 유라시아 대륙의 영향력 유지와 중국 포위, 러시아와 이란 견제, 아프가니스탄과 인도양으로 이어지는 새로운 안보 벨트 구축을 위해 미국은 중앙아시아에 군사, 경제적 거점을 확보해야만 했다. 뿐만 아니라 중동의 불안정성과 중국 및 인도의 산업화로 인한 세계적인 에너지 수급경쟁에서 미국의 에너지 안보를 위한 대안 지역으로 중앙아시아는 급부상 하고 있는 추세다. 미국은 카자흐스탄을 비롯한 중앙아시아 에너지 분야에 가장 많은 투자를 하고 있으며, 카스피 해 에너지 자원을 안정적으로 공급받기 위한 수송망 확충에 심혈을 기울여 왔다.

큰 틀에서 보면 중앙아시아 지역에 대한 미국의 정책 목표는 지정학적 위치, 즉 러시아와 중국, 그리고 이슬람 국가들로 통하는 전략적 위치 확보와 카스피 해의 풍부한 천연자원에 대한 안정적인 접근으로 요약할 수 있다.

이는 미국의 대 중앙아시아 정책이 러시아와 중국을 동시에 통제 또는 억제할 수 있는 지정학적 거점 확보와 경제적 이익추구라는 전략적·실용주의적 토대 위에서 설정되었음을 말해준다.

이러한 전략적 목표달성을 위해 미국은 21세기에 들어서면서 보다 과감하고 적극적으로 중앙아시아에 대한 직접적인 정치, 군사, 경제적 개입을 진행해 왔다. 미국은 2001년 말 탈레반에 대한 군사행동 이후 아프가니스탄에 대한 국제적 통제시스템을 구축하고 과도정부를 수립했으며, 키르기즈스탄과 아제르바이잔에 미군 주둔을 장기화하고 있다. 이는 지정·지경학적으로 매우 중요한 의미를 가지는 것으로 군사·정치적 영향력을 확고히 함으로써 구소련 영역이었던 중앙아시아 지역에서 러시아 세력을 약화시키고 유라시아 대륙의 교두보를 확보하기 위한 것이다.

미국이 중앙아시아에 군사기지를 유지하려는 주된 이유는 첫째, 유라시아 전략 거점 중 하나인 파키스탄에 내부적 정치 불안이 발생하거나 인도-파키스탄 분쟁이 있을 경우 신속하게 개입할 수 있는 근접거리에 군사력을 주둔시키기 위함이고, 둘째는 이란의 핵 개발을 보다 적극적으로 억제하며, 셋째는 카스피 해 석유자원에 대한 안정적인 접근과 통제권을 확보하고, 넷째로 중국의 영토, 특히 핵실험과 미사일 기지가 있는 신장지역을 겨냥하는 동시에 중국의 팽창정책을 견제하기 위함이다. 즉, 미국이 내세우는 중앙아시아의 정치적 안정과 민주화, 그리고 경제적 번영을 위한 미군 주둔이라는 표면적인 명분 이면에는 자국중심의 세계질서 실현이라는 냉정한 현실적 실리추구가 있는 것이다.

그러나 이러한 미국의 일방적인 대중앙아시아 정책은 러시아와 중앙아시아 국가들의 반발을 불러왔다. 2008년 그루지야 사태는 이러한 러시아의 불만이 무력 개입을 통해 분출한 것이며 냉전붕괴 이후 지속되어온 미국의 압도적인 영향력이 쇠퇴하고 있음을 보여주는 상징적인 사건이었다. 냉전붕괴 이후 상대를 인정하지 않고 자신주도의 세계 신질서를 구축하려 했던 미국의 무리수가 오히려 중앙아시아에서 러시아의 입지를 다시 강화시키고 중국의 역할을 증대하는 결과를 가져왔다. 이는 미국 부시정부의 일방주의가 총체적으로 실패했으며 한 국가가 경찰국가로서 국제사회에 절대적인 영향력을 발휘하는 시대가 퇴조하고 있음을 의미하기도 한다.

이렇듯 중앙아시아에서 미국의 영향력은 러시아에 비해 상대적으로 약화되고 있다. 그러나 여전히 미국은 세계 전역에서 힘을 투사할 수 있는 유일한 국가이며 중앙아시아에서 중요한 역외 세력이다. 또한 중앙아시아 국가들은 지속적인 경제 발전과 세계 경제체제로의 진입을 위해서 미국과의 협력이 중요하다. 아울러 중앙아시아에 대한 지배력을 회복하려는 러시아의 야심을 견제하기 위해서도 미국은 중앙아시아 국가들에게 중요한 협력 대상이다. 따라서 미국과 러시아와의 관계가 어떻게 설정되느냐에 따라 중앙아시아의 국제적 조건은 달라질 수 있다.

21세기 서역 정벌 (중국)

중앙아시아는 중국이 당면하고 있는 국가적 과제와 밀접한 연관을 지니고 있어 중국 대외 정책의 최우선 지역 중에 하나가 되고 있다. 첫 번째 과제는 국가의 영토적 통일성을 위협하는 신강위구르인들의 분리 독립 운동[3]을 차단

3) 이슬람 원리주의와 연결된 분리주의는 러시아나 중앙아시아 국가들만의 문제는 아니다. 중국 내에는 5대 민족 중의 하나이며 회족(回族)이라고 불리는 약 4천5백만의 무슬림들이 주

하고 서부영토를 보전함으로써 단일국가 체제를 유지하는 것인데, 이는 중앙아시아 국가들의 협력과 교류 활성화 없이는 불가능한 과제다.

두 번째는 중국이 지난 20년 동안의 경제개발 성과로 중국 동부해안의 눈부신 발전을 이룩했으나 상대적으로 발전에 소외된 내륙과 서부지역 주민들의 괴리감과 불만은 점증하고 있다. 그러나 해안을 접한 동부와는 달리 낙후된 서부 내륙지방의 개방과 개발은 오직 중앙아시아 지역을 통해서만 유럽과 중동으로 연결되는 교역로를 확보할 수 있다. 바로 이러한 점 때문에 중국이 중앙아시아와 교류를 확대하고 실크로드 복원사업을 적극 추진하고 있는 것이다. 현재 중국은 유럽과 함께 중앙아시아를 관통하는 신 실크로드 재건 사업에 막대한 돈을 투자하고 있다.

세 번째는 미군의 중앙아시아 주둔으로 대두된 잠재적 안보위협에 대처하는 문제다. 중앙아시아는 유라시아 대륙에서 유럽과 아시아를 잇는 중앙에 위치함으로 인해 전략적 요충지로서의 지정학적 입지조건을 갖추고 있다. 따라서 미군의 중앙아시아 주둔은 중국으로서는 안전한 후방지역의 상실을 의미한다. 이러한 안보불안을 완화하기 위해 중앙아시아 국가들과의 안보 협력이 무엇보다도 필요한 것이다.

네 번째는 중국이 당면하고 있는 급속한 경제개발로 인한 에너지 부족 사태는 에너지와 원료 공급처로서 중앙아시아의 가치를 재고시키고 있다.[4] 특히 개혁개방 이후 급속한 산업화에 따른 에너지의 수요증가는 에너지 수급과 에너지 안보문제를 중국정부의 최대 현안으로 만들었다.

이러한 요인들로 인해 전통적으로 중앙아시아에서 소극적 관찰자 입장에 머물던 중국은 1990년대 말부터 보다 적극적인 정책으로 전환하였다. 이는 경제성장의 자신감을 얻은 중국이 강대국화 정책을 실현하기 위해서는 중앙아시아가 매우 중요하다는 반증이기도 하다.

로 신강위구르자치구에 집중돼 거주하고 있다. 뿐만 아니라 한족, 만주족, 몽골족이 거주하는 지역에도 적지 않은 회교도가 분포되어 있다. 이러한 중국 내 회족 사회에서 이슬람 원리주의가 득세하고, 이를 기반으로 신강위구르인들의 분리 독립운동이 격화된다는 가정은 대만, 티베트 문제와 함께 중국 붕괴를 가져오는 내부적 요인이 될 것이다.

4) 2004년 중국의 석유 소비량은 2억 8000만 톤에 달하고 이중 약 40%를 수입에 의존해야 하는 상황에 직면하고 있다. 이를 반영하여 중국은 1997년 당면한 에너지 문제의 심각성을 공식적으로 인정하기 시작했고 미국이 9.11 이후 중앙아시아와 중동에서 취한 일련의 외교·군사적 대응을 보면서 중국이 본격적으로 에너지 문제를 국가안보이익의 개념으로 인식하기 시작하였다.

경제적 차원에서 중국의 대 중앙아시아 정책의 주요 목표는 단기적으로 에너지 자원의 안정적 확보지만, 중・장기적으로는 이 지역을 중화경제권으로 흡수하려는데 있다. 이를 위해 중국은 다양한 차원에서 중앙아시아 국가들과 경제 협력을 확대하고 있으며 성장하는 경제력에 걸맞게 중앙아시아 투자를 증대해 나가고 있다.

향후 중국의 중앙아시아 전략과 정책 목표는 러시아와 미국을 자극하지 않으면서 조용히 자국의 실리를 추구하는 통상정책 중심으로 전개될 가능성이 높다. 특히 2008년 베이징 올림픽을 통해 자신감을 전 세계에 과시한 중국은 중앙아시아에 보다 과감하게 접근할 것으로 보인다.

대륙을 향한 섬나라의 꿈(일본)

일본의 중앙아시아 정책은 원조외교를 앞세우면서 주도면밀하게 진행되어 왔다. 냉전 해체와 함께 진행된 국제질서 재편과정에서 중앙아시아의 지정・지경학적 중요성에 주목한 일본은 경제, 외교적 측면에서 중앙아시아 진출을 가속화해 왔다. 이러한 일본의 중앙아시아 정책은 외교 전략적 측면과 경제적 측면에서 분석해 볼 수 있다. 외교적 차원에서 일본의 중앙아시아 접근은 초기 양자(bilateral) 관계 위주에서 점차 "다자주의(multilateralism)"로 옮겨가는 과정으로 설명될 수 있다. 일본의 "다자주의"는 1997년 하시모토 총리에 의해 제창된 "유라시아 외교(Eurasian Diplomacy)"와 2004년 "중앙아시아+일본 대화(Central Asia plus Japan Dialogue, CAJ)"라는 두 가지 중요한 정책에 의해 구체화되었다. "유라시아 외교" 와 "중앙아시아+일본 대화"라는 개념은 유라시아 대륙에 대한 일본정부의 다자주의적 접근을 보여주고 있는데, 이는 일본 외교사에 있어 아주 예외적인 사례라고 할 수 있다. 냉전시기부터 일본의 대외정책은 미국중심이었으며 여타 국가들과의 관계도 미국의 대외정책기조를 충실히 따르는 전제하에서 양자관계를 발전시켜 왔다. 일본이 미국중심에서 벗어나 독자적인 유라시아 정책을 수립하고 중앙아시아에서 다자협력을 추구한 것은 냉전 붕괴 이후부터 일본이 아시아-태평양 지역, 특히 동남아에서 추구하였던 다자주의적 접근 방식과 그 맥을 같이 하고 있다.

일본의 중앙아시아에 대한 경제적 접근은 원조외교를 통한 경제 지원책으로 설명할 수 있다. 이는 에너지 확보를 위한 기반마련은 물론 중앙아시아 국가들의 일본에 대한 경제 의존 강화, 친선도모, 리더십 구축, 지역안정 및 국제평화 유지 등 일본의 역할증대와 영향력 향상을 목표로 하고 있다. 특히 21세기 일본의 지속적인 경제 성장을 위한 선결과제로 부상한 에너지 수급 문제는 중앙아시아에 대한 접근 필요성을 더욱 절실히 하고 있다. 이에 따라 일본은 에너지 수입선 다각화를 위해 중앙아시아 에너지 자원에 대한 연구와 투자에 주력해 왔다.

일본은 중앙아시아의 지정학적 변화에 주목, 양자관계를 통해 다져온 성과를 바탕으로 보다 폭넓은 영역에서 다자적 접근을 모색했다. 일본의 가와구치 외상은 2004년 8월, 중앙아시아 4개국 순방에서 원조외교를 앞세운 그동안의 양자관계에서 벗어나 다자주의적 틀 안에서의 새로운 접근을 시도하겠다는 입장을 천명하였다. 그는 "중앙아시아(우즈베키스탄, 카자흐스탄, 타지키스탄, 키르기즈스탄, 투르크메니스탄)+일본 대화"라는 다자적 관계를 위한 구체적인 방안을 제시했다. "중앙아시아+일본 대화"는 정치, 경제, 문화부문의 협력을 포괄하는 폭넓은 대화를 목표로 (1) 다양성의 존중, (2) 경쟁과 협조, (3) 열린 협력 등 3가지 기본 원칙을 설정했다. 뿐만 아니라 일본은 중앙아시아 국가들의 민주화와 경제개혁의 필요성을 강조하며 향후 3연간 1,000명 이상의 연수자를 일본으로 초청하여 교육하겠다고 약속했다. 이렇듯 일본은 다양한 채널에서 중앙아시아의 평화와 안정, 번영의 실현을 위한 실질적인 후원자 역할을 자임하며 영향력을 확대를 도모하였다. 2006년 5월 도쿄에서 열린 "중앙아시아+일본 대화"(이하 CAJ대화)에서는 중앙아시아 지역의 국경 경비 강화에 필요한 순찰차와 감시 장비 지원, 세계무역기구(WTO) 가입지원 방안이 논의되었다. 이는 일본이 중앙아시아 지역에서 안보영역까지 활동 범위를 확대하려는 의지를 가지고 있음을 의미한다. 가와구치 일본 외무장관은 2004년 중앙아시아를 순방하면서 일본은 중앙아시아에 어떠한 영토적, 정치적 갈등요소도 가지고 있지 않으며, 이 지역의 평화와 안전의 유지에 관심이 있을 뿐이라고 강조했다. 또한 이 지역이 전 유라시아 대륙의 평화와 안정에 지대한 영향을 미치는 지정학적 중요지대라고 언급하였다. 그러나 이러한 순수성 강조 이면에는 일본이 냉전 붕괴 이후 전개되고 있는 유라시아 대륙의 새로운 질서형성에 소외되지 않으려는 의지가 담겨 있는 것으로 보인다. 중앙아시아를 둘러싸고 전개되고 있는 미국과 중국, 러시아, 인도의 경쟁을 바라보는 일본의 초조감이 반영된 것이다. CAJ 대화는 중국·러시아의 견제를 우회하면서도 자신의 존재를 유라시아 대륙 중앙에 각인시키려는 일본외교의 성과로 평가할 수 있다. 무엇보다 일본의 중앙아시아 정책이 가져온 가장 큰 결실은 유라시아 대륙에서 전개되고 있는 세력경쟁에서 신참국인 일본이 미국 · 중국 · 러시아와 함께 경쟁할 수 있는 발판을 구축했다는 점이다. 그러나 중앙아시아로부터 멀리 떨어진 섬나라 일본의 지리적 한계는 역동적인 대 중앙아시아 정책에 한계로 지적되기도 한다.

IV. 중앙아시아 5개국의 살아남기

1991년 갑작스럽게 구소련으로부터 독립한 중앙아시아 신생국들은 대외 정책에 대한 경험이 전무했다. 소련 통치시기 모스크바 중앙정부의 전유물이었던 대외 정책에 접근할 수 없었기 때문이다. 그러나 독립 이후 변화된 국제환경속에서 살아남기 위해 각자의 길을 개척하는 과정에서 중앙아시아 신생국들은 많은 외교적 경험과 학습을 쌓아가고 있다. 공통적으로 중앙아시아 신생국들의 양대 국가적 목표는 독립유지와 경제 성장이다. 그러나 이러한 목표를 향한 각국의 방식은 공통점이 있으면서도 다른 행보를 보이고 있다. 그렇다면 중앙아시아 신생국은 변화된 국제환경에 적응해 가는 과정에서 어떠한 입장을 취했는가? 중앙아시아 개별국가가 가지고 있는 대외적 목표와 한계는 무엇인가?

중앙아시아 경제, 외교 중심국(카자흐스탄)

카자흐스탄 대외정책의 주요 골자는 첫째, 러시아 · 중국 및 이슬람권 국가들에 둘러싸여 있는 지리적 이점을 최대한 활용하여 가교 역할을 수행함으로써 중앙아시아 중심국가로 부상하는 것은 물론 국익 확보와 세계평화에 기여하는 것이다. 둘째, 미 · 영 · 독 · 일본 등 선진국들과의 관계발전을 통해 시장경제를 도입하고 투자유치 및 카자흐스탄 원유 · 천연가스 및 광물자원의 안정적 수출시장 확보를 통해 국가 경제발전을 도모하는 것으로 요약된다.

카자흐스탄은 독립 이후 '유라시아 경제공동체', 'CIS 집단안보조약' 등 CIS 국가들을 중심으로 하는 각종 협력기구에 활발히 참여하면서 미 · 중 및 서방국과의 협력증진에도 노력하고 있다. 또한 '아시아신뢰구축회의(CICA)'를 주관하는 등 역내 안보협력을 주도하고 있다. 터키, 파키스탄, 이란 등 이슬람권 국가들과는 '이슬람권 경제협력기구(ECO)'를 통해 상호 경협 및 아프간 전후 체제 정착 등에 협조하고 있다. 특히 중국과는 '상하이협력기구(SCO)'를 중심으로 안보·대테러 협력을 모색하고, 무엇보다도 종교적 극단주의 및 분리주의 세력 확산을 차단하기 위한 공조에 나서고 있다. 또한 중국 서부 개발과 연계한 경제협력에도 적극 참여하고 있다. 이렇듯 카자흐스탄은 독립과 주권을 보호하고 국내개혁 추진을 위한 국제적 환경을 조성하기 위해 중앙아시아 및 CIS 등 주변국들과 전통적 우호관계 유지 및 실리·균형외교를 추진하고 있다.

카자흐스탄의 대외정책을 지역별로 살펴보면 먼저 구소련이라는 공동의 역사적 유산을 가지고 있는 CIS 국가들과 협력이다. 카자흐스탄은 CIS, CSTO(집단안보조약기구) 등 역내 다자협력체의 회원국으로서 러시아 등 CIS국들과 전통적 우호협력관계를 유지하고 있다. 나자르바예프 대통령의 제의로 1993년 3월 설립된 "아시아교류신뢰구축회의(CICA)"는 2004년 신뢰구축목록과 운영규정을 채택하여 아시아 안보를 협의하는 포럼으로서 위상을 확립했다는 평가를 받았다. 그러나 최근 SCO의 부상에 밀려 CICA의 위상과 역할이 상대적으로 약화되고 있다.

뿐만 아니라 카자흐스탄은 중앙아시아 국가들의 역내 협력을 통해 상호의존적인 산업구조와 시장 및 교통망, 에너지 수급체제 등을 새로운 국제경제현실에 부합하도록 발전시키는 단일 경제권 창설에도 의지를 보이고 있다.

러시아와의 관계에서는 원유·가스·전력 분야에서의 전통적인 경제협력관계를 지속·확대시킴과 동시에 집단안보조약기구를 중심으로 군사 협력을 유지해 나가고 있으나, 구소련체제와 같은 종속관계에서 탈피, 독립국으로서의 위상확립이 전제 조건이다. 중앙아시아의 안전 확보를 위해서는 러시아와 안보 협력이 중요하기 때문에 모스크바의 입장을 크게 거스르지 않는 범위 내에서 실리주의 노선을 걷고 있다.

미국, EU 국가들과는 양자간 경제협력 확대를 통해 시장경제로의 안정적 전환을 도모하는 한편, 석유, 가스 등 광물자원의 채굴 및 수출시장 확보를 위해 경제협력관계를 꾸준히 확대·발전시켜 나가고 있다. 특히, 미국과는 다국적군의 對아프간 및 이라크 작전 지지를 계기로 군사협력까지 하고 있다. 그러나 러시아가 역내에서 갖는 전통적 전략적 이해를 고려해서 카자흐스탄과 미국과의 군사협력은 제한적일 수 밖에 없을 것이다.

중국과는 양국 정상의 2005년 7월 "전략적 동반자 관계" 구축선언을 계기로 원유・가스 공동개발 및 통상확대 등 실질경제협력을 확대해 나가는 한편, 상하이협력기구를 중심으로 안보협력을 강화하고 있다.

중앙아시아 역사 문화중심국(우즈베키스탄)의 기지개

독립 이후 우즈베키스탄의 대외정책은 CIS 국가들과 경제협력관계를 중시하나 러시아를 중심으로 한 CIS 통합노력에는 소극적 내지는 반대의 입장을 보였다. 1999년 4월 우즈베키스탄은 러시아가 주도하는 CIS 집단안보조약에서 탈퇴, 외교・군사 분야에서 독자노선을 유지했다. 대신 우크라이나 주도의 GUUAM[5]에 가입(2001년 6월)하는 등 러시아의 영향력에서 벗어나려는 노력을 보이게 된다. 반면 동시기 대서방 정책에서는 경제 발전을 위해 미국 및 유럽 등과의 관계 개선에 적극적인 입장을 견지했다. 특히 미국과는 제1차 미・우즈베키스탄 공동위(1998년 2월)를 통해 경협확대기틀을 마련했으며, 9・11 사태를 계기로 우즈베키스탄 하나바드 공항을 대테러연합군에 임대하면서 양국의 관계는 그 어느 때보다도 가까워졌다. 또한 미국의 이라크 무력공격에도 지지를 표명(2003년 3월)하는 등 주요 지역 안보 문제와 관련하여 미국의 대외정책에 적극 협력하였다.

그러나 우즈베키스탄의 대외정책은 2005년 안디잔 사건을 이후 전환점을 맞이하였다. 안디잔 소요에 대한 강경진압은 결국 미국의 경제 원조 감소와 민주화와 인권에 대한 개선 압력으로 이어졌다. 이에 우즈베키스탄은 미국과의 거리를 두며 다시 친러시아 성향으로 전환하였다. 안디잔 사태 이후 카리모프 정부에 대한 미국・서방의 민주화 압력에 반발하여 반 미국・서방 노선으로 급선회하면서 친러 노선을 추구하기 시작한 것이다. 미국은 카리모프 정부의 안디잔 유혈진압에 대한 제재로 우즈베키스탄 지도자들의 미국 내 자산 동결 및 미국 입국사증 발급 금지, 대 우즈베키스탄 무기수출 금지 등의 조치를 취했다. 이에 반발한 우즈베키스탄은 2005년 11월 우즈베키스탄 주둔 미군기지 철수를 요구, 관철시켰으며 러시아와는 군사동맹조약을 체결하였다.

5) GUUAM은 그루지야, 우크라이나, 우즈베키스탄, 아제르바이잔, 몰도바 등 다섯 국가명의 첫 번째 이니셜의 조합임.

러시아와의 관계는 1991년 분리 독립 이후 양국 정부 간 미묘한 대립으로 1990년대 소원한 관계가 지속됐으나 푸틴 정부의 지속적인 대 우즈베키스탄 우호정책과 안디잔 사태에서 카리모프 정권을 지지한 사건을 계기로 양국관계가 급속히 긴밀해졌다. 2005년 9월 러시아, 우즈베키스탄 양국 역사상 최초로 합동 군사훈련이 실시되었고, 동년 11월에는 군사동맹조약이 체결되었다. 2006년 1월에 우즈베키스탄은 친러 성향의 EurAsEC(유라시아 경제공동체)에 가입하는 대신 반러성향의 GUUAM 그룹에서 탈퇴하여 러시아 쪽으로 기울었으나 2008년 EurAsEC에서 다시 탈퇴하여 기복이 심한 대외행보를 보여주고 있다.

중국과의 관계는 SCO를 통해 지속적인 협력관계를 발전시키고 있다. 특히 2004년 6월 후진타오 중국국가주석은 SCO회원국에 중국이 투자하는 10억 달러 중 상당액을 우즈베키스탄에 할당하고 있다. 이를 계기로 2005년 양국은 '우호 협력에 대한 조약'을 체결한 바 있다. 우즈베키스탄은 중국과의 경협을 강화하는 동시에 다른 한편으로는 중국경제에 예속되는 것을 방지하기 위해 한국을 비롯한 러시아, 일본, CIS국가들과 경협도 추진하는 등 협력 루트를 다변화 하고 있다.

여타 중앙아시아 국가들과는 이슬람 극단주의 확산 · 마약밀매 방지를 위해 긴밀히 공조해 나가고 있다. 키르기즈스탄과 국경지역 병력감축에 합의(2000년)하고, 카자흐스탄과 국경확정 협정을 체결(2002년)하는 등 긴장완화에도 지속적인 노력을 진행시켜 왔다. 경제적으로도 EBRD, IMF 등의 후원하에 아시아와 유럽을 연결하는 지리적 입지를 살려 중앙아시아 지역 에너지 · 수송 · 통신망 연결 등을 모색하고 있다. 최근 미국과 서방의 인권과 민주주화 압력으로 인해 카자흐스탄, 키르기즈스탄, 타지키스탄과 함께 친러 성향의 공동 외교노선을 추구하고 있다. 특히 중앙아시아 역내 접경국들과 국경문제와 민족 갈등 해결을 통한 지역 안정에도 나서고 있다. 또한 중앙아시아 국가 및 터키 등 회교권 경제협력기구와도 협력하고 있다.

중앙아시아의 스위스를 꿈꾸며(키르기즈스탄)

키르기즈스탄의 주요 대외정책기조는 국가안보와 시장경제로의 이행, 국내 경제개혁을 위한 안정적 기반 마련을 위해 미국, 러시아, 중국 및 주변 중앙아 국가들과의 우호 협력관계 강화이다. 특히 2005년 3월 레몬혁명으로 불리는 시민혁명에 따른 정권교체로 인한 정국불안과 경제난이 확대되자 키르기즈스탄은 미국 등 서방국과 중국, 한국, 일본 등 아시아 경제대국들과의 경제·통상협력 확대에 부심하고 있다.

독립 이후 키르기즈스탄은 평화공존, 안보확립, 인접국 및 국제기구와의 우호관계 유지와 '실크로드 외교'(1998)를 통한 주변국과의 관계강화를 대외 정책의 주요 목표로 설정해 왔다. 따라서 CIS 회원국으로 러시아주도의 CIS 집단안보조약 및 유라시아 경제공동체에 적극 참여하고 있다. 9.11 사태이후에는 對테러 연합군에 공군기지를 제공하는 등 친서방 관계 개선 노력에도 주력한 바 있다.

무엇보다도 러시아와의 관계 강화를 위해 CIS 통합군 창설을 주장하고 러·키르기즈스탄 간 항구적 친선동맹 선언과 함께 민족간 통합 및 문화·교육 발전을 위해 러시아어를 공용어로 지정(2000)하였다. 또한 수도 비슈케크인근 칸트 공군기지에 러시아군 주둔을 허용(2003)하는 등 친러 안보협력을 강화하였다.

중앙아시아 국가들과는 경제를 비롯한 안보, 평화유지 등 포괄적 협력에 노력하고 있다. 또한 실크로드를 배경으로 아시아·중동 국가 간 경제협력을 강화하는 실크로드외교를 주창(1998년 9월)하였고, 국제테러 방지를 위해 상하이협력기구(SCO)의 대테러센터를 수도 비슈케크에 설치(2001년 6월 합의)키로 하는 등 주변국 관계강화 노력을 하고 있다. 이밖에도 역내 안보 및 경제여건을 개선하기 위해 아시아교류 및 신뢰구축회의(CICA) 등 역내의 다자안보와 경제협력체에 적극 참여하고 있다.

키르기즈스탄은 중앙아시아 5개국 중 가장 민주적인 국가로 평가 받고 있으며 미·영 등 서방국과의 관계가 우호적인 편이다. 특히 9.11테러 이후 키르기즈스탄은 다국적군에게 비슈케크의 마나스 기지를 제공하는 등 對테러 전쟁에서 협력한 바 있다.

바키예프 신임 대통령의 최대 과제는 경제난 해결과 미·러 사이에서 외교적 돌파구를 마련하는 것이다. 2005년 시민혁명으로 집권한 바키예프 대통령은 미군 주둔 대가로 키르기즈스탄 정부 예산의 60%가 넘는 2억 달러의 현금차관을 무이자로 제공받으면서 주둔에 합의했다. 미국의 입장에서 아프가니스탄 전쟁 수행을 위해 키르기즈스탄의 공군 기지는 매우 중요한 전략적 의미를 지닌다. 그러나 2009년 2월 20억 달러에 이르는 차관지원 등 경제 지원을 앞세운 러시아의 집요한 요구에 따라 키르기즈스탄 정부는 미군 기지를 폐쇄하기로 결정했다.

키르기즈스탄의 대러시아 정책은 전략적 동반자 관계를 기반으로 이루어지고 있다. 키르기즈스탄에는 아직까지 전 분야에 걸쳐 구소련시대의 잔재가 남아 있으며, 다른 중앙아시아 국가들과는 달리 내세울만한 천연 자원도 없다. 따라서 경제발전을 위해 러시아와의 협력은 무엇보다도 중요하며, 전략적 동반자관계를 유지하면서 실질경제 협력 증진에 노력하고 있다.

특히 자력 국방이 어려운 키르기즈스탄으로서는 이슬람 근본주의 테러를 차단하기 위해서 러시아와의 안보협력이 필수적이다. 러시아는 2003년 9월 집단안보조약기구 신속배치군 명목으로 러시아 공군기지를 비슈케크 인근 칸트 지역에 설치, 운영하고 있다.

키르기즈스탄은 중국과 850km에 달하는 국경선을 접하고 있다. 접경지역 키르기즈스탄 영토 내에 위구르족이 다수 거주하고 있어 위구르 분리 독립 움직임과 이슬람 근본주의 확대 등을 저지하기 위해 중국과의 안보협력을 확대하고 있다. 무엇보다도 키르기즈스탄의 경제 재건을 위해 중국과의 경제·통상협력이 필수적인 상황이나 양국 간 극심한 경제규모의 차이 및 경제운영 방식의 차이 등으로 커다란 진전을 보고 있지 못한 상황이다.

혼돈에서 안정으로(타지키스탄)

타지키스탄의 대외정책 기조는 주변국들의 안보 위협에서 독립과 자주성을 유지하기 위해 주변 강국과의 우호관계를 강화하는 것이다. 단기적으로는 접경국 우즈베키스탄으로부터 지속적인 위협에서 벗어나고, 중장기적으로는 중국세력의 급속한 확장에 대비하여 러시아, 미국과의 관계를 강화하는 것이 타지키스탄의 핵심 목표다. 타지키스탄은 독립 이후 오랜 내전(1992-1997)의 후유증으로 정세가 불안정하며 지속적으로 경제난에 허덕이고 있는 상태다. 따라서 정치·경제·군사 등의 분야에서 중앙아시아 지역의 실질 패권국인 러시아에 전적으로 의존하면서도 미국·EU 등과도 관계 개선에 주력하고 있다.

이슬람 극단주의 세력의 확산방지를 위해 국경지대에 약 2만 명의 러시아 국경수비대 주둔을 허용하는 등 러시아와 밀접한 군사적 협력을 하고 있다. 타지키스탄은 1929년 구소련 시절 우즈베키스탄 자치공화국으로부터 분리·독립하였으며, 동으로는 중국, 북으로는 키르기즈스탄, 남으로는 아프가니스탄과 접경하고 있다. 1993년 타지키스탄-러시아 군사협정에 의거, 아프간과 중국 접경지역에서 국경수비를 양국 공동으로 담당해 왔다. 현재 러시아 201사단은 타지키스탄군 훈련을 목적으로 계속 주둔하는 등 러시아와 밀접한 안보 관계를 유지하고 있다. 타지키스탄 국민의 80% 이상이 러시아어를 구사할 수 있으며, 약 50만 명의 타지키스탄 국민들이 러시아에 거주하는 등 친 러시아 성향은 상당히 높은 편이다.

주변국과는 이슬람 극단주의 위협에 공동 대처해 나가면서 중국(2002)·우즈베키스탄(2002)과 국경협정을 체결하고 키르기즈스탄과도 페르가나지역 국경분쟁 해결을 위해 노력 중이다. 그러나 인접국 우즈베키스탄과는 사마르칸드 문명의 역사적 소유권 문제, 자국 민족 문제와 수자원 이용 문제 등으로 갈등이 지속되고 있다. 타지키스탄 국민들의 약 20%가 우즈베크인이라는 점, 여전히 해결되지 않은 페르가나 계곡의 국경선 문제, 타지키스탄을 구소련 중앙정부가 우즈베키스탄에서 억지로 떼어내 인공적으로 창설한 국가로 보는 우즈베키스탄 시각 등이 양국관계를 위협하는 요소인 동시에 중앙아시아 전체의 역내 안보를 위협할 수 있는 불안요인이다.

중국과의 관계는 타지키스탄-중국 신강 지역 간 직통도로 개통(2004) 이후 중국의 경제, 사회적 영향력이 증대되고 있다. 타지키스탄-미국 관계는 9.11테러 이후 CIS 집단안보조약의 틀에서 미군 주도의 아프간 작전을 지원(인도적 목적의 수색과 구호작전에 한해 영공과 공항사용을 허용)하면서 물꼬를 트기 시작했다. 타지키스탄은 국제 테러 등 전세계적인 문제에서 미국의 역할을 지지해 왔다. 미국은 9.11테러 이후 아프간 문제 해결과 중국의 급부상에 대비, 타지키스탄의 지정학적 가치를 다시 평가하고 유·무상 원조 증대를 통하여 타지키스탄에 접근하고 있다.

여타 서방국가들과의 관계에서 타지키스탄은 일본, 스위스 등의 지원을 촉구하면서 UN, IMF, EBRD 등 국제기구의 지원 획득을 위한 노력을 강화해나가고 있다. 라흐모노프 대통령은 경제재건 및 평화유지를 위한 국제사회의 지원을 호소하고 있으며 특히 러시아의 부활과 함께 활성화되고 있는 집단안전보장회의(CSTO) 등의 활동을 강화하고 있다.

개방을 향한 기지개(투르크메니스탄)

독립 이후 투르크메니스탄의 주요 대외정책 기조는 '중립정책'이었다. 1995년 11월 UN을 통해 영구 중립 국가를 선언했으며 주권 보전 및 안보 확보, 무력 충돌 불개입, 국내경제 발전을 위한 유리한 대외환경 조성, 호혜적이고 건설적인 대외협력 관계 구축 등을 표방하고 있다.

독립국가연합(CIS), NATO의 평화를 위한 동반자계획(NATO-pfp), 유럽안보협력기구(OSCE) 및 이슬람국회의기구(OIC) 등에 참여하고 있으나 여타 CIS 안보·경제협력기구 등에는 가담하지 않는 중립 정책을 표방해왔다. 주변국들과는 실질협력관계 발전에 주력하면서도 가스수출 파이프라인 건설을 위해서는 이란·터키·파키스탄과의 협력을 우선시하고, 카스피 해 영유권과 균등 분할을 주장하는 이란에 동조하는 경향을 보이고 있다.

전임자인 니야조프 대통령 임기 중에는 러시아로의 예속화를 우려, 러시아어 신문을 폐간시키고 러시아어 사용을 금지시키는 등 투르크멘 거주 러시아인에 대한 차별 정책 등으로 러시아-투르크메니스탄 관계가 원만치 않았다. 그러나 투르크메니스탄의 풍부한 천연가스 수출을 위해서는 러시아 가스관을 반드시 경유하도록 되어있어 대러 의존도는 피할 수 없는 상황이다. 이러한 현실을 반영하듯 2003년에는 푸틴 대통령과 정상회담을 통해 투르크메니스탄 가스 개발에 협력키로 하는 등 경제협력과 테러·마약 근절을 위한 안보협정을 체결하였다. 특히 니야조프 전임 대통령의 사망 이후 권력을 승계 받은 베르디무하메도프 신임 대통령은 자국 안보확보, 국경 보전 및 러시아 경유 가스관 이용 등을 위해 대러 관계를 복원하고 있다. 이러한 양국의 가스협력 강화로 투르크메니스탄 가스에 대한 러시아의 독점적 지위가 강화되고 있다.

2007년 4월 베르디 무하메도프 대통령은 모스크바를 방문, 2003년 니야조프 전 대통령이 서명한 가스분야 협력협정 준수를 확인하였으며 이에 따라 러시아는 투르크메니스탄으로부터 안정적으로 가스를 공급받을 예정이다.

미국 등 서방 국가들과는 9.11테러 발생 시에도 최소한의 관심표명에 그치는 등 중립을 유지하고 있다. 니야조프 대통령 암살미수 사건(2003)과 관련 미국 시민권자를 용의자로 체포하여 한때 미국과의 관계가 경색되기도 하였다. 그러나 니야조프 사망 이후 투르크메니스탄 동부(Dauletabad) 가스전 개발 및 가스수출을 위해 아프가니스탄 경유 파키스탄으로의 파이프라인 건설에 필요한 재원 확보를 위해 미국과의 관계 개선을 재추진 중이다.

중국과의 관계는 중국이 투르크메니스탄의 영구 중립정책을 지지하고 투르크메니스탄도 대만과 티베트 문제에 대한 중국 입장을 지지하는 등 상호 협조기조를 유지하고 있다. 중국은 투르크메니스탄을 유럽과 중국을 연결하는 요충지로 인식, 투르크메니스탄 내 대규모 유전 개발, 송유관 사업 등을 통하여 에너지자원의 안정적인 공급을 위해 국가차원의 노력을 기울이고 있다. 투르크메니스탄은 중국과의 에너지, 자원 협력을 통해 러시아 가스배관망의 독점체제를 견제하고 가스 수출 단가를 인상할 수 있는 수단을 확보하려 하고 있다. 이러한 이유에서 니야조프 전 대통령은 임기 중에 중국을 세 차례나 방문(1992, 1998, 2006)할 만큼 대중관계에 관심을 가졌다.

CIS 각국들과는 양자협력을 위주로 관계 발전을 모색하고 있다. CIS 회원국간 조약에 선별적으로 가입하고 있으나 CIS 집단안보조약에는 불참하고 있다. 이란과는 양국 대통령 상호 방문(2006, 2007)을 통해 우호관계를 강화시키고 있다. 이란은 투르크메니스탄의 접경 국으로 투르크메니스탄의 독립을 가장 먼저 승인한 국가 중 하나이며, 비 아랍 이슬람경제협력기구(ECO) 틀 내에서 상호 협력하고 있다.

V. 21세기 중앙아시아를 보면서

이상에서 설명한 바와 같이 중앙아시아는 지리적으로 유라시아 대륙의 중앙에 위치할 뿐만 아니라 세계 최대 시장으로 성장하고 있는 중국, 러시아, 인도에 둘러싸인 풍부한 에너지 자원을 가진 지정, 지경학적 요충지이다. 이러한 환경을 반영하듯 중앙아시아를 둘러싸고 수많은 다자기구들이 탄생하고 있으며 국제사회는 경쟁적으로 중앙아시아 국가들과 협력의 범위를 확대하고 있다. 특히 SCO는 중앙아시아를 중심으로 중국과 러시아연대가 작동하는 포괄적인 다자기구로 발전하고 있어 향후 그 역할이 어떻게 확대될 지 주목되고 있다. 그러나 서방의 우려처럼 SCO가 미국과 나토에 대항하는 군사기구로 기능할 가능성은 높지 않다. 2008년 8월 그루지야 사태이후 전개된 남오세티아 분리 독립을 둘러싼 러시아의 입장을 SCO 회원국들이 지지하지 않은 것도 구성국가들 간의 서로 다른 이해관계 때문이다.

미국, 러시아, 중국, 일본 등 주요국들에게 중앙아시아는 안보적 측면은 물론 경제, 에너지자원의 확보를 위해서도 매우 중요한 전략적 가치를 지닌다. 주요 국가들은 주도면밀한 전략 아래 중앙아시아에서 경쟁하고 있으며 특히 러시아는 자국의 영향력 유지를 위해 역량을 집중하고 있다. 미국 부시 정권의 일방주의가 전 세계에 남긴 유산인 반미정서가 중앙아시아에서도 확산되면서 러시아는 자신의 역할을 회복해 가고 있다. 2009년 2월 러시아는 막대한 경제 지원을 제공하면서 키르기즈스탄 정부의 미군기지 폐쇄결정을 이끌어 냈다. 또한 러시아 중심의 CSTO 회원국들이 신속 대응군 창설을 합의함으로써 중앙아시아 국가들의 친 러시아 복귀 현상은 가속화 되고 있다. 경제적으로도 러시아는 '가스수출국포럼(GECF)'과 '유라시아 경제공동체(EurAsEC)'를 통해 중앙아시아 국가들을 결속 시키고 있다.

이러한 열강들의 세력 경쟁 속에서 중앙아시아 국가들 역시 자신들에게 부여된 새로운 국제 환경에 적응하면서 자국의 이해를 관철하기 위해 노력하고 있다. 주목되는 점은 중앙아시아에 대한 세계 각국의 경쟁적인 진출이 치열해질수록 중앙아시아 신생국들의 대외 정책은 예전의 수동적 입장에서 능동적으로 전환되고 있으며, 다양한 외교적 옵션들을 자국에 유리하게 활용하기 시작하고 있다는 점이다. 이러한 국제 환경의 변화와 강화되는 중앙아시아의 전략적, 경제적 비중은 한국에게도 이 지역에 대한 보다 심도 있는 연구와 이해의 기반 위에서 유라시아 정책을 전개해야 한다는 과제를 남기고 있다.

제13장 한국과 중앙아시아 관계

황영삼

최근에 에너지 자원문제에 대한 관심이 증가하면서 카자흐스탄과 우즈베키스탄을 비롯한 중앙아시아 국가와 우리와의 관계가 그 어느 때보다 긴밀해지고 있다. 양자 간의 역사는 비록 20년에도 미치지 못하지만 쌍방이 갖고 있는 상대에 대한 기대감으로 인해 관료들이나 기업인, 학자들 그리고 일반인 할 것 없이 교류관계를 급속하게 넓히고 있다. 그러나 지난 세월을 자세히 보면 언제나 관심이 높았던 것은 아니었고 그야말로 최근 5~6년 사이에 대부분의 결과가 나왔음을 알 수 있다. 그 이유로서 우선 우리의 경우 자원과 에너지 문제가 중앙아시아 지역과 관련되어 심각하게 고민하게 된 것이 얼마 되지 않은 불과 몇 년 전의 일이었으며, 초기 개척자적 위치로 활동하고 있던 주요 기업도 우리의 외환위기 사태로 인하여 철수하지 않을 수 없었고 무엇보다도 그 지역에 대한 일반적인 관심도가 매우 낮은 상태에 있었기 때문이었다.

중앙아시아 지역의 국가도 각각 본격적인 대외개방의 시기와 정도가 다르게 진행된 결과 타국과의 관계 확장이 늦어졌는데 가령 카자흐스탄과는 달리 우즈베키스탄은 외국자본의 투자활동이 제도적으로 제한되어 있었고 투르크메니스탄은 전임 대통령의 통치체제 스타일 상 외국과의 교류가 거의 불가능한 상태에 있었던 것이다. 카자흐스탄의 경우 일찍이 우리에 대해 많은 관심을 두고는 있었지만 미국이나 영국, 중국 등의 거대자본국과의 관계증진이 더 우선적으로 진행되었다. 키르기즈스탄과 타지키스탄은 불안정한 국내정치적 상황으로 인하여 우리와의 관계가 지체될 수밖에 없었다.

Ⅰ. 정부차원의 한국과 중앙아시아 국가와의 관계

1. 외교관계

우리와 중앙아시아 국가들과의 외교관계 수립은 소련붕괴 직후인 1992년 초부터 동시다발적으로 진행되었다. 1991년 12월 30일부로 국제사회에서 소련이 더 이상 공식적으로 존재하지 않는 국가로 되자 이미 독립을 선언한 바 있는 중앙아시아 5개국들은 대외적으로 독자적 권한을 행사하기 시작하였다. 이러한 상황 하에서 1992년 1월 28일부터 카자흐스탄을 필두로 우즈베키스탄, 키르기즈스탄, 투르크메니스탄과 연이은 국교체결이 이루어졌고 타지키스탄도 같은 해 4월에 국교가 체결되었다. 이에 따라 카자흐스탄과 우즈베키스탄에 1993년 7월과 12월에 각각 한국대사관이 개설되었다. 나머지 3개국에 대해서는 초기에는 주러시아 한국대사가 겸직하였다. 이후 자원외교의 비중이 급격히 높아진 2007년에 투르크메니스탄과 키르기즈스탄에 대사관이 설치되었고 2008년 2월에 타지키스탄에도 대사관이 개설됨으로써 중앙아시아 5개국에 대한 대사관 개설이 완료되었다.

이와 같이 중앙아시아 5개국과 거의 동시에 체결된 국교수립 시기에 반하여 대사관 개설의 시기가 국가마다 차이가 있는 이유는 아무래도 외교대상이 되는 국가의 대외적 비중과 이를 뒷받침하는 외교예산과 관계가 있었다. 특히 1997년 국내의 외환위기 이후 크게 삭감된 외교예산으로는 대사관 증설은 고사하고 타지역에 개설된 기존의 대사관마저 철수해야 하는 상황이 되었던 것이다. 이후 국내경기의 회복과 자원외교의 중요성으로 중앙아시아 나머지 3개 국가에 대한 대사관 설치가 가능하게 되었다. 대사관 개설이 반드시 양국 간의 교류증진을 뜻하는 것은 아니지만 일단 이전과는 다른 정도의 활발한 관계가 진행될 것이라는 기대감을 제공해준다. 다행히도 중앙아시아 지역은 우리의 자원외교 대상지역으로 중요도가 높은 곳이며 이에 따른 전문외교 인력도 추가된 것으로 알려지고 있다. 더욱이 우리의 민족동포인 고려인들이 약 35만 명 거주하고 있다는 점도 간과해서는 안 될 중요한 요인이었다.[1)]

1) 중앙아시아 5개국과 우리와의 외교관계 현황은 아래와 같다. 외교관계 수립(1992.1.28 카자흐스탄, 1.29 우즈베키스탄, 1.31 키르기즈스탄, 2.7 투르크메니스탄, 4.27 타지키스탄),

우리의 중앙아시아 지역에 대한 외교전략은 추가지역 대사관 증설과 함께 적극적이고 공격적인 모드로 전환되고 있다. 특히 외교통상부는 2007년 한·중앙아시아 협력포럼을 조직하고 제1차 회의를 동년 11월 15일부터 3일간 개최하였다. 포럼의 의제는 고위직 간의 교류활성화, 자원협력, 교역 및 투자 증진 방안 등이었다. 협력포럼은 2008년은 물론이고 향후 지속적으로 개최될 것이다. 외교통상부에서 밝힌 구체적인 내용은 다음 표와 같다.

2007년 한국·중앙아시아 협력포럼의 국가별 주요 의제

상대국	협력사업
우즈베키스탄	고위인사 교류 활성화, 교역 및 투자 증진, 에너지·자원분야에 대한 한국 기업의 진출 확대
카자흐스탄	잠빌광구 개발 등 에너지·자원분야, 주택 및 인프라 건설, IT, 금융 등 한국 기업의 활발한 진출을 지원하고, 영사국장협의회 개최 등 영사 및 문화 분야 교류를 강화
키르기즈스탄	주택 건설, 전력, 광업, 관광, 노동분야에서의 협력을 보다 강화시켜 나가기로 하였음. - 키르기즈측은 한국의 경제개발경험 전수를 희망하였으며, 우리측은 관련 정보를 대사관을 통해 전달하기로 하였음.
타지키스탄	주타지키스탄 한국 공관 개설을 추진하고 고위인사교류를 보다 활성화해나가기로 하였으며, 타지키스탄이 추진 중인 대규모 수력발전 사업 대규모 인프라건설에 한국전력 등 우리 업체들이 참여할 수 있도록 협조
투르크메니스탄	한국 공관 개설 등 양국관계발전을 평가하고, 고위인사교류 활성화, 에너지·자원 및 도로 인프라 건설 분야에서 서로 협력을 강화

출처 : 외교통상부 공식 홈페이지 자료실

우리와 중앙아시아 간의 외교관계는 2008년 초에 있었던 이명박 대통령 취임식 때 카리모프 우즈베키스탄 대통령의 방한과 연이은 국무총리의 우즈베키스탄, 카자흐스탄, 투르크메니스탄 지역에 대한 자원외교 순방 등으로 볼 때 이전보다 더 확대되어질 것으로 보인다. 이러한 고위층의 방문외교는 카자흐스탄과 우즈베키스탄의 경우는 이전부터 지속되어 온 것이었으나 투르크메니스탄과 키르기즈스탄 및 타지키스탄 등과의 방문외교는 최근 들어 점차 증가되고 있다는 점이 특징적이다. 특히 원유와 천연가스 자원이 풍부하여 개발되고 있는 투르크메니스탄 지역에 대한 우리의 관심은 독보적인데 개설된 대사

대사관 개설(1993.7 카자흐스탄, 1993. 12 우즈베키스탄, 2007. 6 키르기즈스탄, 2007. 6 투르크메니스탄, 2008. 2 타지키스탄).

관 상주인원만 보아도 신생공관 수준에서 비교적 적지 않은 규모이다. 투르크메니스탄의 국내적 상황에서 본다면 최고국가지도자의 교체와 함께 대외개방정책이 시작되자 서방 선진국들의 경쟁적인 교섭이 가능해졌다. 투르크메니스탄 대통령은 서방의 주요 정치지도자와 기업가들과의 만남을 빈번하게 갖고 있고 외국자본의 투자를 적극적으로 수용하고 있다. 키르기즈스탄과 타지키스탄 역시 경제적 중요성을 간과할 수 없는 잠재적 발전가능성 국가로 간주하여 향후 장기적인 외교전략이 실행되어야하는 국가이다. 이렇게 본다면 중앙아시아 국가와 우리와의 외교관계의 본격적 발전은 최근에 와서야 역동성을 가지게 되었다는 것을 알 수 있다.

2. 지방자치단체 간 교류관계

중앙정부 간의 교류활성화와 함께 지방자치단체 간의 교류협력 또한 최근에 심심찮게 나타나고 있다. 소련붕괴 이전인 1990년의 이미 대구시와 알마티 시 그리고 1991년 구미시와 비쉬케크시 간의 자매결연이 체결된 이후 이렇다 할 교류가 없던 지방자치단체 수준의 교류협력은 2004년 이후 꾸준히 증가되고 있다. 아래 도표는 지금까지 자매결연이나 우호협력 수준으로 체결된 우리 지방자치단체와 중앙아시아 주요 지방자치단체 간의 교류현황을 나타내고 있다.

서울 및 지방자치단체와 중앙아시아 주요 주 및 도시 간의 자매결연 현황

체결일	한국	중앙아시아	교류수준
1990.11.26	대구시	알마티 시(카자흐스탄)	자매결연
1991.08.14	구미시	비쉬케크 시(키르기즈스탄)	자매결연
1994.03.15	서울시 송파구	카라간다 시(카자흐스탄)	자매결연
1999.04.26	서울시 중구	알마티 시 메데우 구(카자흐스탄)	우호협력
2004.10.23	강릉시	부하라 시(우즈베키스탄)	우호협력
2004.11.28	서울시	아스타나 시(카자흐스탄)	자매결연
2006.03.30	서울시	타쉬켄트 시(우즈베키스탄)	우호협력
2006.08.14	전남 담양군	페르가나 주 마르겔란 시(우즈베키스탄)	우호협력
2007.04.02	전남 나주시	타쉬켄트 시 셀르겔르 구(우즈베키스탄)	우호협력
2007.11.19	전라남도	추이 주(키르기즈스탄)	우호협력
2008.02.20	용인시	페르가나 주(우즈베키스탄)	자매결연
2008.03.26	경기도	알마티 주(카자흐스탄)	우호협력

출처 : 한국지방자치단체 국제화재단 www.klafir.or.kr 자료실(2007년 4월까지) 및 관련 지방단체 홈페이지에서 정리

그런데 최근까지 진행된 것을 보면 도표에서 나타난 바와 같이 쌍방 간의 교류협정이 모두 11건이며 그중에서 자매결연 수준은 다섯 사례에 머물고 있다. 국가별로 볼 때 카자흐스탄과 우즈베키스탄에 집중되어 있는 것이 특징적이며 투르크메니스탄과 타지키스탄의 지방정부와는 전무한 상태에 있다.

가장 최근에 진행된 교류현황은 2007년 카자흐스탄 아스타나 천도 10주년 기념행사의 일원으로 열렸던 '서울의 날' 행사에 서울시장이 참여하고, 전라남도가 키르기즈스탄 추이 주와 우호협력이 체결하였다는 점이다. 그리고 인천시도 2008년 9월에 알마티 시와의 국제협력을 추진하기 위하여 대표단을 파견한 사실과 같은 해 우즈베키스탄의 페르가나 주에서도 용인시와의 적극적인 교류활성화를 위해 한국을 방문한 사실이다. 향후 이러한 지방정부 간의 교류는 쌍방 간의 이해관계의 적합정도에 맞추어 천천히 증가할 것으로 판단된다.

3. 한국국제협력단(KOICA)과 한국교육원의 역할

우리와 중앙아시아 간의 협력관계가 증진되는 데에 한국국제협력단(이하 코이카)과 한국교육원의 역할이 경시될 수는 없다.[2] 왜냐하면 중앙아시아 현지에서 한국을 알리는데 물밑에서 여러 가지 형태로 꾸준히 노력을 한 기관이 바로 위의 두 기관이기 때문이다. 외교통상부 산하의 코이카는 아스타나(2008년에 알마티에서 이전)와 타쉬켄트(1995년)에 사무소를 두어 운영하고 있으며 교육과학기술부 산하 한국교육원은 알마티(1991년), 타쉬켄트(1992년), 비쉬케크(2001년)에서 활동하고 있다. 특히 한국교육원이 활발하게 활동할 수 있었던 근거는 그곳의 고려인들의 존재와 밀접한 관련이 있다.

코이카의 활동은 한국어강사와 태권도사범 등 봉사단 파견과 병원이나 공공건물 건설사업의 형태로 현지 지역민에게 도움을 주고 있고 한국교육원은 현지의 동포 및 현지인들의 한국어교육 및 문화사업 등을 펼치고 있다. 현재까지 이들 두 기관의 활동은 매우 성공적인 것으로 평가된다.

우선 코이카는 중앙아시아 국가의 공무원을 한국으로 초빙하여 단기 업무연수를 시행하고 있고 동시에 우리의 전문가를 파견하여 강의 및 정책자문 활동을 시행하고 있는데 이러한 사업은 현지의 지한파 인사의 육성에 긍정적으로

2) 물론 지한파 인재양성을 목표로 한 사업을 펼치고 있는 국제교류재단(Korea Foundation) 또한 고려대상이 되어야 하나 본 장에서는 위의 두 기관을 중심으로 개관하고자 한다.

작용하고 있다. 특히 우즈베키스탄에서 코이카는 타쉬켄트 시청과 함께 '우즈베키스탄 IT 훈련원'을 건립하여 2004년에 완공한 바 있다. 이외에도 코이카는 우즈베키스탄 토지관리위원회와 공동으로 착수한 '국가지리정보시스템 구축사업', '세계경제외교대학교 전자도서관 설립사업' 등을 실행하여 현지국으로부터 매우 큰 호응을 받았다.[3] 카자흐스탄 및 기타 중앙아시아 국가에 대한 코이카의 활동[4] 또한 활발하다. 특히 알마티 내의 한카병원은 현지국 의료서비스에 적응하지 못하고 있는 한인들에게 크게 공헌하고 있으며, 또한 현지인들에게도 무상의료를 제공함으로써 비단 의료뿐만 아니라 좋은 국가이미지를 형성하는데 큰 역할을 하고 있다. 2007년 코이카는 카자흐스탄 정부가 요청한 '카자흐스탄 관광산업진흥 마스터플랜 수립사업'을 지원하기로 하고 대대적인 실태파악에 들어갔는데 이는 우리와 카자흐스탄 양국 간의 구체적인 협력사업으로 기록될 것이다.[5]

한국교육원은 1991년에 알마티에 이어 이듬해 타쉬켄트에 설립되었다. 교육원의 한국어 교육은 고려인 동포들과 현지 민족들을 대상으로 주로 행해졌는데 특히 카자흐인이나 우즈베크인들의 관심이 높았다. 이들은 한국교육원을 통하여 한국에 관한 정보를 수집할 수 있었고 한국사람들과 접촉하면서 한국에 대한 이해를 넓혀 나갔던 것이다. 얼마 전부터 한국의 드라마와 영화 등이 중앙아시아에서 널리 소개된 것도 한국교육원이 이전부터 한국에 대한 관심을 불러 일으켰기 때문이다. 알마티와 타쉬켄트에 교육원이 있음에도 불구하고 2001년에 키르기즈스탄의 비쉬케크에 한국교육원이 설립된 것은 약 2만 명에 이르는 고려인들의 요구에 부응하기 위해서였다. 현재까지 중앙아시아의 3개 한국교육원은 한국어를 수강하는 학생 수와 한국에 대한 관심도 증가세를 감안해 볼 때 성공적으로 운영되고 있다. 그러나 최근 타쉬켄트와 비쉬케크 등에서 활발하게 활동하고 있는 문화관광부 산하 국립국어원이 주관하는 세종학당과의 역할 분담문제가 어떻게 조정될 지에 관한 문제가 현안으로 등장하고 있다.

이러한 기관들의 중요성은 앞으로도 매우 커질 것으로 전망되는데 그 이유는 현지 국가에서 한국에 대한 긍정적인 이미지가 유지되고 있고 한국기업체

---

3) 코이카의 구체적인 우즈베키스탄 활동 내역은 코이카 홈페이지 다음을 참조.
http ://www.koica.go.kr/WEBZINE/2007-summer/2831.php (2008.9.16검색)

4) 역시 이에 대한 구체적 활동실적은 코이카 홈페이지를 참조.

5) http ://skchannel.com/sub2.php?news=search2&id=164319&code=tour&code2=tour&day=43&pa=c (2008.09.18 검색)

들이 다소 활동하면서 한국에 대한 관심도를 현지민족들에게 부여하고 있기 때문이다. 가령 한국어를 습득하고 한국에 대한 지식을 얻기 위해서는 이들 기관을 활용하는 것이 효율적인 수단이 되며 현지 한국업체의 직원으로 취업하기 위하여 한국어를 배워야 할 필요성이 있기 때문이다. 카자흐스탄, 우즈베키스탄, 키르기즈스탄에서의 한국어 붐은 이러한 맥락에서 충분히 이해된다. 실제로 알마티에 소재하고 있는 카자흐국립대 한국어과 학생들의 취업은 이미 졸업 전에 결정되다시피 할 정도에 이르고 있다는 것은 이미 잘 알려진 사실이다. 한국교육원에서 시행하는 한국어 자격시험에 대한 인기도 역시 높은 수준에 있는데 이것은 곧 이들 지역에서 차지하고 있는 한국의 위상을 그대로 보여주고 있는 것이라 할 수 있다.

II. 민간차원의 교류

1. 문화예술 교류

우리와 중앙아시아와의 관계는 정부차원 외에 민간차원에서도 최근 들어 사회적 분위기에 편승하여 급속히 증가하고 있다. 대표적으로 예술공연 등을 통한 문화예술의 쌍방 간 교류가 문화관련 재단이나 모임 등을 통해 다양하게 나타나고 있는 것이다. 여기서는 이러한 문화교류의 역사를 세부적으로 다룰 수는 없으나 중앙아시아 지역이 에너지 문제와 관련하여 우리에게 급부상된 2000년대 중반 이후의 시기를 고찰한다면 다음과 같이 정리된다.

무엇보다도 중앙아시아와의 문화예술 교류부문에서 독보적인 열의를 보이고 가장 긴 교류의 역사를 지닌 사람으로서 한명희 교수(서울시립대 퇴임, 국악전공)를 꼽지 않을 수 없다. 중앙아시아의 고려인들에 대해 남다른 애정을 갖고 있던 한 교수는 1991년부터 카자흐스탄과 우즈베키스탄 등 중앙아시아 지역을 방문하면서 그곳에 한국문화를 전파시키는데 최선을 다하고 있다. 그리고 '한국 · 중앙아시아 문화교류회'를 이끌고 있는 한 교수는 국악의 순회공연은 물론이고 아예 국악을 뿌리내리게 하기 위하여 노력하고 있다. 뿐만 아니라 현지의 예술단을 한국으로 초청하여 국내에서 중앙아시아 문화를 소개하는데 기여하고 있다. 이러한 사실들은 국내의 대부분의 문화예술 단체가 1회성 혹은 행사성 교류 그리고 최근 몇 년 사이에 활동하고 있다는 점을 감안해 볼 때 특히 비교가 된다.

그럼에도 불구하고 다양한 단체에서 중앙아시아 지역에 관심을 가지면서 문화적으로 접근하기 시작한 것은 다행스러운 일이다. 각종 재단에서는 공연단의 중앙아시아 방문을 지원하고 역으로 중앙아시아 현지의 예술단을 초청하기도 한다. 카자흐스탄 크질오르다 사범대학과 2004년에 문화교류 협정을 맺은 경기문화재단은 2년 전에 한국의 전통무용가와 국악인들을 카자흐스탄의 지방 도시인 크질오르다에 파견하여 한국문화를 선보였으며 동시에 그곳 대학의 민속공연단도 화답의 공연을 벌였다. 동 재단은 아예 크질오르다 대학의 한국어과를 지원하는 차원에서 교원을 파견하기 하였다.[6)]

앞서 언급한 단체와 명칭이 비슷한 '한-중앙아시아 문화교류협회'는 종전의 한카친선협회에서 발전한 것으로서 대상 영역을 카자흐스탄에서 중앙아시아 5개국 전 지역으로 확대하여 민간차원의 문화예술 교류를 강화하고 있다. 동 협회는 현재 투르크메니스탄과의 교류에 중점적으로 노력을 기울이고 있는데 이미 2006년과 2007년에 전통문화 교류의 경험을 가지고 있다. 투르크메니스탄의 '미라스' 민족문화센터가 개최한 문화관련 학술회의의 참석 등을 통해 협회 관계자들이 적지 않게 투르크메니스탄을 왕래하고 있다. 또한 동 협회는 투르크메니스탄의 한 대학에 한국어과가 설치되는데 실질적인 노력을 한 결과 2008년 가을 학기부터 한국어 강의가 정식으로 개설되었다.[7)]

가장 최근인 올해 9월에 창립된 실크로드 재단은 중앙아시아와의 경제교류에 앞서 문화와 예술교류의 필요성을 중시하면서 등장하였다. 한 기업인이 출연한 재원으로 만들어진 동 재단은 교류대상 지역을 중앙아시아 5개국 이외에 몽골과 터키까지를 포함시키고 있는데 글자그대로 실크로드를 연상케 한다. 활동의 진행과정을 지켜보아야 되겠지만 동 재단이 강조하고 있는 것은 문화

---

6) http ://app.yonhapnews.co.kr/YNA/Basic/OnAir/YIBW_showMPICNewsPopup.aspx?contents_id=MYH20060403002900999&bandwidth=700 (2008.9.16 검색). 크질오르다는 고려인들의 중앙아시아 강제이주 이후 주요 이들의 정착지였고 극동에 있던 조선어 사범대가 그대로 옮겨간 곳이며 홍범도 장군의 거주지였다는 점에서 우리와 밀접한 관련을 가지고 있다. 이 지역의 '선봉' 콜호즈는 벼 수확으로 전국적인 명성을 가졌으며 김만삼은 대표적인 사회주의노력영웅으로 칭송받았다. 한국어와 고려인 콜호즈 연구에 빠질 수 없는 지역이다.

7) http ://www.kcacea.com/index.html (2008.9.20 검색)

교류의 확대, 경제 및 산업 D/B 구축, 정부의 자원외교의 보완 등이다. 이미 창립식에 정계와 재계의 유명인사들이 초빙되어 참여한 것을 보면 향후 기대가 클 것으로 보인다. 그러나 중요한 것은 실제로 실행되는 교류결과이며 이는 나중에 평가될 것이다.[8)]

이러한 형태의 재단 외에 전통문화와 관련한 전문단체인 한국전통문화예술단과 한국발레재단 등의 활동도 최근 몇 년 사이에 두드러지고 있다. 2008년 2월과 8월에 키르기즈스탄에서 공연한 바 있는 한국전통문화예술단의 '소리나루' 단원들은 비단 예술공연뿐만 아니라 아예 그곳에서 특별 국악강습을 개최할 정도로 열의가 높다. 한편 한국발레재단도 2007년에 카자흐스탄 발레단을 초청하여 한국에서 중앙아시아 예술을 선보이게 하였다. 이러한 단체들의 활동은 앞으로도 더욱 더 활성화될 것으로 보이는데 그 이유는 쌍방 간의 높은 문화적 관심이 일치되고 있기 때문이다. 단지 현재의 상태에서 중요한 요소는 교류에 필요한 재원이다. 대부분 우리의 일방적인 부담으로 진행되고 있는 것이 사실이지만 이는 일종의 투자의 개념에서 지속되어야 할 것으로 보인다. 사실 문화예술 교류는 여러 단체들이 다양한 형태로 진행하고 있어서 그 사례는 지금까지 언급된 것 외에도 많이 있다. 그중에는 가장 최근인 2008년 9월에 우즈베키스탄 페르가나 주 문화예술단이 한국외국어대학교에서 민속공연을 행한 것도 포함되는데, 자매결연을 맺고 있는 페르가나 주와 용인시의 문화교류 차원에서 진행되었다.

2. 대학 간 교류

우리와 중앙아시아 지역의 대학들 간 교류 또한 1990년대부터 꾸준히 증가되었다. 이러한 현상은 자매결연을 맺는데 적극적인 국내의 대학들이 일정한 경로를 통하여 중앙아시아 각국 대학들과 접촉한 끝에 이루어지는 경우가 많으며 또 다른 형태로는 의료지원이나 장학지원 등 특정목적으로 나타나는 경우도 있다. 대학 간의 교류는 정치적, 경제적 측면이 고려되지 않는 순수한 민간차원의 교류활동 중 가장 부담 없이 행해질 수 있으며 특히 외국기업이나 문화의 수용에 보수적인 중앙아시아 지역에 효율적인 수단으로 사용되었다.

---

8) 이상준 골든브릿지 금융그룹 회장의 출연금 21억 원으로 재단이 창립되었다. 자세한 것은 재단 홈페이지 참조. http ://www.silkroadfoundation.or.kr/

따라서 대학이 나서서 학술연구 및 학술기행은 물론이고 관련되는 대학과 자매결연을 체결하는 일은 일단 외형상 어렵지 않은 일에 속했던 것이다. 물론 교환교수, 공동연구, 교환학생 제도와 같은 실질적인 교류협력을 하고 있는 사례는 사실 그리 많지는 않다.

아래 도표는 국내대학이 중앙아시아 지역의 대학들과 체결한 자매결연 현황인데 물론 전체 대학의 사례를 파악한 것은 아닌 부분적인 것이지만 의외로 많은 대학이 관련되어 있음을 알 수 있다.

국내대학교	협정 대학수	중앙아시아 지역의 대학교
한국외국어대학교	4	아바이 알마티대학교/ 알파라비 카자흐국립대학교/ 카자흐스탄경영경제대학교(KIMEP)/ 우즈베키스탄 동방학대학교
대구대학교	3	알파라비 카자흐국립대학교/ 카자흐 국제관계 및 세계언어대학교 우즈베키스탄 세계경제 및 외교대학교
경희대학교	6	알파라비 카자흐국립대학교/ 카자흐스탄경영경제대학교/ 키르기즈스탄 비쉬케크 인문대학교/ 아메리칸중앙아시아대학교 우즈베키스탄 타쉬켄트공과대학교/ 호레즘 마뭄아카데미
서울대학교	5	카자흐국립사범대학교/ 카자흐의학대학/ 카자흐-인도법학대학 우즈베키스탄 타쉬켄트 제1의학대학/ 우즈베키스탄 과학원 산하 울루그벡천문학대학
이화여자대학교	2	아바이 알마티대학교/ 카자흐여자사범대학
중앙대학교	1	카자흐 국제관계 및 세계언어대학교
성균관대학교	3	카자흐스탄경영경제대학교 우즈베키스탄 타쉬켄트 제1의학대학/ 타쉬켄트공과대학교
건국대학교	7	알마티 공과대학교/ 동카자흐스탄 공과대학교/ 유라시아대학교 부하라국립대학교/ 타쉬켄트국립항공대학/ 타쉬켄트정보기술대학교 타지키스탄국립사범대학교
강남대학교	7	크질오르다국립대학교/ 알파라비 카자흐국립대학교/ 카자흐국립사범대학교/ 카자흐 국제관계 및 세계언어대학교/ 카자흐 유라시아국립대 우즈베키스탄 국립사범대학/ 동방학대학교
전남대학교	1	우즈베키스탄 사마르칸드국립외국어대학교

국내대학교	협정 대학수	중앙아시아 지역의 대학교
안동대학교	13	알마티공학대학교/ 크질오르다국립대학교/ 타라즈국립대학교/ 유라시아국립대학교/ 알마티 공학 및 경영대학교/ 악타우국립대학교/ 제즈카즈간 국립대학교 우즈베키스탄 동방학대학교/ 타쉬켄트 수질관개대학 키르기즈스탄 국립대학교 경영학센터/ 전문가훈련원 타지키스탄 국립상업대학교/ 타지키스탄 공학대학교 후잔드캠퍼스
한림대학교	1	카자흐스탄경영경제대학교
계명대학교	4	카자흐 국제관계 및 세계언어대학교 우즈베키스탄 우즈베키스탄 세계경제 및 외교대학교/ 테르메즈국립대학교/ 타쉬켄트국립경제대학교
동아대학교	1	카자흐국립체육대학
명지대학교	1	알파라비 카자흐국립대학교
광운대학교	1	카자흐스탄 과학아카데미 (현재 학술원 폐지됨)
여주대학	4	우즈베키스탄 타쉬켄트 공과대학교/ 타쉬켄트재정대학/ 타쉬켄트정보기술대학/ 타쉬켄트 건축토목대학

출처 : 각 대학 홈페이지에서 정리(조사결과 고려대, 연세대, 부산대, 단국대, 경북대, 홍익대, 한양대 등은 교류협정이 없었고 언급되지 않은 학교는 미검색됨).

임의로 선택한 국내 20여개 대학교를 조사한 결과 적지 않은 대학이 중앙아시아 지역의 대학들과 자매결연 및 국제교류 등의 형태로 관련을 맺고 있었다. 위 도표에서 특히 광운대학교는 국내에서 최초로 1991년에 카자흐스탄 과학아카데미(학술원)와 국제협정을 맺었으나 현재 과학아카데미의 폐지로 인해 지속적인 협력관계는 유지되지 않고 있다. 국내 대학 중 중앙아시아의 가장 많은 대학과 교류협정을 체결한 곳은 카자흐스탄, 우즈베키스탄, 키르기즈스탄, 타지키스탄 등 모두 13개교와 관련을 가지고 있는 국립안동대학교이다. 전체적으로 볼 때 국내대학과 중앙아시아 지역 대학 간의 교류는 카자흐스탄과 우즈베키스탄에 집중되어 있으며 키르기즈스탄과 타지키스탄과의 경우 불과 몇 개의 대학에 한정하고 투르크메니스탄과는 전무한 상태에 있다. 그동안 투르크메니스탄과의 교류협정이 없는 이유는 해당국의 체제속성에서 그 원인을 찾아볼 수 있으나 향후의 가능성은 현재 열려있다.

그러나 이러한 외형적 교류협정이 곧 활발한 질적 교류를 뜻하는 것은 아니다. 그것은 교류 당사국의 학교 간 학생교환이나 교수교환 등 실질적인 협력을 반드시 수반하는 것은 아니기 때문이다. 가령 교환학생 제도가 실제적으로 운영되고 있는 경우는 한국외국어대학교 등 불과 소수의 대학에만 머물러 있다. 아쉽지만 대부분 교류협정만 체결해 놓고 방치해 두고 있는 경우가 일반적인 현상이다.[9)]

3. 중앙아시아 지역의 한국영화와 드라마 소개

요즈음 소위 '한류'라고 지칭되는 외국에서의 한국문화 소개 붐 현상이 중앙아시아 지역에서는 어떤 수준일까? 그전에 먼저 한국에서는 2008년 올해 5월 전주국제영화제에서 중앙아시아 영화가 특집으로 우리에게 선보인 이후 이어 10월 부산 국제영화제에서는 개봉작이 카자흐스탄 영화[10)]라고 하나 아직은 대중적으로 알려져 있지는 않다. 이렇게 본다면 영화에 국한되지만 중앙아시아의 영상문화는 우리에게 극히 생소한 부분이라고 볼 수 있다. 반대로 카자흐스탄이나 우즈베키스탄 등 주요 중앙아시아 국가에서 한국영화와 드라마의 방영은 최근 몇 년 사이에 꾸준히 증가되고 있다. 주로 TV 방송사를 통한 영화의 형태로 소개되고 있지만 가끔 대학교에서 또는 한국문화의 주간 등 특별행사 때 영화상영이 이루어진다.

1998년에 카자흐스탄 TV방송에서는 KBS 드라마 '첫사랑'을 내 보낸 이후 2003년부터 최근까지 한국드라마를 연속적으로 보여주고 있다. '가을동화'(KBS)는 2003~2005년까지 옐아나르, 라하트, 하바르 채널에서 러시아어와 카자흐어로 방영할 정도로 카자흐인들의 인기를 끌었다. '초대'(KBS), '올인'(SBS), '다모'(MBC) 등도 2004~2008년에 걸쳐 상기 카자흐스탄 방송사에

9) 여기서 다양한 형태의 교류를 일일이 언급할 수는 없으나 해외대학생 국내유학 지원(장학생) 제도, 단기 의료봉사, 단기 계절학기 운용, 국내 대학생들의 봉사단 파견 등 대학차원의 교류가 간간이 대중매체에서 보도되고 있다.

10) 스탈린 시대 소수민족 강제이주의 비극을 그린 '스탈린의 선물'은 카자흐스탄을 배경으로 하고 있다. 주최측에 의하면 그동안 소개가 되지 않은 소외된 지역의 영화에 관심을 둔다는 차원으로 개봉작으로 선택하였다고 한다. 영화제에서는 우즈베키스탄 영화 및 카자흐스탄-키르기즈스탄 합작영화도 선보인다. http ://www.koreafilm.co.kr/news/news2008_9-9_2.htm (2008.9.27 검색). 이와 관련하여 간단히 정리된 글은 다음을 참조. 이지연, "2008년 제13회 부산국제영화제 개막작 〈스탈린의 선물〉과 중앙아시아 영화," 〈e-Eurasia〉, 2008/9, Vol.7, 33~36쪽.

서 방영하였다.[11] 이러한 한국드라마의 방영은 우즈베키스탄에서도 비슷한 시기에 나타났다. 2005년부터 카자흐스탄과 우즈베키스탄의 대학축제나, 한국문화주간 및 TV에서 간헐적으로 상연된 한국영화는 2007~8년에도 지속되었고 '주몽'과 같은 시리즈급 드라마 또한 양국의 시청자들을 사로잡고 있다.[12] 특히 인기드라마 '대장금'의 경우 우즈베키스탄에서는 5차례나 재방송되고 있다고 하니 그 인기를 가히 짐작할 만하다.[13] 그리고 '하늘이시여'(SBS), '엄마야, 누나야'(MBC), '불새'(MBC) 등도 2007년에 우즈베키스탄 방송사에서 방영한 한국 드라마였다. 물론 '겨울연가'와 '가을동화' 등은 우즈베크인들의 심금을 울린 대표적인 한국 드라마로 간주될 정도다. 대체적으로 우즈베크인들은 자신들과 한인들이 비슷한 정서를 가지고 있다고 하는데 그것은 인간적이고 정이 많다는 점을 칭하는 말이다. 따라서 한국의 영화나 드라마가 우즈베크 사람들 속에서 인기를 누리고 있다는 것이다.

향후 영화와 TV드라마가 중앙아시아 지역에서 지속적으로 인기를 끌지 여부는 조심스럽게 관찰해야할 대상이다. 왜냐하면 일본과 중국에서 불었던 소위 '한류'바람이 일시적인 현상으로 끝났던 전례가 있기 때문이다. 또한 터키와 중남미의 영화 및 드라마도 중앙아시아 지역에서 관심을 끌기 시작하였다. 사실 중앙아시아 국가들은 이들 2개국과는 다른 우리와의 역사적 관계를 가지고 있기 때문에 낙관적인 기대를 가질 수도 있으나 쌍방 간의 활발한 문화교류를 위해서 지속적인 콘텐츠의 개발과 무엇보다도 진정한 마음에서 출발하는 민족적 이해가 선행되어야 할 것이다. 이것은 비단 경제적 손익계산 차원에서 벗어나 우리와 중앙아시아의 민족 간 교류와 문화교류의 활성화 차원에서 진행되어야 함을 뜻한다.

11) 정정숙, "한국 · 카자흐스탄 문화교류 활성화 전략 연구," 한국문화관광연구원, 해외출장보고서 2008년 10월, 17~18쪽 참조.

12) 영화는 '엽기적인 그녀', TV드라마는 '주몽', '궁', '환상의 커플', '불량주부', '해신', '명성황후', '이순신' 등이 있다.

13) 국제문화산업교류재단, 2008년 2월 한류동향보고서. 2쪽.

III. 한국과 중앙아시아의 경제교류

중앙아시아 각국이 독립하면서 우리와의 국교가 체결되자 국내 주요 대기업들은 투자대상 지역 및 상품시장으로서 신생 지역을 주목하기 시작하였다. 자유롭게 왕래할 수 있었던 시기인 1992년이 되자 해외건설과 자동차 및 전자산업으로 세계적인 명성을 가지고 있던 대우그룹은 자동차, 섬유, 통신, 금융 사업을 바탕으로 우즈베키스탄 시장에 진출하였다. 초기의 활발한 투자로 인하여 성공적인 사업을 진행하고 있던 대우그룹은 그러나 1999년 그룹의 파산으로 인하여 대부분의 사업종목이 폐기될 수밖에 없었다. 대우자동차가 남긴 우즈-대우 자동차는 대우가 남긴 경제적 유산으로서 오늘날 우즈베크 국민들에게 한국기업에 대한 좋은 이미지 사례로 간주된다. 그리고 오늘날 다행히도 섬유업종인 대우인터내셔널은 현재 원면생산과 광물탐사에 주력하고 있으며, 페르가나 지역에 2개의 원면생산 공장을 운영하고 있다. 이처럼 중앙아시아 지역 진출에 신속한 접근을 서둘렀던 대우는 기업 내부의 문제만 아니었더라면 현재 큰 성과가 있었을 것이라고 짐작이 된다. 현재 알마티와 타쉬켄트 등 중앙아시아 대표도시에서 대우그룹 외에 LG와 삼성은 한국을 대표하는 기업으로서 굳건한 위치를 가지고 있다. 휴대폰, TV 등 가전제품을 통한 이러한 대기업의 중앙아시아 시장진출은 현재에도 지속적으로 진행되고 있다. 1990년대에 접어들면서 구소련권 시장에 공격적으로 활동하기 시작한 두 재벌그룹은 일본이나 미국의 경쟁사들과 어깨를 나란히 하면서 현지 국민들의 만족도를 높이는데 성공했던 것이다. 카자흐스탄의 알마티에는 'LG 거리'라고 부르는 중심가가 위치하고 있는데 LG의 활동은 경제적 측면 이외에도 각종 후원사업에도 적극적이어서 웬만한 중앙아시아인 사람이면 모르는 사람이 없을 정도이다.

이러한 우리의 중앙아시아에 대한 경제적 진출은 지금까지 카자흐스탄과 우즈베키스탄에 집중되어 있었다고 해도 과언이 아니다. 이것은 쌍방 간의 교역량의 비교에서도 잘 나타나고 있다. 아래 표는 수교 해인 1992년 이후 최근까지의 교역량을 나타낸 것이다.

한국과 중앙아시아 각국 간의 교역현황

(단위 : 천달러, 한국기준 수출/수입)

국가별/연도별	1992	1997	2002	2007
우즈베키스탄	3,361 / 326	675,113 / 297,988	188,479 / 96,812	748,302 / 103,890
카자흐스탄	2,219 / 8,503	92,123 / 83,491	126,110 / 71,670	545,978 / 256,767
키르기즈스탄	57 / 937	7,197 / 169	27,625 / 416	125,611 / 1,372
타지키스탄	(1993) 564 / 965	6,441 / 1,180	5,424 / 5,974	22,566 / 36,238
투르크메니스탄	9 / 0	3,127 / 214	21,667 / 1,442	6,884 / 696

출처 : 한국무역협회 통계자료

위 도표에서 보면 1992년에 중앙아시아 5개국에 대한 우리의 교역량은 수출 615만 달러, 수입 976만 달러 수준(1993년부터 교역이 시작된 타지키스탄 제외) 등 총 1,592만 달러 수준이었으나 2007년의 경우에는 수출 14억 5천만 달러, 수입 4억 달러 수준으로서 총 18억 5천만 달러 수준으로 20배 이상 확대되었다. 그만큼 경제적 교류가 활발하게 진행되었음을 알 수 있다. 우즈베키스탄에 대한 우리의 수출이 1997년보다 2002년에 급격히 감소한 것은 한국의 외환위기와 이에 따른 투자의 위축에서 비롯된 것이다. 그리고 키르기즈스탄, 타지키스탄 및 투르크메니스탄 3개국과의 교역은 아직은 미미한 수준에 있는 실정이다. 전체적으로 볼 때 우즈베키스탄과의 무역이 활발히 진행되었으며 카자흐스탄과는 2002년 이후 점진적으로 증가함을 알 수 있다.

중앙아시아 국가들 중에서 가장 높은 경제성장을 기록하고 있는 카자흐스탄의 경우 외국자본의 적극적인 수용으로 인하여 건설부문에서 높은 성과를 거두었다. 2002년부터 가파른 상승세를 타기 시작한 부동산 가격의 상승에 아파트와 사무빌딩 건설이 대도시인 알마티와 아스타나에서 대규모로 진행되었다. 이러한 추세에 동일하이빌, 우림건설 등 우리의 건설기업도 뛰어들면서 한때는 완전한 내부인테리어를 갖추고 기본설비까지 갖춘 한국식 아파트가 카자흐인들의 관심을 크게 끈 적도 있었다. 이러한 양식은 대개 골조만 갖춘 채 분양하는 현지식과는 다른 아파트 분양법이었으며 결국 경제력 있는 카자흐 부자들의 구매욕구를 부추겼던 것이다.[14)]

14) 이 글이 진행 중이던 2008년 하반기 당시 카자흐스탄에도 예외일 수 없었던 금융위기로 인하여 건설시장 경기는 하강국면을 맞이하였고 국내에서 진출한 업체마저 심각한 불황상태에 놓이게 되었다. 따라서 경제적 위기의 해결 여부에 따라서 한국기업의 활발한 재활동

2007년에 접어들면서 한국의 금융기관들이 카자흐스탄으로 진출하기 시작하였는데 신한은행과 국민은행이 대표적이다. 특히 국민은행은 2008년에 카자흐스탄 내 중위권 은행을 인수했다는 사실을 공표함으로써 중앙아시아에 관심을 두고 있던 사람들을 놀라게 하였다. 국민은행은 카자흐인을 채용하여 국내에서 장기교육을 시켜 향후 정상적인 업무에 활용하려는 계획을 실행하고 있을 뿐만 아니라, 카자흐스탄과 우즈베키스탄에 파견할 내부 직원을 국내의 관련 학교에 전문가교육을 위탁하여 현지에 보내는 전략을 구사하고 있다.

또한 2008년 3월 한국전력과 카자흐전력에너지사 간의 MOU가 체결되었다. 이로써 한전은 5억 달러에 상당하는 발전소 건립프로젝트를 추진하게 되었는데 아스타나의 360메가와트급 발전소를 600메가와트급으로 확대시키고 240메가와트급 발전소를 건립하게 되었던 것이다. 2008년 4월 현대증권 알마티 사무소가 개설되어 카자흐스탄 지방의 부동산, 사회인프라, 에너지개발 프로젝트 사업을 시행할 것으로 알려지는 등 최근 4, 5년 전부터 카자흐스탄에 대한 국내 기업의 진출이 활발해지고 있다.

한편 2008년 2월 한국가스공사와 우즈베키스탄 간의 협력체계를 위한 회의가 카리모프 대통령 경제사절단과 가스공사 사장 간에 진행되었는데 우즈베키스탄은 2006년에 접어들면서 경제개방 정도의 속도를 조금씩 높이기 시작한 것에서 기인한다. 이에 따라 우리의 기업체도 적극적인 방법으로 대처하고 있는데 주식회사 신동이 우즈베키스탄의 국영철도기업을 인수하고 KT가 인터넷 회사를 인수할 뿐만 아니라 유전과 가스전 공동개발에 한국기업이 참여하고 있다. 그리고 타쉬켄트 시내에 약 2만 평에 달하는 비즈니스 센터단지를 조성하려는 사업이 SK 건설에 의하여 진행되고 있다.

그리고 2007년 11월 한국과 키르기즈스탄 간에 투자협정 조인식이 한국의 총리실에서 거행되었고[15] LG가 2008년부터 투르크메니스탄 시장에 본격적으로 진출[16]하는 등 2007년과 2008년에 걸쳐 중앙아시아 각국에 대한 국내기업

을 기대할 수 있게 되었다.

15) 이후 2008년 4월 21일에는 한국토지공사가 키르기즈스탄에 한국형 신도시 건설을 위한 MOU를 체결하였다. 한국토지공사는 본격적인 중아아시아 진출을 위한 인력양성과 파견을 준비하고 있는 공기업 중의 하나이다.

16) 2008년 4월 24일 LG 사장 구본준과 부사장 일행은 투르크메니스탄을 방문하여 대통령 구르반굴리 베르디무하메도프와 투자 및 무역확대에 관하여 면담한 바 있다. 베르디무하메도프 대통령은 투르크메니스탄 초대 대통령 니야조프의 후임자이다. 니야조프의 폐쇄적인 대외정책 대신 신임 대통령은 적극적인 대외교류를 표방하면서 투르크메니스탄의 개혁을 점

의 진출이 가속화하고 있다. 중앙아시아 관련 당사국과 우리의 이해관계 또한 비단 에너지 및 자원문제에만 국한하지 않고 사회간접자본 투자, 및 기타 경공업 등 모든 분야에 대한 상호협력적 이해관계를 추진하고 있다.

이렇게 본다면 20년에 가까운 한국과 중앙아시아 교역관계에서 초기 우즈베키스탄과 카자흐스탄 중심의 단계에서 벗어나 5개국 전반을 대상으로 실제적 교섭이 실행되기 시작한 것은 불과 2~3년 전의 일이라 볼 수 있다. 이것은 우리 정부가 에너지 자원확보 문제에 대하여 심각하게 고민하기 시작한 때와 관련이 있으며 이와 동시에 우즈베키스탄과 투르크메니스탄의 국내정치적 변동 및 제도의 변화에도 영향을 받은 것이었다.

이제 우리로서도 카자흐스탄과 우즈베키스탄과 지속적인 관계유지를 할 뿐만 아니라 투르크메니스탄, 키르기즈스탄 및 타지키스탄 등 주변 3개국에 대한 투자 및 무역을 증진시키고 교역의 다변화를 꾀할 필요가 있다. 나아가 이란, 파키스탄, 아제르바이잔 등의 국가도 의식하면서 다양한 경제적 접근방식을 취하는 것도 장기적인 전략에서 필요할 것으로 본다.

IV. 한국-중앙아시아에 대한 종합적 회고

흔히 우리는 역사적으로 우리와 중앙아시아와의 교류사의 시작을 7세기 후반으로 추정되는 우즈베키스탄 사마르칸드 인근 아프라시압 벽화의 사신도에 두고 있다. 고구려 혹은 신라의 사신으로 추정되는 인물이 벽화에 그려져 있음으로써 이미 그 무렵에 우리 민족과 중앙아시아 사람들의 교류가 있었다고 추정한다. 이후 당나라 장수로서 751년에 탈라스에서 아랍군에 대패한 고구려 유민 고선지 장군의 활동을 들기도 하며 그리고 통일신라의 승려 혜초가 인도를 거쳐 서역지방을 여행한 것을 중앙아시아와 우리와의 관련성 시원으로 간주하고 있다. 이후 고려와 조선시대를 거쳐 우리와 중앙아시아 지역과의 관계를 밝혀주고 있는 뚜렷한 문헌이 등장하고 있지는 않지만 '코리아'라는 말이 아라비아 상인을 통해 유럽 세계에 알려진 것을 보면 간접적이나마 중앙아시

진적으로 진행시키고 있다.

아 사람들과의 연관성도 어렵지 않게 추정해 볼 수 있다.

그러나 뚜렷한 자료제시가 되지 않아 구체적으로 어떤 관련을 가지고 있었는지는 정확히 알 수 없다. 자료에 입각하여 대체적으로 우리 민족들이 중앙아시아 지역에 거주하기 시작한 것이 증명된 것은 1897년 제정러시아 인구조사의 결과이고 이후 불과 수십 명 정도의 한민족 일원이 중앙아시아 지역에 삶을 마련하였다. 그러나 구한말의 혼란과 연이은 한반도에 대한 일본의 강제점령으로 인하여 중앙아시아 지역의 동족들에 대해 전혀 관심을 둘 수 없었고 더구나 그 지역의 국가와는 어떠한 교섭도 할 수 없었다. 소련 시기에는 이데올로기적인 문제로 더더욱 중앙아시아 지역과의 교류가 진행될 수 없었다. 중앙아시아는 막연히 사회주의 체제 하의 소련의 일부로 생각하던 것이 일반적인 현상이었던 것이다. 투르크 민족이나 알타이어 계통의 중앙아시아인들과 이들의 문화적 전통에 대한 이해가 부족한 것도 뚜렷한 사실이었고 이를 연구하는 국내학자들 또한 지극히 미미한 수준이었다.

진정한 의미에서 우리와 중앙아시아 지역이 관계를 맺은 것은 사실상 소련 붕괴 이후인 1990년대부터였으며 이때 중앙아시아에서도 5개국이 각각 독립한 국가로 등장하면서 가능해졌다. 우리로서는 해당 지역에 대한 전문적인 지식과 인력이 부족했음에도 기업의 진출과 문화의 교류를 적극적으로 진행하였고 한때 경제적인 위기를 거쳤음에도 불구하고 현재까지 활발한 관계를 유지하고 있다. 사실상 우리와 중앙아시아 국가와의 관계는 이제 막 본격적으로 가동되었다고 해도 과언이 아니다. 우리로서는 새로운 시장과 자원확보의 중심지로서 중앙아시아 지역이 비중을 가지고 있고 중앙아시아의 각국으로서는 우리의 경제발전 경험과 투자능력에 대해 큰 기대를 하고 있다. 말하자면 쌍방간의 이해관계가 가장 잘 조화를 이룬다고 볼 수 있다. 이러한 현상들이 단기간의 기대로 끝나지 않고 실제적인 성공을 거두려면 중앙아시아 지역에 대한 장기적이고 체계적인 연구와 전략적인 접근방법이 모색되어야 할 것이다.

제14장 중앙아시아 국가의 당면과제

성동기

구소련 붕괴 이후 체제전환기를 겪고 있는 중앙아시아 국가들은 각국의 내부적 환경, 대외관계 그리고 국제환경 등의 변수에 따라 각자 국가발전의 정도를 달리하고 있다. 지금까지의 결과만 살펴보아도 독립 초기 예상하였던 국가간 발전의 우위가 조금은 다르게 전개되고 있음을 알 수 있다. 독립 초기에 주변국들보다 훨씬 유리한 발전적 요소를 가졌던 우즈베키스탄은 폐쇄적인 경제정책으로 인해 기대 이하의 성장에 그치고 있는 반면에 카스피 해의 유전 개발과 고유가의 혜택을 받은 카자흐스탄은 초기의 혼란을 극복하고 단기간에 고도의 성장을 달성하였다. 투르크메니스탄은 제2의 쿠웨이트라고 불릴 만큼 막대한 천연가스를 보유하고 있어 성장 가능성에 높은 점수를 받았지만 경쟁 없는 독재체제를 구축하는 과정에서 쇄국에 가까운 대외정책을 고수함으로써 외부의 전망을 스스로 무너뜨렸다. 그리고 2005년 3월 중앙아시아 최초의 시민혁명인 레몬혁명을 성공시켜 개발독재를 몰아내고 새로운 국가발전의 도약이 예상되었던 키르기즈스탄은 만성적인 지역파벌간의 충돌과 경제개발의 실패로 과거와 별 다른 차이점을 보여주지 못하고 있다. 그러나 이와 같이 중앙아시아 각국의 상황이 예상과 다르게 부정적으로 전개되는 것과 달리 중앙아시아라는 전체 지역의 가치는 시간이 갈수록 중요해지고 있다. 초기에 선진열강들은 일차적으로 경제적 목적을 위해 카스피 해 유전 개발에 진출하였지만 2001년 9.11테러 이후 미국이 중앙아시아로 군사적 진출을 성공하면서 이들의 에너지 · 자원전쟁은 국제정치학적 관점인 '신거대게임(The New Great Game)'으로 확대 해석되었다. 결과적으로 중앙아시아는 '미래의 에너지 · 자원 보고'라는 경제학적 개념의 공간을 넘어서 미국, 러시아, 중국 등 세계열강들의 패권경쟁에 한 축을 담당하는 세계적인 공간으로 발전하였다. 특히 중앙아시아는 유라시아의 중앙에 위치한다는 지리적인 이점 때문에 과거 실크로드의 요충지로서 중요한 기능을 하였다. 이러한 역사적 가치는 현재 실크로드에 도로망과 철로망을 입혀 '신실크로드'로 부활하고 있다. 지금 유라시아대륙은 에너지 · 자원전쟁뿐만 아니라 물류전쟁도 시작되었다. 비록 현재는 러시아를 관통하여 유럽으로 이어지는 TSR(시베리아횡단철도)이 주도권을 잡고 있지만 후발주자인 중국에서 중앙아시아를 지나 유럽으로 연결될 '신실크로드'는 과거의 영광을 재현하기 위해 신속하게 움직이고 있다.

위의 상황처럼 중앙아시아 국가들의 당면과제는 국내문제뿐만 아니라 세계열강과 대치하고 있는 대외문제까지도 포함해서 고려되어야 한다. 중앙아시아의 역사는 대부분 외부세력의 침략과 지배로 이루어졌으며 이러한 과정을 통해 내부의 지역적 변화가 나타났다. 지금 중앙아시아를 중심으로 전개되고 있는 '신거대게임'도 결국은 과거의 동시대 강대국처럼 열강들이 역사의 수레바퀴를 돌리려고 하는 형국이다. 반대로 구소련 붕괴 이후 이 지역 역사상 처음으로 나타난 가장 안정적인 독립을 맞이한 중앙아시아 각국은 세력균형과 줄타기외교 등을 통해 외세에 대한 견제를 끊임없이 시도하고 있다. 따라서 중앙아시아 각국이 직면하고 있는 당면과제는 국내와 대외를 동시에 포괄하는 상호 연계성을 가지는 것들로 분석되어야 한다.

I. 개발독재를 넘어 민주주의로 가는 과제

1. 개발독재의 형성과정

구소련 붕괴 이후 체제전환기에 직면한 중앙아시아 국가들은 준비 없는 독립과 더불어 과거 공산당 권력층이 정권을 장악하는 모순으로 출발하였다. 과거 군주제와 소비에트체제의 일당독재만을 경험한 정치권과 국민들은 서구식 민주주의체제를 실제로 적용하고 익히는데 어려움을 가졌다. 정치권은 신생독립국이라는 취약한 위상을 극복하기 위해 단기간에 고도의 성장을 추구할 수 있는 개발독재형 민주주의로 체제실험을 단행하였으며 국민들은 이에 대해 저항을 제대로 하지 않았다. 결국 시민주도의 레몬혁명이 발생한 키르기즈스탄을 제외한 나머지 국가들에서는 개발독재가 지금도 진행되고 있다. 그러나 국민들을 힘들게 하는 체제전환은 자본주의의 도입에 있었다. 국가가 주도하는 계획경제와 복지에 안주해 있던 과거 소비에트시민들은 자본주의 학습도 없이 개인의 능력과 경쟁에 의해 경제생활이 달라지는 이 체제를 극복하는데 더 관심을 가지게 되었다. 특히 소비에트 경제체제에 익숙해 있던 각국의 475세대들은 자본주의 체제적응에 성공보다는 실패를 경험하였다.[1] 이것은 사회문제로 확대되어 갔다. 그러나 이러한 시행착오를 통한 진통의 과정이 어느 정도 진정이 되면서 현재의 중앙아시아 국가들은 외형적으로나마 체제전환기를 넘어 체제정착기로 연착륙하는 모습을 보이고 있다. 이러한 일차적 판단은 체제의 형식적 발전이 실제로 진행되고 있는 반체제적인 모습을 가리고 있기 때문에 가능한 것이었다. 궁극적으로 체제정착은 진화하는 법적·제도적 장치가 실제로 국민들에게 긍정적이고 효과적으로 적용되어야만 한다. 이러한 점에서 중앙아시아 국가의 당면과제는 체제전환기에서 체제정착기로 경착륙하는 현재의 불안정한 상황을 본질적으로 해결하는데 있는 것이다.

중앙아시아 각국의 정치체제는 개발독재형 민주주의로 정의할 수 있다. 비록 키르기즈스탄이 레몬혁명을 통해 서구식 민주주의의 발전을 가져왔다고 평가는 받지만 만성적인 지역파벌 간 경쟁과 경제개발 실패로 인해 오히려 주변의 개발독재형 국가보다 정치적·사회적 불안을 가지고 있다. 따라서 서구식 민주주의를 여과 없이 그대로 이 지역에 적용하는 것이 타당한가 하는 의문이 나타나기도 했다. 이러한 다양한 논의를 바탕으로 중앙아시아 각국이 민주주의로 연착륙하는데 필요한 당면과제는 무엇인지 세부적으로 살펴보겠다. 먼저 각국이 시행하였던 민주주의로의 체제전환 과정을 분석하면 다음과 같다.

카자흐스탄

1989년 카자흐사회주의공화국 공산당 중앙위 제1서기 출신인 누르술탄 나자르바예프(Nursultan Nazarbaev)는 1991년 12월 1일 임기 5년의 카자흐스탄

1) 475세대는 1950년대 출생하여 1970년대에 사회활동을 시작한 현재 40대 이상의 세대를 의미한다. 이들은 소비에트 체제 하에서 국가로부터 가장 많은 혜택을 받은 전형적인 세대이기 때문에 자본주의 체제에 적응을 제대로 하지 못하는 세대로 평가받고 있다.

공화국 초대대통령으로 선출되었다. 그러나 그는 1995년 4월 국민투표를 실시하여 임기를 2000년까지 연장시켰으며 8월 신헌법에 대통령의 임기를 5년에서 7년 중임으로 개정하였다. 이후 1999년 1월 그는 예상 밖의 조기 대선을 단행하여 7년 임기에 초대 당선되었으나 실제로는 재선이었다. 2006년 12월에 예정된 대선을 그는 다시 한 번 1년 앞당겨 2005년 12월 4일 출마하여 재선되었으나 실제로는 3선에 성공한 것이었다. 그런데 2007년 5월 18일 카자흐스탄 상·하원은 현 나자르바예프 대통령을 위해 3회 연임 금지 조항의 철폐를 골자로 한 개헌안을 압도적 다수의 찬성으로 가결하였다. 이러한 헌법개정안의 3회연임 금지 철폐는 이른바 '카자흐스탄 건국의 아버지' 나자르바예프 대통령에게만 해당되며 개정안은 나자르바예프 이외의 국가원수에게는 3회 연임 금지조항을 그대로 남겨뒀다. 아울러 대통령 임기도 현행 7년에서 5년으로 단축시켰다. 다시 말하면 나자르바예프가 늘렸던 임기를 다음 대통령부터는 1995년 이전의 임기로 환원시키는 셈이다. 결과적으로 누르술탄 나자르바예프 대통령은 2012년 대선에 합법적으로 출마할 수 있으며 만약에 당선된다면 다시 2019년 대선에도 출마할 수 있어 실질적으로 종신대통령이 된 것이다.

우즈베키스탄

1989년 우즈베크사회주의공화국 공산당 중앙위 제1서기 출신인 이슬람 카리모프(Islom Karimov)는 1990년 3월 24일 대통령에 당선되었으며 구소련 붕괴 직후 1991년 12월 29일 대선에서 임기 5년의 우즈베키스탄 초대대통령이 되었다. 그러나 그는 재선을 1년 앞둔 1995년 3월 26일에 1996년 예정된 대선을 실시하지 않고 현재의 대통령 임기를 2000년까지 연장시키는 국민투표를 실행하여 성공하였다. 이후 2000년 1월 9일에 그는 재선에 성공하였으며 2002년 1월 27일 또 다시 국민투표를 실시하여 대통령의 임기를 5년에서 7년으로 연장하였다. 그의 임기가 종료되는 2005년 의회는 여당 후보가 정해지지 않았다는 이유로 2년간 임기를 연장시켜 주었다.[2] 우즈베키스탄 헌법에는 명백히 대통령 출마 3선 연임의 금지 조항과 5년 임기가 명시되어 있다. 그러나 그는

2) 실제로 2005년 임기 종료 이전까지 카리모프의 출마는 3선의 장벽에 의해 의문시 되었다. 따라서 누가 여당후보로 출마할 것인가 의견이 분분하였으나 2년의 시간을 고민한 끝에 결국 2007년 카리모프가 이상한 계산법으로 출마를 결정하였다.

두 번에 걸친 5년의 임기와 임기연장을 제외하고 헌법개정으로 인한 7년제 대통령에 처음 출마한다는 명분을 내세워 2007년 12월 23일 대선에 출마하여 실질적인 3선 연임을 달성하였다. 이러한 과정에서 대선에 부정선거 의혹이 제기되었으며 독립 초기 이슬람 성향을 가지는 야당을 탄압하는 등 그는 국제사회에 지속적인 비난을 받아왔다.

키르기즈스탄

아스카르 아카예프(Askar Akaev) 키르기즈스탄 전 대통령은 중앙아시아 주변의 대통령들이 출신국을 거의 떠나지 않고 정치적 입지를 다진 것과 달리 대부분의 시간을 러시아에서 보내다가 뒤늦게 모국으로 귀환하여 정치활동을 한 차이점을 가지고 있다. 따라서 그가 모국에서 정치적으로 성공하는 것은 미하일 고르바초프 구소련 대통령의 '개혁과 개방'정책을 지지하고 새로운 바람을 몰고 온 이유도 있지만 전적으로 그의 후원을 통해 이루어졌다. 아카예프 전 대통령은 1990년 10월 27일 기존의 양대세력이었던 아파스 주마굴로프(Apas Jumagulov)와 압사마트 마실리예프(Absamat Masiliev)를 제치고 키르기즈사회주의공화국 초대대통령으로 선출되었다. 이러한 과정은 키르기즈스탄의 공산당 보수파에 강력한 저항을 야기하였다. 실제로 1991년 8월 러시아에서 발생한 쿠데타와 더불어 그를 추출하고자 하는 시도가 있었다. 그러나 쿠데타가 실패하면서 그는 8월 31일 중앙아시아 국가들 중에서 처음으로 독립을 선언하여 위기를 모면하였다. 그리고 그해 10월 12일 경쟁자 없이 대선에 단독 출마하여 민선 초대대통령에 선출되었다. 이후 그의 정치활동은 자신의 취약한 정치기반을 보수파로부터 극복하는데 집중되었다. 1993년 신헌법 제정과 다음 해 국민투표를 통한 헌법개정 등은 일련의 대통령 권한 강화에 초점이 맞추어진 것이었다. 그는 1995년 재선에 성공하였으나 부정선거 시비에 휘말렸다. 그러나 1996년 2월 또 다시 헌법개정을 통해 대통령의 권한을 보다 강화시켰다. 그는 헌법상 3선 연임금지 규정으로 인해 2000년 대통령 선거에 출마할 수 없었다. 그러나 1998년 헌법재판소는 초대대통령 임기가 1993년 신헌법에 저촉되지 않기 때문에 3선 연임 금지 규정에 위반되지 않는다고 해석하여 그의 출마를 가능하게 하였다. 이러한 결정은 국내외의 저항에 부딪혔지만 2000년 10월 29일 그는 3선에 성공하였다. 그러나 여전히 취약한 정치기반과 경제 개혁의 실패로 인해 국민적 지지도가 떨어졌으며 마침내 2005년 3월 13일 총선에서 친인척이 대거 당선되면서 야당과 시민의 강력한 저항에 부딪혀 그는 하야를 단행해야만 했다. 그를 이어 남부 지역파벌 출신의 쿠르만베크 바키예프(Kurmanbek Bakiev)가 대통령에 당선되었으나 여전히 키르기즈스탄 내부의 정치상황은 안정을 찾지 못하고 있다.

타지키스탄

1990년 카하르 마카모프(Kahar Makhamov)가 초대대통령으로 선출되었으나 1991년 8월 러시아에서 발생한 쿠데타로 사임하면서 국가원수 대행 및 최고의회 의장직을 진보성향의 카드렌닌 아슬로노프(Kadrennin Aslonov)가 맡았다. 그러나 그의 공산당 활동 금지 규정 등 일련의 개혁조치들이 최고회의의 저항으로 받아 공산당 세력이 쿠데타를 일으켜 북부지방의 레닌아바드-쿨야비(Leninabad-Kulyabi) 파벌의 라흐몬 나비예프(Rahmon Nabiyev)가 그 자리를 대신하였다.[3] 1991년 9월 9일 독립선언 이후 11월 24일 치러진 초대대통령 선거에서 나비예프는 부정선거 시비에 휘말렸으나 당선되었다. 그러나 1992년 5월 지역차별정책과 반공산당운동을 지향하는 타지키스탄의 남부 파미르지방의 민주주의 세력과 이슬람 세력이 반정부운동을 주도하여 내전이 시작되었다. 이에 당황한 타지키스탄 정부는 반정부세력과 화해하면서 연합정부를 구성하여 사태를 진정시켰다. 그럼에도 불구하고 9월 7일 개혁의 정도에 불만을 가진 반정부세력이 나비예프를 권총으로 위협하여 그를 퇴진시켰다. 이후 악바르쇼 이스칸다로프(Akbarsho Iskandarov)가 대통령 대행이 되었지만 여전히 내전의 상황은 악화되었으며 각 정파 간에 이해관계가 맞물려 극도의 혼란이 발생하였다. 이러한 상황에서 러시아군이 개입하면서 연합정부는 총사퇴하였으며 이스칸다로프 역시 자진 사퇴하여 후임으로 레닌아바드-쿨야비(Leninabad-Kulyabi) 파벌의 이모말리 라흐모노프(Imomali Rahmonov) 최고회의 대변인이 선출되었다. 이때부터 본격적인 내전이 확대되었으나 그의 인종청소에 가까운

3) 레닌아바드는 1993년 후잔드(Khujand)로 개칭되었다. 이 지역은 소비에트체제 하에서 지속적으로 권력층을 양산하며 타지키스탄의 정치, 경제를 주도하였다. 따라서 상대적으로 차별을 받은 타지키스탄의 남부 파미르 고원 주민들이 이에 저항하여 독립 이후 정권을 차지하고자 시도하였다.

무자비한 반정부세력 진압으로 승기는 정부쪽으로 넘어가기 시작했다. 이러한 분위기를 통해 1994년 11월 6일 대선이 치러졌으며 여기서 라흐모노프는 임기 5년의 대통령에 당선되었다. 이후 1997년 6월 27일 타지키스탄정부와 반정부세력간의 평화협정이 모스크바에서 체결되어 내전은 끝났다. 그는 1차례의 암살음모와 2차례의 쿠데타에 살아남으면서 보다 강력한 통치기반을 구축하는데 집중하였다. 1999년 9월 26일 헌법개정을 단행하여 대통령의 임기를 7년으로 연장하였으며 그해 11월 6일 재선에 성공하였다. 나아가 2003년 6월 22일 헌법개정을 또 다시 시도하여 대통령 임기제한을 철폐하였다. 이를 바탕으로 2006년 11월 6일에 실시된 대선에서 7년 임기의 재선이자 전체 3선에 성공하였다.

투르크메니스탄

사파르무라트 니야조프(Safarmurat Niyazov) 투르크메니스탄 전 대통령은 1985년 목화스캔들로 전임 당서기가 미하일 고르바초프에 의해 해임되면서 그 자리를 차지하여 2006년 12월 21일 심장바비로 급서하기까지 철권통치를 휘둘렀다.[4)] 그는 1990년 1월 13일 최고회의 의장에 선출되었으며 1991년 러시아에서 발생한 보수파 쿠데타를 지지하는 등 소련 공산당 내에서도 강경파에 분류되었다. 쿠데타가 실패하고 구소련이 붕괴하자 그는 독립을 선언하고 10월 27일 초대대통령으로 선출되었다. 이후 1992년 6월 21일 민선 초대대통령으로 당선되었다. 이후 대통령 권한을 강화한 신헌법을 채택했으며 1999년 의회는 대통령의 임기를 무기한으로 결정하였다. 이러한 독재에 대해 2002년 쿠데타가 발생하였으나 진압되면서 그의 독재횡보는 도를 넘어서기 시작하였다. 그는 자신의 우상화와 국민에게 자신의 저서인 『루흐나마』(*Rukhnama*)를 암기하도록 강요하였다. 그의 사망 이후 자신의 주치의였던 구르반굴리 베르디무하메도프(Gurbanguli Berdimuhamedov)가 2007년 2월 14일 대통령으로

4) 1980년 이후 중앙아시아의 목화생산지인 우즈베크사회주의공화국과 투르크멘사회주의공화국에서 일련의 목화스캔들이 발생하였다. 그 원인은 모스크바 당국이 할당한 목화생산의 감소에 따른 생산량 위조에서 출발한다. 이러한 위조의 과정에서 내부에서 뇌물이 오고 갔기 때문에 문제가 확대되어 진상조사가 실시되었다. 우즈베크사회주의공화국에서는 1983년 투르크멘사회주의공화국에서는 1985년 스캔들이 발각되었으며 고르바초프의 집권이후 본격적인 실사를 통해 당시의 양 공화국 당서기와 공무원들이 대거 투옥되었다.

선출되었다. 그러나 그는 니야조프의 전철을 밟을 것이라는 예상과 달리 현재까지 장기간 철권통치에서 비롯된 문제점을 해결하기 위한 점진적인 개혁과 개방을 추진하고 있다.

위에서 살펴본 것처럼 5개국 대통령들의 행적은 외형적으로 구축한 서구식 민주주의체제와 전혀 다른 방향으로 갔음을 알 수 있게 한다. 카자흐스탄과 우즈베키스탄처럼 국가개발의 연속성을 강조하며 임기 연장의 국민투표와 헌법 개정을 통해 실제로 비합법적인 3선 연임을 넘어 종신대통령의 토대를 만들어 놓았다. 키르기즈스탄은 3선 연임의 비합법적인 시도와 총선의 부정을 통해 전 대통령을 하야시켰지만 이후 새로이 탄생한 정권 역시 남북의 지역파벌 간 충돌과 정쟁으로 안전을 찾지 못하고 있다. 타지키스탄은 내전의 소용돌이가 지나가고 안정을 찾을 수 있었으나 대통령 임기 제한 철폐를 통해 주변 국가와 같은 독재의 기틀을 만들었다. 마지막으로 투르크메니스탄은 종신대통령제의 출발을 먼저 알렸던 니야조프의 급서로 외형적인 민주주의 시스템이 이제 갖추어져 가고 있지만 앞으로 지켜보아야 할 것이다.

여기서 중앙아시아 국가들의 민주주의체제로의 연착륙 과제는 야당의 견제가 없는 개발독재가 사라지는 것으로 단순히 이해되지만 그보다 더 중요한 당면과제는 해당국 '국민들의 의식 전환'과 '지역파벌의 청산'이다. 실제로 이 두 가지 요소는 지금의 독재를 구축하는데 큰 공헌을 하였으며 이것의 청산 없이는 민주주의체제가 정착할 수 없다고 판단된다. 먼저 두 가지의 요소의 특징을 분석하고 이에 대한 당면과제를 제시하도록 하겠다.

2. 개발독재 청산의 과제들

국민들의 의식전환

중앙아시아 국가에서 지속되고 있는 그리고 지속되었던 독재의 기반은 외형적으로 국민투표를 통해 그리고 국민을 대의하는 국회를 통해 합법적으로 이루어졌다는데서 출발한다. 임기의 연장이나 종신의 부여는 국가발전에 필요한 정치적 사회적 안정이 명분이 되어 당대의 대통령이 국민들에게 호소하고 그 외에는 이를 주도할 마땅한 야당 지도자나 국민적 신뢰를 받는 지도자가 없기 때문에 할 수 없이 국민이 인정하는 방식으로 진행되어 왔다. 그렇다면 국민의 선택 이후 각국이 안정적인 발전을 추구하여야만 하는데 카자흐스탄의 경우를 제외하면 현재까지 대부분 성공보다는 실패에 가깝다. 오히려 국민의 생활은 더 어려워졌다는 것이 일반적인 평가이다. 게다가 카자흐스탄 역시 2008년 하반기에 발생한 세계 금융위기에 영향을 받아 경제의 거품이 거지면서 고전하고 있기 때문에 더욱 그 설득력은 떨어진다. 특히 키르기즈스탄의 레몬혁명은 주변국의 독재정부에게 경고를 주고 변화를 야기할 것으로 예상하였으나 오히려 보다 굳건한 독재체제가 완성되고 종신대통령을 만들었다. 어떻게 보면 레몬혁명 이후 중앙아시아에 민주주의체제가 실질적으로 발전하는 계기가 되었다고 볼 수 있었다. 그러나 키르기즈스탄마저도 여전히 혼란스럽기 때문에 급기야 시민혁명의 필요성에 대한 의문마저 제기되기에 이르렀다. 그렇다면 왜 중앙아시아 각국의 국민들은 키르기즈스탄을 제외하고 독재에 맞서지 못하고 있었는가 하는 의문이 들게 된다. 앞에서 언급한 것처럼 중앙아시아 각국은 역사적으로 군주제와 공산당 일당독재가 익숙한 시스템이었기 때문에 갑작스러운 민주주의로의 체제전환은 정치권과 국민들 모두에게 혼란스러운 제도였다. 여기서도 마찬가지로 단순히 이러한 역사적 배경으로 인해 독재가 가능하다고 판단한다면 부족함을 가진다. 키르기즈스탄에서 독재는 시민혁명을 통해 물러났기 때문이다. 따라서 다음과 같은 분석을 제시하고자 한다.

첫째, 타지키스탄 내전과 이슬람원리주의 위협

타지키스탄의 내전은 주변국의 독재발전에 실질적인 공헌을 하였다. 이슬람이 정치세력화되면서 시작된 내전은 결국 타지키스탄을 초토화시켰으며 정치의 안정이 무엇보다 필요하다는 교훈을 주변국에 심어주었다. 여기다가 아프가니스탄에 존재하는 이슬람원리주의 단체들과 탈레반의 위협은 그 경각심을 높여주었다. 각국의 권력층은 이를 제대로 활용하여 국민들을 선동하였다. 경제발전보다는 정치안정이 우선이며 이는 곧 사회의 안전으로 발전된다는 논리를 홍보하기 시작한 것이다. 여당과 야당의 주도권 다툼은 투르크메니스탄과 키르기즈스탄에서 주로 나타났으며 결과적으로 국가의 발전 정도가 중앙아시아에서 최하위를 차지하였다. 이는 설득력을 가졌다. 괜히 대통령을 몰아내려고 했다가 정치권에 불안이 가중되고 내전이라도 발생하게 되면 오히려 더 큰 혼란이 야기할 것이라고 국민들이 믿기 시작하였다. 게다가 국민투표나 대선에서 현 대통령보다 나은 마땅한 후보도 없었으며 만약에 야당 후보를 뽑더라도 더 큰 권력투쟁이 정치권의 불안으로 확대될 것이라고 국민들은 스스로 판단하기 시작했다. 그리고 반정부 활동이 가져다주는 정치권의 탄압과 보복은 공포로 추가되어 인식되었다. 이러한 경향은 우즈베키스탄과 카자흐스탄의 국민들이 가지는 보편적인 생각이다. 만일 타지키스탄처럼 내전이 발생하면 어떻게 될 것인가! 키르기즈스탄 시민혁명이 지금 해당국의 발전을 가져오고 있는가! 하는 생각이 그들 사이에 팽배해 있다. 결과적으로 지금의 독재 하에 외형적으로 정치와 사회가 안정적인 모습을 가지고 있기 때문에 어렵고 복잡한 실질적인 민주주의체제 확립의 과정을 그냥 넘기려는 인식이 독재를 유지하게 만들고 있는 것이다.

〈2005년 3월 키르기즈스탄의 레몬혁명에 상징이 되었던 정부청사〉

지역파벌의 청산

중앙아시아 국가들은 역사적으로 지역파벌이 중심이 되어 권력층의 변화를 주도하였다.[5] 각국에 존재하는 주요한 지역파벌은 다음과 같다.

5) 이들의 지역파벌 형성에 대해서는 정확한 학설이 부족하다. 그러나 15세기 이후 투르크계 칸국들의 형성에서 그 기원을 찾으며 소비에트체제에서 구축되었다고 보고 있다.

국가	지역파벌 명칭	위치
카자흐스탄	소쥬스 중쥬스 대쥬스	서부 북서부 남동부
우즈베키스탄	페르가나 타쉬켄트 사마르칸드 부하라	동부 중동부 중부 중서부
키르기즈스탄	옹 솔 이치킬릭	남부 북서부 남부
타지키스탄	레닌아바드 쿠르간	북부 남부
투르크메니스탄	요무드 테케 고클란	북서부 남부 남서부

이러한 지역파벌들은 그 출발이 씨족이며 이를 바탕으로 부족으로 확대 발전한 형태를 가진다. 특히 소비에트체제 하에서 모스크바 중앙정부가 해당국의 공산당 당서기를 선출하는 과정에서 지역의 파벌을 고려하여 권력을 분배하면서 지금의 정치적 파벌이 구축되었다. 그러나 우즈베키스탄을 제외하고 대부분의 국가는 특정 지역에 권력이 집중되어 지역 차별의 문제점을 발생시켰다. 이러한 현상은 구소련 붕괴 이후 각 지역파벌들의 정치적 영향력 회복과 지역 차별의 철폐를 야기하였으며 타지키스탄 내전과 같은 비극적인 결과도 나타나게 되었다. 그런데 여기서 지역파벌이라는 구조는 일반적으로 여타 국가들에게도 존재하기 때문에 큰 의미를 가지지 못할 수도 있다. 그러나 민주주의로 가는 과정에 중앙아시아 지역파벌이 어떠한 특징을 가지는지 이해하면 그 심각성을 알 수 있다.

첫째, 정치권력의 지속적 유지 경향

중앙아시아 5개국은 소비에트체제에 권력을 가졌던 지역파벌이 구소련 붕괴 이후 다시 권력을 장악하였기 때문에 기득권을 유지하기 위해 모든 방법을 동원하고 있다. 소비에트체제 하에서 지역파벌은 모스크바 중앙정부의 지시에 따라 자신의 정치권력을 양보해야만 했다. 그러나 초기에는 중앙아시아에 소비에트정부를 수립하는데 공헌을 한 지역파벌에게 그 권력을 유지시켜주었다.

이러한 현상은 흐루시초프 집권부터 달라지기 시작했다. 그는 특정 지역파벌에 정권을 지속시키기를 원하지 않았으며 우즈베키스탄에 페르가나-타쉬켄트 지역파벌의 권력을 지작(Jijak)으로 넘겨주었다. 이후 고르바초프 시기에도 목화스캔들 등과 같은 사건이 발생하면 당시의 지역파벌을 과감하게 처단하였다. 그러나 구소련 붕괴 이후 이러한 모스크바 중앙정부의 견제가 사라지면서 독립 당시에 정권을 잡은 지역파벌들은 아무런 통제 없이 그 권력을 유지할 수 있는 호기를 잡았을 수 있었다. 물론 여기서 국민들과 야당이 그 역할을 해야 하지만 앞에서 살펴본 것처럼 그렇게 못하고 있다. 따라서 국가의 행정부, 입법부 등에 대거 그 지역출신이 진출하여 친정부의 독재를 지지하고 있는 것이다.

둘째, 경제적 이권의 독점

정치권력을 장악한 지역파벌들은 다른 지역파벌들이 성장하지 못하도록 경제적 이권을 독점하였다. 이러한 지역파벌은 지하자원, 목화 등과 같은 국가의 중점 사업을 독점하기 때문에 경쟁상대인 지역파벌보다 재정적 우위를 차지할 수 있었다. 반대로 피해를 받은 지역파벌들은 시간이 지날수록 정권을 차지할 수 있는 기본적인 재정이 확보되지 못해 정치활동조차도 할 수 없는 어려움을 가지게 되었다. 나아가서 집권 지역파벌들은 경제적 이권을 독점함으로써 부패를 자행하였다. 이는 바로 국가경제의 낙후와 직결되었다. 타지키스탄 내전의 발생 메커니즘은 바로 여기서 기인한다. 북부지방의 지역파벌이 국가의 정치적, 경제적 이권을 독점함으로써 이에 반발한 남부지방의 주민들이 무력저항을 한 것이다.

3. 민주주의로 가는 당면과제

위에서 분석한 것을 정리하면 다음과 같다.

첫째, 중앙아시아의 독특한 지역파벌의 구도로 인해 독립 초기 정권을 장악한 특정 파벌이 국가의 정치와 경제부문에 지역출신을 대거 포진시켜 친정부 세력을 형성하고 독재를 강화하고 있다.

둘째, 타지키스탄내전과 이슬람원리주의 세력의 위협으로 인해 위의 정치구도를 쉽게 변화시키기에는 보다 더 큰 혼란을 야기된다는 인식이 국민들 사이에 팽배해있다.

셋째, 독재와 부패를 몰아내고 민주주의를 발전시켰다는 키르기즈스탄의 레몬혁명은 지금까지도 주변국에게 모범이 될만한 사례를 보여주지 못하고 여전히 지역파벌 간의 권력다툼과 부패로 두 번째 인식을 제공하는데 기여하고 있다.

이러한 결과 외에도 미국, 러시아 등의 열강들은 에너지 · 자원 보유국인 카자흐스탄, 우즈베키스탄, 그리고 투르크메니스탄의 현재 체제와 정권을 옹호하고 지지하면서 국익을 챙기고 있다. 만약에 중앙아시아의 중앙에 위치하는 우즈베키스탄에 키르기즈스탄과 같은 시민혁명이 발생한다면 그 결과는 긍정적으로만 해석될 수 없다. 키르기즈스탄이 여전히 불안한 것처럼 그 구조가 더 복잡한 우즈베키스탄의 경우에는 지역 간 충돌이 발생할 가능성이 높다. 그럴 경우에 그 영향력은 중앙아시아 전체를 넘어 구소련 전역에 확산될 것으로 예상된다. 따라서 우즈베키스탄을 민주주의화시키는 과정에서 파생되는 불안 요소들을 어느 누구도 자신 있게 처리할 수 없기 때문에 현재의 개발독재형 민주주의 시스템은 지금처럼 외형적 평화를 보장하는 한 지속될 것으로 판단된다. 이러한 인식은 우즈베키스탄뿐만 아니라 주변의 국가들에게도 그대로 적용될 수 있다. 그렇다고 그대로 이러한 상황을 간과할 수 없는 것이다. 따라서 당면과제의 초점은 민주주의 발전을 저해하는 기본적인 요인들인 '국민들의 의식 전환'과 '지역파벌의 청산'으로 정리할 수 있다. 그러나 위의 당면과제는 앞에서 살펴본 것처럼 해결하기에는 그 뿌리가 깊고 복잡하기 때문에 다음과 같은 점진적이고 미시적인 방법을 시도해야 할 것이다.

첫째, 정치성향의 시민단체 육성

중앙아시아 국가들은 야당이 제 역할을 못하고 있고 국민들은 지금의 체제에 체념하고 있기 때문에 정부나 여당의 견제세력과 장치가 없다. 이것을 해결하는 유일한 방법은 정치성향을 가지는 비종교적 시민단체의 육성이다. 물론 이러한 시민단체는 설립과 활동에 많은 제약을 받는다. 근본적으로 대부분의 국가에서 시민단체는 정부에 등록되어야 활동이 자유롭기 때문에 원천적인 어려움을 가진다. 그러나 2005년 5월 발생한 우즈베키스탄의 안디잔 사태에서 활약한 "독립인권활동가 발의그룹"(the Initiative Group of Independent Human Rights Activists(IGNPU))은 모범적인 사례가 될 것이다. 이 단체는 안디잔사태 이후 우즈베크정부의 지속적인 탄압을 받았지만 지금도 법적투쟁을 통해 반정부적인 활동을 하고 있다. 무엇보다 이 단체는 이슬람 성향을 가지지 않고 우즈베키스탄의 사회 전체 부패를 밝히는 역할을 하기 때문에 존재 자체가 가지는 파급력은 상당하다. 당장 이러한 단체들의 존재가 해당국의 민주주의를 발전시키는데 도움이 되지는 못한다. 그러나 법적·제도적으로 민주주의 시스템이 구축된 국가들이기 때문에 그것을 현실화하는데 다양한 시민단체들이 존재한다면 장기적으로 볼 때 실현 가능성이 높을 것으로 판단되며 무엇보다 국민들의 인식이 변화하는데 도움이 될 것으로 판단된다. 여기서 주의할 점은 이러한 시민단체가 해당국 정부의 지원이나 특정 국가의 지원을 받는다면 그들의 이익을 대변하기 쉽기 때문에 최소한 국제기구나 국제시민단체의 지원으로 국한시켜야 할 것이다.

둘째, 차세대를 통한 지역파벌 타파

중앙아시아 국가에서 지역파벌을 해체하는 것은 거의 불가능하다. 해당국의 대부분 국민들조차도 지연과 혈연을 중시하고 구조적으로 연결되어 있기 때문에 전체를 바꾼다는 것은 힘들다. 특히 지역네트워크는 당사자가 아니면 알 수 없을 만큼 그들만이 알고 있기 때문에 더욱 그렇다. 게다가 각국에는 주류민족만이 있는 것도 아니고 카자흐스탄의 경우처럼 러시아인을 비롯한 소수민족들이 여전히 무시 못 할 세력을 가지고 있다. 여기서 한 가지 다행스러운 것은 차세대들의 인식이다. 이들 역시 지역파벌의 네트워크에 연결되어 있다. 그러나 구소련 붕괴 이후 각국의 정부는 대통령 장학생을 선발하여 서구 선진국으로 유학을 보내고 있으며 이들이 최근 돌아와 정부부처에 실무진으로 포진하고 있다. 그루지아의 사카쉬빌리 대통령처럼 서구의 문물을 익히고 돌아온 차세대 지도자들은 아무래도 지역파벌에 영향을 덜 받을 가능성이 있다. 한국의 경우에도 새로운 유권자 세대들이 지역감정에 대해 기성세대들보다 덜 민감한 것처럼 중앙아시아 각국의 지역파벌은 점진적으로 이들의 성장과 더불어 변화될 것으로 예상된다. 장기적으로 기존의 지역파벌에 대항하는 특정국가의 유학생 정치파벌이 존재할 가능성도 높다. 예를 들면 앞에서 언급한 그루지아의 경우에는 비록 국민들로부터 대통령의 지지도는 떨어지고 있지만 주요 행정부에 미국유학파들이 포진하여 신진정치파벌을 형성하고 있다.

결과적으로 중앙아시아 국가들이 개발독재를 넘어 민주주의체제로 연착륙하기 위해서는 장기간의 점진적인 변화가 필요하다고 판단된다.

II. 1차 산업을 넘어 산업의 다각화로 가는 과제

1. 중앙아시아 각국의 산업발전 과정

중앙아시아 국가들의 독립 이후 자본주의를 받아들이면서 경제체제에 변화를 가져왔으며 지금까지 다양한 시행착오를 통해 고전하고 있다. 무엇보다 자본주의체제 하에서 해당국이 경제발전을 하기 위해서는 구소련 당시에 구축된 산업의 분권화를 타파하고 독립국가연합 역내교역의 불균형을 없애는 것이다. 이것을 해결하기 위해서는 산업의 다각화와 역외교역의 비중 강화인데 이러한 고리는 모두 연결되어 있다. 위의 과제를 수행하기 위해서는 충분한 자본과 기술이 필요하며 이를 해결하기 위해서는 외부의 투자가 도입되어야만 했다. 이러한 문제를 인식한 각국은 서구식 자본주의의 법적 · 제도적 장치를 독립초기부터 지속적으로 구축하여 왔으며 현재는 기본적으로 필요조건이 충족되어 외부의 투자가 진출하기에 안정적이라는 평가받고 있다. 그러나 여기서도 마찬가지로 외형적인 시스템이 존재한다고 경제발전이 달성되는 것은 아니었다. 먼저 각국이 진행한 자본주체제 하에서 경제개발의 과정을 분석하고 당면과제를 제시하도록 하겠다.

카자흐스탄

카자흐스탄은 정치적 안정을 바탕으로 한 개혁 · 개방 정책의 지속 추진과 카스피 해 원유개발 등 원유 · 가스 산업의 발전을 바탕으로 2000년 이후 10% 수준의 고도 경제성장을 이어가고 있다. 카자흐스탄의 빠른 경제성장은 원유, 가스, 우라늄 등 카자흐스탄이 풍부히 보유하고 있는 국제원자재 가격의 상승, 에너지 자원 개발 등을 목적으로 한 외국인직접투자의 급속한 증가에 기인한 것으로 평가된다. 또한, 2007년도 WTO 가입을 목표로 금융서비스, 관세제도 개선을 지속 추진하는 등 시장경제 확립 및 경제 투명성 제고를 위한 국가 노선을 유지하고 있다. 특히 카자흐스탄에 대한 외국인 투자는 지난 10년간 지속적으로 증가하고 있으며 대중앙아시아 투자액 누계 중 약 80%가 유치되었다.

우즈베키스탄

우즈베키스탄은 인구 2,600만 명으로 중앙아시아의 최대 소비시장이자 교통 요충지로서 각광을 받았으며 에너지 · 자원도 풍부하여 성장 잠재력이 높다는 평가를 받았음에도 불구하고 독립 이후 정부 통제 하에 점진적 시장경제 개혁을 추진하였다. 급진적인 경제자유화 · 정치 개혁에 따른 정치 · 사회불안의 유발을 우려하여 이를 요구하는 IMF · IBRD의 지원을 거부하고 해외 차입 및 투자 유치 · 자원 수출을 통한 경제난 극복을 추구하고 있다. 최근 러시아와 중국의 가스전 개발 등 에너지 부문 투자가 증대되고 있고 국제 원자재 가격도 상승하고 있어 최근 3년간 평균 7%정도의 경제성장을 달성하고 있다. 우즈베크 정부는 최근 금융기관들의 개혁에 기초하여 은행들의 재편 및 민영화, 은행자본금 증가 및 여신구조 개선 등에 정책의 우선순위를 두고 이행 하고 있으며 에너지 자원, 천연자원, 농산물 등 1차 산업으로 경제발전을 유지하는 현재의 단순한 산업구조에서 탈피하려는 중앙아시아 국가들의 경제발전계획과 달리 지속적인 2차 산업의 다각화 발전에 비중을 두고 있다. 그러나 여전히 외국투자기업들에 대한 태환과 과실송금에 제한을 두고 있어 카자흐스탄만큼 성장을 이루지 못하고 있다.

키르기즈스탄

키르기즈스탄은 1998년 12월 독립국가연합 회원국들 중에서 최초로 WTO에 가입하는 등 구소련 붕괴이후 서구형 시장경제 도입을 적극 시도하였으나, 아카예프 전 대통령의 장기집권에 따른 대통령 친인척의 부정부패, 인구 5백만의 소규모 경제, 여타 중앙아시아 국가에 비해 빈약한 지하자원 등으로 경제발전에 어려움을 겪고 있다. 독립 이후 국영기업 민영화 정책과 토지개혁 등으로 경제지표가 일시 호전되기도 했으나, 1998년 러시아 경제위기 여파 및 주요수출품인 금 생산량 감소로 경제성장이 둔화되었다. 2003년 이후 전력생산시설 정비, 농업 진흥, 도로건설, IT산업 육성 등에 주력하면서 경제성장 기조가 회복되었으며, 2003년 이후 약 7%대의 경제성장을 달성하였다. 그러나 2005년 3월 대중소요사태, 고유가, 금생산 감소 등으로 인해 여전히 경제혼란을 겪고 있다. 특히 국내 정치 불안으로 해당국의 이시쿨 호수 등에 카자흐스탄 등 주변국의 방문객이 대폭 감소 추세에 있으며, 외국인 투자자들의 신뢰가 조기에 회복되지 않을 경우 외국인직접투자도 축소가 불가피할 것으로 전망되어 경제발전은 부정적이다.

타지키스탄

타지키스탄 경제는 1997년 내전 종식 이후 해외로부터의 원조와 주로 러시아에 거주하는 타지크 교민들이 송금하는 연 6억 달러(은행을 통한 송금은 1억 달러) 정도의 송금 및 경제 규제완화와 정치적 안정을 바탕으로 최근 3년간 연평균 7.5%의 경제성장을 달성하였다. 그러나 석탄 14억 톤, 금 500톤, 은 10만 톤, 아연 4~5백만 톤과 일정량의 석유 및 천연가스 등 비교적 풍부한 지하자원을 보유하고 있음에도 불구하고, 수송에 불리한 내륙에 위치하여 금과 은 등 귀금속을 제외하고는 거의 개발이 이루어지지 않고 있다. 2005년 기준 700만 타지크 국민들의 50~60%는 빈곤선 이하에서 생활하고 있으며, 실업률은 35%를 상회하여 총 120만 명에 달하고 있다. 북부 후잔드 지역과 수도 두산베 지역의 경제상황은 비교적 양호하나 중국과의 국경에 위치한 바다흐샨 고원이나 라쉬트 계곡의 경제상황은 열악한 편이다.

투르크메니스탄

투르크메니스탄은 니야조프 전 대통령 시기에 강력한 폐쇄정책으로 국내경제가 침체되어 중앙아시아 최빈국으로 평가받았으나 2006년 12월 급서한 후 2007년 2월 베르디무하메도프 대통령 정부가 출범하면서 변화의 조짐을 보이고 있다. 신정부는 과거의 폐쇄 · 고립 정책에서 탈피하여 인접국과의 선린우호관계 발전 등 대외관계 확대 정책을 추구하고 있어 정상교환방문 외교를 적극적으로 수행하면서 또한 자국의 경제 개발 소요 재원 확보를 위한 에너지 개발에 대한 외국인 투자 유치에도 주력해 나가고 있다. 특히 미국 및 유럽이 투르크메니스탄의 에너지 자원, 지정학적 위치 등 전략적 가치를 인정하고 투르크메니스탄도 가스관 건설 재원을 확보해 나가면서 가스 수출선을 다변화하고자 상호 협의가 활발하게 진행되고 있다. 그러나 투르크메니스탄은 중립 · 개방 원칙을 견지하면서 안정적 가스 수출 여건 확보, 외국인 투자 및 대외무역 활성화를 위한 개방정책을 추구하고 있으나 급격한 개방정책 추진이 정세 불안을 불러 올 수도 있다는 우려에 따라 신중하고 제한적인 대외 교류를 추진하고 있다. 최근 투르크메니스탄은 국제 에너지 가격의 상승과 외국인 투자 확대 등으로 경제가 지속적으로 성장하고 있으며 베르디무하메도프 대통령의 대외 개방정책에 힘입어 교역량이 크게 증가하는 추세를 보이고 있다. 그리고 투르크메니스탄 정부는 외국인 투자 여건 개선을 위해 이중환율(공식 환율에 비해 암거래시세가 약 4배이던 것이 2008년 1월초 약 3배로 하향 조정) 제도를 2008년 5월 환율을 단일화(미불=14,250 마나트)하였으며, 2009년 1월 화폐 개혁이 있을 것으로 예상되고 있어 긍정적인 모습을 보이고 있다.

위에서 살펴본 것처럼 중앙아시아 5개국 중에서 카자흐스탄을 제외하고 독립 이후 현재까지 경제성장을 달성한 국가는 없다. 특히 WTO에 가입한 키르기즈스탄의 경우에는 서구식 자본주의 시스템이 정상적으로 가동되고 있음에도 불구하고 여전히 국내의 취약한 경제적 환경 때문에 고전을 면치 못하고 있다. 그리고 타지키스탄은 내전을 통해 경제발전에 집중한 기간이 상대적으로 짧아서 상황을 좀 더 두고 보아야 한다. 특히 우즈베키스탄과 투르크메니스탄은 공통적으로 대외개방을 극도로 줄였기 때문에 공통적으로 이중환율과 불태환이라는 왜곡된 자본주의 시스템을 인위적으로 만들어 발전을 추구하지 못했다. 결과적으로 타지키스탄을 제외한 4개국의 자본주의 시스템상의 차이는 개방형인 카자흐스탄과 키르기즈스탄 그리고 폐쇄형인 우즈베키스탄과 투르크메니스탄으로 구별할 수 있다. 그런데 문제는 중앙아시아 국가들이 자원 중심의 1차 산업에 집중하고 있으며 2차 산업을 비롯한 산업의 다각화에는 취약한 구조를 가지고 있다. 대부분의 2차 산업과 관련된 물품은 수입에 의존하고 있다. 실제로 무역구조 역시 이를 반영하고 있다. 중앙아시아 국가들이 본격적으로 자본주의체제에 연착륙을 하기 위해서는 장기적으로 산업의 다각화를 달성하여야 한다. 이는 산업의 자

〈365일 해를 따라 돌아가는 금동의 니야조프 동상은 중앙아시아 개발독재의 전형을 보여주고 있다〉

주성을 의미하는 것이 아니다. 외국기업의 자본과 기술을 유치하여 합작기업을 만들고 공장을 건설하는 일련의 과정이 자본주의체제에 대한 기본적인 학습이며 장기적인 관점에서 자원에 의존하지 않는 경제구조를 만드는 초석이 되기 때문이다. 카자흐스탄을 포함한 5개국의 경제성장은 실제로 2000년 이후 발생한 고유가 및 곡물가의 폭등에 기인한다. 따라서 어느 국가가 보다 신속하게 다량의 자원을 개발하여 수출하느냐에 따라 경제발전의 희비가 교차되었다. 여기서 각국의 산업다각화 현황을 정리하면 다음과 같다.

2. 산업의 다각화 현황

카자흐스탄

〈아스타나 천도 기념으로 건설된 '바이테렉'은 카자흐스탄 경제발전의 상징성을 보여준다〉

구소련으로부터 독립한 이후 석유 등 에너지자원 개발을 적극 추진하여 에너지 편중적인 산업구조의 다각화를 위한 정책이 시도되고 있다. 해당국의 상위 50대 기업을 통해 본 산업구조 현황을 살펴보면 다음과 같다. 첫째, 석유 · 가스분야 중심의 산업구조가 여전히 우세하다, 둘째, 제조부문 중 광물가공업 기반은 견실한 편이나 소비재, 자본재 등은 수입에 의존한다. 셋째, GDP 대비 농업비중은 점차 축소되는 추세이나 최근 곡물가격 상승으로 중요성이 부각되고 있다. 넷째, 금융부문 및 건설부문 성장세는 국제 금융시장 경색으로 당분간 침체가 전망된다. 카자흐스탄 정부는 최근 산업육성정책을 발표하여 경제구조 현대화를 위한 '30개 리더 프로그램'에 착수하기 시작했다. 그리고 '중앙아시아의 금융허브'로 도약하기 위한 노력을 지속할 것을 재확인하였다.

우즈베키스탄

우즈베키스탄은 독립초기부터 독립국가연합 역내교역의 불균형으로 인해 역외교역에 치중하였으며 이는 서구중심의 대외관계로 발전하는데 바탕이 되었다. 특히 카리모프 대통령은 주변의 국가들과 달리 산업의 다각화에 대한 의지가 강하여 자원의 개발보다는 2차 산업을 육성하는데 집중하였으며 최대의 결과물이 1996년 대우-우즈베키스탄 합작기업인 '우즈-대우오토'의 준공이었다. 이 공장으로 인해 우즈베키스탄은 중앙아시아에서 최초로 자동차를 생산하였으며 세계 29번째 자동차 생산국이 되었다. 이후에도 주로 한국, 터키, 중국 등의 기업을 중심으로 면방직, 전자 등의 2차 산업을 육성하였으나 해당국의 불태환과 과실송금에 통제가 강화되면서 투자가 줄어들기 시작했다. 그러나 지금도 목화 중심의 면방직 산업을 국책사업을 지정하여 투자기업에 대해 세금 등의 혜택을 부여하고 있다.

키르기즈스탄, 타지키스탄, 투르크메니스탄

키르기즈스탄은 음식료품 가공산업과 건설업을 중심으로 산업의 다각화를 모색하고 있기만 자본의 투자와 인프라의 부족으로 가시적인 성과를 내지 못하고 있다. 타지키스탄은 목화와 자원을 중심으로 하는 2차 산업에 가능성을 기대하고 있지만 전후의 안정이 필요하기 때문에 좀 더 지켜보아야 할 것이다. 마지막으로 투르크메니스탄 역시 목화 중심의 방직산업에 집중하고 있으나 규모면에서 보다 더 많은 투자가 필요가 것으로 분석되고 있다.

위의 경우처럼 5개국의 2차 산업이 가지는 특징은 다음과 같이 정리된다.

첫째, 해당국의 1차 산업을 2차 산업으로 발전시키는 분야가 주를 이룬다. 우즈베키스탄, 타지키스탄, 그리고 투르크메니스탄은 세계적인 목화산지를 보유하고 있기 때문에 경공업인 면방직산업에 집중하고 있다. 카자흐스탄 역시 에너지자원을 활용하는 2차 산업이 중심을 이루고 있다.

둘째, 우즈베키스탄의 경우가 주변의 국가와 달리 중공업분야에 집중하고 있다. 자동차, 전자, 비행기조립 등 합작기업의 설립을 통해 해당국의 취약한 산업을 다각화하는데 모범적인 사례를 보였다. 그러나 왜곡된 금융시스템을 통해 투자가 줄어들고 있다. 반면에 카자흐스탄은 비교적 안정적인 시스템을 바탕으로 '30개 리더 프로그램'의 육성을 정부차원에서 관리하고 있다.

이와 같이 중앙아시아 국가들의 산업다각화 가능성은 카즈흐스탄과 우즈베키스탄 정도가 긍정적으로 평가되고 있다. 그러나 산업의 다각화를 위한 당면과제는 앞에서 살펴보았던 중앙아시아 각국의 정치적 환경에 따라 달라질 수 있음을 상기하여야 한다. 따라서 다음과 같은 당면과제를 제시하고자 한다.

3. 산업의 다각화로 가는 과제

중앙아시아 각국의 정치 · 경제환경은 상호 밀접한 관련성 가진다. 이러한 전제를 바탕으로 제시되는 당면과제는 첫째, 정치권력과 경제의 분리, 둘째, 특성화 산업의 육성 등이다. 구체적인 내용은 다음과 같다.

첫째, 정치권력과 경제의 분리

앞에서 언급한 것처럼, 중앙아시아 각국은 집권 지역파벌들에 의해 경제적 이권이 독점되고 있기 때문에 외국의 투자와 실질적인 경제활동은 집권세력과 직접적인 연관성을 가진다. 예를 들면, 집권 세력이 아카예프 대통령처럼 갑작스럽게 하야를 한다든지 우즈베키스탄의 안디잔사태와 같은 사건이 발생하게 된다면 진행 중인 사업이나 준비 중인 사업 자체가 흔들리게 된다. 이러한 사례는 다양하게 목격되었다. 이것은 결국 사업의 인허가 과정이나 자원의 분배가 법적으로 규정된 자격요건이나 시스템에 의해 좌우되는 것이 아니라 권력층의 승인 여부에 따라 움직이기 때문에 사업에 대한 불확실성이 높아지기 때문이다. 따라서 법과 현실이 권력에 의해 객관성을 잃게 된다면 외국으로부터 투자나 기술이전이 줄어드는 것은 자명하다.

둘째, 특성화 산업의 육성

우즈베키스탄의 경우 불완전한 투자환경과 시스템을 가동하면서 2차 산업의 핵심인 자동차공장을 건설하였다. 비록 내수와 수출이 정부의 다양한 혜택으로 성과를 거두었지만 대우의 부도사태로 인해 대우가 지분을 매각하고 철수하자 인수할 기업이 나서지 않았다.[6] 따라서 잘못된 시스템을 수정하여 재투자를 받아야 하는데 그것이 불가능하게 되자 결국 우즈베키스탄 정부가 전

6) 2008년 2월 26일 GM이 우즈베키스탄의 우즈아프토사노아트(UzAvtoSanoat, 우즈베키스탄 자동차 공업 협회)의 지분 25%를 인수하고 사업에 참여하기로 최종계약을 체결하였다.

량 매입하였다. 그러나 이후 자동차 생산의 품질문제와 재정적인 악화를 야기하여 우즈베키스탄 경제 전체에 손실이 나타났다. 이러한 과정을 통해 전문가들 사이에서는 과연 우즈베키스탄에 자동차공장이 필요한가라는 의문이 들기 시작하였다. 이러한 사례에서 나타나듯이 각국은 자국의 경제시스템과 환경을 고려하여 산업의 다각화를 추진해야 한다. 지금 진행되고 있는 면방직, 음식료품 가공 등은 긍정적인 사례라고 할 수 있다. 카자흐스탄의 경우는 어느 정도 국가의 재정이 안정적이고 투자유치가 활발하기 때문에 중공업 중심의 국책산업에 투자하여도 문제가 없을 것이다.

III. 민족주의를 넘어 다민족다문화주의로 가는 과제

1. 각국의 민족주의 수행 과정과 특성

중앙아시아의 5개국은 소비에트체제를 경험하고 다민족다문화를 환경을 가진다는 공통점을 가지고 있다. 전자의 경우는 지배집단의 변화와 관련이 있으며 후자의 경우는 민족정책과 관련을 가진다. 그리고 두 경우는 상호간에 밀접한 연관성을 가진다. 기존의 지배민족인 러시아인은 구소련 붕괴 이후 소수민족으로 전락하였으며 해당국의 카자흐인, 우즈베크인, 키르기즈인, 타지크인, 그리고 투르크멘인은 주류민족으로써 그 위상이 격상되었다. 이러한 변화는 중앙아시아 각국에 공통적으로 주류민족 중심의 민족주의를 야기하였으며 이를 통해 소수민족문제가 발생하였다. 이와 동시에 국가 간 국경문제, 민족 간 종교문제 등이 복잡하게 전개되면서 중앙아시아 각국은 물론 전체 중앙아시아가 분열과 통합이라는 딜레마에 직면하였다. 이미 독립 직전에 페르가나계곡에서 수자원을 둘러싼 민족 간 충돌이 발생하였으며 이것은 국경문제로까지 확대되었다. 그리고 독립 이후에는 구공산당세력과 이슬람의 충돌로 대변되는 타지키스탄 내전이 발발하여 중앙아시아 지역에 나타날 분열 가능성을 실제로 증명해 주었다. 그런데 통합이라고 모두 긍정적인 것은 아니다. 1924년부터 소비에트 중앙정부에 의해 획정되기 시작한 국경이 현재의 중앙아시아 민족과 국경문제에 불씨가 되었다. 따라서 이러한 지배집단의 인위적인 국경획정이 비록 가능성은 낮지만 앞으로 국가 간 양보나 민족 간 이해관계에 따라 수정이 되어야 한다면 그것 역시 장기적인 당면문제가 될 수 있다. 이러한 문제의식을 바탕으로 이 부분에서는 중앙아시아 각국의 내부에서 발생하는 분열적인 요인과 중앙아시아 전체 지역의 분열적인 요인을 분석하고 이후 통합의 가능성을 예상할 것이다. 그리고 중앙아시아 국가들이 분열의 넘어 통합으로 가는 길이 과연 적합한 방법인지 잘못된 방법인지 판단하여 분열과 통합의 선택이 필수불가결하다면 어떠한 방식으로 전개되어야 할 것인지 그 당면과제를 제시할 것이다.

중앙아시아 각국은 구소련 붕괴 이후 주류민족인 카자흐인, 우즈베크인, 키르기즈인, 타지크인, 그리고 투르크멘인을 중심으로 민족주의 정책을 단행하였다. 이 처럼 각국이 공통적으로 민족주의를 시행한 목적은 독립 이후 신생국으로 위상을 높이고 주류민족의 국가정체성과 민족정체성을 확립하기 위한 것이었으며 그 내용에는 탈소비에트화와 탈러시아화가 대부분을 이루었다. 예를 들면, 전자의 경우에는 역사바로세우기, 지명의 개명, 경찰복의 개조 등의 정책이 대표적이며 후자의 경우에는 헌법상에 주류민족어를 국어로 명시하는 언어정책이 대표적인 정책이었다. 그러나 예상과 달리 각국의 민족주의 결과는 다르게 나타났다. 여기서 결과란 위의 정책들을 통해 해당국 내부의 정치, 경제 사회 전반이 주류민족 중심으로 전환되었는가 그리고 동시에 소수민족들이 차별을 받고 있는가에 따라 평가받는 것이다. 이러한 기준을 통해 각국의 민족주의 결과를 평가하면 카자흐스탄, 키르기즈스탄 그리고 타지키스탄은 실패하였으며 우즈베키스탄과 투르크메니스탄은 성공하였다고 여겨진다. 구체적으로 각국의 상황은 다음과 같이 정리된다.

카자흐스탄

카자흐스탄은 전체인구에서 주류민족인 카자흐인이 차지하는 비중부터 분석해야 한다. 카자흐인은 1997년이 되어서야 전체 인구의 절반을 넘어섰다. 이러한 민족 간 구성비율의 변화는 카자흐인의 출생률이 높아서라기보다는 독립 초기 카자흐스탄 정부의 민족주의 정책에 기인한다. 카자흐스탄 정부는 카자흐어를 국어로 선포하였으며 국가전반에 걸쳐 카자흐인 중심의 민족주의 정책이 시행되어 소수민족들이 사회적인 차별을 경험하게 되었다. 특히 기존의 지배민족인 러시아인이 느끼는 박탈감은 높아갔다. 이러한 상황에서 다음과 같은 현상이 나타났다.

첫째, 러시아어만 구사하는 소수민족들이 모국으로 이주하였다. 이것은 예상외로 카자흐스탄 전반에 심각성을 야기하였다. 이주를 단행한 민족은 러시아인, 독일인, 유태인 등이 주를 이루었다. 그런데 이들은 카자흐스탄 사회 전반에 걸쳐 중요한 역할을 담당하였기 때문에 이들의 떠난 후 그 자리를 대체할 인력이 부족하였다.

둘째, 카자흐인 중심의 민족주의 정책은 소수민족들에게 입사, 승진 등 경제활동에 차별을 제공하였으며 특히 알마티 중심의 국가운영에 대해 북부의 러시아인들이 불만을 표출하기 시작했다.

이러한 현상 이외에도 카자흐인들 중에서 카자흐어를 구사하는 비율이 낮아 실제로 카자흐어의 국어화 정책은 주류민족들에게 조차도 시기상조로 여겨졌다.

카자흐스탄 정부는 분열과 통합이라는 귀로에서 후자를 선택하였다. 카자흐스탄 정부는 1995년 신헌법을 선포하면서 실질적으로 러시아어를 공용어로 격상시켰다. 그리고 1997년 알마티에서 러시아와 인접한 카자흐스탄 북부의 도시 아스타나로 수도마저 천도를 단행하였다. 이러한 정책의 전환은 무엇보다 카자흐인이 여전히 인구의 절대다수를 차지하지 못하기 때문에 나타난 것이다.

우즈베키스탄

우즈베키스탄은 전체 인구에서 주류민족인 우즈베크인이 80% 이상을 차지한다. 이러한 환경은 우즈베크인 중심의 민족주의를 구축하는데 밑바탕이 되었다. 우즈베키스탄은 독립 초기 우즈베크어를 국어로 선포하였으며 단계적인 과정을 통해 라틴문자로 문자개혁까지 단행하였다. 이러한 정책은 독립부터 발생한 우즈베키스탄의 탈러시아화 경향과 보조를 맞추는 것이었다. 한편 우즈베크 정부는 소수민족들이 사회적으로 차별을 받지 않도록 헌법상에 규정을 명시하여 정책의 통일성을 상실하였다. 우즈베키스탄 역시 외형적으로 민족주의가 성공하였지만 다음과 같은 문제가 나타났다.

첫째, 소수민족들이 우즈베크어를 습득하지 않았다. 이러한 현상은 사회 활동에 직접적인 제약이 되는 국어습득의 필요성이 소수민족들에게 별 의미를 제공하지 못했다는 것을 의미한다. 실제로 그들이 우즈베크어를 습득한다고 해도 경제적 낙후로 취업하기 힘들며 설령 취업한다고 하더라도 임금이 낮아 우즈베크어를 배우는 의미가 없었다. 차라리 영어를 익히는 것이 취업과 임금 부분에 실익이 되었다. 또한 대다수의 우즈베크인이 러시아어를 구사하기 때문에 생활면에서 불편함이 없었다. 무엇보다 우즈베크 정부가 소수민족들이 우즈베크어를 습득할 수 있도록 지원을 제대로 하지 않았다.

둘째, 민족 간 언어단절이 발생하였다. 독립 이후 출생한 우즈베크인은 러시아어 구사력이 떨어진다. 특히 대도시 출신이 아니면 그 정도가 심했다. 이것은 향후 우즈베크 사회가 민족 간 언어단절을 맞이할 것을 예상케 한다. 소수민족들은 국어인 우즈베크어에 가치를 느끼지 못하고 우즈베크 유년세대들은 러시아어 습득에 의미를 찾지 못하는 양상이 발생한 것이다.

이러한 현상에도 불구하고 우즈베크 정부는 카자흐스탄과 달리 분열의 가능성을 유지하고 있다. 여기서 카자흐스탄과 달리 우즈베키스탄은 소수민족들이 이주를 단행하더라도 그들을 대체할 인력이 충분하다는 차이점을 가지고 있다.

키르기즈스탄, 타지키스탄, 투르크메니스탄

키르기즈스탄은 독립 초기 키르기즈어를 국어로 헌법에 명시하였으나 2000년 카자흐스탄처럼 신헌법에서 러시아어를 공용화로 격상시켰다. 그 원인은 카자흐스탄과 마찬가지로 소수민족의 이주가 국가 전반에 큰 영향을 미쳤기 때문이었다. 게다가 러시아의 경제적 지원이 키르기즈스탄 입장에서 큰 부분을 차지하기 때문에 러시아를 의식하여 국내의 러시아인 달래기의 일환으로 분열보다는 통합의 정책으로 전환하였다. 타지키스탄과 투르크메니스탄은 우즈베키스탄처럼 주류민족이 인구전체에 절대다수를 차지하여 민족주의를 성공적으로 추진하였으나 전자는 타지키스탄 내전에 러시아의 군사적 지원이 종전에 결정적인 작용을 하는 등 사회 전반에 걸쳐 러시아가 필요하기 때문에 탈러시아화와 민족주의를 우즈베키스탄처럼 하지 못 하고 있다. 투르크메니스탄은 전 대통령인 니야조프의 민족주의적 우상화정책과 폐쇄정책으로 인해 우즈베키스탄보다 더한 민족주의를 달성하였다.

위에서 살펴본 것처럼 중앙아시아 각국은 1차적으로 주류민족 중심의 사회를 만들었느냐 그리고 2차적으로 탈러시아화를 중심으로 민족주의를 달성하였느냐 하는 관점에서 그 결과를 보여주었다. 전자의 경우는 앞에서 분석한대로 우즈베키스탄과 투르크메니스탄이 성공한 것으로 평가되지만 후자의 경우에는 어느 국가도 현재까지 쉽게 단언할 수 없다. 이유는 다음과 같다.

첫째, 주류민족어의 국어로써 한계

주류민족의 언어는 국어로써 한계를 가진다. 앞에서 살펴본 것처럼 카자흐어와 우즈베크어는 각기 다른 이유로 소수민족들에게 외면당하고 있다. 무엇보다 각국의 지도층이 가지는 이율배반적인 태도가 문제이다. 소수민족들에게 국어를 강요하고 있지만 이들은 외국을 순방하면 러시아어로 통역을 한다. 물론 그들의 언어가 아직 국제사회에 주류가 아니기 때문에 그럴 수도 있지만 예를 들면 우즈베크어-영어로 통역은 가능하다. 텔레비전에 비치는 자국 대통령이 유창한 러시아어로 유엔에서 연설하면 토착민족이나 소수민족들이 어떠한 느낌을 가지게 될 지는 자명하다. 그리고 무엇보다 교재개발이나 세계어로써 러시아어가 가지는 역할을 국어가 대체할 수 있도록 언어적 수준을 발전시키는 투자가 거의 없기 때문에 그 인지도가 떨어지는 것이다. 오히려 일부 토착민족들은 러시아어를 수준 높게 구사하는 것을 자랑스럽게 생각한다. 현재 러시아어가 없는 중앙아시아 국가는 상상이 되지 않을 만큼 토착민족어가 그 수준과 가치를 따라가지 못하고 있다.

둘째, 정치적 논리

독립 초기에는 실제로 우즈베키스탄을 제외하면 4개의 국가에서 러시아가 여전히 영향력을 발휘하였기 때문에 섣불리 자국 내 러시아인을 자극하는 정책을 시도하기가 어려웠다. 최근에는 우즈베키스탄마저도 친러성향으로 대외정책을 바꾸면서 정치와 경제 전반에 러시아 영향이 미치기 시작하였다. 이러한 현상은 궁극적으로 민족주의의 기본적인 목표가 되는 탈러시아화가 제대로 이루어지지 못하고 있음을 내변하고 있는 것이나. 그리고 5개국의 지도층 역시 위에서처럼 외국순방이나 외신과의 인터뷰에서 러시아어를 구사하기 때문에 이들의 민족주의 정책은 단순히 정치적 논리로 인해 나타난 것이고 그것의 완성을 위한 구체적인 후속정책에는 관심이 없는 것처럼 여겨진다.

결과적으로 타지키스탄 내전을 제외하고 중앙아시아 지역이 전반적으로 분열의 사태 없이 평화로운 것은 주류민족들이 극단적인 소수민족 말살정책이나 인종청소와 같은 전쟁을 자행하지 않았기 때문이다. 이것은 결국 현재의 민족주의 정책이 분열적인 성격이 강하지만 카자흐스탄과 키르기즈스탄처럼 통합으로 정책을 수정하는 유연성과 주류민족들이 러시아어를 아직은 구사하기 때문에 분열의 극단적인 충돌이 발생하지 않는 것으로 이해된다. 그러나 이것은 단지 현재의 현상일 뿐 미래의 각국과 중앙아시아 지역이 분열로 갈 가능성은 아직도 남아 있다. 이것을 해결하는 것이 바로 통합으로 가는 당면과제이다.

통합으로 가는 과제

앞에서 언급한 분열을 야기할 수 있는 변수들은 민족과 국경문제들이다. 먼저 국경문제는 5개국 간에 더 이상의 충돌은 없을 것으로 예상한다. 카자흐스탄과 우즈베키스탄의 국경문제는 최근 합의가 되었으며 페르가나계곡은 3개국이 서로 맞대고 있지만 각국의 대통령들이 충돌을 원하지 않기 때문에 별 다른 문제는 없어 보인다. 그러나 과거와 같이 목화재배에 필요한 수자원을 차지하기 위한 '물 전쟁'과 같은 변수는 고려해 두어야 한다. 다음으로 민족문제와 관련된 당면과제는 다음과 같이 나타난다.

첫째, 소수민족의 주류민족어 습득

중앙아시아 각국에 나타나는 공통점은 소수민족의 인구가 갈수록 줄어들고 있으며 반대로 주류민족의 인구는 증가하고 있다. 이러한 비율은 유년세대로 내려갈수록 더 심각하다. 예를 들면 카자흐스탄은 주류민족과 러시아인의 연령대별 구성비가 나이가 내려갈수록 차이가 극명하게 드러난다. 이것은 카자흐스탄 사회가 우즈베키스탄과 같이 될 수 있음을 알려주고 있다. 주류민족이 절대다수를 차지하면 실제로 정부의 정책과 상관없이 주류민족 중심의 사회로 흘러가게 된다. 우즈베크인 유년세대들이 러시아어를 구사하지 않는 것은 주변에 우즈베크인만 보이기 때문에 러시아어를 배울 가치를 못 느끼기 때문이다. 마찬가지로 카자흐스탄 사회에서도 결국 이러한 현상이 나타날 것으로 예상해야 한다. 그리고 해당국의 경제가 발전하면 할수록 미국과 같은 다민족다문화 사회가 도래할 것이다. 영어를 구사하지 못하면 사회적 차별을 감수해야 하는 사회가 바로 중앙아시아에도 나타날 것이다. 우즈베크어, 카자흐어 등과 같은 실제적인 국어를 소수민족들이 구사하지 못하면 임금이 높은 제대로 된 직장에 들어가기 힘들어 질 것이다. 이러한 사회를 가정하고 소수민족들은 해당국의 주류민족어를 습득해야 할 것이다.

둘째, 주류민족의 양보 정책

현재 중앙아시아 국가들은 정책적으로 민족주의를 시행하고 있지만 현실은 반대로 가고 있다. 주류민족들이 러시아어를 구사하고 소수민족들에 대한 물리적 행위를 자제하기 때문에 분열이 나타나지 않고 있다고 판단할 수도 있다. 반대로 소수민족들은 분열을 조장하는 행위를 하지만 주류민족들에 의해 분열이 차단되고 있는 것이다. 따라서 위의 경우처럼 소수민족들이 주류민족의 정책을 따라가지 않으면 지금처럼 주류민족들이 양보하는 것도 또 다른 방법이다. 실제로 주류민족 유년세대들이 러시아어를 하나 더 구사하면 이것은 국가적 이익이다. 오히려 러시아어 습득에 등한시 하는 것이 국가적 손실이자 개인적 손실이다. 이것은 결국 미국과 같은 사회를 지향하는 것이 아니라 스위스와 같은 사회를 지향하는 것이다. 어쨌든 주류민족의 인구 증대는 명확하기 때문에 이들이 자신의 민족적 정체성을 잃어버리지는 않을 것이다. 이러한 범위 내에서 러시아어를 공용화하는 것도 국가 발전에 이득이 될 것이다. 실제로 카자흐스탄이 다른 주변국들보다 발전하는 것도 러시아어의 공용화 정책으로 인해 러시아인이 위상을 잃지 않고 자리를 지키기 때문이며 이것은 나아가 주류민족 중심의 국가운영에 견제장치로 활용될 수 있기 때문이다.

사실상 위의 두 가지 당면과제는 결국 하나만이 선택되어 질 것이다. 그 선택은 각국이 처해 있는 환경에 따라 달라지겠지만 그 선택의 결과가 가져오는 국가의 미래 역시 차이가 날 것이다.

Ⅳ. 국가를 넘어 초국가로 가는 과제

중앙아시아 국가들은 타지키스탄을 제외하고 투르크계 민족으로 구성되어 있다. 페르시아 문화권으로 분류되는 타지키스탄 역시도 투르크문화권에서 공존하였기 때문에 언어를 제외하면 문화적으로 공유하는 부분이 많다. 이것은 역사적으로 기존의 페르시아문화권에 투르크계 민족들이 이주하여 그 범위를 확대하면서 나타난 현상이다. 이러한 유사성은 중앙아시아 국가들이 향후 EU처럼 국가를 넘어 초국가로 통합할 가능성을 제공해 준다. 실제로 19세기말 러시아제국의 침략에 대항하여 투르크계 민족들이 판투르키즘(Pan-Turkism)을 제창하여 민족적 단결과 통합을 호소한 경험이 있었다.

그러나 중앙아시아 국가들에 거주하는 투르크계 민족들은 매우 다양하며 그들이 가졌던 역사적 배경도 차별성을 가진다. 그들 상호간에도 (피)지배민족인지 아니면 동화된 민족인지 등의 기준에 따라 유사성을 공유하지만 민족 간 인식이 다르게 나타나고 있다. 예를 들어 카자흐인과 우즈베크인이 상호간에 우호적인지 각각 물어본다면 부정적인 대답이 보다 많을 것이다. 실제로 이들은 기름과 물이라고 할 만큼 상호간에 적대적이다. 그러나 초국가적 통합의 논리는 19세기 말과 마찬가지로 미시적인 관점이 아니라 거시적인 관점에서 움직이기 때문에 그 가능성은 상황에 따라 달라질 것이다. 여기서 현재의 상황이 국가를 넘어 초국가로 통합될 수 있는 상황인지 분석해 보겠다.

첫째, 경제수준

위에서 분석한 것처럼 5개국의 경제수준은 유사하기 보다는 너무나 차이가 극명하게 난다. 카자흐스탄이 중앙아시아 경제성장을 주도를 하고 있으며 그 뒤를 우즈베키스탄이 따르고 있는 정도이다. 그 외의 국가들은 여전히 경제개발이 필요한 상황이다. 게다가 우즈베키스탄과 투르크메니스탄은 상대적으로 폐쇄적인 경제정책을 유지하고 있기 때문에 경제블럭을 시도하기에는 시스템상에 문제가 발생할 것이다.

둘째, 정치환경

5개국이 공통적으로 개발독재형 민주주의를 지향하고 있기 때문에 통합하는 과정에 나타나는 정치적 주도권 경쟁이 치열할 것이다. 특히 전통적으로 우즈베키스탄은 이 지역의 정치적, 문화적 맹주를 자부하고 있으며 카자흐스탄은 최근 경제발전을 통해 그 자리를 대신하고 있다고 간주한다. 이러한 인식의 차이는 EU와 같은 통합시스템이 가동된다고 하더라고 운영상에 문제를 야기할 소지가 충분하다고 판단된다.

결과적으로 EU와 같은 초국가 형태의 통합은 현재로서는 불가능하다. 과거처럼 터키가 주도적인 역할을 하며 통합을 시도한다고 하더라도 중앙아시아 5개국은 소비에트체제를 경험하였으며 그 잔재가 남아서 과거와 달리 사회적으로 이질적인 요소가 많아 통합이 어려울 것이다. 마지막으로 카자흐스탄이 자국의 손실을 감내하더라도 통합을 추진하는 경우를 예상할 수 있다. 그러나 이 경우에도 결과는 위의 같은 근본적인 인식의 차이 때문에 불가능하다고 여겨진다. 따라서 과거 러시아제국과 같은 단일국가로써 감당하기 힘든 세력이 침투하지 않는 이상 초국가로 가는 통합은 거의 어렵다고 판단된다.

위에서 분석한 것처럼 중앙아시아 국가들이 초국가의 단위로 통합한다는 것은 부정적이다. 여기서도 마찬가지로 장기적인 관점에서 방법을 고안하고 추진한다면 가능성 열려있다. EU 역시 곧바로 초국가 형태로 발전한 것이 아니라 지역의 국가들이 공동으로 이루고자 하는 정치, 경제, 사회, 그리고 문화 등에 걸쳐 협력기구를 만들고 그것의 활동과 범위를 확대시켜 최종적 목표를 달성하였다. 마찬가지로 중앙아시아 5개국 역시 단계적으로 공동의 관심사가 되는 부문에 협력기구를 설립하여 출발할 필요가 있다. 이미 이러한 성격의 다자간협력기구는 존재한다. 가장 대표적인 것이 바로 중앙아시아협력기구(CACO)와 상하이협력기구(SCO)이다.

CACO(Central Asian Cooperation Organization)는 1998년 7월 카자흐스탄, 키르기즈, 우즈베키스탄, 타지키스탄 등 4개국이 상품 · 서비스 · 자본 · 노동력의 자유로운 교환 · 통화정책 등 제반 경제정책을 조율하기 위해 경제적 성격의 공동체로 출범하였다. 또한 아랄 해 등 수자원 공동관리 및 에너지 협력 강화, 국제테러 · 마약밀매 및 이슬람 근본주의 세력에 대한 공동 대응으로 활동범위를 넓혀가고 있다. 2004년 러시아가 정식으로 가입하여 SCO와는 다른 지역적 성격이 강한 다자간협력기구로 발전하고 있다.

SCO(Shanghai Cooperation Organization)는 중국과 구소련의 국경협정에서 출발하였다. 그러나 구소련 붕괴로 인해 중국은 국경을 맞대고 있는 러시아, 카자흐스탄, 키르기즈스탄, 그리고 타지키스탄과 개별적으로 접촉을 해야만 했다. 이를 해결하기 위해 한 자리에 모인 5개국은 국경지대에서의 군사력 감축과 군사적 신뢰문제를 논의하였으며 1996년부터 '상하이5국'으로 발전하였다. 이후 참여국 간에 공동이해를 가지는 '분리주의, 테러주의, 이슬람원리주의'로 대표되는 3대 악에 대한 공동연합전선이 구축되었다. 이들은 참가국의 수도를 바꿔가며 회담을 열었으며 각각의 장소명을 붙여 성명서를 발표하였다. 2001년 1월 우즈베키스탄이 참가의사를 밝혀 기존 회원국의 동의를 거쳐 회원이 되었으며 그해 6월 15일 6개국 정상이 참가한 가운데 상하이에서 공식적으로 "SCO"를 발족하였다. SCO는 유라시아의 나토로 불리며 그 활동과 범위가 계속해서 확대되고 있다.

SCO는 중국의 참여로 중앙아시아의 초국가적 통합을 촉진하는 모델이 될 수는 없다. 그러나 방법상에 큰 의미는 제공하여 CACO에 영향을 주었다. 특히 '분리주의, 테러주의, 이슬람원리주의'는 중앙아시아 각국이 가지는 공동의 관심사항이다. 키르기즈스탄의 오씨(Osh)주에는 다수의 우즈베크인 존재하고 있으며 우즈베키스탄에는 사마르칸드와 부하라를 중심으로 타지크인이 다수 거주하고 있다. 앞에서 언급하였던 국경문제는 분리주의로 연결되며 이것은 중앙아시아 각국이 염려하는 분열의 대표적인 변수로 인식되고 있다. 지금은 각국의 정상들이 분쟁의 우려를 해소하기 위해 국경문제를 민감하게 언급하지 않고 있지만 남오세티아의 경우처럼 충돌의 가능성은 여전히 잠재해 있다. 그리고 이슬람원리주의에 의한 테러는 중앙아시아 국가들이 최고의 안보적 차원에서 접근하는 중요한 과제이다. 9.11테러 이후 미국의 대탈레반 전쟁으로 중앙아시아 지역에 분포하였던 이슬람원리주의 단체들이 그 세력을 상실하였다고는 하지만 최근의 동향을 살펴보면 다시 회복할 가능성도 있다. 특히 중앙아시아 각국이 이슬람의 정치세력화를 철저하게 탄압하고 있지만 계속되는 경제개발의 실패와 만성적인 정치권의 부패가 중앙아시아 지역의 주민들에게 좌절을 준다면 이들이 이슬람국가를 대안으로 고려할 수 도 있음을 상기해야 한다. 이러한 사항들을 고려하여 초국가적 형태로 통합하기 위한 당면과제를 제시하면 다음과 같다.

첫째, 문화적 협력기구의 발족 필요성

현재 중앙아시아 국가들 차원에서 문화 분야의 협력기구는 없다. 물론 SATS(Space Association of Turkic States)와 같이 국제기구를 통한 학자들과 해당 전문가들이 운영하는 단체는 존재하겠지만 중앙아시아 5개국 정부차원에서 주도하는 협력기구는 공식적으로 없다. 실제로 정치, 경제 분야의 다자간협력기구는 회원국 간의 이해관계에 따라 지속성을 가지기도 하지만 분열의 가능성도 있다. 그러나 문화적 협력기구는 투르크라는 공동체의식과 그들의 문화적 원형을 개발하고 공유하는 목적이 있기 때문에 지속성을 가진다. 그리고 이러한 협력의 과정을 통해 상호간의 이해관계가 높아질 것이다. 예를 들면, 카자스흐스탄의 카자흐스탄 민족회의(Assembly of Nations of Kazakhstan)는 자국의 다양한 민족들이 상호간 소통하고 이해하는 목적으로 설립된 문화적 성격의 기구이다. 러시아인이 카자흐어와 카자흐문화를 이해하는 공간으로 그 기능을 한다. 반대로 카자흐인이 러시아어와 러시아문화를 이해할 수 있도록 프로그램을 제공하고 있다. 따라서 이러한 성격의 기구를 중앙아시아 지역의 범위로 확대한다면 큰 의미를 가질 것이다.

둘째, 투르크메니스탄의 참여 유도

투르크메니스탄의 전 대통령인 니야조프는 자신의 권력 유지를 위해서 쇄국정책을 유지하였다. 독립국가연합 회원국 국민들이 투르크메니스탄에 입국하려면 비자를 받아야 할 정도로 그 정도가 심하였다. 그리고 중앙아시아 주변의 국가들이 참가하는 다자간기구에 투르크메니스탄은 참여의사 조차도 밝히지 않았다. 2006년 12월 그의 급서로 새 대통령이 선출되어 점진적인 개방정책이 이루어지고 있다. 중앙아시아 국가들이 초국가적 통합공동체를 만드는데 있어 투르크메니스탄의 참여는 필수적이다. 따라서 주변국들이 적극적으로 참여를 유도하여야만 통합의 과정에서 발생하는 다양한 문제들을 논의할 수 있을 것이다.

결과적으로 중앙아시아 국가들은 독립국가연합-SCO-CACO로 이어지는 기구를 통해 교류를 계속하고 있다. 그러나 앞에서 강조한 것처럼 기본적인 인식의 전환과 상호간의 소통이 없으면 불가능하다. 따라서 문화 분야를 중심으로 정부차원의 협력을 통해 점진적으로 장기적인 안목에서 접근해야 할 것이다.

참고문헌

Adams, Laura. "Cultural Elites in Uzbekistan : Ideological Production and the State." *In The Transformation of Central Asia : States and Societies from Soviet Rule to Independence*, edited by Pauline Jones Luong, Ithaca : Cornell University Press, 2003 : 93-119.

Anderson, John. "Authoritarian Political Development in Central Asia : The Case of Turkmenistan." *Central Asian Survey* 14, no. 4, 1995 : 509-528.

Anderson, John. "Constitutional Development in Central Asia." *Central Asian Survey* 16, no. 3, 1997 : 301-320.

Aslund, Anders. "Sizing Up the Central Asian Economies." *Journal of International Affairs* 56, no. 3, 2003 : 75-88.

Bartlett, David. "Economic Recentralization in Uzbekistan." *Post-Soviet Geography and Economics* 42, no. 2, 2001 : 105-121.

Blank, Stephen. "Energy, economics, and security in Central Asia : Russia and its rivals." *Central Asian Survey* 14, no. 3, 1995 : 373-406.

Collins, Kathleen. *The Logic of Clan Politics in Central Asia : Its Impact on Regime Transformation*. Cambridge : Cambridge University Press, 2005.

Cutler, Robert M. "The Caspian Energy Conundrum." *Journal of International Affairs* 56, no. 3, 2003 : 89-102.

Dave, Bhavna. "A Shrinking Reach of the State? Language Policy and Implementation in Kazakhstan and Kyrgyzstan." *In The Transformation of Central Asia : States and Societies from Soviet Rule to Independence*, edited by Pauline Jones Luong, 129-158. Ithaca : Cornell University Press, 2003.

Dieter, Heribert. "Regional integration in Central Asia : current economic position and prospects." *Central Asian Survey* 15, no. 3/4, 1996 : 369-386.

Emadi, Hafizullah. "State, ideology and Islamic resurgence in Tadjikistan." *Central Asian Survey* 13, no. 4, 1994 : 565-570.

Fierman, William. "Political Development in Uzbekistan : Democratization?" *In Conflict, cleavage, and change in Central Asia and the Caucasus, edited by Karen Dawisha and Bruce Parrott*. Cambridge : Cambridge University Press, 1997.

Gleason, Gregory. "Inter-State Cooperation in Central Asia from the CIS to the Shanghai Forum." *Europe-Asia Studies* 53, no. 7, 2001 : 1077-1095.

Gleason, Gregory. *Markets and Politics in Central Asia : Structural Reform and Political Change*. New York : Routledge, 2003.

Haghayeghi, Mehrdad. *Islam and Politics in Central Asia,* Palgrave Macmillan, 1996.

Islamov, Bakhtior A. "Post-Soviet Central Asia and the Commonwealth of Independent States : The Economic Background of Interdependence."

In Central Asia in Historical Perspective, edited by Beatrice Manz, Boulder, CO : Westview Press, 1994 : 202-232.

찾아보기

ㄱ

ㄴ

ㄷ

ㄹ

ㅁ

ㅂ

ㅇ

ㅈ

ㅊ

ㅋ

ㅌ

ㅍ

필 자

김대성

한국외국어대학교 터키・아제르바이잔어과 교수, 중앙아시아연구소 소장. 터키 하제테페 대학교 역사학 박사. 저서 『중앙아시아 사회의 이해』(2009). 『터키 들여다보기』(2004) 외. tukimds@hanmail.net

김상철

한국외국어대학교 중앙아시아연구소 연구교수. 동 대학 인문학박사. 논문 「중앙아시아의 소수민족관계 연구 : 소련시기 및 독립 카자흐스탄의 인구학적인 변화와 민족관계를 중심으로」(2008) 외. ksc37001@hotmail.com

박상남

한신대학교 국제관계학부 교수. 러시아 모스크바국립대학교 정치학박사. 카자흐스탄 동방학연구소 해외주재 연구원 역임. 저서 『중앙아시아의 부상과 한국의 대응』(공저, 2007), 『21세기 유라시아 도전과 국제관계(공저, 2006) 외. allo96@yahoo.co.kr

성동기

인하대학교 국제관계연구소 연구교수. 우즈베키스탄 과학아카데미 역사연구원 역사학 박사. 저서 『우즈벡어-한국어 사전』(공저, 2007), 『21세기 유라시아 도전과 국제관계』(공저, 2006) 외. tassdk@hanmail.net

손영훈

한국외국어대학교 중앙아시아어과 교수. 알파라비 카자흐국립대학교 박사과정수료. 저서 『한국어-카작어 회화집』(2003), 논문 「카자흐스탄 민족통합 과정에서 카자흐어의 역할연구」(2009) 외. kazalash@hanmail.net

오은경

동덕여자대학교 교양교직학부 교수. 터키 하제테페 대학교 터키문학 박사. 저서 『베일 속의 이슬람과 여성』(2006), 논문 「터키 소설의 여성 언어와 형식」(2007), euphra33@hanmail.net

오종진

한국외국어대학교 터키・이제르바이잔어과 교수, 터키 빌켄트대학 국제관계학 박사. 저서 Rethinking Global migration : Practices, policies and Piscourses in the European Neighborhood(공저, 2008), 논문 「터키의 교육교류를 통한 대중앙아시아 정책연구」(2007) 외. jin93@hanmail.net

유의정

국회입법조사처 교육과학팀장. 러시아국립학술원 역사학 박사. 저서 "A Research on Inter-cultural conflicts in Russia" (International Area Review, 2008) 외. ethnoyoo@hanmail.net

이종문

부산외국어대학교 러시아-인도 통상학부 교수. 러시아 모스크바국립국제관계대학교(MGIMO) 경제학 박사. 저서 『현대 러시아 경제』(2007), 『러시아, 위대한 강대국 재현을 향한 여정』(공저, 2009) 외. ljm304801@naver.com

이평래

한국외국어대학교 역사문화연구소 연구교수. 몽골 과학아카데미 역사학 박사. 저서 『실크로드의 삶과 종교』(공저, 2006), 『중앙아시아의 역사와 문화』(공저, 2007), 『중앙유라시아의 역사』(역서, 2005) 외. pyungrae@paran.com

장준희

한양대학교 문화재연구소 책임연구원. 국립우즈베키스탄대학교 문화인류학 박사. 타쉬켄트 국립동방학대학교 조교수. 저서 『중앙아시아 속 고구려인의 발자취』(공저, 2008), 『중앙아시아-대륙의 오아시스를 찾아서』(2004) 외. ttorim@naver.com

현승수

한양대학교 아태지역연구센터 HK연구교수. 일본 도쿄대학교 학술박사(러시아 · 중앙아시아지역전공). 『교양인을 위한 중앙아시아사』(역서, 2009 근간), 『부활하는 러시아의 자원외교』(공역, 2008). tokyoishmael@hammail.net

황영삼

한국외국어대학교 중앙아시아연구소 연구교수. 동 대학 정치학박사. 저서 『독립국가연합 고려인의 생활문화와 의례』(공저, 2008), 『소련 해체 이후의 고려인 사회의 변화와 한민족』(공저, 2005). hwangys00@hanmail.net

중앙아시아학 입문

초판 1쇄발행 2009년 11월 30일
초판 2쇄발행 2015년 2월 25일

지은이 ▪ 김대성 외
발행인 ▪ 김인철
발행처 ▪ 한국외국어대학교 지식출판원
130-791 서울시 동대문구 이문로 107
전화 (02)2173-2495~7
FAX (02)2173-3363
홈페이지 http://press.hufs.ac.kr
전자우편 press@hufs.ac.kr
출판등록 ▪ 제6-6호(1969. 4. 30)
편집 · 디자인 ▪ ㈜이환디앤비 02)2254-4301
인쇄 · 제본 ▪ ㈜동화인쇄공사 02)719-7181

ISBN 978-89-7464-571-7 93300 정가 18,000원

* 잘못된 책은 교환하여 드립니다.

HU;NE 은 한국외국어대학교 지식출판원의 어학도서, 사회과학도서, 지역학 도서 Sub Brand이다. 한국외대의 영문명인 HUFS, 현명한 국제전문가 양성(International+Intelligent)의 의미를 담고 있으며, 휴인(携引)의 뜻인 '이끌다, 끌고 나가다'라는 의미처럼 출판계를 이끄는 리더로서, 혁신의 이미지를 담고 있다.

〈한국외국어대학교 중앙아시아연구소 연구총서 제2권〉